权威·前沿·原创

皮书系列为
“十二五”国家重点图书出版规划项目

传媒投资蓝皮书

BLUE BOOK OF MEDIA INVESTMENT

中国传媒投资发展报告（2015）

THE REPORT ON THE DEVELOPMENT OF CHINA'S MEDIA INVESTMENT (2015)

主　编／张向东　谭云明

社会科学文献出版社
SOCIAL SCIENCES ACADEMIC PRESS (CHINA)

图书在版编目（CIP）数据

中国传媒投资发展报告. 2015/张向东，谭云明主编. —北京：社会科学文献出版社，2015.6
（传媒投资蓝皮书）
ISBN 978-7-5097-7648-3

Ⅰ. ①中… Ⅱ. ①张… ②谭… Ⅲ. ①传播媒介-投资-研究报告-中国-2015 Ⅳ. ①G219.2 ②F832.48

中国版本图书馆 CIP 数据核字（2015）第 130814 号

传媒投资蓝皮书
中国传媒投资发展报告（2015）

主　　编 / 张向东　谭云明

出 版 人 / 谢寿光
项目统筹 / 王　绯
责任编辑 / 李兰生

出　　版 / 社会科学文献出版社·社会政法分社（010）59367156
地址：北京市北三环中路甲 29 号院华龙大厦　邮编：100029
网址：www.ssap.com.cn
发　　行 / 市场营销中心（010）59367081　59367090
读者服务中心（010）59367028
印　　装 / 北京季蜂印刷有限公司

规　　格 / 开 本：787mm×1092mm　1/16
印 张：30　字 数：497 千字
版　　次 / 2015 年 6 月第 1 版　2015 年 6 月第 1 次印刷
书　　号 / ISBN 978-7-5097-7648-3
定　　价 / 128.00 元

皮书序列号 / B-2015-445

《中国传媒投资发展报告》顾问

《中国传媒投资发展报告》编辑委员会

主编简介

张向东　中国建投旗下建投华文传媒投资有限责任公司副董事长，中共建投投资有限责任公司建投华文传媒投资有限责任公司党委委员，中国人民大学传媒经济学博士后。曾任重庆报业传媒集团总裁助理兼新闻研究所所长，合肥市委宣传部副部长，合肥报业传媒集团党委书记、社长，《合肥日报》总编辑，合肥报业传媒有限公司总经理。

谭云明　中央财经大学新闻系主任、教授、博士后、媒体经济专业硕士导师，清华大学政维舆情研究室副主任，北京市写作学会常务副会长兼秘书长。曾先后在《湖南日报》、《中国老区报》、湖南经济电视台、湖南卫视、江苏电视台城市频道、《中国企业报》等多家新闻单位从事新闻采编策划工作。共发表学术论文 106 篇，出版书籍 30 余部，主持国家社科基金课题等科研项目 14 项。

建投华文传媒投资有限责任公司简介

建投华文传媒投资有限责任公司（简称建投传媒）是中国建银投资有限责任公司在文化传媒领域进行战略布局的专业投资和运营平台。公司成立于2013 年 10 月，总部设在北京。

建投传媒秉持“传媒资源的整合者、传媒转型的推动者、传媒投资的领先者”的战略定位，聚焦于优质内容提供商、新媒体渠道、传媒技术服务、传媒国企改制转型以及高端智库五大领域，持续稳健地进行投资布局。

中央财经大学新闻系简介

中央财经大学新闻系成立于2004年，是国内高校中较早开办财经新闻本科专业和媒体经济硕士专业的院系，也是国内传媒投资教育的领先者。其中财经新闻本科生招生始于1998年，每年招收40人，媒体经济硕士生招生始于2004年，每年招收12人。新闻系毕业的本科生和研究生多就职于新闻界、财经界和政府机关等机构，或出国深造。

新闻系目前有专职教师10人，同时还聘请了新华社、中央电视台、《人民日报》、《经济日报》等主流媒体的业界精英10余位作为兼职专家。自新闻系成立以来，新闻系共承担国家社科基金课题、教育部课题等各类科研项目102项，发表A类刊物论文80余篇，出版各类书籍80余部，初步形成了财经新闻、传媒投资、传媒经营与管理、出版经济、新媒体、媒体品牌、舆情传播等研究方向和特色。

序　言

胡占凡*

文化传媒产业已经不能算是新概念了，但中央“文化强国”战略的提出和实施，无疑又助推其驶入了快车道。这又自然而然地吸引了大量资金和资本关注的目光。这些资金投给了谁，效果如何，哪个领域最热，有什么成功的案例，业内业外期待有一本相对权威、翔实的报告来讲一讲。《中国传媒投资发展报告（2015）》正是在这一背景下应运而生的，这应该算是国内第一本专门讲文化传媒投资的报告，该报告既不同于“中国传媒产业发展报告”，也不同于“中国投资发展报告”，它的核心是“传媒投资”，它既对 2013～2015 年度文化传媒投资现象、现状进行了全面、深入的描述和分析，也通过这些描述和分析，勾勒出了中国传媒投资的特点、规律、方向和投资动向，从而总结经验，预测未来，把握机遇，为中国文化传媒业投资出谋划策，点石成金。当然报告中也有微观的文化传媒投资经典案例的分析总结，举一反三，为文化传媒投资兴业，提供正反面的借鉴和启示。

可以说，《中国传媒投资发展报告（2015）》对我国近年来，特别是 2013～2015 年度以来，文化传媒行业的投资进行了大体上“面”的梳理，这种梳理不仅包括对传统媒体，如报纸、广播影视、出版、书店零售业等行业的投资情况的分析，还包括对新媒体行业的投资情况的分析，还将目光延伸到了网络媒体、移动媒体、游戏产业以及时下热门的互联网金融领域等，同时，还设置了专题和案例篇，更多地从“点”的视角来探讨我国文化传媒投资的发展情况。总体来看，报告内容是翔实的，数据是充分的，它为广大读者和投资者努力去描绘我国文化传媒行业投资的现状、特点及宏图、愿景，这将有助于我国文化传媒企业及投资者了解市场行情，评估市场价值，洞悉市场商机，快速准确做

* 胡占凡，中央电视台前台长。

出投资决定，亦可为广大相关企业提供第三方宏观的决策资讯。

《中国传媒投资发展报告（2015）》的编撰是精心策划和设计过的，其体例科学合理，结构宏大，环环相扣，层层递进，有相当的层次感和逻辑性。报告内容丰富，在确保权威性、专业性和实用性的前提下，又不失简洁明了、通俗易懂之风格。具体来说，报告有如下几个编撰特点。

首先，全面而实用的传媒投资专业分析。报告涉及传媒行业投资的方方面面，属于目前国内比较全面的关于文化传媒行业投资情况的报告。报告开篇就对整个传媒行业2014年的投资情况进行了大致的梳理，对未来的传媒投资做了恰当的预测，使得读者和投资者首先能在整体上把握整个报告的主旨，有了基本的了解。紧接着，分别就传统媒体投资和新媒体投资两大阵营进行了相应的梳理，传统媒体方面包括报业、广电影视业、出版产业、书店零售业这四大行业，新媒体方面则涵盖了网络媒体、手机媒体、游戏产业、互联网金融几个大的方面。运用大量数据与案例进行论证，以增强说服力。然后围绕传媒行业投资做“专题”剖析，其中包括传媒上市公司投资行为分析、传媒并购、投资风险评估、传媒尽职调查与估值等，这是深度解析我国传媒投资的“点睛”之笔。最后是传媒投资的经典案例分析，从万达文化产业集团电影院线投资案例到浙报集团投资案例，再到阿里巴巴投资案例、蓝色光标投资案例，透过这些传媒细分领域“八仙过海，各显神通”式的投资案例，我们不难感受到编撰者的良苦用心。这些多层面、多视角、全方位的实用的投资报告，对我们更好地把握整个文化传媒行业投资的脉络，深刻认识传媒行业投资现状与发展前景，寻找下一个传媒投资的“支点”不无裨益。

其次，丰富的数据资料。对一份投资报告来说最重要的便是数据，它最能直观地说明问题。倘若一份投资报告仅是些定性分析，没有对相关数据做定量分析，单纯地说某个企业具有发展潜力，恐怕是难以令人信服的。纵观这份传媒行业的投资报告，不难发现，无论是关于传统媒体的投资还是新媒体的投资，数据内容都非常充分，做到了用数据说话。通过这些一目了然的数据、图表，我们可以清楚地认识到传媒行业的发展现状，可以对比分析不同传媒企业的绩效，可以解析其中的优势与劣势，发现其投资价值，预测其发展前景。总体来说，整个报告采用时下最新的数据。同时，柱状图、散点图、饼状图等各种图的交叉运用，既保证了表现形式的多样化，便于读者阅读，也增加了整个报告的艺术感与美感，最大限度地减少沉闷与滞涩。

最后，经典案例的剖析。在涉及对具体文化传媒行业的分析时，报告往往会运用具体的案例来进行说明，在报告的最后，更是专门设置了“案例”篇来报道一些传媒投资的经典案例，供读者参考。一方面，报告中案例的选择具有相当的代表性，它们都是这一行业的典型案例，通过对这些案例的分析，可以更加清晰地了解该行业的发展特点以及竞争趋势，从整体上把握该行业的发展态势。另一方面，报告对这些典型案例的分析完整准确，往往能切中要害，拿捏也比较到位，使得读者和投资者能准确把握整个案例的来龙去脉，深刻理解这一案例背后隐藏的信息，如为什么这一个传媒企业会成功，它的发展战略是怎么样的，有哪些经验是值得借鉴的，等等。此外，通过比较那些相似的案例，我们也可以发现它们之间有什么共同点，又有哪些与众不同的地方，从中总结出成功案例的特点，为传媒企业及投资者做出相应决策提供依据。

无庸回避，面对新媒体的日益崛起，传统媒体行业也感受到了不小的压力。可以说，这几年传媒行业发展进入了一个非常关键的时期，尤其对传统媒体来说，既是机遇，又是挑战，如何在媒介融合时代，寻找制高点，创造新收益，确实在考验着每一个媒体人。从这份报告中，我们欣喜地发现一些广电机构，在传媒投资方面做得很有特色，但愿大家从中吸取经验，在融媒时代开拓出一条属于自己特色的传媒发展之路，确保自己的核心竞争力和品牌影响力，传播正能量，为人民服务，为社会主义服务。

作为该研究领域之第一，《中国传媒投资发展报告（2015）》具有开风气之先的价值，尽管有不成熟、不完善之处，但还是有诸多可嘉许肯定之处，尤其是能应时而生，通过翔实而权威的材料及数据，解决读者对传媒产业投资行业了解之需求，不啻为传媒界和投资界难得的“佳肴”。是为序。

目 录

BLUE BOOK

ⅠB Ⅰ 总报告

B Ⅱ 传统媒体投资篇

𝔹Ⅲ 新媒体投资篇

𝔹Ⅳ 传媒投资专题篇

𝔹Ⅴ 传媒投资经典案例篇

BⅥ 附 录

皮书数据库阅读使用指南

总 报 告

General Reports

BLUE BOOK

B.1
2014年中国传媒产业发展报告

陈 端*

摘 要： 2014年对中国传媒产业而言，可谓到了一个发展嬗变的转折点。无论是社会大系统的发展变化抑或产业本身的基础平台都呈现出诸多新的特征，这些新特征复合交织，产业结构与产业生态也处在复杂演化之中。本报告在对我国传媒产业发展的宏观环境、产业环境做深度分析并对传媒发展相关政策做系统梳理的基础上，着重对传媒产业动力、发展逻辑、发展模式、发展可能空间和约束条件进行了探讨。

关键词： 中国传媒 产业发展 2014

本书的分报告将通过详细的数据及案例，从报刊、广电、出版、影视、书

---

* 陈端，中央财经大学新闻系教师，博士。

店零售业、网络媒体、移动媒体、网络游戏、传媒上市与并购、业外国有资本投资传媒情况、中国传媒投资风险评估、估值与尽职调查等不同视角对处在嬗变临界点的当今中国传媒投资状况予以全景式呈现，总报告篇则着眼于对总体趋势进行结构性分析。

一 2014年传媒发展环境分析

（一）宏观环境分析

1. 我国经济社会步入新的发展阶段为传媒产业发展带来新机遇

按照国际经验，人均 GDP 达到 5000 美元和 10000 美元时对应的是经济社会发展的不同阶段，亦各自具备相应的阶段性特征。人均 GDP5000 美元是文化消费增长的临界点，不但文化消费在总体消费结构中的比重增加，而且经济生活消费行为将越来越多附着上文化的色彩；人均 GDP10000 美元则意味着整体发展和消费都进入新的模式，产业结构以现代服务业为主导，结构升级以科技引领为先导，居民服务性消费将成为消费增长的主要空间。国家统计局数据显示，2014 年我国人均 GDP 已达 7485 美元，北京、上海、广州、天津等城市人均 GDP 也已经过 1 万美元，应该说，居民文化消费的升级和爆发式规模扩张，以及文化消费与相关服务性消费的有机融合是未来几年传媒产业发展面临的最大外部机遇。

2. 经济运行进入新常态为传媒产业发展带来复合效应

新常态是描摹当今发展趋势的关键词，主要包括以下几个方面：经济由高速增长转为中高速增长，经济结构不断优化升级，从要素驱动、投资驱动向创新驱动转变。新常态给传媒产业发展带来多重影响。首先，在传统的投资拉动边际效应不断递减的情况下，文化传媒产业作为拉动经济增长的新引擎在整个国民经济中的重要性有所提升，将成为国民经济支柱型产业；其次，2014 年我国经济增长速度 7.4%，2015 年“两会”更是把本年度增长速度下调至 7%，经济增速下滑与传统行业低迷必然影响广告主的投放预算，这对主要依托广告模式生存而且已然饱受新媒体冲击的传统媒体无疑雪上加霜。与此同时，经济结构性调整、景气程度降低，则可能为非广告支撑型内容产业带来

“口红效应”——消费者放弃车房等大宗商品消费转而用一些精神文化类产品作为替代消费，电影和游戏产业都将是其受益者。总体而言，我国经济运行进入新常态对传媒产业体现为一种大趋势上的利好，但在传媒产业内部则可能引发不同的后续效应，这也成为推动传媒产业细分领域此消彼长的重要因素。

3. 社会核心动力族群和媒体目标服务人群的代际迁移

影响社会发展方向的核心动力族群随时间流逝发生代际迁移是不可逆转的趋势，随着80后逐步迈上中心舞台，90后逐步进入社会，95后逐步上大学，00后逐步进入青春期，这些伴随数码文化长大的“数字原住民”们的媒介偏好开始对媒体内容趣味、内容形态产生反向牵引，在他们的成长历程中烙下印痕的各种亚文化所代表的文化消费风格将逐步渗入主流文化并在商业变现上异军突起。

（二）产业环境分析

1. 2014年传媒产业政策的两条主线

传媒兼具意识形态属性与经济属性的双重属性特征，决定了传媒产业发展影响变量的多元性和复杂性。全面深化改革阶段是对现行制度体系和利益格局进行重大调整的社会非常态运行阶段，社会矛盾凸显、多重风险叠加，国家基于改革发展稳定大局在政治层面的考量成为决定传媒未来发展走势的重要因素。当前传媒领域的产业政策主线明晰，一方面体现为积极推动传媒发展的利好频传，另一方面也表现为国家强化监管、加强引导、划定边界的决心和举措。因此，要拓展视野，立足于大传媒、传媒+时代的未来趋势来审视传媒的行动空间、机遇可能与现实约束，识别影响未来发展的关键政策变量，并积极挖掘传媒直接相关政策和其他政策带来的发展红利。

党的十八届三中全会公布的《中共中央关于全面深化改革若干重大问题的决定》指出，对按规定转制的重要国有传媒企业探索实行特殊管理股制度。推行特殊管理股既是突破国有媒体融资杠杆瓶颈，吸纳更多社会资本打造新型媒体集团应对国际竞争的需要，也是保障以无形资产价值为主要价值构成的文化传媒类企业创始股东权益的重要手段，同时也有利于落实十八届四中全会“依法治国”的精神，是以规范化手段保障意识形态安全的制度创新。过去为了保证意识形态安全，国有媒体上市公司即使引入社会资本，也要保持国有资本的绝对控股或相对控股地位，而文化传媒类公司天然具有轻资产特性，引入社会资本的规模受制于原有资产规模大小，不利于借力资本杠杆做大做强。特殊管理股制度的实施，打破了过去“同股同权”制度安排下国有文化传媒类企业自有资本对融资规模的杠杆瓶颈限制，通过对股东权利的差异化区隔，兼顾了意识形态安全和对资本市场的有效开发。在经济全球化、数字化和网络化的新形势下，实施特殊管理股，把意识形态管理纳入公司治理框架中，以法治化、市场化手段进行，这将对我国传媒企业治理结构、激励机制和发展取向产生深远影响。

2014 年 8 月，中央全面深化改革领导小组（简称深改组）第四次会议发布《关于推动传统媒体和新兴媒体融合发展的指导意见》，其中提出“着力打造一批形态多样、手段先进、具有竞争力的新型主流媒体，建成几家拥有强大实力和传播力、公信力、影响力的新型媒体集团，形成立体多样、融合发展的现代传播体系”。后续几天文化传媒类股票纷纷涨停。此次中央强势推动媒介融合，其政治层面的考量因素远远大于经济层面，因此后续的传媒格局变动虽然会从经济的不同维度表现出来，例如强势央媒和传媒央企、一线传媒国企在新媒体领域将通过“绿色通道”加速发展、市场化的互联网企业将在业务和资本层面与国有传媒企业通过“特殊管理股”“混合所有制”等形式构建起更加多元和深入的关系，但支配其发展脉络走向的依然是政治层面的深层逻辑，而且政策性变量在未来几年传媒格局变动进程中始终保持一种强势状态。

2014 年 3 月 18 日国务院出台《关于加快发展对外文化贸易的意见》，提出“鼓励和引导文化企业加大内容创新力度，创作开发体现中华优秀文化、展示当代中国形象、面向国际市场的文化产品和服务”，并且在金融、财税、配套服务等方面采取了一系列细化措施，这为传媒业积极开拓国际市场、拓展市场空间和传播影响力提供了新的利好。2015 年 1 月，国务院决定设立总规模 400 亿元的国家新兴产业创业投资引导基金，重点支持处在“蹒跚起步”阶段的创新型企业，从而推动大众创业、万众创新。2015 年“两会”上，“互联网 +”被写入政府工作报告，上升为国家意志。3 月 23 日，国务院印发《关于深化体制机制改革加快实施创新驱动发展战略的若干意见》，提出到 2020 年，基本形成适应创新驱动发展要求的制度环境和政策法律体系，营造公平、开放、透明的市场环境，强化竞争政策和产业政策对创新的引导，增强市场主体创新动力，这既为传媒业回应时代需求进行内容生产指明了方向，同时也为传媒业自身在新技术驱动之下迎来跨越式发展提供了良好的政策环境。

与此同时，一系列政策举措和专项行动也为传媒未来发展划定了可能的空间边界。2014 年 10 月 28 日，中共十八届四中全会的决定指出，“制定文化产业促进法，把行之有效的文化经济政策法定化，健全促进社会效益和经济效益有机统一制度规范”“加强互联网领域立法，完善网络信息服务、网络安全保护、网络社会管理等方面的法律法规”。文化产业促进法的制定将使未来文化传媒领域的管理进一步纳入法治框架之内，一系列净网清源行动也表明了政府为传媒发展设定边界、强化监管的决心。

2014 年 2 月 27 日，中央网络安全和信息化领导小组正式成立，习近平总书记亲任组长，中国网络发展进入新常态，“清源”“净网”和“秋风”等系列专项行动成就斐然，网络澄明空间初显。“清源”行动主要是针对出版物进口渠道专项检查，规范机构和个人接收赠送出版物行为；建立完善网络出版监测查堵机制，加强网络书店监管，重点加大出版物网络交易平台的监督检查力度。“净网”行动主要以网络文学、网络游戏、视听节目网站等为重点，加强网络淫秽色情信息专项监测。“秋风”行动则是针对假媒体、假记者站、假记者和侵权盗版出版物的专项整治。该行动大力收缴非法报刊，取缔、关闭非法设立的报刊社、编辑部、记者站、工作站、广播电台、电视台以及新闻类网站、网站频道、试听节目网站，坚决查处非法从事新闻采编活动的机构和人员，严厉打击以记者或网站新闻采编人员名义招摇撞骗、敲诈勒索的不法分子，严厉打击幕后策划以及内外勾连的新闻媒体及其从业人员，保护数字版权，规范网络转载，支持依法维权，严惩侵权盗版，及时发现并收缴各类非法报刊，打击新闻敲诈。后来又增加了一个叫作“固边 2014”的专项行动，主要任务是打击从境外非法流入的有害出版物和非法宗教宣传品，为此建立了四个配套工程，包括“珠峰工程”“天山工程”“长白山工程”和“南岭工程”，分别覆盖中国东南西北四大边境。一系列行动活动持续时间长、力度大，新浪、快播、21 世纪网等公司都受到相应的处罚和影响。

2. 技术环境：大智移云时代来临为传媒提供新机遇

技术进步是驱动本轮传媒变革的根本动力。2014 年 2 月 14 日，《人民日报》刊发吴月辉、喻思娈文章《拥抱“大智移云”时代》，从技术角度对我们面对的时代特征进行了定义和解读。所谓“大智移云”指“大数据”“智能化”“移动互联”和“云计算”，这四者互为支撑，重构了我们当代社会运行的基底层，也引发了一系列深远变革。大数据指海量非结构化和半结构化数据，即经过数据挖掘和专业化处理能够带来更多趋势洞察、用户洞察、决策优化和流程优化能力的海量、高增长、多样化的信息资产。云计算指基于互联网的相关服务增加、使用和交付模式，被视为未来新一代信息技术变革的核心，将带来工作方式和商业模式的根本性改变。透过云计算，人们利用手边的 PC 端和网络就可以在数秒之内处理数以千万计甚至亿计的信息，得到具有与“超级计算机”同样强大效能的网络服务，并且实现相关结果在不同终端上的无缝衔接和转换，一屏多云、一云多屏、平滑切换将成为未来用户使用的常态。大数据和云计算互为犄角，一方面重构沉寂的历史数据，另一方面把单个单次的行为数据置于海量信息流中深度挖掘，以把握总体格局和未来趋势，并通过数据的关联建构起新的行为主体关联①，这对传媒价值核心迁转和价值提供模式都带来了深远影响。智能化指的是由现代通信与信息技术、计算机网络技术、行业技术、智能控制技术汇集而成的针对某一个方面的应用的智能集合，除却日渐普及的智能手机外，智能可穿戴设备、智能家居等也逐步走入人们视野，未来各种智能化终端的互联互通、云端协同乃大势所趋。

“大智移云”互为支撑，作为社会运行基础设施层面的革命将促动整个社会的资源配置和沟通交往、社会治理模式的联动变革，传媒创新与金融创新，相关产业业态创新将迎来一个持续互动的高速发展期。

中国工程院院士邬贺铨对“大智移云”时代我们所面临的挑战和机遇进行了系统总结。② 他认为，未来互联网企业将走向软硬件一体化，通信与计算融合深化，手持智能终端作为消费终端的属性已超过通信终端的属性，企业的竞争将在内容与终端捆绑所形成的生态系统之间进行，创新的开放化和快速迭代成为潮流所向，商业模式则往后向化方向发展，依靠免费产品和服务聚集人气、培养消费习惯，然后进行后续用户价值开发。此外，网络视频 IM 化，视

---

① 参见喻国明、李彪、杨雅、李慧娟《新闻传播的大数据时代》，中国人民大学出版社，2014。

② 参见邬贺铨在上海交通大学的演讲《大智移云时代的机遇与挑战》，2013 年 11 月 7 日。

频网站将视频节目与即时通信及大数据耦合，使播出平台成为新媒体融合平台，并使观众成为互动用户，通过记录用户观看的动作和评分、搜索行为可以预判观众喜好，选择导演和演员及调整剧情，带来视频内容生产流程和机制的深层变革。互联网服务的云化和互联网应用的社交化相伴而行，信息、人、知识、智能化应用将以新的形态不断链接和组合，跨界融合竞争日益白热化，电信运营商开展互联网服务，互联网企业进军网络视频业务，银行做电商，互联网企业做金融。原先百度领头搜索入口、腾讯主导社交入口、阿里控制电商入口的局面被相互渗透、跨界融合竞争的局面所取代，搜索、社交、电商和位置服务的结合将创新出更多新业态。

在技术变革所引发的社会整体变革趋势下，新一轮科技革命和产业革命正在孕育兴起，传媒产业的变革必须置于社会整体变革和产业变革的广阔视野里审视才更能凸显其社会效益及经济价值。

3. O2O与互联网金融一体两翼，从外围推动传媒产业进入外延化扩张期，传媒+时代渐行渐近

2014年4月清华大学新闻传播学院传媒经济与管理中心发布的《中国传媒产业发展报告（2014）》称，2013年移动互联网正式跻身第一媒体的行列，成为人们在闲暇时间最主要使用的媒介，2014年则被业界人士分别冠以“移动互联网金融元年”和“O2O元年”的称号。以智能手机为主要代表的多样化移动终端迅速普及，让场景化传播和场景化消费成为生活常态，线上线下行为多元交互融合，O2O领域模式创新持续不断，其范围不断拓展。始自马年伊始并持续至今的移动支付浪潮更是让互联网金融以“润物细无声”的方式深入到普通百姓的生活之中，传媒的场景化传播与电子商务领域的场景化消费及生活化、场景化金融手段深度融合，移动化、社交化、社会化和产业化互为助力，将对未来的产品形态、消费形态和产业业态产生深远影响。

在场景化内容传播与场景化应用深度结合的今天，传媒产业作为一个产业部门的独立性逐渐消融，但其影响力却越来越以弥散状态深入到社会生产和生活的方方面面，传媒+时代渐行渐近，下一阶段的传媒扩张进入一个“外延式扩张”主导的新时代，这种外延式扩张一方面表现为“泛传播”模式下传媒产业及其产业逻辑向其他领域的深层渗透，另一方面则表现为收购兼并等资本运作手段取代传统的内生性发展模式成为传媒产业运作及发展的重要抓手。

二　传媒产业发展动力、发展逻辑与发展模式分析

（一）发展动力的转换：自下而上的市场化渗透路径与源自国家战略层面的规划和推动力量有机融合

自20世纪70年代末开始，从《人民日报》等新闻单位被要求实行“事业单位，企业化管理”，恢复报纸广告经营活动并通过适度自主经营创收，到后来掀起的都市报办报高潮和电视作为第一媒体的辉煌年代，30多年来我国传媒业基本上是以自下而上的市场化力量向传统体制机制渗透作为推动发展的主要动力。1994年4月20日，我国全功能接入互联网，由此崛起的网络经济一开始就与国际资本市场紧密相连，在公司治理结构和运行机制上本身就是高度市场化的。可以说，十八大之前，自下而上的市场化渗透与传播技术变革一起，构成促动传媒业发展的主要动力。

2013年十八届三中全会提出“特殊管理股”和2014年深改组会议做出推动传统媒体与新兴媒体融合、打造新型主流媒体等一系列决定，把传媒发展置于推动国家治理现代化的大局与高度上强化顶层规划。在中国大国崛起、民族复兴并深度融入全球治理体系和治理格局再造的进程中，构建现代传播体系亦被赋予了更高层次的战略使命。2014年在11月19日，以“互联互通、共享共治”为主题的首届世界互联网大会在中国乌镇召开，不仅是技术和产业的展示与狂欢，更体现了中国通过“主场外交”引导世界网络空间议题建构、从网络世界参与者转向全球网络治理新秩序构建者的尝试和努力。除了“共享共治”这一议题外，国务院副总理马凯在大会上也发表致辞，表示中国将更好地利用互联网加强和改进教育、医疗、交通、卫生等公共服务，为人民群众提供生活便利、切实保障和改善民生，通过互联互通编织“民生大网”，让全世界更多的人共享互联网发展成果。尽管大会的议题设置超出了传媒产业层面，但其对媒体未来发展的趋势性导向却影响深远。

2013年10月，上海两家最大的报业集团文新集团与解放日报集团合并。2014年7月，作为上海报业合并后的一个标志性产品，澎湃新闻横空出世，定位于“新闻与思想的平台”，生产并聚合优质时政思想类内容，并推出了中

网页版、APP 客户端、微信公众号等组成的彼此支撑的新媒体传播矩阵，以新锐视角直击时政热点话题，在社交网络上掀起一阵传播旋风。但其遵循的盈利模式依然是优质原创内容换取海量用户来争取广告投放，这种以传统媒体经营思路运作新媒体的模式以及时政类新闻较差的广告吸附能力，带来人们对其长远可持续发展能力的质疑。与此相关的另一个背景事件是：从 2014 年开始，上海市财政局每年分别给予上海报业集团下属的《解放日报》《文汇报》5000 万元财政补助，广东等地也给予部分主流媒体以财政补贴。作为“新型主流媒体”的代表，澎湃新闻的问世某种程度上解释了“市场和阵地”之间的辩证关系。2014 年，媒体湘军也开始了新一轮的整合，湖南广电、芒果传媒、教育台重组为湖南广播影视集团，《潇湘晨报》《长株潭报》《法制周报》和《当代商报》划归湖南日报报业集团，被认为是对党中央“培育几家有强大实力和传播力、公信力、影响力的新型媒体集团”指导精神的回应。

上述事件说明，未来几年传媒业发展动力将面临深层的调整和转换，源自国家战略层面的推动力量将与市场化力量一起构成传媒业发展的重要驱动因素，而重组舆论阵地和直击主流议题以提升中国对外传播软实力，则是国家在战略层面着力推进的两大工作。

（二）传媒发展逻辑：“大智移云”背景下影响力经济实现机理和传媒价值生发传导机制发生深刻改变

2002 年，学者喻国明在《影响力经济——对于传媒产业本质的一种诠释》一文中指出，“传媒在市场上的真正价值在于它在多大程度上成为其所凝聚的那群具有社会行动能力的人们了解社会、判断社会乃至做出决策、辅助实践的信息来源和资讯支点。换言之，传媒作为一项产业的市场价值在于它在多大程度上能够影响它的受众，并且这种对受众的影响力能够在多大程度上进一步影响社会进程、影响社会决策、影响市场消费和影响人们的社会行为”。

这一论断迄今依然没有过时，不过在基于移动互联的自媒体及社交媒体崛起、大众传播日趋式微的时代大背景下，影响力经济的实现机理发生了根本的改变。

在以大众传播为主导的传媒运营时代，以广告为主要支撑的“二元售卖”模式是传媒资源补偿的主要模式，媒体通过内容生产和分发凝聚社会稀缺注意力资源，再以广告的形式把这些注意力资源售卖给广告商，传媒影响力的价值生发始自内容而变现于广告市场，传媒组织通过内容生产凝聚起的人群之间以象征性认同作为联结纽带，传统的受众之间并无太多直接互动关系。

网络媒体崛起的过程亦即以传统媒体为代表的大众传播不断式微的过程，此消彼长的结果是网络新媒体逐步登上传播中心舞台，以其多样化的广告载体形态和多元化的盈利模式对传统媒体运营形成强势冲击。历经几个阶段的发展之后，网络经济的范围已然远远超越了媒体层面，以几大门户网站为代表的媒体互联、以阿里电商为代表的消费互联和以“互联网＋”为主要表征的产业互联时代渐次到来，网络的媒体属性不断弱化而经济社会属性不断增强，媒体属性与其他的经济社会属性互相附着。

在网络平台上，影响力经济的实现机理和传媒价值生发传导逻辑发生深刻改变，传播日益“去中介化”，传播功能重心亦从内容资讯传递转向基于内容的关系建构与维护，人际互动影响取代过去内容对受众的影响成为传媒价值生发传导的关键。“大智移云”背景下，线上线下社会关系同构映射、融合共生，社群经济崛起，许多产品的生产和消费本身就基于线上线下的有机联结，内蕴了社交因子和体验因素，影响力经济的实现机理从“二元售卖”的间接模式转向对社群的聚合与经营，其作用更加直接和深入——具备媒体属性的信息或其他内容资源在社群关系链中流动，推动社群关系的建构和巩固，并且基于信任关系和匹配关系促进资源流动及优化配置。

此外，大数据技术提供了全新的社会征信机制、信用体系和风控机制，传媒的核心价值从信息中介和关系中介转向更为深化的互动平台、信任平台及信用平台，并通过数据挖掘推动 C2B（Customer to Business）模式再造生产流程，实现对社群用户的个性化、定制化服务。在此过程中，媒体传播环节与生产、分销和最终消费环节紧密相连，内容的传播作为更大商业生态系统的重要入口，与其他入口一起重建对消费者和消费行为的连接关系，生态化竞争成为未来主流竞争模式。

（三）传媒发展模式分析

1. 传统媒体的入口价值不断消解，基于大众传播的广告支撑模式遭遇严峻挑战，网络广告市场则增速明显，新旧媒体间广告营收此消彼长趋势不断强化

尼尔森网联全媒体广告监测（AIS）数据显示，2014 年整体的广告市场呈

现相对缓慢的发展态势，在1～8月延续了小幅度增长之后，从9月开始广告市场的整体投放相比2013年出现了一定程度的下降，2014年广告市场同比增长1.6%，考虑到经济增长和刊例价格的上升等因素，实际情况不容乐观，传统媒体中的平面媒体市场不断萎缩，仅有电台呈现明显增长。另外，根据中国广告协会报刊分会、央视市场研究（CTR）媒介智讯发布的监测数据，2014年传统媒体广告市场出现负增长，其中报纸广告收入降幅达18.3%，比2013年降幅多出10个百分点，杂志广告收入降幅为10.2%，也大大超过了2013年的降幅；在平面媒体广告收入持续下降的同时，电视广告也首次由增长转为下降0.5%，成为2014年传统媒体广告收入下降的重要原因。监测数据存在统计口径和结果上的细微差异，但揭示的大趋势基本一致。PC互联时代，网络传播崛起，以其分众化、精准化和互动化传播优势给传统媒体的运营造成强势冲击，但其冲击力远远没有"大智移云"时代信息基础设施重构带来的冲击剧烈。图1－1是尼尔森网联AQX全媒体广告监测数据结果，由图1－1可见2014年全国广告市场同比下滑的明显趋势。

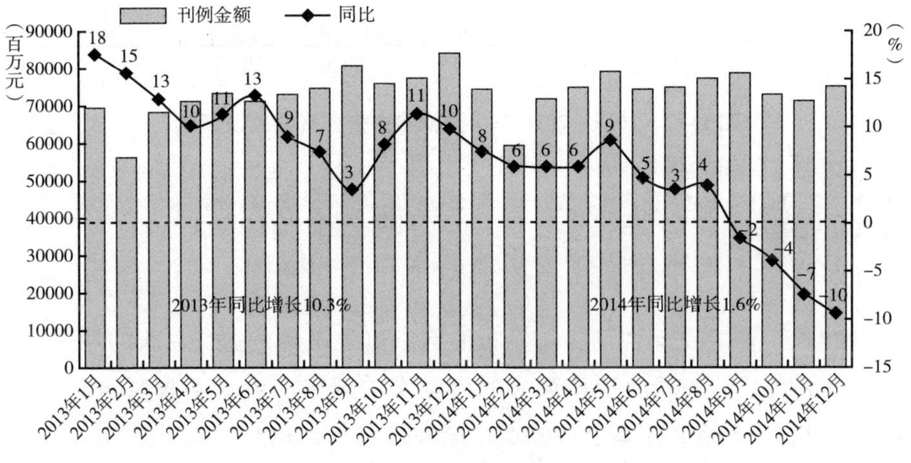

图1－1　2013～2014全国广告市场月度投放变化

资料来源：尼尔森网联AQX全媒体广告监测数据库。

与传统媒体广告市场的不景气状况形成鲜明对比，2014年中国网络广告市场规模达到1540亿元，同比增长达到40.0%，超过广播电视广告总和，其中综合性门户网站广告营收总规模破百亿元，垂直行业网络广告营收稳步增长。网络广告市场整体进入成熟稳定阶段之后，市场仍然呈现出一些新的发展态势，各个网络媒体细分领域表现各异，一些传统领域呈现出成熟态势下的增速放缓，一些领域在新的广告技术与广告形式共同驱动下，迸发出强劲的增长势头。与此同时，品牌广告主预算进一步向数字媒体倾斜，广告模式也从简单的“注意力导流”向“构建消费场景”过渡。这些均推动网络广告市场规模达到新的高度，预计未来这一趋势将继续保持并不断强化（见图 1－2）。

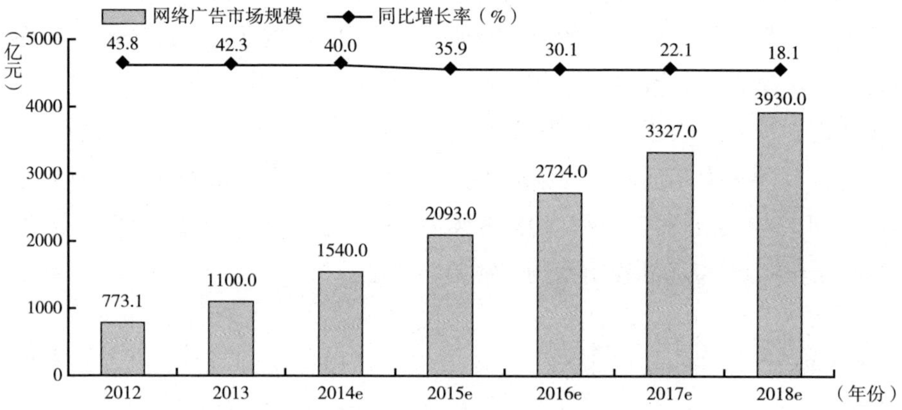

图 1－2　2012～2018 年中国网络广告市场规模及预测

注：①互联网广告市场规模按照媒体收入作为统计依据，不包括渠道代理商收入。②此次统计数据包含搜索联盟的联盟广告收入，也包含搜索联盟向其他媒体网站的广告分成。③e 表示盈利预测数。

资料来源：根据企业公开财报、行为访谈及艾瑞统计预测模型估算。

2014 年，根据艾瑞咨询集团发布的网络广告市场数据，在新的划分口径下，中国网络广告市场中占比最大的为搜索关键字广告（不含联盟），达到 28.5%，较 2013 年上升 2 个百分点；份额排名第二的广告形式为电商广告，占比为 26.0%，较 2013 年小幅下降；品牌图形广告份额位居第三，占比为 21.2%。从增长速度来看，门户及社交媒体中的效果广告增长迅速，表现突出。腾讯广点通及新浪微博广告是其中的最主要的增长力量。这在一定程度上反映出互联网企业依靠数据分析和技术驱动，达成更加智能的广告匹配以及更加高效的广告资源配置，实现了广告营收进一步提高。2014 年视频贴片广告增长得益于巴西世界杯及热门综艺（《我是歌手》第2季、《爸爸去哪儿》第2季、《中国好声音》第3季等）等热门内容的丰富。此外，大品牌广告主青睐网络视频，广告预算向网络视频倾斜也成为视频贴片广告持续增长的动力。

2. 基于版权的内容产业呈现出爆发式增长态势，产业链延伸和全版权运营成为大势所趋

虽然传统媒体基于大众传播的广告支撑模式遭遇严峻挑战，但伴随居民文化消费结构升级、消费主流人群代际更迭和内容产业本身运作模式的转变，基于版权的内容产业却呈现出爆发式增长态势。

以电影产业为例，娱乐产业信息咨询机构艺恩咨询发布的《2014年中国电影市场影响力研究报告》指出，2014年中国电影继续高速增长，观影人次达8.3亿，全年创造票房296亿元，比2013年增加了36%，为最近四年最高。在全球及各国电影增长停滞和放缓的背景下，中国电影正在以令全世界震惊的速度快速增长。2014年全球电影票房增量为16亿美元，其中75%的增量是由中国电影贡献的。中国电影在全球电影票房市场起到了主引擎作用，总占比达13%，与2013年相比提升3%，已经成长为全球第二大电影市场。

2014年，由于电影的带动，整体电影产业规模超过687亿元，其中直接和间接消费为436亿元左右，间接提供不少于50万个就业岗位，对国民经济贡献日益提升。电影票的销售渠道也发生了明显变化，有40%的观众是通过网络票务平台选座购票，影院排长队的景象难得一见。不仅如此，全年新增影院1015家，差不多每天有3家影院开业；16部票房3亿元以上的国产片中11部主打爱情或喜剧，观影主力军也发生变化，90后已超越80后，两大群体联手贡献了总票房的92%。

从近两年中国的电影观众看，总观影人次中87%的观众年龄分布在19～40岁，其中19～30岁观影人群占比超过五成。从观众的学历背景看，大学本/专科占到八成，由此可见，年轻高知白领已经成为中国核心电影观众，该群体对中国电影的消费和鉴赏在一定程度上代表了中国主体电影观众的意见。新生观影力量的崛起也带动导演的代际更迭和电影内容制作模式的改变，电影与游戏的结合日益紧密，电影衍生品开发也成为除票房之外的又一利润源泉。

易观国际发布的《中国游戏市场专题研究报告（2015）》显示，截至2014年，中国游戏市场用户数量已达5.2亿人，2014年中国广义网络游戏市场规模为 1097 亿元，较 2013 年增长 15.3%，预计到 2017 年中国广义网络游戏市场规模将达到 1566.8 亿元。在市场规模不断扩大的同时，基于 IP 的全版权运营成为大势所趋。所谓网络全版权运营，是指以网络 IP（Intellectual Property，知识产权）为核心，通过对线上线下资源和多终端传播载体的有机整合实现立体化运营，开拓网络收费阅读、手机收费阅读、实体书出版、影视动漫游戏改编发行及版权相关衍生产品售卖等多元盈利端口，以求深度挖掘版权延伸价值，实现运营效益最大化的版权运营模式。

以热门 IP《盗墓笔记》为例，2006 年南派三叔开始创作《盗墓笔记》小说系列，此后陆续出版了 9 部，总销量超过 1200 万册，积累了强大的粉丝基础。2014 年 5 月在第 67 届戛纳电影节上，欢瑞世纪宣布将联合星皓电影、光线传媒作为出品方，将畅销小说《盗墓笔记》搬上电影银幕，预计投资金额约 2 亿元；6 月，欢瑞世纪又宣布《盗墓笔记》网络季播剧计划，将与光线传媒、大道行知、爱奇艺、南派投资等投资方联合出品，尽管是网络季播剧，但全部采用电影制作班底，每集投入高达 500 万元，且由执导 3D 版《大闹天宫》的香港导演郑保瑞担任导演；2014 年 12 月，在海口举办的中国游戏产业年会上，《盗墓笔记 S》又摘取“最期待原创移动网络游戏”大奖。有分析认为，围绕《盗墓笔记》的 IP 版权销售、游戏收入、广告、衍生品等市场价值预估超过 200 亿元。

2014 年 1 月，盛大文学携手唐家三少共同成立工作室，提出了“3D 全版权运营”的理念。所谓 3D 指的是三个维度：原创小说、衍生版权和作家品牌。3D 时代的全版权运营，将发挥大数据驱动的优势，把故事大纲、小说、影视剧本、游戏、文字和漫画出版，从设计、开发、运营推广到市场营销等整合到一起，同时加强同一个作家不同作品间的协同价值，并顺应粉丝经济时代的趋势，通过专业团队的策划包装打造“明星式”作家品牌。这对以版权为基础的内容产业来说意味着运作理念上的一大飞跃，从单纯的 IP 价值多元开发上升至平台、IP、IP 创意者三者的协同发展层面，必将进一步拓展内容产业价值开发的多元空间。

未来，基于大数据和社群经济的互动娱乐时代来临，全版权运营将呈现出更多的创新色彩。

首先，从以作品和创作者为中心转向以用户需求为中心，不断提升平台黏性和用户黏性。过去的网络文学展示是以作品为中心，包括在向移动端转型时，一些 App 阅读终端也只是着眼于移动阅读体验的优化，但在用户黏性提升方面所做甚少。未来可以围绕用户需求，在展现形式上涵盖漫画、有声阅读等形态，同时尝试让网络文学的多形态展示平台也成为其他关联产品的导入口，如同一 IP 的文学产品与动漫、游戏产品的彼此导入。

其次，从单个作品的全版权运营拓展至系列化产品的品牌化运营，更加强调多渠道、多品牌的协同效应发挥，实现互动娱乐多种产品形态的衍生版权最大化。

再次，借助大数据挖掘技术，围绕用户和市场需求进行产品定制。通过对既往产品点击率、关键字、作品题材风向等参数的研判，结合读者阅读行为轨迹分析和读者群的人口社会学数据分析，可以更好地探测网络文学市场需求所在和用户价值大小（深度用户还是浅度用户），以此作为下一轮产品开发、广告匹配投放、关联推荐及版权衍生产品形态确定的基础。

最后，延伸版权产业链，打造版权社群经济。伴随网络文学的发展，诸如"玄幻小说""青春文学""盗墓小说"等细分类别逐渐清晰，也各自形成相对稳定的粉丝群体。一方面，这有助于网络全版权运营实施"概念营销"，通过概念化、标签式包装迅速锁定目标人群；另一方面，在社交媒体时代，这部分文化消费趣味相近的人群在年龄分层、教育程度和实体消费行为上也有一定的相似性，借助官方微博、微信公号、微信群等新媒体传播矩阵，可以对这些人群进行深度连接和整合，让这些人群内部有机互动，围绕这些人群打造新媒体社区，本身就提供了一个口碑营销和社交电商的绝佳平台，为后续的社群经济运营拓展了新的可能空间。

3. 移动互联打通了线上线下边界，"传媒+时代"平台协同价值的大小成为决胜关键，入口碎化与多入口协同趋势并行；以 BAT 为代表的超级平台内容吸附能力不断增强，竞争朝生态化方向发展

如前所述，移动互联与 PC 互联相比最大的一个优势就是真实社交关系及位置关系的引入，使得真实世界和虚拟世界进一步交融，以及由此催生的各种近景消费可能。在传统大众传播媒体入口价值不断消解的同时，基于移动媒体的精准传播、场景化传播并与真实世界直接关联的新入口不断涌现，重塑传播入口与消费者的关联关系。不同入口迎合了用户的当下需求并催发出差异化的后续需求和行为模式，进而拓展出不同的商业模式生态和商业价值空间，使“传媒+时代”渐行渐近，盈利模式日益多元化。

所谓“得入口者得天下”，移动互联网入口就意味着连接用户的第一触点。谁掌握了移动互联网入口，谁就可以通过高黏度的内容和服务将产品优势转变为流量优势和用户规模优势，从而将虚拟的社会资本或文化资本转化为商业价值。不同入口背后所隐含的人与信息、人与人关系的聚合模式，也会对用户的后续需求及拓展性行为起到明显的牵引作用。好的入口不仅要有足够的用户规模、用户黏性和活跃度，还要具备将线上功能与线下世界深度融合，并有效地链接外部资源的潜力。例如移动地图App可以将消费需求信息与餐饮、电影院、KTV、商场等商户深度对接，通过流量导入共同搭建全新的营销平台和商业生态圈，同时相关用户消费数据、行为数据也作为重要的数字资产不断积累增值。

网络经济学有一条著名的梅特卡夫法则：网络价值与网络节点数的平方成正比。由此衍生出网络协同价值的概念：一个网络或基于网络的商业生态系统，其协同价值由两方面因素决定，一个是用户规模大小，另一个是该商业生态系统中产品的互补品规模大小。用户规模越大，互补品越多，互补品的专属性、排他性越强，该系统对于其他竞争者的门槛就越难以逾越。而一个系统内的不同入口可以视彼此为吸引流量、转化流量的互补品。显然入口越多元，功能越丰富，所能吸引的流量和产生的协同价值就越大。

协同价值的存在让互联网的资源补偿模式迥异于传统产业，整个资源流动和补偿都是基于整个网络而实现的，对单个入口的投入并不与其自身的显性产出必然挂钩，其投入产出比更多由该入口给整个网络带来的协同价值大小来决定。深度识别和充分把握影响协同价值大小的关键因素是制胜前提，需要围绕用户全方位需求的结构化满足，以及用户全生命周期的需求衍变，多层次、多落点设置不同形态的入口矩阵。核心入口与外围入口多方互补，让用户的碎片化时间在多入口联动或切换过程中重新整合利用，以此提升整个系统的协同价值。同时也通过对用户人性化需求的全方位满足构筑更强黏性，形成用户锁定，为竞争对手进一步设置门槛。

目前，在中国大陆已经初步形成BAT（百度、阿里巴巴、腾讯）三大网络生态系统，BAT三巨头分别依托自身的核心积累优势，借助资本手段布局整体商业生态系统，并争夺中小型开发者，力图把更多的互补品网罗进自身的商业生态系统以促发更大的协同价值。

腾讯提出“全面开放，连接一切”的目标，把自身的能力、流量、场景和代码对众多创业型中小开发团队开放，形成以自身核心产品为主体架构、凝聚含纳多样化互补品的开放体系；百度将在PC互联时代积累的搜索优势与LBS功能进行深度整合，开发出“百度地图”作为百度在移动互联时代赖以立足的“超级入口”，并初步构筑了以“移动搜索+地图LBS+App分发”为主体、以诸多轻应用为辅助，立足百度大数据优势的全方位本地生活服务平台；阿里提出“以控制为出发点的IT时代正在走向激活生产力为目的的DT（Data Technology）时代”，声称要“端带动云，云丰富端”，以数据积累和共享为基础，不断打造“云端一体、云地一体、多入口协同”的模范样本。自2013年至今，阿里集团相继投资新浪微博、UC，收购友盟、酷盘，领投Tutor Group并全资收购高德，以建立一套移动端的商业生态系统。

尽管入口不断多元，盈利模式不断丰富，但内容依然是吸引和黏合用户的重要抓手，2014年BAT三巨头不约而同依托资本优势大举进军包括电影产业在内的内容产业即充分说明了这一点。例如，2015年1月26日，腾讯文学和盛大文学宣布将联合成立新公司“阅文集团”，对原本在盛大文学和腾讯文学旗下的起点中文网、创世中文网、潇湘书院、红袖添香、小说阅读网、云起书院、QQ阅读、中智博文、华文天下等众多网文品牌进行统一管理和运营。如果说盛大文学作为一个典型的网络文学内容聚合平台以“全版权运营”作为核心竞争力，那么这些原盛大旗下的内容平台在腾讯提供的超级商业生态系统中很可能走出一条不同于既往模式的发展道路。在互动娱乐时代，优秀内容作为重要入口对整个商业生态系统的“引流”才是更重要的价值所在。

B.2

2014年中国传媒投资现状和预测报告

陈端　董倩*

摘　要：相较于2013年，2014年的传媒投资逻辑开始向本源性回归。本报告立足于传媒投资格局变动与传媒产业发展格局变动的内在关联，系统梳理了2014年中国传媒产业的投资状况与重点事件，力求超越现象与个案层面的简单罗列，厘清其内在主线与关键决定因素，并在此基础上对2015年传媒投资机遇空间做出方向性的预测与展望。

关键词：传媒投资　现状　预测

一　2014年传媒投资状况总体描述

2014年的传媒行业投资可谓"乱花渐欲迷人眼"，单以传媒并购为例，据Wind数据统计，该年度国内文化传媒行业并购事件总数为175起，包括影视、广告、游戏、有线、出版和卫星电视等子行业，涉及资本约1650亿元，并购类型包括借壳上市、行业整合和业务转型。其中以影视并购最为疯狂，多达63起，而行业整合成为并购主流。此外，2014年年初IPO开闸，传媒行业借壳上市+IPO，新增十余家上市公司。传统行业通过并购等途径转型传媒业态40家左右，尤其在院线、媒体电商、动漫影视、数字阅读、数字营销等新兴领域开始有更多细分龙头公司登陆资本市场。传媒投资愈是"热闹"，愈需要我们厘清纷繁事件表象背后的投资主线、投资逻辑，把脉未来传媒投资趋势方

---

* 陈端，中央财经大学新闻系教师，博士；董倩，中央财经大学新闻系。

向与机遇空间。

总体而言，2014年传媒领域的投资格局变动与传媒产业发展格局变动之间保持着内在逻辑上的呼应关系。伴随消费升级、结构转型和媒介融合，传媒产业外延式扩张不断加速；同时2014年1月IPO开闸后壳资源价值降低，传媒领域的投资开始回归本源性逻辑，决定行业发展的关键资源流向对资本形成强势的牵引作用。2014年大的投资主线有两条：一是拥有政策、牌照等资源优势的国有传媒企业，在政府积极推进媒介融合的大背景下未来成长发展空间被看好，“传媒国家队”成为资本追逐的宠儿；二是拥有渠道或者平台优势的市场化龙头企业（如BAT）以资本为手段加紧整体布局，推动行业集中度的提升。其他还有一些领域也被资本市场看好，具备成长性优势的网络新兴垂直细分领域如互联网金融、移动营销、互联网电视、互联网彩票、在线教育等被风险投资所青睐。一些传统行业上市或非上市公司出于各种目的通过跨界投资进入传媒内容行业。此外在“文化走出去”大背景下，部分国有文化传媒龙头企业和市场化传媒龙头企业向海外的投资扩张也构成2014年传媒投资领域一道靓丽的风景线。

十八届三中全会公报在文化建设与体制改革的思路方面，更加强调机制创新和构建新型市场主体、完善市场体系的导向，这种强调将带来产业环境的持续优化，并将鼓励社会资本持续进入，市场化、产业化的力度将不断加大。再加上消费升级和科技创新力量的推动，传媒领域未来良好的行业成长性不容置疑。与此同时，传媒敏感的意识形态属性、文化体制改革的政策落地受全面深化改革大局进程影响面临的不确定性、未来宏观经济复苏及景气程度等，都可能为传媒投资带来潜藏的风险。在传媒领域，资本力量在各种博弈之中处于相对弱势地位，对各类可能风险的把控也是其要重点考虑的因素之一。

二　2014年传媒两大投资主线扫描

（一）积极推进媒介融合大背景下“传媒国家队”再起航

十八届三中全会通过的《中共中央关于全面深化改革若干重大问题的决定》提出通过建设文化市场体系来培育市场竞争主体，明确政府定位从管文化向办文化转变，国有文化资产监督管理办公室简称（文资办）将成为上级监管机构。文资办的出现将推动国有文化资产布局和结构的战略性调整，尤其是在决定再次鼓励“跨地区、跨行业、跨所有制兼并重组”的情况下，未来区域性国有娱乐传媒集团将成为趋势并将相继出现。

2014 年 8 月 18 日，中央全面深化改革领导小组第四次会议审议通过的《关于推动传统媒体和新兴媒体融合发展的指导意见》被视为自十七大提出“大力发展文化产业”以来最好的政策机遇。尽管政策文件是 8 月份下达，但“春江水暖鸭先知”，“传媒国家队”以资本运作牵引媒介融合与创新的一系列动作在此之前便已经展开。

2013 年 10 月 28 日，由原解放日报报业集团与文汇新民联合报业集团整合组建成立上海报业集团，这是上海加快传统媒体和新媒体融合发展，打造“形态多样、手段先进、具有强大传播力和竞争力的新型主流媒体”的重要举措。2014 年 7 月 22 日，澎湃新闻客户端正式上线，该客户端由上海报业集团《东方早报》团队打造，除了内容在社交媒体上所引发的话题效应外，其在资本结构上的突破也值得关注。据了解，“澎湃”项目的初期投资金额达 3 亿～4 亿元，其中一部分来自政府，一部分来自财团，包括联想旗下的弘毅资本。此外，“澎湃”的核心成员还实现了对项目的持股，这在其他国有媒体项目中并不多见。2014 年 8 月 19 日，由上海报业集团与中国首个国家级大型人民币母基金元禾母基金作为基石投资者共同发起的 825 新媒体产业基金正式成立，设立规模为 12 亿元，该基金将体现主体丰富、产业融合以及主流媒体与新媒体深度融合的特点，投资布局移动互联网时代新媒体内容生产、消费转型及技术支撑环节的潜力型、成长型项目，打造中国最专业的新媒体投资基金。

2014 年 7 月 23 日下午，前海金融控股有限公司（简称前海金融）与前 21 世纪传媒执行总裁刘洲伟所带领的团队签署了新媒体项目合作协议，决定成立专门公司，新公司全称为前海国际新传媒有限公司（简称前海传媒），刘洲伟出任该公司总经理。与上海投资澎湃新闻一样，此次投资也是深圳市政府主导下的一次政府投资传媒试验，除注册的 30 亿元资本和手里掌握的百亿元资金外，前海金融还有 500 多亿元资本可以调度。该新媒体平台将借鉴美国《赫芬顿邮报》的内容模式，首发 4 个产品，一个泛金融类新闻资讯 App、两个微信公众号和一个泛金融新闻门户网站。

2014 年 11 月 21 日，上海文广集团旗下 A 股文化传媒板块中市值排名第一、第二的百视通、东方明珠同时发布公告，宣布百视通将以新增股份换股的方式吸收合并东方明珠。公开信息显示，重组分三部分：百视通对于东方明珠实施换股吸收合并；发行股份和支付现金购买 SMG 旗下的尚世影业、东方购物等四个细分市场的优质资产和业务资源；向文广投资中心、上海国和基金、交银文化基金、绿地金控、中民投资等十大发行对象募集配套资金 100 亿元。交易完成后，东方明珠注销，合并后新上市公司预计市值超千亿元，控股股东上海文化广播影视集团有限公司拥有新公司 45.07% 股权，配套募集资金对象合计持股比例为 11.69%，其他中小股东持股比例为 42.43%。此次重组完成后，上市公司将全力打造含纳“内容、平台与渠道、服务”的互联网媒体生态系统。除此之外，还将进一步推进传统媒体与新兴媒体的融合，成为文广集团统一的资本平台和产业平台。这也宣告 A 股市场上第一家千亿元级互联网媒体的起航。此次合并的符号意义彰显，其后出版传媒、新华传媒、中视传媒、电广传媒、大地传媒、歌华有线、广电网络等传媒股联袂逆势大涨。

此外，传统出版领域的发展模式、发展战略资本结构调整也在 2014 年有了较大推进。2014 年 4 月，国家新闻出版广电总局联合财政部出台《关于推动新闻出版业数字化转型升级的指导意见》，传统出版单位开始响应政策精神，利用微博、微信等新兴媒体进行选题策划、联系作者、图书营销，通过中国移动阅读基地、苹果商城、移动客户端销售电子出版物，并参与投资建设新媒体出版平台或通过并购新媒体公司引入互联网基因，在坚持传统出版优势的基础上逐渐实现传统出版业的变革，形成传统出版与新媒体优势互补、联动发展的新格局。当然，并购新媒体公司后需要在发展战略、管理制度、人力资源、企业文化等方面进行一系列整合①，后续工作依然任重而道远。

例如，2014 年 2 月，时代出版集团投资打造的深度社交 + 内容聚合的网络社交平台“时光流影”正式上线，整合出版资源，实现自媒体出版、个性化按需出版、社交讨论、信息服务推广等多种功能；2014 年 6 月，中文传媒并购了专注于国际化的互联网综合平台企业智明星通，欲以其为基础逐渐开始

① 参见魏玉山《七大关键词彰显出版改革发展主旋律——2014 年度中国出版业发展报告摘要》，《中国新闻出版报》2015 年 2 月 25 日。

对公司的数字出版、发行领域的O2O改造，对“校园超市”电子书包等项目进行实质性推进。

（二）市场化巨头的行业整合与集中①

国资系传媒依托政策红利和资本力量不断进行新媒体探索实验，具有平台和渠道优势的市场化互联网巨头们也不甘落后，一方面是自营业务的不断扩张，在母体之内不断衍生出各类新产品，一方面是大手笔的投资和并购，从国内到国外跑马圈地综合布局，借资本之力把创业创新力量不断吸纳到自身的商业生态系统中，行业集中度进一步提升，几大互联网帝国呼之欲出。

1. 阿里巴巴2014年的投资布局

2014年9月19日阿里巴巴正式上市，造就美股史上最大IPO纪录。从电子商务出发，阿里巴巴打造了一个很大的商业生态系统，通过自有业务、资本手段，构建起一个庞大且具备相互协作前景的商业大版图。在这张版图中，阿里巴巴的“互联网帝国”囊括了电子商务、金融、本地生活O2O、教育、旅游、汽车、房产、医疗健康、硬件、游戏等各个领域（见表2－1）。与此同时，阿里巴巴在全球化的生态链中，也开始进一步扩张。

在演进路径上，阿里巴巴先从电商平台服务端开始，积累起用户规模和交易流量，然后基于电商交易环节打开金融与支付缺口，基于电商配送环节布局线下物流行业，继而在金融和物流两个环节再一次挖掘和释放流量，并将其独立成又一个具备战略性意义的节点，围绕其进行深化布局。接着，阿里巴巴再进一步利用海量交易信息扎根到更加基础层的大数据和云计算技术环节，构建更具普遍意义的底层应用技术系统。

与此同时，在移动和无线领域，阿里巴巴一方面将PC端积累的用户和流量通过移动端产品进行迁移、转化，另一方面，在移动互联网布局上，遵循元思考框架从基础应用层继续进行战略布局，推出YUNOS和“百川计划”等，扩展到移动O2O生活服务和社交等应用场景当中。此外包括数字娱乐、旅游、健康等领域也都不断为阿里巴巴主业提供资源嫁接、流量入口甚至是价值变现的可能。

---

① 本部分内容参见IT桔子《盘点“BAT＋3M”五大互联网巨头2014投资布局》，作者为IT桔子创始人文飞翔。

表 2-1 2014 年阿里巴巴投资/收购盘点

	时间	公司	领域	融资金额	轮次	其他投资方
国内投资	2014.12	Ktplay	游戏	N/A	A 轮	
	2014.12	华康全景	医疗健康	数千万美元	C 轮	云锋基金
	2014.11	华谊兄弟	文化娱乐	36 亿元	IPO 及以后	腾讯、平安
	2014.1	陌陌	SNS 社交	6000 万美元	IPO 及以后	58 同城
	2014.1	时光小屋	移动互联网	数百万美元	A 轮	联创策源
	2014.1	遛遛宠物	消费生活	数百万美元	A 轮	紫辉投资
	2014.9	魔漫相机	文化娱乐	千万美元	A 轮	
	2014.9	石基信息	房产酒店	28.1 亿元	IPO 及以后	
	2014.8	芭乐传媒	文化娱乐	1 亿元	B 轮	乐视网、TCL
	2014.8	树熊网络	企业服务	数千万元	A 轮	
	2014.6	超级课程表	SNS 社交	数千万美元	B 轮	红杉、联创策源
	2014.6	虎嗅网	文化娱乐	数千万元	B 轮	
	2014.6	恒大足球	文化娱乐	12 亿元	战略投资	50% 股份
	2014.6	21 世纪传媒	文化娱乐	5 亿元	战略投资	
	2014.5	卡行天下	电子商务	数亿元	B 轮	
	2014.5	美团网	消费生活	3 亿美元	C 轮	泛大西洋资本、红杉资本
	2014.4	V 电影	文化娱乐	数千万元	A 轮	
	2014.4	优酷土豆	文化娱乐	12.2 亿美元	IPO 及以后	云锋基金
	2014.4	华数传媒	文化娱乐	65.36 亿元	IPO 及以后	云溪投资
	2014.4	快的打车	汽车交通	数千万美元	B 轮	经纬中国
	2014.3	百程旅行	旅游	2000 万美元	B 轮	宽带资本
	2014.3	银泰商业	消费生活	53.7 亿港元	IPO 及以后	
	2014.2	茵曼	电子商务	数千万美元	A 轮	IDG
	2014.2	VIPABC	教育	1 亿美元	B 轮	淡马锡、启明、CA 创投等
国内收购	2014.6	UC 优视	移动互联网	43.5 亿美元	收购	
	2014.5	阿斯兰商旅	旅游	N/A	收购	
	2014.4	恒生电子	金融	32.99 亿元	收购	
	2014.3	一达通	电子商务	N/A	收购	
	2014.3	文化中国	文化娱乐	62.44 亿港元	收购	
	2014.2	高德	移动互联网	10.45 亿美元	收购	云锋基金
	2014.1	中信 21 世纪	医疗健康	1.7 亿美元	收购	

续表

	时间	公司	领域	融资金额	轮次	其他投资方
国外	2013.11	V-Key	金融	1200万美元	B轮	IPVCapital
	2014.1	Peel	硬件	5000万美元	D轮	
	2014.8	Kabam	游戏	1.2亿美元	战略投资	
	2014.5	新加坡邮政	电子商务	2.49亿美元	战略投资	
	2014.4	Lyft	汽车交通	2.5亿美元	D轮	Andreessen Horowitz等
	2014.3	Tango	SNS社交	2.8亿美元	D轮	高通、DFJ
	2014.1	1stdibs	电子商务	1500万美元	C轮	
云锋基金	2014.12	小米	硬件	11亿美元	E轮	GIC、DST、厚朴基金等
	2014.5	全峰快递	电子商务	数亿元	C轮	

从IT桔子数据库来看，2014年阿里巴巴在投资和收购上特别活跃，先后进行了超过40起的投资收购，粗略计算阿里巴巴投资金额超过170亿美元。从投资数量来看，投资收购次数最多的TOP5领域依次是：文化娱乐10起投资、电子商务6起投资，移动互联网、消费生活O2O、SNS社交各有3起投资；从投资金额分布看，阿里巴巴出钱多的TOP5领域是：移动互联网54亿美元、文化娱乐和消费生活O2O都有30亿美元、金融25亿美元、房产酒店17亿美元。从国内外分布来看，阿里巴巴在2014年参与了国外7家公司的投资，涉及金额15.34亿美元；行业覆盖比较多，包括电商、金融、硬件、汽车交通、游戏等。

移动互联网对于阿里巴巴的战略意义不言而喻，但阿里巴巴自身在船票方面一直不稳固，2014年阿里巴巴终于下定绝对收购UC优视，在拿到了一张船票的同时也付出了43.5亿美元。另外一个大手笔则是10.45亿美元收购高德。两个大额收购让阿里巴巴在该领域的花费达到近54亿美元，成为2014年花钱最多的地方。文化娱乐也是阿里巴巴非常关注的领域，投资数量最多，金额也非常大，发生了10起投资和并购，总金额接近30亿美元，具体包括：62.44亿港元收购文化中国60%股权，并随后将其升级为“阿里影业”；65.36亿元入股华数传媒，12.2亿美元战略投资优酷土豆集团，12亿元投资广州恒大足球俱乐部，与腾讯、平安一起斥资36亿元入股华谊兄弟，5亿元投资21世纪传媒等，此外还有投资魔漫相机、V电影、芭乐传媒、虎嗅网等。

消费生活O2O服务是阿里巴巴目前的战略重点业务，同样也进行了大手笔投资，包括53.7亿港元投资银泰商业，参与美团网C轮3亿美元的融资，此外还投资了垂直方向上的遛遛宠物，消费生活O2O整体金额也接近30亿美元。金融领域，阿里巴巴自身非常强势，业务线很长，在投资上面也很下力，包括32.99亿元入股恒生电子、1200万美元投资移动安全支付公司V-Key。电子商务领域，同样是阿里巴巴的优势行业，在2014年的投资数量比较多、但金额不太大，而且大多数投资是在物流行业。物流方面包括新加坡邮政、全峰快递、卡行天下；此外还有外贸电商服务商一达通、美国奢侈品电商1stdibs等。在互联网改造升级传统行业领域，阿里巴巴则在汽车交通、房产酒店、教育、旅游、医疗健康多个方向也有投资。交通出行领域包括领投美国拼车公司Lyft的2.5亿美元D轮融资，数千万美元参与快的打车的投资等；酒店领域则是28.1亿元投资石基信息获得15%的股份，在酒店信息管理系统布局；教育领域1亿美元领投语言学习网站VIPABC；旅游方向上，和宽带资本2000万美元投资出境游服务商百程旅行，收购了商旅服务商阿斯兰商旅；医疗健康领域，1.7亿美元投资中信21世纪并在后面更名为阿里健康，还有数千万美元投资移动医疗及挂号服务商华康全景。

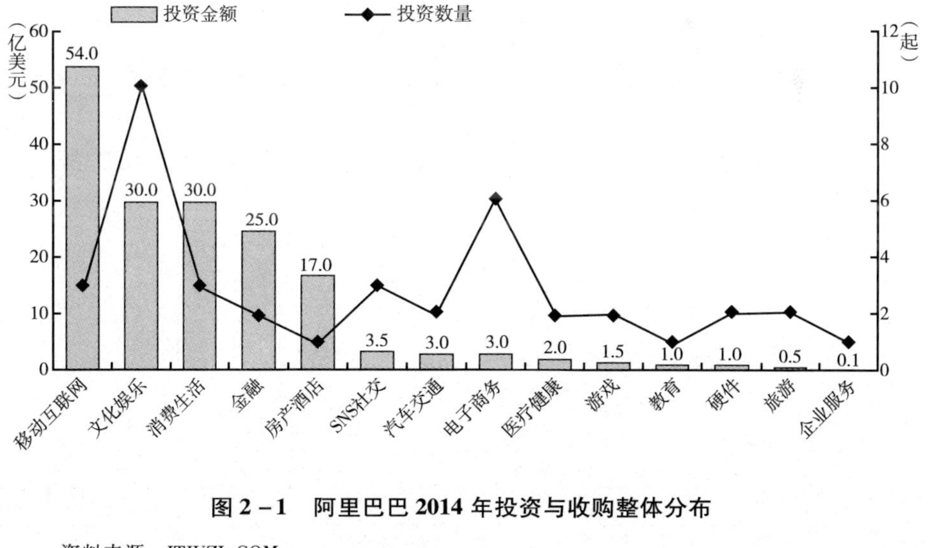

图2-1 阿里巴巴2014年投资与收购整体分布

资料来源：ITJUZI. COM。

社交一直是阿里巴巴的一个痛点，它自己尝试了多个产品线，可能探索并不如意，但在投资上阿里巴巴却非常有收获，最典型的当属对于陌陌的投资，实现了非常好的财务回报。此外阿里巴巴也非常关注对新生代群体的覆盖，比如投资了瞄向学生群体的“超级课程表”，国外则大手笔投资了移动社交应用Tango。智能硬件上，阿里巴巴也有所涉足，包括参与Peel的5000万美元D轮融资，此外其关联基金云锋基金参与了小米科技E轮11亿美元的融资。

2. 腾讯2014年的投资布局情况

腾讯在坐拥QQ、微信两大社交媒体王牌的基础上，也继续大力布局新业务，包括消费生活O2O、金融、医疗健康、汽车交通等。相比阿里巴巴，腾讯可能没有那么多的业务线，但在纵深战略上腾讯挖掘得更好，比如游戏。在投资或收购上腾讯也很强大，依托其平台和流量优势，腾讯参与投资入股等于为被收购公司赋值，不少腾讯参股公司后来被A股上市公司收购，让腾讯实现了比较好的财务回报，以至于A股市场一直有“腾讯题材股”的说法（见表2-2）。

表2-2　2014年腾讯投资/收购盘点

	时间	公司	领域	融资金额	轮次	其他投资方
国内投资	2014.12	WiWide迈外迪	移动互联网	3亿元	C轮	大众点评
	2014.12	滴滴打车	汽车交通	7亿美元	D轮	淡马锡、DST
	2014.12	面包旅行	旅游	5000万美元	C轮	宽带、富达亚洲
	2014.11	人人快递	电子商务	1500万美元	A轮	高榕资本
	2014.11	华谊兄弟	文化娱乐	36亿元	IPO及以后	阿里巴巴、平安
	2014.10	Blink快看	SNS社交	2000万美元	A轮	红杉资本、创新工场、Hcapital、真格基金等
	2014.10	挂号网	医疗健康	1.07亿美元	C轮	复星昆仲、晨兴创投、启明创投
	2014.10	华彩控股	文化娱乐	数亿元	IPO及以后	
	2014.10	口袋购物	电子商务	3.5亿美元	C轮	H Capital、老虎基金、Vy Capital和DST等
	2014.10	58同城	消费生活	8.6亿美元	IPO及以后	（累计投资金额）
	2014.9	丁香园	医疗健康	7000万美元	C轮	
	2014.9	e家洁	消费生活	400万美元	A轮	盛大资本
	2014.9	我趣旅行	旅游	2000万美元	B轮	晨兴创投

续表

	时间	公司	领域	融资金额	轮次	其他投资方
国内投资	2014. 9	华南城	消费生活	8 亿港元	战略投资	
	2014. 9	红点直播	文化娱乐	300 万美元	A 轮	
	2014. 8	跨考教育	教育	3000 万元	B 轮	
	2014. 7	荣昌 e 袋洗	消费生活	2000 万元	天使投资	
	2014. 7	优答	教育	3000 万元	A 轮	
	2014. 6	PICOOC	医疗健康	2100 万美元	B 轮	京东商城
	2014. 5	擎天柱	游戏	1. 5 亿元	B 轮	
	2014. 3	京东商城	电子商务	2. 14 亿美元	战略投资	
	2014. 3	买卖宝	电子商务	1 亿美元	战略投资	红杉资本
	2014. 3	乐居	房产酒店	1. 8 亿美元	IPO 及以后	
	2014. 2	刷机大师	移动互联网	数千万元	B 轮	
	2014. 2	同程网	旅游	5 亿元	C 轮	元禾控股
	2014. 2	大众点评网	消费生活	上亿美元	E 轮	
	2014. 1	滴滴打车	汽车交通	1 亿美元	C 轮	中信产业基金
	2014. 1	人人贷	金融	1. 3 亿美元	A 轮	挚信资本
	2014. 1	艺动娱乐	游戏	数千万元	B 轮	
	2014. 1	富途证券	金融	数千万元	A 轮	
	2014. 1	华南城	消费生活	15 亿港元	战略投资	
国内收购	2014. 5	四维图新	移动互联网	11. 73 亿元	收购	
	2014. 1	科菱航睿	移动互联网	6000 万元	收购	
	2014. 12	Kamcord	游戏	1500 万美元	B 轮	
	2014. 12	Aiming	游戏	N/A	C 轮	
	2014. 12	Playdots	游戏	1000 万美元	A 轮	Greycroft Partners 等
	2014. 11	4：33 Creative Lab	游戏	1. 1 亿美元	战略投资	Line 等
	2014. 11	Heirloom	SNS 社交	100 万美元	天使投资	
	2014. 10	Tile	硬件	1300 万美元	A 轮	纪源资本
国外投资	2014. 9	AltspaceVR	硬件	520 万美元	A 轮	Google 等
	2014. 9	PATI Games	游戏	2000 万美元	战略投资	Line 等
	2014. 7	Scaled Inference	硬件	N/A	天使投资	Felicis Ventures 等
	2014. 6	TapZen	游戏	800 万美元	A 轮	
	2014. 4	Weebly	企业服务	3500 万美元	C 轮	红杉海外
	2014. 3	Whisper	SNS 社交	3000 万美元	C 轮	Shasta Ventures、thrive capital 等
	2014. 3	CJ Games	游戏	5 亿美元	战略投资	

资料来源：ITJUZI. COM。

根据IT桔子提供的数据，2014年腾讯进行投资或收购46起，投资粗略估算为65亿多美元（见图2-2）。

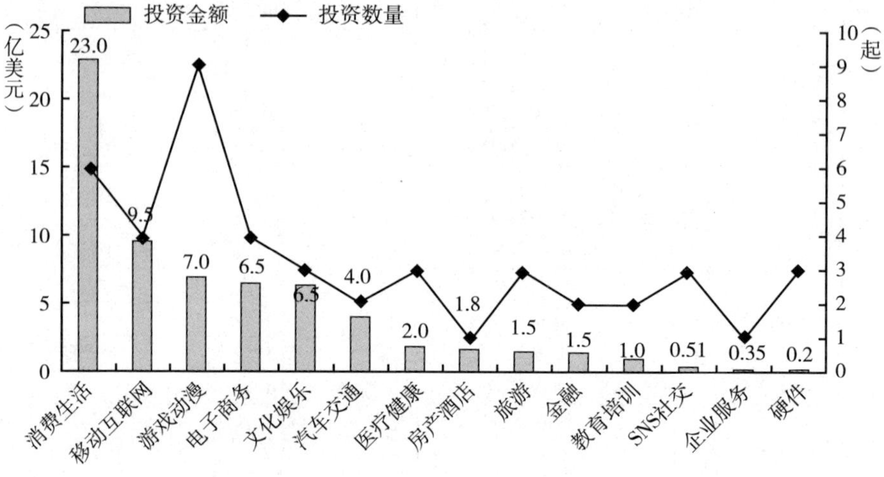

图2-2 2014年腾讯投资分布

资料来源：ITJUZI. COM。

从腾讯2014年投资所覆盖的行业集中度来看，游戏、消费生活O2O、电子商务、移动互联网、文化娱乐等是TOP5细分行业；从投资金额的分布来看，腾讯花费最多资金量的TOP5行业是消费生活O2O、移动互联网、游戏、电子商务、文化娱乐；消费生活对于腾讯而言是2014年的战略重点，一方面这个领域已成为BAT角逐最激烈的方向，另一方面则是对于腾讯或微信来说，消费生活服务是必然要拓展的重要领域，腾讯2014年在这个领域的投资最大手笔投入当属58同城，围绕其上市前后进行了3轮投资，总金额达到8.6亿美元，腾讯持股比例也达到了24%。除开财务回报外，两者在业务上的结合也值得关注。另外一个大手笔当属大众点评网，虽然未透露具体金额，但腾讯持股比例达到20%，相比大众点评接近10亿美元的估值，也是一笔非常大的投资。此外投资还包括华南城、e家洁、荣昌e袋洗等。

腾讯在其主营业务收入游戏领域，2014年也大举布局，共投资9家游戏公司，其中7家都是国外公司，累计金额超过6.6亿美元。腾讯在电子商务领域的积累优势一直比较弱，于是在2014年改变做法，借由投资介入，共投了

4家公司，金额达到6.5亿美元，其中战略级的投资当属2.14亿美元投资京东商城，并把拍拍网等一些电商业务注入到京东之中，接着围绕电商、微信商城进行了非常多的合作；移动电商也是腾讯重点关注的，这个领域投资了口袋购物，继续追投了买卖宝，此外围绕电商的配送快递环节，投资了共享经济模式的人人快递。

移动互联网领域，虽然腾讯持有微信这张船票，但在投资上毫不放松，主要在一些底层或者基础服务板块布局，包括做导航的四维图新、科菱航睿，还有商用Wi-Fi解决方案、连接商家移动端服务的WiWide迈外迪，另外一个是在渠道和刷机领域的刷机大师。

文化娱乐同样是腾讯重点关注的领域，毕竟整体而言腾讯是个互动娱乐公司，在这个领域有着天然的优势。腾讯2014年在这个领域的投资包括与阿里巴巴、平安集团一起斥资36亿元入股华谊兄弟、数亿元战略入股华彩控股，还有300万美元投资视频服务提供商红点直播等。SNS社交虽然是腾讯所擅长的领域，但面对新生代社交，腾讯仍旧不敢在这个领域掉以轻心，2014年的3起投资包括国内的Blink快看和国外的匿名社交网络Whisper、熟人社交网络Heirloom。智能硬件方向，腾讯仍在小心探索，而且除开PICOOC外，其他所投资的公司基本都来自国外，包括Tile、AltspaceVR、Scaled Inference等，金额也不太多，合计才三四千万美元。

在互联网与传统行业结合消费升级的领域，与阿里巴巴几乎是针锋相对，腾讯在汽车交通、医疗健康、教育、旅游、金融、房产酒店等领域也进行了比较多的投资和布局。这些行业的业务是腾讯自身以前触及比较少的，但却是当前很多创业公司所重点摸索的，在这样的时间点上，通过投资来做这些垂直行业可能更高效一些。

交通出行方面，腾讯继续大手笔投资滴滴打车；医疗健康上，腾讯首次开始布局，覆盖软硬件、移动及PC，包括1亿美元投资挂号网、7000万美元投资丁香园、2100万美元联合京东投资PICOOC；教育领域则先后投资了跨考教育、优答等；金融上投资了人人贷、富途证券；旅游领域投资了同程网、面包旅行、我趣旅行；房产酒店则是1.8亿美元投资乐居。

对于国外投资，腾讯在2014年动作比较大，13起国外投资涉及金额近13亿美元；其中8起是与游戏相关的投资（见图2-3）。

图 2－3　2014 年腾讯的互联网版图

资料来源：IT 桔子《2014 年度中国互联网创业投资盘点》。

3. 百度2014年投资布局

2013 年百度是大手笔投资，在 BAT 当中花费金额最多，2014 年整体的投资节奏放慢，更多是在做一个技术积累的过程，在新产品和新服务领域的投资也不是太多，但对于特别看好的领域如教育、硬件则投资动作非常迅速。与阿里巴巴、腾讯不一样的是，百度加大了前沿科技的探索力度，引进了一些世界级的科学家（见表2－3）。

表2－3　2014年百度投资/收购盘点

	时间	公司	领域	融资金额	轮次	其他投资方
国内投资	2014.11	爱奇艺	文化娱乐	3亿美元	B轮	小米、顺为基金
	2014.11	oTMS百川快线	汽车交通	600万美元	A轮	经纬、紫辉投资
	2014.9	智课网	教育	1060万美元	A轮	
	2014.9	上海汉枫	硬件	数千万元	A轮	
	2014.7	万学教育	教育	数千万美元	C轮	浩然教育、DCM
	2014.5	蓝港在线	游戏	2000万美元	D轮	
	2014.4	猎豹移动	移动互联网	5000万美元	IPO及以后	小米、金山
	2014.4	沪江网	教育	8000万美元	C轮	
国内收购	2014.7	传课网	教育	N/A	收购	
	2014.1	乐彩	文化教育	N/A	收购	
	2014.1	糯米网	消费生活	N/A	收购	
国外投资	2014.12	Pixellot	文化娱乐	300万美元	天使投资	
	2014.12	Uber	汽车交通	6亿美元	E轮	
	2014.10	Indoor Atlas	移动互联网	1000万美元	A轮	
	2014.10	Peixe Urbano	电子商务	N/A	收购	

资料来源：ITJUZI. COM。

据IT桔子数据，2014年百度的投资和收购仅有15起，主要集中在汽车交通、文化娱乐、教育等领域，电子商务、游戏、硬件都在探索的方向，总金额也不是太多，粗略估算有近14亿美元，而且其中有6亿美元就投向了Uber，大多数投资都在比较小的数量级，可能更倾向于内部探索（见图2－4）。

从投资数量来看，百度2014年投资最活跃的当属教育领域，有4起投资，包括1起收购，这些公司有教育平台服务的“传课网”、语言学习服务商“沪江网”、出国留学服务商“智课网”、大学生教育和考试考研服务“万学教育”，基本上也是在线教育创业的火热方向。接下来是文化

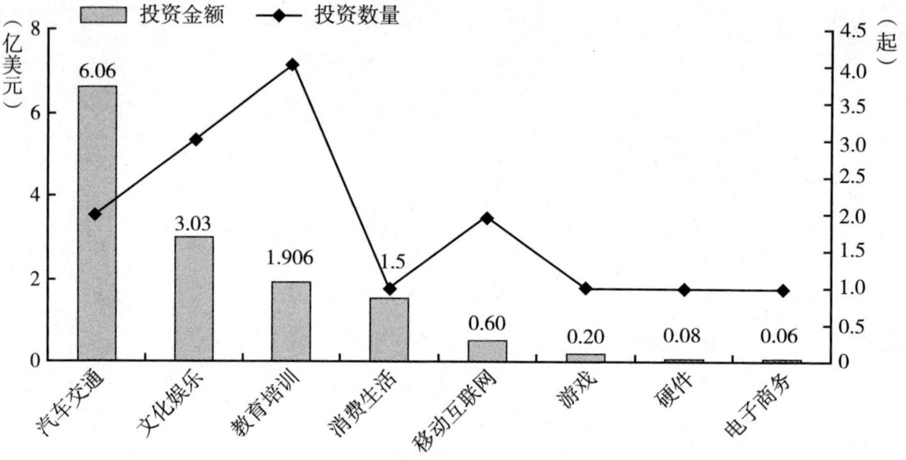

图 2-4　2014 百度投资盘点

资料来源：ITJUZI. COM。

娱乐领域，基本上也在自己熟悉的公司当中，百度牵头成立的爱奇艺进行 3 亿美元新一轮融资中，百度继续跟投；再就是彩票领域的乐彩、国外做视频技术服务的 Pixellot 等，一个是现金流好，一个是有核心技术的服务商。

在交通出行领域，阿里巴巴投资了快的、腾讯投资了滴滴，百度也看好这个方向，但是大手笔投资的是国外的 Uber，并帮助其在国内更快速落地与探索。消费生活领域，百度全资收购了糯米网剩余股份，并将其业务拓宽至二、三线城市。其他几个领域硬件、游戏、电子商务则都是小幅度投资。

2014 年度百度特别投入了相当大的技术研发资源，全面涉足人工智能、人机硅谷研究院交互、深度学习、图像识别、无人汽车、车联网等前沿领域，还比如高调成立硅谷研究院，，从技术角度着眼未来的发展。国际市场上，2014 年百度在亚洲、北美洲、欧洲和南美洲都进行了布局，成为 BAT 巨头中国家跨度最大的公司，2014 年李彦宏随国家主席习近平出访巴西，随即收购了巴西的电子商务公司 Peixe Urbano，布局南美（见图 2-5）。

图 2－5　2014 年百度业务版图

资料来源：IT 桔子《2014 年度中国互联网创业投资盘点》。

4. 2014年奇虎360的投资布局

据 IT 桔子数据，2014 年奇虎 360 的投资和收购有 24 起（见表 2－4）。从所披露的投资金额估算年度投资额近 7 亿美元，主要集中在企业（服务）、硬件、文化娱乐、移动互联网等方向，资金分布也基本上一致。和其他几家公司不一样的是，奇虎 360 在 2014 年的投资案例中有 4 起是作为公司 IPO 前的基石投资者来入股的。在 2014 年的投资中，数量最多、资金量最大的都发生在智能硬件领域，此前 360 主要是自己推新品、快速迭代，到了 2014 年则调整

表 2-4　2015 奇虎 360 投资/收购盘点

	时间	公司	领域	融资金额	轮次	其他投资方
国内投资	2014.12	酷派	硬件	4.09 亿美元	战略投资	
	2014.9	快按钮	硬件	N/A	A 轮	
	2014.9	界面网络	文化娱乐	上亿元	A 轮	小米科技、海通证券、国泰君安、联想弘毅、卓尔传媒等
	2014.9	多听网络	文化娱乐	1000 万美元	B 轮	常春藤资本
	2014.8	悦跑圈	SNS 社交	数百万元	天使投资	
	2014.7	迪信通	硬件	4875 万美元	IPO 及以后	联想、联通、TCL 通讯
	2014.6	创投圈	金融	400 万美元	A 轮	和玉基金
	2014.6	生日管家	SNS 社交	1000 万元	A 轮	东方华盖
	2014.6	彩生活	消费生活	1000 万美元	IPO 及以后	
	2014.6	9158 聚乐	文化娱乐	数千万美元	IPO 及以后	
	2014.5	聚胜万合	广告营销	N/A	战略投资	
	2014.5	BroadLink	硬件	1000 万美元	B 轮	京东
	2014.4	途牛	旅游	2000 万美元	IPO 及以后	携程
	2014.4	趣游	游戏	N/A	战略投资	
	2014.4	蓝信	企业服务	数百万元	A 轮	
	2014.4	美咖相机	文化娱乐	数千万元	A 轮	
	2014.3	书生电子	硬件	数千万元	A 轮	
	2014.2	云安世纪	企业服务	数百万元	A 轮	
	2014.1	恋爱笔记	SNS 社交	数百万元	天使投资	
	2014.1	大连捷诺科技	移动互联网	N/A	A 轮	
	2014.1	萌我爱游戏	游戏	数百万元	天使投资	
	2014.1	京华良子	消费生活	数千万元	A 轮	
国外	2014.7	EyeVerify	移动互联网	600 万美元	A 轮	三星
	2014.7	Spire	企业服务	2500 万美元	A 轮	RRE Ventures

了策略，更注重合作与布局，最大型的投资当属 4.09 亿美元投资酷派大神手机做合资公司，此外参与了数码分发渠道迪信通上市的基石投资。其他几个都属单品策略，包括快按钮、BroadLink 等。接下来是在文化娱乐方向上，奇虎 360 有 4 起投资，包括界面网络、多听网络、美咖相机等，此外仍是在基石投资者这个定位上，9158 聚乐赴港上市时作为投资者持股而进。

在其他领域，奇虎 360 投资策略比较分散，而且金额也都比较少，但覆盖范围比较广，而且奇虎 360 在这些领域的投资偏早期和以天使阶段为主（见图 2-6、图 2-7）。

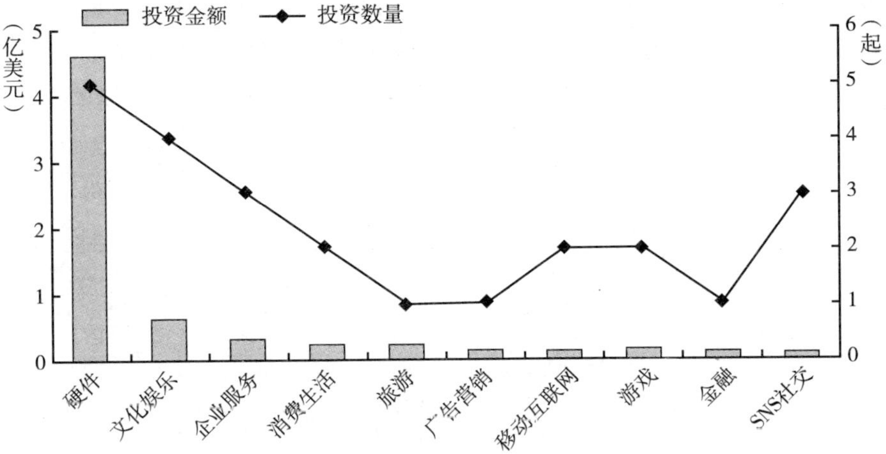

图 2－6　奇虎 360 的投资布局

资料来源：ITJUZI. COM。

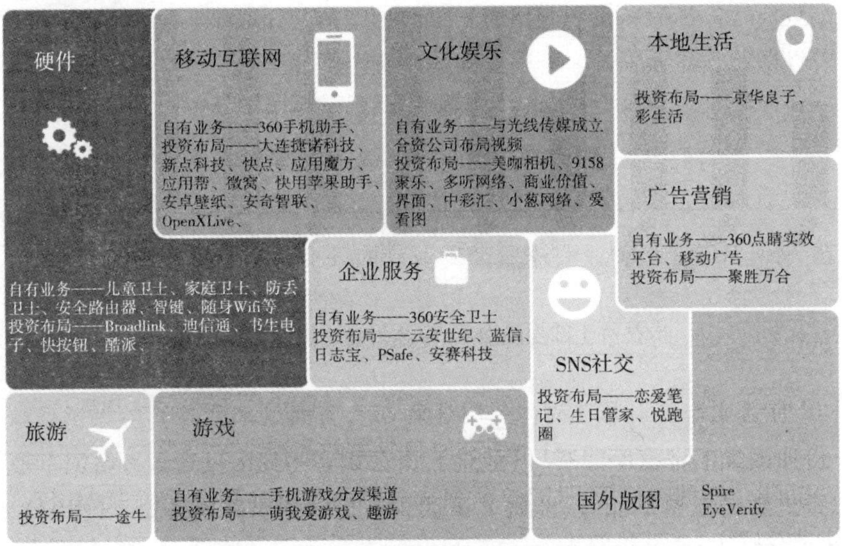

图 2－7　奇虎 360 2014 年的业务版图

资料来源：IT 桔子《2014 年度中国互联网创业投资盘点》。

5. 小米（雷军系）2014年投资布局

2014 年是小米快速发展和扩张的一年，业务上也从此前的手机、数码扩展到智能家居、医疗健康等多个领域。对于创始人雷军而言，更重要的是生态系统的建设，雷军围绕小米、金山、顺为、猎豹移动等构建了一个非常庞大的生态链，无论是自有业务，还是投资都实现了跨越式发展。

根据IT桔子数据，包括小米、金山、顺为、猎豹在内的雷军系生态链中投资和并购有42起，金额近32亿美元，具体分布如表2－5所示：

表2－5 2014年雷军/小米系投资盘点

	时间	公司	领域	融资金额	轮次	其他投资方
国内投资	2014.12	世纪互联	企业服务	2.92亿美元	IPO及以后	金山、淡马锡
	2014.12	美的集团	硬件	12.66亿元	战略投资	
	2014.11	优酷土豆	文化娱乐	1000万美元	IPO及以后	
	2014.11	爱奇艺	文化娱乐	3亿美元	战略投资	顺为、百度
	2014.11	全民奇迹	游戏	数千万元	B轮	
	2014.11	凯立德	移动互联网	8400万元	战略投资	
	2014.10	电话邦	移动互联网	数千万美元	A轮	晨兴、龙腾资本、DST、纪源资本
	2014.10	云柚科技	硬件	数百万美元	A轮	
	2014.10	LBE安全大师	企业服务	数千万美元	B轮	
	2014.9	积木盒子	金融	3719万美元	B轮	顺为、经纬、祥峰投资、银泰资本、和玉基金
	2014.9	iHealth	医疗健康	2500万美元	A轮	
	2014.9	界面网络	文化娱乐	数亿元	A轮	小米科技、海通证券、国泰君安、联想弘毅、卓尔传媒等
	2014.8	金山云	企业服务	数亿元	战略投资	
	2014.4	迅雷	文化娱乐	3.1亿美元	战略投资	晨兴、IDG、金山
	2014.4	猎豹移动	移动互联网	5000万美元	IPO及以后	百度、金山
	2014.2	西山居	游戏	2500万美元	战略投资	金山
	2014.1	和创科技	企业服务	数千万元	B轮	复星昆仲
	2014.1	华米科技	硬件	数千万元	A轮	顺为基金
国内收购	2014.11	RIGO Design	企业服务	N/A	收购	
	2014.1	瓦力网络	移动互联网	N/A	收购	
国外投资	2014.12	Misfit	硬件	4000万美元	C轮	纪源、顺为、京东等
雷军	2014.2	凡客诚品	电子商务	1亿美元	战略投资	IDG、联创策源、赛富、启明、淡马锡等

续表

	时间	公司	领域	融资金额	轮次	其他投资方
顺为基金投资	2014.12	华米科技	硬件	3500 万美元	B 轮	高榕、红杉、晨兴
	2014.12	人人车	汽车交通	2000 万美元	B 轮	联创策源、红点
	2014.12	爱空间	房产酒店	6000 万元	A 轮	
	2014.11	Egret Engine	游戏	1000 万美元	A 轮	
	2014.10	阿姨帮	消费生活	数千万美元	B 轮	祥峰投资、联创策源
	2014.10	51 Talk	教育	5500 万美元	C 轮	红杉、DCM
	2014.9	我有外卖	消费生活	8000 万元	A 轮	深创投
	2014.9	丽维家	消费生活	数千万元	A 轮	
	2014.9	闺蜜圈	SNS 社交	1000 万美元	B 轮	光速
	2014.9	YOU + 国际青年公寓	房产酒店	1 亿元	A 轮	
	2014.9	星空琴行	教育	数千万美元	B 轮	蓝驰创投
	2014.9	维力克教育	教育	数百万美元	A 轮	天使谷
	2014.7	一起作业网	教育	2000 万美元	C 轮	老虎基金、H Capital
	2014.7	发现旅行网	旅游	数百万美元	A 轮	
	2014.4	人脉通	SNS 社交	1000 万美元	B 轮	红点投资
金山软件	2014.9	珠海乐趣科技	游戏	5000 万元	A 轮	
	2014.3	好外教网	教育	数百万元	天使投资	联想之星
猎豹移动	2014.8	魔秀科技	移动互联网	5500 万元	收购	
	2014.6	品众互动	广告营销	3000 万美元	收购	
	2014.4	奖多多	文化娱乐	5400 万元	收购	

资料来源：TTJUZI. COM。

整个小米系 2014 年的投资所覆盖的行业比较多，2014 年重要的投资在两个方向，一个是硬件，一个是文化娱乐。在硬件上，小米的投资比较大，最重要的部署是 12.66 亿元战略投资美的集团，对其智能家居业务做了重要的铺垫，其他的投资则包括华米科技、Misfit、云柚科技等；文化娱乐的重点则是补充内容的短板，小米在这方面的投资金额非常大，包括爱奇艺、优酷土豆、迅雷、界面网络等，重点围绕视频内容进行布局。

对于顺为基金而言，2014 年投资中最受关注的是教育领域，投资了 4 家公司，分布在不同的方向，包括 K12 阶段的一起作业网、语言学习方向的 51Talk、兴趣教育的星空琴行、出国留学方向的维力克教育等。此外顺为在消费生活 O2O 的各个方向也进行了布局，包括主打本地生活的阿姨帮、我有外卖；还有在房产领域的 YOU + 国际青年公寓、爱空间等。

猎豹移动上市后，基本上都是收购行为，而且围绕变现进行部署，包括做广告营销的品众互动、做彩票交易的奖多多。除了常规的面向消费者的 C 端服务外，整个小米系在 B 轮围绕企业端或者开发者也进行了一些部署，包括 LBE 安全大师、IDC 服务商世纪互联等。国际化战略方面，目前小米系更注重自身业务在海外市场的扩展，像小米、猎豹移动都在海外有重要的业务推广与拓展，投资并不多，主要是硬件方向上的可穿戴设备 Misfit（见图 2－8）。

图 2－8　小米/雷军系 2014 年版图

资料来源：IT 桔子《2014 年度中国互联网创业投资盘点》。

三　其他传媒投资情况概述

如前所述，除了“传媒国家队”和市场化行业生态巨头们的大手笔布局两条主线外，2014 年度传媒投资领域尚有其他一些副线贯穿：一是具备成长性优势的网络新兴垂直细分领域被风险投资所青睐，二是在“文化走出去”大背景下，部分国有文化传媒龙头企业和市场化传媒龙头企业向海外的投资扩张，三是一些传统行业上市或非上市公司出于各种目的通过跨界投资进入传媒内容行业。下面对这三条副线也分别进行梳理。

（一）新兴互联网垂直细分领域的投资热点概述

BAT + 3M 这几大生态型巨头不断通过并购拓展版图，对于新兴创业者来说，抓住一些细分领域开拓重度垂直市场就成为相对明智的选择。2014 年一些细分市场表现出良好的成长性，如互联网金融领域、在线教育领域、在线旅游市场、数字营销领域、移动购物领域、手机游戏领域等，其中有些领域在后面有专门章节进行剖析，此处择要概述。

1. 互联网金融领域投资热点概述

2014 年中国互联网金融产品的网民渗透率达 61.3%，超过六成网民使用过互联网金融产品（服务）。艾瑞分析师认为，在资本推动与中国网民投融资和支付需求逐步释放的大背景下，互联网金融产品的渗透率将进一步提升。因其良好的发展前景，互联网金融也成为各种资本青睐的领域。统计显示，2013 年至 2014 年 10 月 21 日互联网金融领域共发生投融资案例 191 起，共有 104 家机构投资互联网金融，其具体投资分布如图 2－9 所示。① 其中做 B2C 的理财平台最受机构青睐，无论是从投融资总案例数还是从参与机构数的角度来看，仅网贷、网销金融及消费这两个服务于个人理财需求的子领域就几乎占据了半壁江山（见图 2－9）。

从图 2－9 可以看出，网销金融及消费、金融企业服务这两个子领域的机

---

① 参见《2014 年中国风投互联网金融投资案例分析报告》，中商情报网，http://www.askci.com/finance/2014/11/26/16525k1no.shtml。

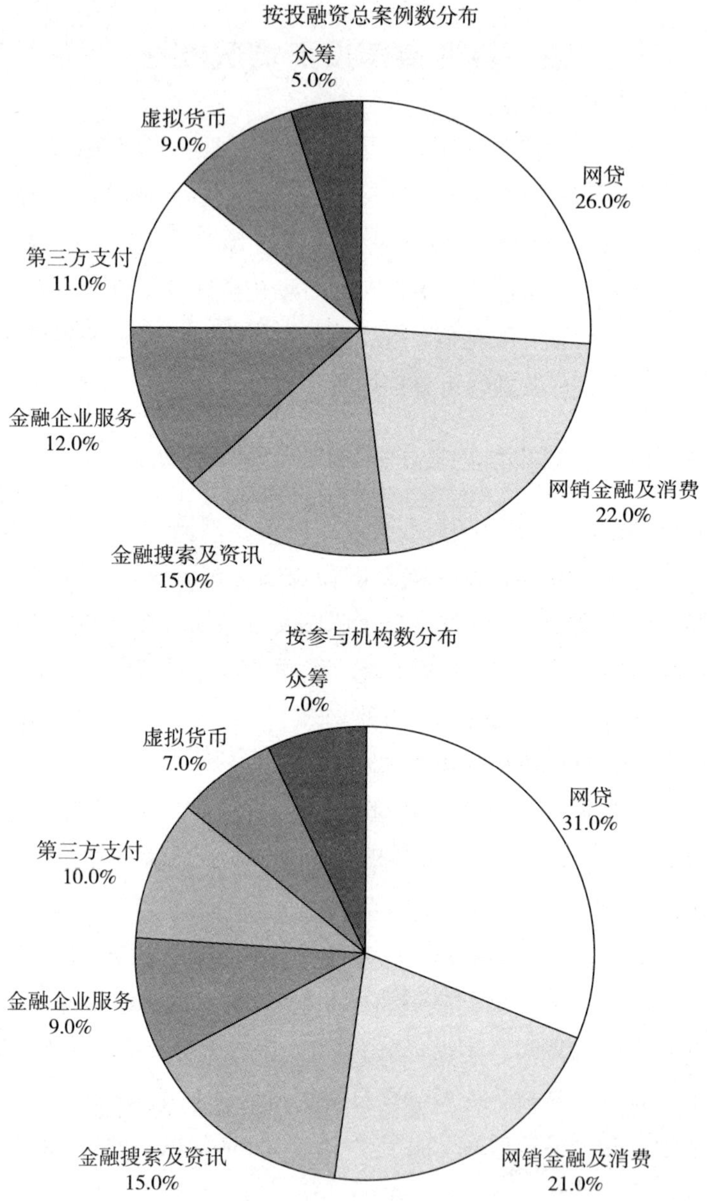

图 2-9　互联网金融投资领域及参与机构分布情况

构集中度明显较高。机构集中度高的意思是指：在网销金融及消费领域 42 起公开市场化投融资案例中仅有 22 家机构参与，金融企业服务 23 起公开市场化投融资案例仅有 10 家机构参与。这说明上述两个领域中，机构参与数量相对较少。而网贷领域则刚好相反，50 起公开市场化投融资案例中就有 32 家投资机构，该领域是所有子领域中投资机构参与最多的领域。

Analysys 易观智库分析认为，第三方支付公司在向其他金融服务领域进行业务延伸时往往具有先天优势。具体体现在以下两个方面：第一，数据是互联网时代最为重要、最为核心的资产之一，而由于多年支付数据积累的优势，使得支付公司在互联网金融领域的拓展具有一定的先天优势；第二，第三方支付公司作为互联网金融领域的先驱，经过多年的发展，不论是技术能力抑或是风险控制水平，相较于一般的创业型公司都具有明显的优势。

例如，蚂蚁金服的前身支付宝以电商平台为依托，积累了大量的个人与商户支付交易数据，通过数据衍生价值，在拥有客户、平台、数据的条件下，蚂蚁金服的业务已包括个人征信产品芝麻信用、投资理财产品余额宝及平台招财宝、网络融资平台蚂蚁微贷。从业务布局来看，经过多业务条线整合之后的蚂蚁金服俨然已经成为一家“综合性互联网金融企业”，相对于其他垂直细分互联网金融企业，更加关注客户需求的某一个点。蚂蚁金服的优势在于能够通过平台和数据打通用户的需求，将其服务贯穿于用户金融服务链条中的各个使用场景，形成规模化及联动效应，大大提高用户的黏性。①

目前，蚂蚁金服以其良好的成长前景正引发资本的大力追捧。据《财经》杂志 2015 年 3 月独家报道，蚂蚁金服上市前 A 轮融资于 2014 年底开始，拟采取非公开增发新股的形式来增资扩股，其增发的新股占增发后总股本的 10%。按照其独家财务顾问中金给出的估值测算，蚂蚁金服本次引资 10% 对应的投资对价大体在 170 亿～200 亿元，整体估值在 1700 亿～2000 亿元，如果算上可能预留给阿里巴巴集团的 33% 的股权的话，整体估值在 3000 亿元左右，约合 500 亿美元，社保基金、邮储银行和国开金融等“国家队”已经入场本轮融资，其他国有大型金融机构也正在和蚂蚁金服进行洽商。在上市前的 A 轮融资就达到如此高的估值水平，考虑到 IPO 时的估值溢价，投资者对于蚂蚁金服上市后的表现更寄予厚望，一些投资界人士认为，蚂蚁金服上市后有可能接

① 参见易观分析《多业务领域布局，支付企业向综合性金融服务平台演进大势所趋》，易观国际官网，http：//www. analysys. cn//yjgd/8661. shtml。

近阿里集团的估值，成为A股市场上罕见的近万亿元市值的互联网+金融的双料标杆公司。

由于行业处在急剧发展变动期，估值体系本身进入深刻调整区间，关于蚂蚁金服是否存在泡沫尚存争议，但不可否认其估值及变动方向将对整个互联网金融领域的投资产生标杆性的导向作用。

2. 在线教育领域2014年投资概述

伴随网络在国民生活工作中的全方位渗透，在线教育也迎来了新的发展机遇期。计世资讯发布的《2015年中国教育行业信息化建设与IT应用趋势研究报告》显示，教育信息化建设十二五规划开始进入收官阶段，2014年中国在线教育市场规模为824.9亿元，预计2015年将会达到965.2亿元；2014年教育行业大型信息化项目建设发展平稳，教学点数字教育资源全覆盖、优质教育资源共建共享、教育资源公共服务平台建设、教育管理信息系统、三通工程等都取得了良好进展，中国教育行业IT投资总规模为571.9亿元，教育行业信息化的投入呈持续增长态势，同比增长达到9.5%（见图2-10）。

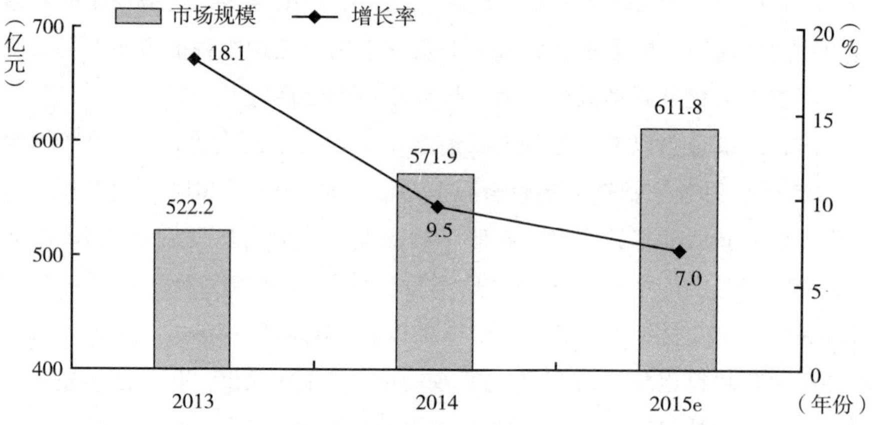

图2-10 2013~2015年中国教育行业信息化投资规模

资料来源：CCW Research，2015.1。

在线教育的持续升温也引发互联网企业跨界布局。我国教育资源分布的极大不平衡为在线教育提供了成长的沃土。从发展历程来看，我国在线教育经历了从远程教育平台、培训机构转战线上，到目前的互联网公司涉足在线教育三个阶段。2014 年互联网巨头纷纷进军在线教育市场，如百度发布“百度教育”，随后又推出了基于 UGC 模式的“作业帮”，阿里的“淘宝同学”在内测完之后紧接着对外发布，腾讯推出了帮助线下教育机构入驻、探索在线教育新模式的“腾讯课堂”以及小米在线教育成立、新东方进驻百视通 IPTV 平台等，互联网思维和产品研发模式向在线教育领域深度渗入，令其形式和内容越来越多样化，便利程度也不断提高，加上互联网平台本身的渠道拓展优势，吸引了越来越多的消费者。

网络巨头们作为投资主体的介入为在线教育市场的规模拓展提供了新的助力，也引发了一系列并购狂潮，覆盖领域从幼儿教育、K12 教育、职业教育到艺术培训不一而足，这些并购行为不仅带来业务上的整合重组，在资本市场上也引发一定的关联反应。譬如全通教育以 11.3 亿元收购在线教育继教网、西安习悦，随后股价一度从 96.7 元涨到 348 元。

计世资讯的调研数据表明，从投资结构来看，学历教育市场占比最大，K12 教育占比居第二位，语言培训占比位居第三位，企业 E-learning 占比最小（见图 2－11）。

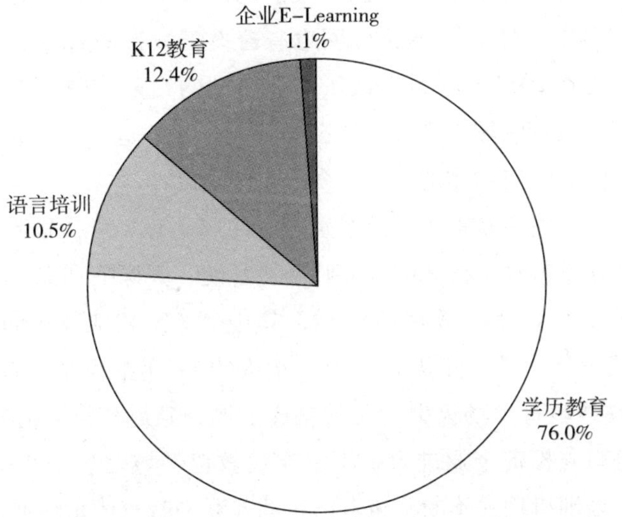

图 2－11　2014 年中国在线教育市场份额结构分析

资料来源：CCW Research，2015. 1。

在目前的在线教育市场份额结构中，学历教育依然占据绝对优势，但K12在线教育、在线外语培训、在线职业教育等细分领域则成为中国在线教育市场规模增长的主要动力，也成为新一轮投资重点关注的领域。据不完全统计，2014年在线教育领域投融资主要涉及外语教育、K12教育、早期教育、IT教育、出国留学、职业教育、平台类七类，合计投融资金额超过44亿元。[①] 截至2014年11月，外语教育类投融资案例11例，投资总额超过20.48亿元；K12教育类投融资案例12例，投资总额超过4.69亿元；早期教育类投融资案例4例，投资总额超过3亿元；IT教育类投融资案例6个，投资总额超过4.44亿元；职业教育类投融资案例7例，投资总额超过9.26亿元；出国留学类投融资案例4例，投资总额超过0.66亿元；平台类4例，投资总额超过2亿元。

从融资轮次看，获得A轮融资的在线职业教育产品占到半壁江山，其次为获得天使轮融资的产品，占到37%，值得注意的是，在线职业教育领域获得B轮和C轮融资的产品一共有5个，除语言学习外这一比例是最高的。另外，线下已经成熟的职业教育机构也在内部孵化在线职业教育产品，比如正保远程教育与优酷网联合制作了一套PS技能的课程，在优酷网上获得了极高的点击量；主打实战类IT教育的慕课网也有着奥鹏教育的背景。还有，互联网分析沙龙网站也在2014年8月上线了职业培训网站萝卜网。从这些趋势可以看出，在线职业教育领域受到线下的影响较大，并不是一个新进入者扎堆创业的领域，还是具有一定门槛的。

从融资的金额看，获得千万元级别融资的产品有7个，分别为过来人公开课、多贝网、好学教育、传课网、邢帅网络学院、开课吧和麦子学院。

K12是国际上对基础教育的统称，其中“K”代表Kindergarten（幼儿园），“12”代表从小学一年级到高中三年级的12年中小学教育。整体来看，2014年K12在线教育市场火爆，尤其是梯子网、猿题库、一起作业网、学霸君、快乐学等新兴投资企业进入中小学在线教育领域之后都吸引了资本的关注。传统教育培训机构在不断构筑自己移动互联网教育的护城河，在稳固线下培训的同时，通过PC端、移动端展开新一轮的开疆辟土攻势，实现教学线上

① 参见王鹏善《在线教育的融资与死亡报告》，《21世纪经济报道》2014年12月26日。

与线下的结合。社交类家庭作业问答平台风潮来袭，魔方格、爱考拉、作业帮、学霸君、求解答等产品同场竞技。依托人工智能设备和虚拟现实技术打造的虚拟课堂可以实现直播教室与电视机、电脑、手机/iPad 联动并实现互动提问。这些新兴教育产品和推出相关产品的公司都成为资本追逐的宠儿。

2014 年外语类在线教育领域也十分热闹。从年初的 VIPABC 获得阿里巴巴、淡马锡和启明的 1 亿美元投资，到 51Talk 无忧英语获得红杉领投的 5000 多万美元投资，真人外教在线一对一授课的模式已经得到了投资人的认可。移动 App 方面，以扇贝、百词斩为代表的单词类 App，以英语流利说为代表的口语类 App 在 App Store 中排名靠前，显示出用户对这类工具类产品的需求。移动端的碎片化学习和 PC/Web 端的真人/沉浸式教学是 2014 年外语类在线教育的两大主题。现在外语学习网站很多，但多数规模不大，相关数据显示，2013 年在线教育机构平均每天新增 2.6 家。以此类推全年新加入的机构有近千家，但目前大多数机构并未获得融资，也未找到靠谱的商业模式。随着市场规模不断扩大，吸引了大量资本入场，在线英语培训行业也将面临重新洗牌，规模化集中效应将一步步体现。

职业教育是在线教育竞争最激烈的领域，不过在政策和环境双重利好的情况下，它也是前景最被看好的细分市场。公务员、会计、IT 编程、英语、高教、医学等以掌握技能为主要目的职业在线教育成为当下热点。相比线下培训班，线上职业教育可以方便高效地学到有用技术技能，价格通常也更实惠。由于职教用户有明确的学习需求，只要内容优质，自有大批用户埋单，这部分人群主动学习意识更强，付费能力和意愿也相对很高。同时由于职场和相关资质考试通常可以对学习效果进行直接评判，也有利于反馈和传播。不过目前在线职业教育的整体市场规模依然较小，市场渗透率偏低，其发展空间和潜力较大。按照第三方的预期，到 2018 年，在线职业教育市场规模将增至 134.5 亿元，而届时整个在线教育市场的规模将达到 501.8 亿元——在线职业教育的占比也将上升至 27%。

虽然长期发展前景看好，但目前在线教育市场投资和估值泡沫已然隐现。以上市公司全通教育为例，全年营收不到 2 亿元，但其高峰时期 300 多亿元的总市值不仅早就超过了新东方，而且是相当多的真正的互联网公司的市值总和。从目前来看，除了在 A 股上市的在线教育公司外，在国外上市的公司的业绩也备受质疑。据相关渠道统计，目前中国共有 11 家本土教育培训机构在海外上市，发力在线教育的几家业绩平平，甚至还没有实现扭亏为盈。重概念炒作，缺少在线教育核心竞争力产品、盈利模式不明晰、业绩乏善可陈、缺乏支撑可持续发展的造血能力、用户市场依然有待培育等是产生估值泡沫的重要原因。

相关资料显示，2014 年基本上平均每天都会诞生一家在线教育机构，但同样不可忽视的是一年之内在线教育领域 30 余起的投资失败案例。例如曾经创下在线婚恋网站发展神话的龚海燕在在线教育领域创业遇挫，梯子网花光融资宣布解散。不少明星创业企业的倒闭给在线教育敲响警钟，预计未来在线教育行业将迎来更大规模的洗牌，尤其是互联网巨头们的介入将最终使行业走向规模性垄断。

3. 移动购物市场投资概述[①]

2014 年随着移动端的普及，移动购物市场也迎来了超常规的爆发式增长。艾瑞咨询最新统计数据显示，2014 年中国移动购物市场交易规模为 9297.1 亿元，年增长率达 239.3%，远高于中国网络购物整体增速（2014 年中国网络购物市场交易规模为 28145.1 亿元，较 2013 年同期增长 49.8%）。预测未来几年中国移动端交易占比将继续上升，2016 年将超过 PC 端网购交易占比，成为中国网民网购的重要选择，2018 年移动购物市场交易规模将超过 4 万亿元。

随着网民从 PC 端向移动端购物的倾斜、移动购物场景的完善、移动支付应用的推广、各电商企业移动端布局力度的加大以及独立移动端平台的发展，移动购物产业链的细分环节都面临着较好的投资机遇。但与其他垂直细分领域不同，移动购物市场的发展高度附着于阿里、腾讯、京东、当当、亚马逊、苏宁、国美等不同类型的既有平台，更多体现为原有平台业务向移动端的迁移拓展和市场深耕，因此在资本层面的运作也更为复杂，互联网巨头们以投行化思维进行投资布局，以资本联结带动业务深度交叉渗透成为主要趋势（见图 2－12）。

在 2014 年移动购物市场的企业份额中，阿里无线、手机京东、手机唯品

① 参见艾瑞咨询分析师伍杨娟、张文环《2014年中国移动购物市场交易规模达9297.1亿元》，艾瑞网，2015年2月。

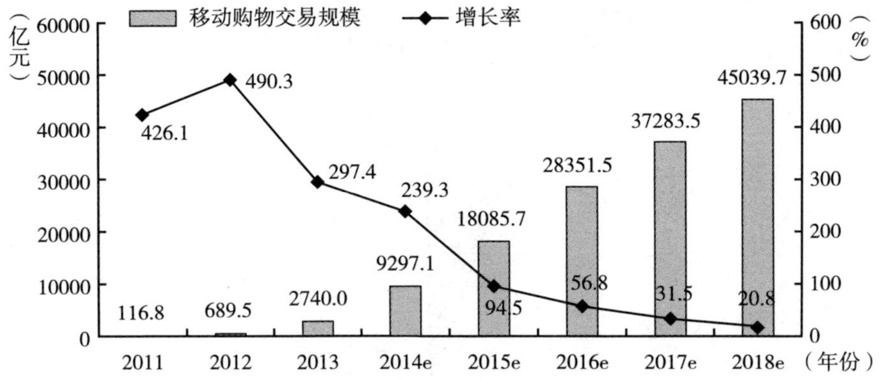

图2－12　2011～2018年中国移动购物市场交易规模

资料来源：根据企业公开财报、行业访谈及艾瑞统计预测模型估算。

会占据前三，份额分别为86.2%、4.2%、2.1%。阿里无线一家独大，占比86.2%，其无线端通过“淘宝＋天猫”提供平台服务，由交易入口向无边界生活圈转型；京东方面则联手腾讯，以手机客户端、微信购物、手机QQ购物、微店等全面布局移动端；唯品会、苏宁易购、聚美优品、1号店、国美在线、亚马逊、当当、买卖宝等也纷纷发力移动端，市场竞争激烈（见图2－13）。

在移动购物市场深耕的背后，是几大互联网巨头将资本布局与业务再造相伴进行的合纵连横。2014年2月19日，腾讯宣布战略投资大众点评，占据约20%的股份。其后，大众点评的商户信息、消费点评、餐厅在线预订、团购等本地生活服务，与QQ、微信等腾讯产品合作，团购服务出现在微信“我的银行卡”菜单中，名称为“今日美食”，获得的位置与理财通、滴滴打车等并列。两者的联姻，对腾讯来说，有利于加速移动电商在O2O领域的布局，对大众点评来说，有利于加速其在全国范围内，特别是三、四线城市的扩张。

2014年3月10日，京东与腾讯达成战略合作，获得15%的股份。京东与QQ网购、拍拍、易迅进行业务整合。2014年5月，京东接入微信平台的“购物”一级入口，同年8月，京东接入手机QQ的一级入口。对腾讯来说，此举缓解了旗下电商业务进退维谷的局面，有利于集团整体的稳健发展；对京东来说，腾讯系移动入口的相继接入，拉动了移动端订单量的快速增长，促成了在

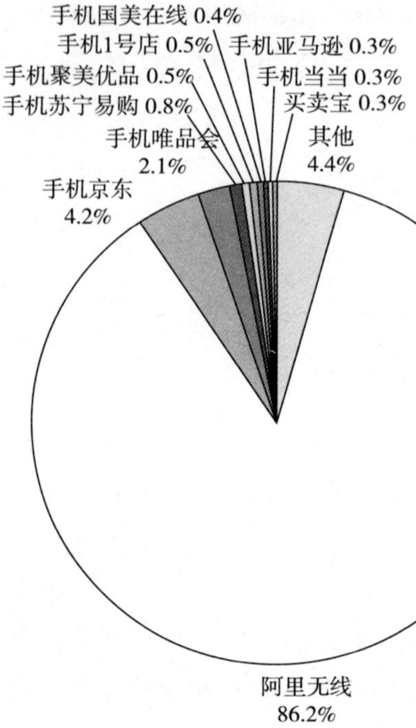

图 2－13　2014 年中国移动购物企业交易规模市场占比

资料来源：综合企业财报及专家访谈，根据艾瑞统计模型核算。

京东手机客户端、微信购物、手机 QQ 购物、微店等的全方位布局。

2014 年 6 月 10 日，阿里巴巴集团发布“码上淘”开放战略。“码”将成为阿里集团“云＋端”战略的重要一环，帮助用户将后端交易体系、大数据、云计算等基础设施，与手机、PC、电视、线下门店等终端实现无缝链接。2014 年 10 月 14 日，阿里巴巴发布无线开放战略，正式启动“百川商业”计划，在该计划中阿里将分享其无线资源，重点为移动开发者提供技术、商业、数据等方面的基础设施服务。

除腾讯、阿里巴巴、京东等巨头外，移动购物领域其他企业也有亮眼表现。2014 年 5 月 17 日，移动端业务已经占比近半的化妆品电商平台聚美优品在美国纽交所正式挂牌上市，开盘价 27. 25 美元，较发行价上涨 23. 86%，市值 38. 7 亿美元。在公司股权持股中，CEO 陈欧持股 40. 7%，聚美优品整个高管和董事会团队持股比例 57. 5%，红杉中国、险峰华兴、徐小平的持股比例分别为 18.7%、10.3%和 8.8%。以开盘价 27.25 美元核算，聚美优品的市值达 38.7 亿美元。由此推算，红杉中国和险峰华兴的账面回报分别高达 7.24 亿美元和 3.98 亿美元。

2014 年 9 月 30 日，另一垂直细分电商平台唯品会的移动端业务渗透率超越 PC 端；此外，当当年底更名并上线，"无线三宝"转型时尚电商，美丽说签下超人气偶像 EXO－M 全面发力移动，蘑菇街打出"时尚买手第一街"口号继续深耕女性，明星衣橱跨界赞助《女神的新衣》展开电视营销，达令礼物店借力鹿晗打开海淘市场，移动购物垂直细分市场开始了差异化创新和特色化竞争之旅，移动购物领域近两年良好的成长潜力也必将吸引更多风险资本的关注和投入。

4. 在线度假旅游市场投资概述[①]

旅游产品没有库存而且便于通过互联网渠道进行产品推介和市场的规模化复制，与网络有天然的产业亲和力。2014 年是在线旅游市场风起云涌的一年，仅 2014 年 6 月 20 日，国内在线旅游行业共计发生投资事件 39 起，数量与 2013 年全年基本持平，融资金额累计超过 50 亿元人民币。[②] 在线旅游已成为巨头投资的热土，但巨大的市场潜力与当前较低的行业渗透力、良好的收益预期与当前行业普遍亏损的现状均形成鲜明对比，行业发展尚处在模式探索和调整期，从估值、投资到并购都呈现出很大的不确定性。

随着经济快速发展，中国居民旅游需求迅速扩大。中国旅游业总收入 2014 年达到 3.38 万亿元人民币，占同期中国国内生产总值（GDP）（61.1 万亿元人民币）的 5.5%，与 2001 年相比，增幅达到 576%。在线旅游市场交易规模增长迅速，2014 年达到 2798.2 亿元人民币，而且据业内人士预测，2015 年中国将成为全球最大的国内在线旅游市场，预计在未来 5 年将继续保持高速增长态势。但旅游产业线下市场主体众多，市场标准化程度较低，互联网化进程缓慢，目前在旅游产业渗透率仍然偏低，仅为 8.3%。

自 2006 年以来，旅游行业经历了互联网化和移动互联网化两大浪潮。新

---

① 参见易观国际官网《中国在线度假旅游市场发展迅速成为提升旅游产业"互联网＋"关键》，易观智库，2015年4月2日。

② 参见李刚强《2014 年上半年，在线旅游投资是个啥情况?》，虎嗅网，2014 年 7 月 7 日。

的技术浪潮推动着旅游行业的快速迭代更新，竞争形势急剧变化。在动态的环境中，创新性企业紧追技术浪潮，实现了对原有商业模式的更新、改进与替代，从而成为行业的领跑者与资本的新宠儿。当前中国在线旅游主要有三种模式：一是以携程、艺龙为代表的提供酒店、机票、度假等预订服务并收取佣金的 OTA 模式；二是以去哪儿、酷讯为代表的旅游垂直搜索；三是旅游点评的 UGC 模式，目前以蚂蜂窝、一起游、穷游网等为代表。

2014 年 5 月 29 日，途牛网在美国纳斯达克上市，发行价最高达到 11 美元，市值 5.2 亿美元。[①] 作为继携程、艺龙、去哪儿之后第四家在美国上市的中国在线旅游公司。途牛网从宣布提交 IPO 招股书之始就备受质疑，营业收入被指“连年亏损”“包装粉饰”，其他几家海外上市的在线旅游公司 2014 年也都陷入白热化竞争。老牌在线旅游平台携程，第四季也首次出现 2.2 亿元规模亏损，去哪儿亏损额度扩大至 6 亿元。从目前各家 OTA 公司的业务重心来看，携程依然保持其综合型 OTA 地位；去哪儿网借助平台模式全线布局；而艺龙在酒店业务上不惜亏损投入，2013 年该业务收入占到总收入的 80%；同程网则主打国内在线旅游市场，背靠阿里的途牛网与佰程网均瞄准了国际休闲旅游市场。显然，后起之秀将在短时间内对细分领域进行深耕。

尽管受益于行业整体成长空间的提升，几家公司都保持了不错的业绩增长速度，但 OTA 模式竞争的白热化和持续不断的价格战、行业垄断竞争乱象也被用户所诟病，目前更多消费者的首选不再是 OTA 旅游网站，用户贡献和分享旅游攻略的 UGC 模式更为普通消费者所接受，表现出更好的成长发展态势。一方面，UGC 企业通过整合优质的 UGC 内容吸引大量高质量、目标明确的用户，从而形成流量规模，为后端 OTA 或其他旅游供应商提供精准流量；另一方面，也可帮助前端用户完成消费决策。UGC 类在线旅游企业表现出良好的用户成长性，但其收益模式依然不够明朗，给资本估值带来一定挑战（见图 2 - 14）。

根据艾瑞发布的《2014 年中国在线旅游 UGC 行业研究报告》，在共享经济时代背景下，中国在线旅游 UGC 行业在 2014 年进入高速发展时期。2014 年

① 参见小峰《途牛网今晚纳斯达克挂牌：发行价最高 11 美元市值 5.2 亿美元》，凤凰网科技频道，2014 年 5 月 9 日。

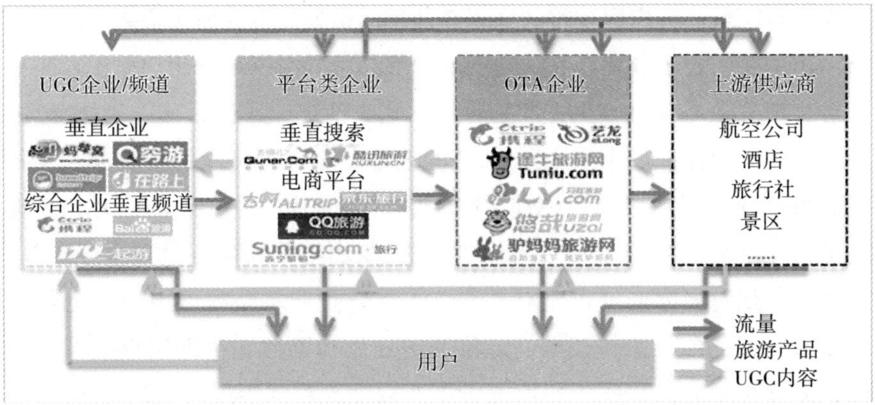

图 2-14　2014 年中国在线旅游 UGC 市场产业链

资料来源：艾瑞《2014 年中国在线旅游 UGC 行业研究报告》。

中国在线旅游 UGC 市场激活用户规模已达 2.4 亿人，与 2013 年相比增长 128.0%，预计 2015 年在线旅游 UGC 将突破 3.6 亿人。目前，中国在线旅游 UGC 市场参与者主要分为两类：一类为垂直企业，如蚂蜂窝、穷游网等；另一类为综合企业的攻略社区频道，如携程攻略社区。从企业数据来看，携程攻略社区用户 8000 万人，位列行业第一，蚂蜂窝紧随其后，用户为 5500 万人左右，穷游用户为 5000 万人。中国在线旅游主要 UGC 企业资本情况见表 2-6。

表 2-6　2014 年中国在线旅游主要 UGC 企业基本情况

UGC 垂直企业/频道	成立时间	创始人/负责人	投资/融资事件
穷游网	2004 年 2 月	肖异	2013 年 7 月获阿里集团投资 A 轮:2011 年获今日资本独投 500 万美元
蚂蜂窝	2006 年 3 月	陈罡	B 轮:2013 年 4 月,获启明创投 1500 万美元投资 A 轮:2012 年 7 月获红点创数百万美元投资
在路上	2012 年 1 月	陈伟	A + 轮:获阿里集团数百万美元投资 B 轮融资:2014 年 4 月获软银 2000 万美元投资
面包旅行	2012 年 5 月	彭韬	A 轮:2013 年 3 月获来自祥峰投资的 A 轮融资 B 轮:2013 年 11 月获宽带资本近千万美元投资
携程攻略社区	2013 年 3 月	冯卫华	2013 年 10 月战略控股蝉游记

资料来源：艾瑞咨询集团。

成立时间最短的携程攻略社区能在两年内迅速提升注册用户数，并位列行业第一，主要受益于其背后高认知度的携程品牌。对于部分用户来说，能在同一平台实现“攻略信息收集，产品对比，完成预定，评论分享”等全部环节，是便捷与安全的保证。作为旅游 UGC 的老牌企业，蚂蜂窝的发展也一直备受关注，2013 年蚂蜂窝用户规模在 2000 万左右，2014 年突破 5500 万，实现近 175.0% 的增长。但综合企业攻略频道与垂直企业在生存压力方面存在差异，因此在商业化发展方向上也略有差异。①综合企业攻略社区服务于企业“一站式旅游服务平台”总体战略，定位为增强用户黏性、帮助用户决策的中间桥梁，无营收压力。②垂直 UGC 企业的主要变现模式为展示广告和抽成佣金，为保证用户体验，展示广告量不宜过大，故佣金为 UGC 企业主流变现方式。

除上述垂直细分领域外，网络婚恋市场、房地产电商市场等也都属于发展前景向好的新兴市场。2014 年全年网络婚恋网站世纪佳缘总营收为 6.14 亿元，同比增长 24.6%，其中线上线下结合的一对一红娘服务净营收为 1.65 亿元，在总营收中占比为 26.8%，同比增长 213.8%，成为全年营收快速增长的重要推动力，充分体现了 O2O 时代对既有商业模式的重塑力量。2014 年 5 月 15 日，平安旗下的平安好房网正式上线，宣称将“房地产中介视为互联网金融下一个被消灭对象”，要在三年后，“占领一半的新房买卖市场”，拉开房地产电商新一轮的竞争序幕。但与其将其视为单独业务事件，不若将其视为平安金融帝国涵盖了陆金所、平安付、平安好车、平安好房、健康险等细分领域的“互联网 + 综合金融”整体布局的一个有机组成部分，以此来判断其价值或许更为贴切。

（二）中国传媒海外布局

如前所述，BAT + 3W 这几大互联网生态巨头已经纷纷开始海外布局，此外还包括其他一些以内容产业为主的公司也加大了海外布局的力度。

2014 年 6 月 6 日，《人民日报（海外版）》数字化转型的重要支撑平台海外网新加坡频道开通，这是海外网面向海外拓展的第一个国家频道，海外网坚持“传播中国声音、服务世界同胞”的理念，又向前迈出坚实一步；“海外视野，中国立场”，新加坡频道的定位诠释着海外网面向海外战略布局的新探索。

2014 年 7 月，乐视网宣布正式启动海外市场战略，在美国设立了硅谷子公司和洛杉矶子公司，硅谷子公司主要负责互联网业务线以及智能终端业务线，而洛杉矶子公司则以内容制作业务线为主。乐视网方面指出，此次布局海外市场也标志着乐视生态业务全球化全面启动。乐视网 CEO 贾跃亭在接受媒体采访时指出，全球化是大势所趋，也是乐视改变中国企业在全球企业当中竞争格局的非常好的方式。2014 年将是乐视全球化战略启动元年，乐视要将其平台、内容、终端、应用结合的生态模式复制到海外。除美国之外，在新加坡、加拿大等的全球布局都已展开，之后欧洲市场也将跟上。

国内目前规模最大的民营影视剧企业之一华策影视一直致力于推动中华文化“走出去”，2013 年海外发行电视剧 3242 集，销售额达 600 万美元，目前“华策出品”已覆盖全球 91 个国家和地区。其出品的双语大剧《大汉贤后卫子夫》在 2014 年的香港电视节上启动全球发行，收到了多国采购订单和洽谈意向。此外，2014 年 10 月 7 日，浙江华策影视股份有限公司公告称，其全资孙公司华策影视（香港）投资有限公司（简称香港投资）与韩国电影公司 Next Entertainment World Co.·, Ltd.（简称 NEW）签署了《股权收购协议》，香港投资使用 53581050000 韩元（约合人民币 323186259. 73 元），收购韩国 Next Entertainment World Co. , Ltd 发行的 1786035 股新股，获得其 15% 的股权。通过以上交易，华策香港投资将成为 NEW 的第二大股东。双方还约定在本次参股韩国 NEW 的交易完成后，于中国国内共同开展影视娱乐传媒事业。华策与 NEW 将共同设立合资公司，资本金不高于 20 亿韩元。

从以上所述可见，华策影视的第一笔国际影视投资手法已经非常独到，既是股权投资，又是一揽子电影项目投资，通过投资参与到国际化制作的全产业链中。华策影视表示今后也将同美国、加拿大、澳大利亚等国进行相关合作，快速布局影视娱乐全产业链，稳固“大华策”在国内文化产业的龙头地位。此外，华策影视于 2013 年启动的全球华语联播体项目已开始在海外落地，“华策频道”在美国 YouTube 和 SimulTV 成功上线，一个月内便发展了数万订阅用户。全球华语联播体项目还将通过自主创办与联合运营的方式，投资 3 亿元联合 10 家以上海外媒体，共同建设覆盖至少 30 个国家和地区的华语节目播出平台。以多元化产业发展、多区域全面布局，专业化、国际化、平台化为特色的华策影视，正在向国际综合性娱乐传媒集团方向快速发展，也代表着中国文化正在国际舞台上扮演着越来越重要的角色。

2015年3月10日，上市公司皖新传媒发布公告，拟通过增资7702万元参股中国外文局旗下新世界出版社。新世界出版社是我国最主要的对外出版机构之一，同时拥有互联网出版资质和手机出版资质，皖新传媒在发行资源上具有优势，此次增资将打通出版发行产业环节，使产业链得到延伸，有效提高利润水平。皖新传媒将结合中国外文局覆盖海外160个国家和地区的微传播网络，依托其数字内容聚合及发行平台方面的优势，合力打造全球化、全媒体的数字出版与发行服务平台。此外，该公司还将与中国国际图书贸易集团有限公司（简称国图公司）战略合作，携手收购法国著名独立书店凤凰书店。位于巴黎塞巴斯多波尔大街的凤凰书店是法国成立时间最早的华文书店，在法国文化界颇有影响。完成收购后，皖新传媒将负责书店的运营管理，把凤凰书店打造成中国在海外的交流平台和外宣窗口，并将与国图公司继续加强海外书店并购重组项目合作，探索海外文化基地和文化站点可持续盈利的新模式。

（三）2014年跨界并购影视的高潮与回落

2014年，传媒领域并购事件此起彼伏。根据新元文智提供的数据，2014年前6个月的并购规模已超过2013年全年总规模，主要发生在影视传媒、游戏动漫、移动互联网、教育培训和旅游户外5个行业板块，其中影视传媒板块是并购的热点领域，教育培训和旅游户外领域的并购事件也显著增加。与2013年相比，并购事件涉及领域更广，热点领域也由游戏动漫转移到影视传媒领域。

在2014年的影视并购热潮中，跨界成为一道独特风景，不仅BAT三巨头纷纷以股权方式入主影视公司，众多产业外企业也纷纷介入，而很多并购事件最后带来的结果足以令人深思。据不完全统计，2014年国内共发生45起影视并购案，其中19起为跨界并购，食品、制造、酒店、旅游、科技、互联网等企业纷纷跨界收购，例如熊猫烟花以5.5亿元收购华海时代影业100%股权，湘鄂情收购中视精彩、笛女影视两家影视公司51%股权，中南重工10亿元收购大唐辉煌100%股权，皇氏乳业6.8亿元收购御嘉影视100%股权，道博股份7.8亿元收购强视传媒100%股权，申科股份25.2亿元收购海润影视100%股权，禾盛新材2.2亿元收购金英马影视26.5%股权，利欧股份4.2亿元收购上海氩氪100%股权和琥珀传播100%股权，等等。[①]

影视公司几乎成了传统行业转型的“救命稻草”，不论是业绩出现了下滑趋势的上市公司，还是寻求转型的传统企业，都纷纷向影视公司靠拢，希望借影视行业高速增长的光环为公司注入活力以拉升股票在二级市场的价格。但是，在中国影视作品投资中，亏损、持平各占比40%，仅有20%可以获得盈利。从影视公司角度来说，存在着行业规章制度不完善、财务状况不明晰、行业体系不规范等缺点，而且是前期投入大、风险高的行业，项目从剧本创作、拍摄制作到宣传发行各个环节，很多都不是实体产业，这种无形投资对于收购方来说存在着较大风险。[②] 2014年9月到11月，已先后有5家公司相继宣布并购失败或搁浅，包括熊猫烟花、湘鄂情等，多个公司在影视并购失败后股价都出现了波动，有的高位滑落，有的甚至跳水。上述事件再次提示我们，影视行业的发展潜藏着较大风险，如果不是基于深层的业务协同，追求即期眼球效应和市值拉升效果的并购最终很可能是自尝苦果。

四　2015年中国传媒投资预测

寻求2015年传媒领域投资机会，需要对政治、资本和传媒产业自身的发展逻辑及其兼容空间有透彻理解和综合审视，需要对影响产业变局与发展态势的关键资源有深度的洞察。可以说，影响未来传媒发展的关键因素及其结构化组合方式同时也是决定未来传媒产业投资机会的重要参考变量。好的传媒投资标的首先要具备良好的成长性与合理的估值，如果有一些垄断性的政策和牌照资源以树立一定的竞争壁垒则更好。由于传媒产业存在“强者恒强、弱者恒弱”的马太效应，无论是投资于生态型、平台型抑或垂直型、产品型传媒企业，选择本领域的行业龙头或最起码是行业标杆之一可以相对降低投资风险。

结合传媒产业整体格局与发展趋势，我们认为未来以下几个领域可以作为传媒投资的重点考虑对象。

---

① 参见中研网讯《2014年国内共发生45起影视并购案件》，http://www.chinairn.com/news/20140819/091843552.shtml。

② 参见郑道森、刘溪若《影视并购“大败局”》，《新京报》2014年11月16日。

（1）在国家积极推进媒介融合的大背景下，依托传统主流媒体的母体资源同时又能够以新的体制机制包括资本结构、激励机制打造的新型主流媒体。

（2）在传播不断趋向场景化、社交化、应用化的今天，充分运用数据挖掘技术进行“内容+关系”的复合传播、精准传播、个性化传播，围绕社群经济整体特征将内容与应用深度融合并进行关联价值深挖的创新型产品与平台。

（3）借势国家战略进行海外传播布局、推进对外文化传播将成为新时期的又一竞争制高点。2014年巴西当地时间7月17日，国家主席习近平与巴西总统罗塞夫共同出席百度葡语搜索引擎发布仪式，百度葡语版搜索在巴西正式上线提供服务，成为中巴两国加强技术创新领域合作的一个重要标志，此类个案对于未来传媒海外投资点位的选取有一定的借鉴意义。

（4）业务吻合新格局下传媒产业优势的细分优质企业，如内容营销、数字营销、移动营销、电商供应链金融、互联网金融等。

（5）可以开拓版权分销、贴片广告和增值服务等多元盈利点并具备社交化入口价值的下一代网络视频产品及相关公司。

（6）此外，如今传媒产业与文旅、体育、休闲产业及其他战略新兴战略的融合趋势不断深化，围绕互联网+国家战略，以大格局、大视野进行大文化、大传媒战略布局也不失为一种投资选择。

传统媒体投资篇

The Traditional Media Investment

B.3 中国报业投资报告

陈国权*

摘　要：　报业曾经被人们称为“最后一个暴利行业”，但从2012年起，“暴利”已经一去不复返，报纸读者流失，发行量、广告量急速下滑，而且下滑幅度越来越大。2014年，报业遭遇历史上最高的广告降幅，下滑幅度达18.2%，业界称为“断崖式”下滑；发行量影响力也全面滑坡，人才流失，报纸纷纷停刊。报业的盈利能力大幅下滑，数字化又不能够承担起盈利支柱的重任，在这样的背景下，报业投资的价值和地位得到凸显。

在这样的形势下，报业加快了多元投资转型探索的步伐。2014年，一些报社的多元化投资已经初显成效，不少报业集团的总收入中，广告收入仅仅占总收入的50%，其余都

* 陈国权，《中国记者》杂志值班主编。

是非报收入。报业投资成为报业扩张发展的一个主要方向与出路。其意义并不仅仅在于为报业集团的闲钱找个出路，也不在于为报业集团获得眼前的盈利，更在于当前的报业颓势下，报业新的发展方向与出路。

关键词：报纸衰退　报业投资　盈利能力　多元化

融资是被动的资金获取方式，而投资是主动的资金获取方式。如今的报业，利润越摊越薄，市场空间越来越小，早已不是“暴利行业”，投资报业的价值迅速衰减；只有报业投资，还有探讨的空间。

在报纸利润率较高的前些年，大部分报业集团都依靠报纸利润积攒了大量现金。广州日报报业集团、浙江日报传媒集团、华商传媒集团、大众日报报业集团、解放报业集团等大小报业单位都有大量现金流。一个城市的报纸市场容量是有限的，新创报纸几乎没有可能；报纸发行价格倒挂，没有必要也不太可能再提高发行量；印刷机已经是最好的、速度最快的；报纸已经没有扩大再生产的空间和必要。在这样的情况下，报业集团资金运作的主要渠道转变为通过投资、资本运作，让钱生钱，实现国有资产保值增值。

更为重要的是，报业投资也是当前报业这种颓势下，转型乏力情况下的必然选择。

一　当前报业投资的紧迫性

报业曾经被人们称为“最后一个暴利行业”，但从 2012 年起，“暴利”已经一去不复返，报纸读者流失，发行量急速下滑，而且下滑幅度越来越大，业界称为“断崖式”下滑。

（一）报纸发行方面

报纸订阅有很多是公费订阅份额，并不能够直观真实地反映报纸发行市场概貌；但报纸零售完全受市场因素影响，能够比较全面真实地反映报纸受读者欢迎程度、读者流失的程度以及发行市场真实面貌。

根据北京世纪华文国际传媒咨询有限公司对全国 70 个城市的报纸零售终端的持续监测数据，2013 年，全国各类报纸的零售总量和 2012 年相比下滑了 18.4%；2014 年，全国各类报纸的零售总量和 2013 年相比下滑了 30.5%。下滑幅度越来越大（见图 3－1）。

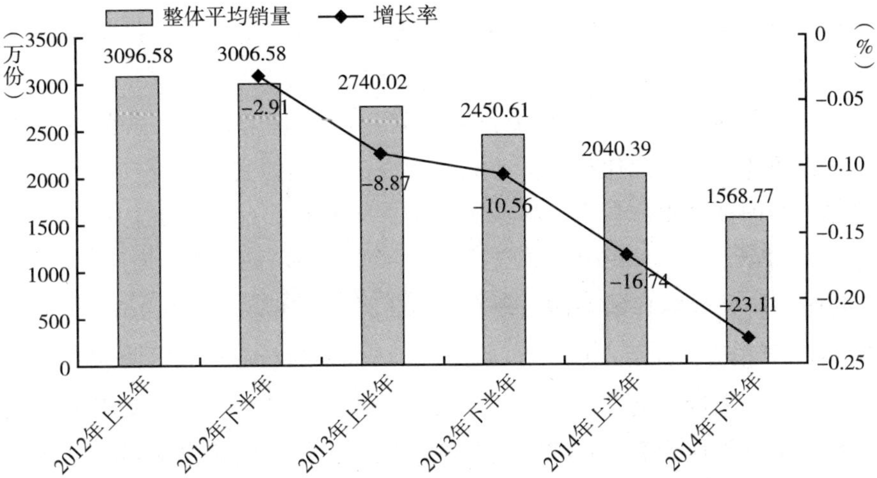

图 3－1　2012～2014 年全国报纸零售发行走势

从读者资源上看，通过新兴媒体获取信息的人越来越多，在青年人群中，互联网更是成为其获取信息的主要途径，纸媒受众呈现老龄化趋势。即使是老年人，也都减少了对报纸的接触率。加之报纸的传统运输船舶方式的影响，在一定程度上阻碍了纸媒的接触率。在这样的背景下，报纸零售急速下滑也尽在情理之中。

（二）报纸广告方面

在都市报刚刚火热的 20 世纪末 21 世纪初，都市报广告市场是供小于求，到报纸上登广告还得到报社广告部排半天队，甚至要找熟人帮忙才行。但很快，形势发生了逆转。报纸广告的获得难度越来越大。

2012 年之前，报纸广告的增长幅度皆超过同年 GDP 的增幅，在很多年份，年平均增幅甚至达到20%以上，1992年、1993年的平均增长幅度甚至达到了98.0%，几乎是一年翻一番的速度；两位数的增长是常态。

但是，很快，2012年开始，报纸广告开始逐年下滑，2012年下滑7.5%，2013年下滑8.1%，2014年报业传统广告收入延续了2012年、2013年的下滑趋势，而且下滑的势头更迅猛。2014年中国报纸广告降幅扩大到18.3%，远远超过了前两年的降幅，创下报纸广告下降的历史新低。与2011年相比，报纸广告收入共减少了30.5%（见表3-1）。2015年，这种继续下降的趋势还无法改变，甚至跌幅还将进一步加重，报纸不能期待反转回暖。

报纸广告的快速下滑主要源自各种新兴媒体对于报纸广告的蚕食和分流，广告快速转移阵地往往意味着某些媒介的功能被其他媒介所替代，报纸的大部分功能被新媒体替代，报纸读者的需求都可以通过新媒体得到更好的满足。

报纸广告的各种类型全面下滑，基本上没有不被波及的。2014年报纸广告与2011年相比下降了三成。在这三年中，大多数行业广告的降幅都在三成以内：金融业下降17.3%，房地产广告下降了16.2%，娱乐及休闲下降了13.9%，邮电通信下降了13.7%。三年来汽车广告已经减少57.2%，对报纸广告的下拉作用最大，其次是家用电器广告减少了51.6%，商业、零售业也减少40.8%。此外，医疗保健机构广告减少35.8%，食品、药品等广告降幅都超过了三成。

表3-1　中国报纸广告年平均增长率

年份	1983	1985	1987	1989	1991	1993	1995	1997	1999
金额(亿元)	0.73	2.2	3.35	6.29	9.62	37.71	64.68	96	112.3
增长率(%)		73.6	23.4	37.0	23.7	98.0	31.0	21.8	8.2
年份	2001	2003	2005	2007	2009	2011	2012	2013	2014
金额(亿元)	157.3	243.0	297.3	344.1	410.0	522.8	483.6	444.4	363.1
增长率(%)	18.4	24.3	10.6	7.6	9.2	12.9	-7.5	-8.1	-18.3

资料来源：综合崔保国的《中国传媒产业发展报告》、喻国明的《中国传媒发展指数报告》、国家工商管理局广告数据、CTR数据而成。增长率为年平均增长率，2011年之前的为两年一次统计数据，计算增长率就为年平均增长率。

（三）新闻纸方面

一般来说，报纸的发行量及广告刊例都是有水分的数据，考察报纸的起落兴衰，最好的工具是新闻纸的销量。

近几年，全球新闻纸市场一直面临需求量下降的压力，新闻纸生产厂家正面临新一轮的关停并转。据统计，北美市场新闻纸需求量以年均6%～7%的幅度下降，加之出口市场低迷，北美新闻纸生产厂家2014年前8个月的开工率降至92%，成交价格创近三年来新低。

国内新闻纸总产量2014年约为260万吨，比2013年370万吨下降30%。价格从2013年底的4350元/吨下调到4100元/吨。

根据中国报协对全国75家报社的调查数据，2014年用纸量增加的有16家，增加幅度为21%；减少的有44家，减少幅度为58.7%；15家基本持平。75家报社2013年总用纸量为140.4万吨，2014年总用纸量为126.4万吨，减少14万吨，下降幅度为10%。以此推算，2014年全国报业用纸量为276万吨，比2013年减少31万吨，下滑幅度8.37%。从2012年开始，新闻纸市场一直在低位徘徊，甚至负增长（见图3－2、图3－3）。如此剧烈的下滑幅度，正印证了报纸剧烈衰退的趋势。

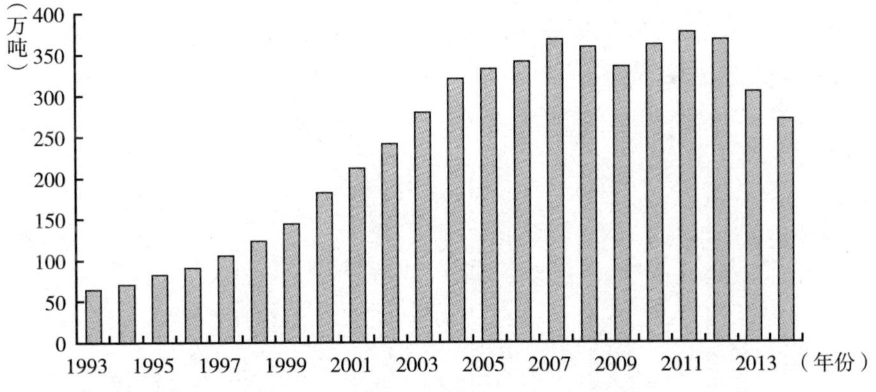

图3－2　1993～2014年新闻纸用量

（四）纸媒纷纷停刊倒闭

在各种因素的压力下，纸媒纷纷关停休刊。一些报纸关停休刊的消息也不

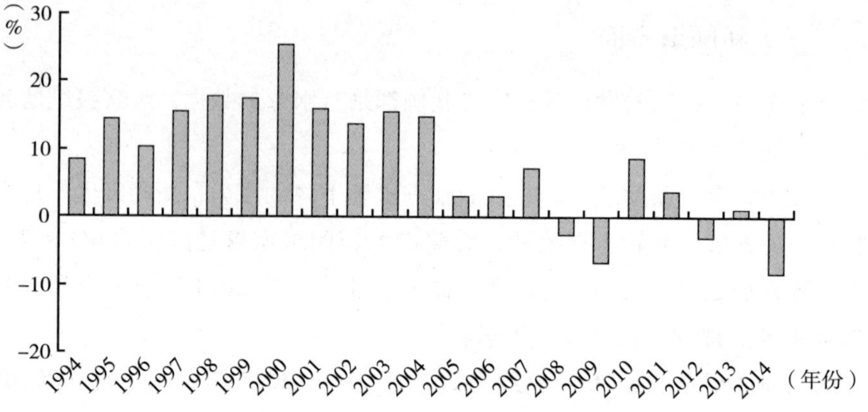

图3-3　1994~2014年新闻纸用量增长率

断地刺激着报人们的神经。休刊或停刊的报纸有《新闻晚报》《天天新报》《竞报》《中国包装报》《房地产时报》《杂文报》等；休刊或停刊的杂志有《心理月刊》《程序员》《数字通讯》《钱经》《科技新时代》《动感驾驭》《都市主妇》《Oggi今日风采》《读者原创版·全世爱》等。

从历年报纸刊号数据我们能够清晰地感受到这种变化，2008~2012年，全国总共减少了25份报纸，但是2013年一年，就有97家报纸停刊，被取消刊号。在这样的形势下，报业优秀人才纷纷流失（见图3-4、表3-2）。

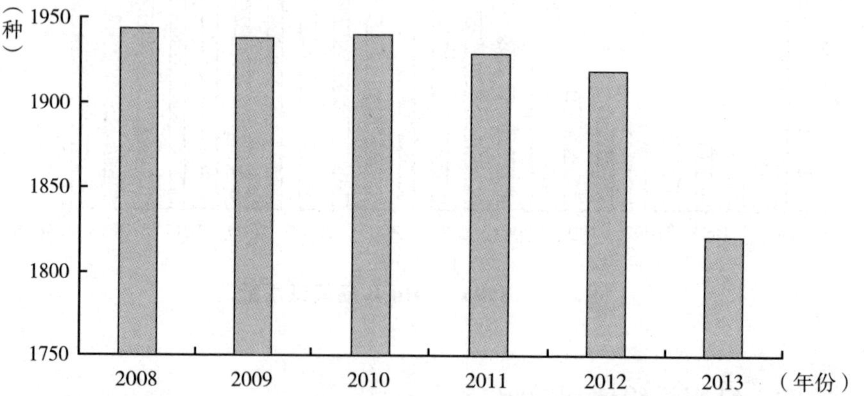

图3-4　2008~2013年报纸种类增减情况

表 3-2 2008~2013 年报纸种类统计

年份	2008	2009	2010	2011	2012	2013
报纸种类(种)	1943	1937	1939	1928	1918	1821

（五）报业数字化及其他转型路径盈利能力不强

《杭州日报》于 1993 年 12 月 6 日通过杭州市的联机服务网站进行传输，被认为是中国最早的报纸电子版。以报纸涉足电子版为起点，报业开始了持续至今的数字化转型征程。① 2006 年 8 月，由新闻出版总署力推的“中国数字报业实验室计划”更加速了报业的数字化转型进程，虽然此后这个“实验室”由于种种原因无疾而终。

这些年来，报业所运作的各种新媒体形态，从 PDF 电子版、报纸新闻网站、二维码、云报纸、手机报、电子纸，到电商网站、新闻客户端等，都面临着盈利能力不强，甚至亏本赚吆喝的局面。

除了数字化，一些报社也开始尝试报纸分化转型之路，如转型为地铁报、免费报、社区报、专业报等。但是，这些转型路径依然存在盈利能力不强，无法支撑起报业的现存体量的问题。

（六）多元投资的盈利能力较强

在这样的形势下，报刊业加快了多元投资转型探索的步伐。一些报社的多元化投资已经初显成效，不少报业集团的总收入中，广告收入仅仅占总收入的 50%，其余都是非报收入。

报业投资，成为报业扩张发展的一个主要方向与出路。其意义并不仅仅在于为报业集团的闲钱找个出路，也不在于为报业集团获得眼前的盈利，更在于在当前的报业颓势下，报业新的发展方向与出路。如浙江日报报业集团对游戏产业的投资。

很多年前，大家都意识到不能把所有的鸡蛋放在一个篮子里，当时仅仅是从分散风险的角度考虑的。但是到了现在，已经不是分散风险的问题，而是原

① 张立伟：《撤掉电子版　拯救纸媒》，《中国记者》2011 年第 10 期。

有的篮子已经破败不堪，需要找到一个新的篮子。报业投资的战略逻辑还在于：盈利前景最好的产业现在不在报业，大部分的机会也不在报业。

扩张子公司，报业集团自己运作是多元投资的一种方式。但是，当一个报业集团的规模扩张到一定程度后，管理者若还事必躬亲，管理成本就会大大上升，各单位间的磨合润滑成本也会加大。

更多的报业集团选择股权投资。比如，河南日报报业集团 2013 年入股河南省内一家地方银行——信阳银行，增资入股约 4.4 亿元，占 20% 股权，成为信阳银行第一大股东。2008 年 3 月，河南日报报业集团大河传媒投资有限公司成立，注册资本为 1 亿元，主要有两项功能：集团对外投资的平台以及集团股份制改造工作的承办部门。同时，该公司还积极开展对外投资，探索资本运营的经验和路子。筹建大河基金管理公司，创新开展股权投资、证券投资、委托贷款和基金管理等投融资业务，进一步拓展实业投资。

股权投资规避了专业化不足的问题，事情交由专业团队来完成，自己只需按照出资比例获取分红。

股权投资也避免了管理整合的难题，各单位间不需要重新磨合；更重要的是股权投资不受限制，目前没有国家法律明文禁止的领域。只要是能赚钱的领域，都能投资。

二　报业投资的种类

股权投资、股票、期货、基金、债券、房地产、存款、银行理财产品、信托、保险、外汇、黄金、现货、实业，这些，是市场上报业运作的主要投资方式。

（一）目前市场上报业运作的主要投资形式

股票、期货、基金（主要是指股票型基金）、外汇、黄金风险太大，不适合报社投资；存款、银行理财产品是目前报社采用比较多的理财方式。

（二）房地产、实业的投资

此种投资方式报业运作较多，也是报业运作得较为成功的模式。比如，投资房地产，由于报业拥有经营房地产的一些独特优势，房地产成为报业投资领域较为成功的投资产品。河南日报报业集团总收入中报刊发行广告收入所占比重，已经从“十一五”初期时的90%以上下调至目前的50%以下，也就是说，河南日报报业集团的非报收入已经超过了报业收入，这其中，最主要的是报业地产的因素。位于浙江的地市报金华日报社，以房产为核心拓展多元经营业务，收入远超报纸主业，2011 年房产收入是其主营业务的 2 倍。重庆日报报业集团一年来自房地产的收入达 10 亿元，福建日报报业集团一年也从房地产中赚了 10 亿元。

（三）股权投资

股权投资曾经非常火爆，其高额的回报率引人关注。绍兴日报社成功投资绍兴海越股份的股权，2009 年成功退出，获利数百万元；2008 年参与新股申购，获利 1000 多万元。但随着中国股市放慢 IPO 的步伐，大量等待上市的企业苦苦排队等候，众多企业上市遥遥无期，股权投资就成了投资市场的鸡肋，以前的高回报一去不复返了。“不上市，就上吊”，成为国内风险投资界的流行语，停滞不前的 IPO 堵死了股权投资的渠道。从事股权投资的风投机构被逼到悬崖，更不用说非专业的报社了。

比 IPO 停滞更为严重的是，还有大批的 PE 甚至无法进入 IPO 的排队行列。国内 PE 的退出周期基本上都是 5 年，2009 年创业板上市前后，国内掀起一股“全民 PE”潮。但是大量的 PE 基金从 2014 年开始进入退出期，而这些基金投资的许多项目甚至还没有机会申报 IPO。有研究报告显示，自 2000 年以来，PE 投资的 9000 多个项目中，仍然有超过 7500 个项目未能实现退出，这些未退出的项目的投资总额在 6000 亿元以上。

三　2014年报业投资的项目

面对这样的困境，这些年来，报业投资领域的探索一直在持续，一些报业集团的努力在 2014 年取得突破性进展。

（一）华闻传媒集团

2014 年华闻传媒公司进行系列重大并购重组，先后将国视通讯、掌视亿通、精视文化、邦富软件、漫友文化等公司的控股权纳入囊中。其中，华闻传媒借助收购国视通讯，拥有了移动视讯基地最大的垂直频道——影视频道；通过收购掌视亿通，拥有了一家行业领先的手机视频服务提供商，并打开了进入移动互联网领域的渠道。公司从传统媒体向移动互联网平台转型的步伐由此加快。

（1）收购澄怀科技。收购主营业务为留学咨询服务的澄怀科技 100% 股权。

（2）旗下上海鸿立对传媒文化行业的早、中期小型项目进行风险投资，紧密跟踪已投项目，积极沟通退出计划，努力推动已投项目分红。

（3）华闻影视与中国电视剧制作中心有限责任公司达成战略合作协议，共同投资《英雄时代——炎黄大帝》《进错门的女人》；还投资了 3D 魔幻历史电影《远古大帝》。

（4）整合国视上海、掌视亿通、精视文化、邦富软件和漫友文化的股权，强化在新媒体领域的垂直多元化新布局。

（二）浙江日报报业集团

2014 年浙报传媒公司旗下全资子公司杭州边锋与华数传媒就新一代互联网电视终端展开战略合作，由此进军互联网电视领域；借助东方星空这一创业投资平台，对大数据相关企业进行股权投资；出资 1 亿元获得唐人影视 8.77% 的股权。借助杭州边锋上线游戏项目，打造电子竞技直播平台；通过网络医院项目，切入互联网健康服务产业。通过这一系列动作，该公司成功打造新闻传媒、互动娱乐、影视和文化产业投资“3 +1 平台”，奠定了传统媒体向互联网枢纽型传媒集团转型的基础。

（1）浙江在线深耕网上预约挂号系统、高考查分和录取查询系统，启动运营国内首个无线内容生产基地，开发云端悦读项目。

（2）成立传媒梦工厂媒体创业孵化基地。

（3）收购边锋浩方，布局游戏、技术、数据领域。进军互联网电视，互联网电视机顶盒边锋盒子进入内测期；上海浩方与华奥星空联合，推动电子竞技比赛平台建设；建立数据库业务部，大规模投入建设用户数据库和呼叫中心等。

（4）投资北京华奥星空科技发展有限公司，未来将依托其发展数字体育媒体、体育电子商务和电子竞技业务。

（5）运行钱报公司“钱报有礼”电商平台，全面试水融媒体下的垂直专业O2O电商运营，积极拓展社区电子商务。

（6）出资5000万元设立全资子公司浙江智慧网络医院管理有限公司，负责“网络医院”项目的管理及运营。

（7）与修正集团及浙江新联控股共同出资1亿元打造安享养老平台。

（8）与携程旅游网达成战略合作意向。

（三）成都传媒集团

2014年初，博瑞传播的博瑞梦工厂授权百度多酷在中国大陆独家代理运营其自主研发的手机3D游戏《龙之守护》；通过收购深圳盛世之光和杭州瑞奥，搭建辐射华南、东部沿海、西南、华中的户外广告媒体平台；通过小额贷款切入金融业务，为进入互联网金融领域储备力量；与腾讯展开战略合作，借助微信平台大规模的客户流量和强大的渠道运营能力，推动手机游戏产品在微信平台上线；向着“传统媒体运营服务商、新兴媒体内容提供商、文化产业战略投资者”转型的战略目标推进。

（1）博瑞传播发行投递业务向专业物流配送企业转型。2013年，电商物流配送实现收入3499.19万元。

（2）收购漫游谷。定向增发募集资金10.6亿元，实现对漫游谷70%股权的收购。加速推进游戏产品的自主研发，完善了“端游+页游+手游”的全产品模式，加快公司游戏产品的海外市场拓展步伐。

（3）收购武汉银福60%的股权、海南博瑞三乐60%的股权、浙江杭州瑞奥户外广告公司65%的股权和深圳盛世之光公司51%的股权。搭建户外广告媒体圈。

（4）涉足小额贷业务。2013年小额贷业务共完成营业总收入1.23亿元，净利润0.63亿元，成为新的利润增长点。

（5）成都树德联合学校正式更名为树德中学博瑞实验学校。博瑞教育有限公司2013年实现营业收入6963万元，净利润1898万元。

（四）广州日报报业集团

在传统业务方面，广州日报报业集团独创社区报模式，打造与门户网站和各类大报相区别的专属社区报，瞄准地方广告主；在新媒体方面，增资专注网络游戏和手机游戏研发与运营的万将科技公司，加速拓展产业链；云彩网项目的彩票客户端在安卓、微信、网页和 Web 上线，与《足彩大赢家》百万读者实现首批对接；参与布局电商领域，参股网上家居直销商城；与德同（北京）投资管理公司合作设立文化产业投资基金，投资文化传媒和创新服务领域。

（1）启动游戏业务布局。将原广州日报求职广场网站有限公司更名为广州广游信息服务有限公司，打造“云端游戏”品牌。

（2）设立全资子公司广州广报数据科技有限公司，面向政府部门、社会机构和商业组织开展数据分析服务业务，同时承担基于大数据技术应用的智能云媒体服务平台建设的研究项目。

（3）打造“宅之便”自营商超。打造基于线下实体店、线上电商网站以及报刊纸上商城三维服务的广州第一管家“宅之便”连锁品牌。

（4）并购上海香榭丽广告传媒股份有限公司，推出 ADSHOW 产品，推进大型户外 LED 媒体网络与基于 LBS 定位技术的移动互联网广告相融合。

（5）开发“云彩彩票”购彩平台，发展移动互联网彩票业务。

（6）与德同资本合作设立上海德粤文化产业投资基金，目标规模 5 亿元。

（7）出资 1600 万美元入股悠易互通，建立深度战略合作。

（五）上海报业集团

2014 年上海报业集团推出澎湃新闻、界面两款新媒体产品，加快向新媒体转型；联合元禾母基金和华映资本，共同发起目标规模为 12 亿元的八二五新媒体产业基金，主要用于投资互联网新媒体行业。微盟、慧银信息和东方华尔成为首批签约企业。其中，微盟是目前中国最大的微信开发服务商，慧银信息致力于打造智能 pos 云平台，东方华尔则是目前国内最大的理财规划师在线教育企业。

（1）推进首创的“申活馆”，已开 3 家门店，搭建了设计产品网购平台——“梵布”，并推出“官方微信 + 二维码”互动购物模式。

（2）探索以采编策划带动业务增长的顾问式营销模式，组建“健康事业部”“品致事业部”等高潜力行业事业部，构建了“新闻晨报贴牌＋大申网召集＋微博群传播”立体组合营销运作模式。

（3）推出新华一城卡销售业务。立足“文化＋教育＋便民”特色，全年新拓展演出票务、在线教育培训等文化消费商户约400家，特约大型商户约50家，全年完成销售近3亿元。

（4）推出了“淘房客”网站及客户端、房地产时报App、掌上房展装修软件等新媒体应用，打造区域性房地产电商平台。

（六）山东大众报业集团

早在2011年，大众报业就成立了三个文化资本对接平台：山东省文化产业投资公司、文化产权交易所、大众创业投资公司，形成“文投＋创投＋文交所”深度整合局面。

依托主业的品牌等优势，山东大众报业集团不仅先后拿到2000多亩宝贵的土地资源，还成功进入了山东有线电视网络。资源资本化又为集团获取更多的优质廉价资源提供了充足的资金保障。其中，仅济南东部一块工业土地变性和挂牌出让，集团所获得的净利润就达1.9亿元。用这笔钱，集团从济南西部大学城拿到建设用地500亩，近期还将再拿300多亩，这一片用地指标全部落实之后，集团可以用这笔钱换回土地上千亩。

在具体的土地规划上，大众报业立足济南、青岛、烟台建设四大文化产业园区。总投资为40亿元，构建“地产＋教育”“地产＋文化旅游”“集团新址＋产业”复合经营模式。

集团共有地产资源一览：

1.“地产＋教育”

蓬莱文化教育园区：地处山东两大高校，辐射高校学生4000多人。确立文化创意产业引领文化地产开发的思路。通过在园区开发文化地产海郡壹号，建设具有增值价值的和谐家园，探索文化地产开发模式。

2.“地产＋汽车”

济西大众传媒产业基地：占地约1000亩，全面启动汽车项目。预计三五年内发展进驻园区4S店18家，一期（400亩）年租金将达2000万元到3000

万元。

3. 地产 + 旅游

青岛“中国院子”古建筑博览园。投资约1亿元，现已准备正式运营。该园区以汇聚中国南北经典传统民居为卖点，打造传统建设波兰岛概念，将成为青岛标志性的文化旅游项目。

4. 地产 + 文化创意产业

文化创业园占地约20万平方米。第一期主打名家名流交流创作区，第二期主打酒店式公寓和文化项目。

（七）北京青年报报业集团

（1）北青传媒旗下法晚传媒与润信博华公司、润信鼎泰公司等成立北京润信鼎泰投资中心（有限合伙），北青传媒认购5000万元，该基金专注于投资拟上市公司股权。

（2）控股北青龙腾公司，占有51%的股权，致力于投资管理和资本市场业务，打造集团新的投融资平台。

（3）探索进入“数字户外”广告领域，旗下今日阳光中标北京6个标段的户外路牌广告经营权。

（4）北青航媒与中国航空传媒广告公司共同经营国航机上电视节目，取得了国航机上全部电视节目的独家广告总代理权。

（5）成立北青整合营销中心。整合各报纸广告资源，成为中国首家立体化资源配置平面媒体营销机构。

（6）进军社区报。投资1500万元成立北青社区文化传媒（北京）有限责任公司，负责运营《北青社区报》。

（7）出资1800万元控股《重庆青年报》。与重庆青春实业有限公司共同设立重庆青春传媒有限责任公司，独家经营《重庆青年报》。

（8）投资成立河北聚精采电子商务股份有限公司，运营电商平台采采网，打造京津冀最具影响力的区域性电商。

（9）联合投资拍摄电影的经营模式。投资拍摄了电视剧《正阳门下》，与北京二十一世纪威克影业投资有限公司联合拍摄电影《全民目击》。

B.4
中国广电传媒产业投资分析报告

黄　威*

摘　要：2014 年中国广电传媒产业获得了跨越式的发展。中央做出了推动传统媒体和新兴媒体融合发展的重要决定，2015 年，中国广电传媒产业将获得重要的发展机遇。本报告从产业政策和产业发展路径的角度总结 2014 年中国广电传媒产业发展并展望 2015 年的发展趋势，希望从政策和市场两方面，为资本进入广电传媒产业提供启发和思考。

关键词：广电传媒产业　媒介融合　投资趋势

2014 年是中央对于广电传媒行业发展十分重视的一年，在这一年里，中央明确提出媒介融合发展，并指明了方向，提出了更高要求。8 月，习近平总书记主持召开中央全面深化改革领导小组第四次会议，审议通过《关于推动传统媒体和新兴媒体融合发展的指导意见》，该文件把推动传统媒体和新媒体融合发展提高到国家战略高度，提出要着力打造一批形态多样、手段先进、具有竞争力的新型主流媒体，建成一批拥有强大实力和传播力、公信力、影响力的新型媒体集团，形成立体多样、融合发展的现代传播体系。习近平总书记在文艺工作座谈会上发表重要讲话，对更好地繁荣广电传媒文化产业起到了有力的促进作用。本报告从产业发展政策与产业发展路径的角度总结 2014 年中国广电传媒产业发展并展望 2015 年的发展趋势，希望从政策和市场两方面，为资本进入广电传媒产业提供启发和思考。

---

* 黄威，国家新闻出版广电总局发展研究中心副研究员，经济学博士，艺术学博士后。

一 电视剧产业

2014 年，中国电视剧产业保持平稳较快增长，电视剧市场进一步向纵深发展，电视剧精品意识不断增强，国家对电视剧创作扶持力度不断加大，国产电视剧题材、风格和样式进一步多样化，电视剧创作生产日趋活跃，出口持续扩大。电视剧投资额进一步扩大，行业中介组织不断成立，全行业保持健康、迅速发展的势头。

（一）电视剧生产创作继续平稳较快增长，现实题材剧比重增加

2014 年全国电视剧产量总体平稳，作品质量不断提升。全年全国共计生产完成并获准发行剧目 429 部 15983 集。题材比例为：现实题材剧目 243 部 8335 集，分别占 56. 64%、52. 52%；历史题材剧目 178 部 7383 集，分别占 41. 49%、46. 19%；重大题材 8 部 265 集，分别占 1. 86%、1. 66%。

（二）国家新闻出版广电总局推出“一星两剧”新政，自制剧、定制剧量质齐升，成为未来主流

2014 年 4 月，国家新闻出版广电总局出台“一星两剧”新政，成为近年来对电视剧行业影响最大的政策。新政在 2015 年正式实行，该政策对各大卫视、电视剧制作公司及相关产业链上下游有着较大的影响。

电视剧制作业投拍新剧更加谨慎，实力不强、专业性不足的电视剧公司压力陡增。跟风剧、雷剧数量明显减少。备受诟病的“狗血剧”“过度娱乐剧”市场退出效应明显。制作方在前期选择题材上更加谨慎。高质量剧脱颖而出，如 2014 年 7 月播出的《产科医生》凭借扎实的剧本取得了良好的市场回报和口碑。

定制剧、自制剧量质齐升，或将成为新政实施后的新方向。山东卫视首部自制剧《红高粱》取得了 2015 年的开门红，目前制作中的还有《地雷战》《铁道游击队》《大刀记》等剧；深圳广电集团 2014 年确定投资拍摄《东方战场》《午夜蝴蝶》，立项《燕荡恩仇》《重生丽人》（原名《佳佳成长记》）。定制剧、自制剧通过版权所有实现价值最大化和差异化，同时提升了竞争实力。

2014 年，视频网站自制剧爆发，全年的网络自制剧数量超过了之前数年累计数量的总和。除了数量攀升外，提升网络自制剧的质量，加大其品牌效应也将成为 2015 年视频网站的发展方向。2015 年，视频网站自制剧将迎来发展契机。通过继续加大自制剧制作及对内容品质的把控并向品牌化发展，网络自制剧将进入量质齐升的新阶段。

（三）内容创新成为主要的发展方向

2014 年是媒体融合元年，传统媒体和新媒体的生态发生了深刻的变化，多屏化实现了观众流的互相融合和转化，体现在电视剧上便是电视受众年轻化，视频网站的受众则延伸到年龄层更高的网民。

多屏化的播出渠道使得内容的重要性凸显。观众对电视剧的品质要求增强，出现了《父母爱情》《大丈夫》《北平无战事》《老农民》等多部品质剧。渠道的多元化导致传统卫视播出平台自身的影响力减弱，观众对于卫视平台的黏性下降，根据优质内容进行播出渠道选择的趋势愈加明显，内容的影响力凸显。播出渠道的分散，政策的积极引导，加上电视剧受众需求趋向理性，都促使 2014 年电视剧市场对内容越来越重视。网络文学作为原创内容之一，在 2014 年备受追捧，影视剧公司加紧争夺网络小说 IP，热门小说的版权价格水涨船高。2013 年下半年，一部热门网络小说的价格约为 100 万元，2014 年普遍涨至 200 万 ~500 万元，一些点击率很高的网络小说甚至能卖到上千万元。优质 IP 供不应求。2014 年网络动漫和游戏改编的电视剧占市场剧目的 50%，像《古剑奇谭》《风中奇缘》《步步惊情》等热播剧都是改编自热门网络小说或游戏。资本也大量进入到小说 IP 资源。2014 年 11 月百度文学成立，盛大文学牵手腾讯，12 月 5 日，中文在线通过上市审核，拟在创业板上市。资本涌入推动行业洗牌加速，资源越来越向优质 IP 倾斜。

（四）电视剧市场并购加速，行业集中度提升成为趋势

从 2013 年下半年开始，电视剧市场并购整合加速并延续到 2014 年。专业性较强的龙头公司市场地位增强，行业集中度提升。

在 2014 年电视剧市场的并购重组中，实体产业进入的动力和冲动不断加强。3 月，熊猫烟花以 5.5 亿元收购电视剧制作和发行商华海时代影业 100%

股权，随后，湘鄂情宣布收购中视精彩、笛女影视两家影视公司51%股权，中南重工10亿元收购大唐辉煌100%股权，皇氏乳业6.8亿元收购御嘉影视100%股权，道博股份7.8亿元收购强视传媒100%股权，申科股份25.2亿元收购海润影视100%股权，禾盛新材2.2亿元收购金英马影视26.5%股权。

互联网公司加大布局内容产业力度。阿里巴巴集团购入文化中国60%的股权，将其更名为阿里影业。传统电视剧制作公司也加强了上下游并购，延伸产业链条。华录百纳收购蓝色火焰100%股份，华策影视继2013年入股克顿传媒、高格影视后又收购了合润传媒20%的股权，2014年10月又以3.23亿元人民币收购了韩国NEW公司15%的股权。

2014年电视剧市场开始向综合实力较强的大型电视剧制作龙头公司倾斜。据艺恩咨询数据统计，在2014年上半年上星频道播出的电视剧中，排名前十的民营公司共播出4487集，占总播出量的38%。其中华策影视以1176集位居卫视频道播出量榜首，本山传媒和正在寻求上市的新丽传媒分居第二、第三位。相信在未来几年内，影视行业之间的并购、整合力度将不断加强，电视剧行业将优胜劣汰，市场集中度不断提升，行业整体实力不断增强。

二 电影产业

（一）电影产业持续高速增长

2014年全国电影总票房达到296.39亿元，同比增长36.15%。其中国产片票房161.55亿元，占总票房的54.51%。城市院线电影票房293.98亿元，同比增长36.6%；观影人次达到8.3亿，同比增长34.52%；放映场次为3649万场，同比增长40.51%。全年票房过亿元影片共计66部，其中国产影片36部；国产影片海外销售收入18.7亿元，同比增长32.25%。

（二）院线和影院建设高速发展，未来发展步伐将进一步加快

2014年全年新增影院1015家，新增银幕5397块，日均增长15块银幕，目前全国银幕总数已达2.36万块。中影星美等4家院线票房在20亿元以上，其中万达院线已超过40亿元。此外，县城数字影院建设步伐加快。目前，全

国县级城市拥有数字银幕 7204 块，重庆、河北、浙江等 10 省市实现了县城数字影院全覆盖。

（三）在国家相关政策的扶持下，国产影片深挖市场潜力，巩固了市场份额的主导地位

一批弘扬社会主义核心价值观的影片在取得良好社会效益的同时，产生了一定的经济效益。《永远的焦裕禄》《真爱》《天上的菊美》《兰辉》《世界屋脊的歌声》《风云 1927》等影片在城市主流院线和影院采取包场、长线、区域放映等细化市场的方式，累计票房达到 6400 余万元；在院线上映的电影《夜莺》票房已超过 2100 万元。

国产商业影片展现出与进口大片特别是美国大片竞争的实力，66 部票房过亿元的影片中，国产影片占 36 部；票房前 10 名的影片中，国产影片占 5 部。

国产影片在重要档期表现突出，春节档国产影片票房 13. 86 亿元，市场份额 95. 6% ；五一档票房 3. 37 亿元，市场份额 75. 2% ；暑期档票房 40. 76 亿元，市场份额 57. 5% ；国庆档票房 12. 4 亿元，市场份额 99. 3% 。即将到来的贺岁档，还将有一批国产商业大片具有较强的市场预期。

（四）动画电影成为新的投资与创作的热点

经过多年的市场培育和艰难摸索，动画电影日益成为中国电影创作中的重要组成部分。2014 年有超过 20 部的国产动画电影上映，继《喜羊羊与灰太狼》《赛尔号》《洛克王国》《潜艇总动员》和《麦兜》等传统品牌之后，《熊出没之夺宝熊兵》《龙之谷》《神笔马良》《秦时明月之龙腾万里》等国产动画电影的创作水平取得了显著进步，也创造了优异的票房成绩，成为新的国产动画电影品牌。动画电影已渐渐成为新的投资与创作热点，品牌化发展迈出坚实步伐。

（五）高新技术广泛应用，电影工业化程度不断提高

2014 年电影技术在影片拍摄制作、发行放映、经营管理以及后产品多层次开发、应用等各环节都取得了进步。主要表现在：影片产量渐趋稳定，技术

质量逐步提高；国产动画影片制作异军突起，并成为电影市场新亮点；3D影片质量明显提高，开始逐步赢得市场口碑；与国际电影技术发展同步，国产影片开始尝试应用新的多声道立体声技术，数字电影关键技术与设备的国产化取得明显进展，预示着我国电影工业化程度的不断提升。

与此同时，城市影院数字化放映全面覆盖，影片放映授权公共服务系统应用日益扩大，全国影院票务综合信息系统建设正在加快进行，为营造公开透明、竞争有序的市场秩序奠定了坚实的基础。农村流动公益放映与少数民族语电影译制、发行、放映工作稳步推进，为实现电影公益服务提供了有力保障。

三　纪录片产业

2014年中国纪录片产业迎来历史机遇期。为推动纪录片产业发展，管理部门先后推出长期实施“中国梦”纪录片精品工程、增加纪录片上星频道、实施财税扶持政策、成立纪录片基金会、培育青年学生观众群体、完善相关管理调控政策、实施国家优秀纪录片导演计划、推动纪录片全媒体传播等一系列推动我国纪录片产业健康发展的产业政策，促进纪录片产业的发展。

（一）纪录片播出平台扩大，纪录片潜力和空间增大

2014年6月8日北京纪实高清频道上星播出，6月16日上海纪实频道上星播出，与央视纪录频道形成共三家上星播出的纪录频道新格局。2014年实施的电视上星综合频道调控政策规定，每个上星频道平均每天至少播出30分钟国产纪录片。此项政策打破了以往纪录片通常只在纪录频道播出的局面，使其进入上星综合频道这样的热播平台，开辟了新的播出渠道，也培养了一批新的纪录片观众。据估算，此举将使全年国产纪录片播出量增加约6000小时，对国产纪录片生产、交易等产生一定的拉动作用。

（二）国家加大扶持优秀国产纪录片力度

2014年6月13日，第二届优秀国产纪录片及创作人才扶持项目表彰活动在上海举行，此次活动共表彰奖励优秀作品和人才8类50多项，颁发扶持资金500万元。这次表彰活动重点展示了《习仲勋》《指点江山——毛泽东诗词

故事》《不能忘却的伟大胜利》《苦难辉煌》等一批反映中华民族爱国主义传统和顽强不屈的斗争精神的优秀理论文献片和《老兵回家》《吾守尔大爷的冰》《最后的小火车》等一批展现普通人追求和实现梦想的现实题材纪录片。现场邀请 19 名纪录片创作者及当事人真实讲述，事后在中央电视台纪录频道、上海纪实频道、东方卫视、北京纪实高清频道等播出，充分体现了优秀纪录片作品的感召力。

（三）中国纪录片网等新媒体获得发展机遇，纪录片全媒体传播成为趋势

顺应传统媒体与新媒体融合发展趋势，中广协会、中国纪录片网与国内主要纪录片制作播出机构推出“纪录·中国”移动客户端，打造展示优秀国产纪录片和促进纪录片产业交流发展的双功能移动多媒体平台。

（四）纪录片节展交易活动更加活跃，成为主要的纪录片交易方式

2014 年广州纪录片节共有来自 85 个国家和地区的 3054 部作品参加，234 家中外机构就联合制作、海外销售、版权交易达成近 2 亿元交易额，参与人数、参与片目数量、市场交易额等均创新高。此外，还举办了纪念世界反法西斯战争胜利 70 周年主题论坛、“寻梦中国”大学生纪录短片导演计划等创新活动，产生了良好的社会影响。

四　广电节目产业

（一）广电节目制作产业繁荣发展

2014 年，广播电视节目制作机构进一步呈现出数量增长、结构优化、业绩突出的良好态势。一是制作机构数量合理增长。2014 年度，全国共有《电视剧制作许可证（甲种）》机构 137 家；《广播电视节目制作经营许可证》机构 7248 家，比上一年度增加 1073 家，增长率为 17.38%。二是制作机构总体构成继续发生变化。其中，事业单位和国有企业近千家，民营企业超过 6000 家（接近机构总量的 85%），已形成多种所有制形式协调发展的局面。三是节

目制作经营行为更加活跃。2014 年，各类节目的产量达到约 4500 万分钟，电视剧产量超过 15000 集。初步形成了以电视剧为核心产品，动画片、纪录片、综艺节目等各类节目异彩纷呈、市场化运作逐步拓展的产业体系，为节目制作产业规范健康、繁荣有序发展奠定了坚实基础，广电节目成为我国文化产业中最为活跃的重要组成部分。

（二）综艺节目获得较大发展，节目价值获得市场认可

随着《中国好声音》《非诚勿扰》《爸爸去哪儿》等综艺节目近年来相继出现，其品牌影响力带来了巨大的商业价值，综艺节目的投资回报比不断得到提升。综艺节目获得市场的高度认可，各卫视将更多的力量投入到综艺节目的制作与播出上。

《中国好声音》一定程度上开启了中国电视娱乐节目真正的工业化生产时代，综艺节目创造的价值让平台和制作方均获得了巨大的收益。2014 年，《中国好声音》第三季品牌和市场价值进一步释放，冠名费收获 2. 5 亿元，加上特约费超过 4 亿元，广告招标总额超过 13 亿元，腾讯视频网络独播版权 2. 5 亿元，而这一趋势在 2015 年将得到进一步的发展。《爸爸去哪儿》第二季广告费 3. 11 亿元，广告收入超 13 亿元，2015 年第三季仅冠名和独家战略合作资源又创下 5 亿元的新高，预计总广告收入在 15 亿元左右。《非诚勿扰》在 2014 年的冠名费收获 2. 4 亿元，这一数字在 2015 年刷新为 5 亿元，而整体的广告收入也已突破 20 亿元。

在可预见的未来，综艺节目将迎来黄金发展期，未来三年综艺栏目的市场规模将保持近 20% 的增长，整个市场规模将达到 200 亿元以上。

（三）明星真人秀、户外真人秀、文化类等节目类型市场空间广阔

2013 年《我是歌手》《爸爸去哪儿》带动了明星参与类真人秀在中国的兴起发展。2014 年明星真人秀节目已经成为电视荧屏的主流。

具体到题材上，由于《爸爸去哪儿》的带动，2014 年上半年亲子类节目大量出现，《爸爸回来了》《妈妈听我说》《爸爸请回答》《爸爸回答吧》《老爸老妈看我的》《辣妈学院》《来吧，孩子》等先后上档，但都没有再造出“爸爸去哪儿”式的神话，亲子热在下半年遭遇一定程度的冷却。

文化类节目2013年在《中国汉字听写大会》《汉字英雄》等节目的带动下形成了一小波发展热潮，特别是对二、三线卫视来讲，这类节目投入相对较小，又能形成一定差异化路线，因此很受欢迎。数档文化类节目被相继推出，河南卫视的《成语英雄》、贵州卫视的《最爱是中华》、黑龙江卫视的《最爱中国字》、四川卫视的《我知道》、浙江卫视的《中华好故事》等，文化元素与综艺手段相嫁接，实现文化节目的大众化是这类节目的一个普遍特点。

湖南卫视在《爸爸去哪儿》之后推出《花儿与少年》，延续了明星真人秀的热度，彰显了芒果团队的创作实力；东方卫视的《花样爷爷》同样主打明星户外旅游，脚步踏上了欧洲；江苏卫视下半年推出明星体验真人秀《明星到我家》，呈现出一定品质。

浙江卫视在2014年先后推出《人生第一次》《爸爸回来了》《奔跑吧，兄弟》等户外真人秀节目，“跑男”因其高品质而收获了大批粉丝，被认为是极具市场潜质的节目；深圳卫视《极速前进》来自美国同名经典户外竞技真人秀，将素人换成明星，产生了一定的影响力。此外，还有湖北卫视的明星假想婚恋节目《如果爱》、旅游卫视明星夫妻旅游节目《鲁豫的礼物》、东方卫视《两天一夜》、东南卫视《真爱在囧途》等。将明星还原成普通人，是明星真人秀获取观众的一个重要手段。

虽然中国电视节目的同质化和非理性现象在2014年并没有得到多少改观，跟随和复制也依旧是一些卫视节目竞争的策略所在，但对于节目类型以及附着其上的商业模式的拓展也开始成为主客观因素推动下的一种必然的方向与选择。诸如《女神的新衣》《一年级》等节目的探索也在创作和商业模式上引发了业界的诸多探讨。2015年，电视节目的类型和模式将更加丰富，深度创新的明星真人秀、户外真人秀、文化类等节目类型市场空间会更加广阔。

（四）节目模式引进受到严格规制，原创研发成为未来的发展趋势

2014年，受到政策调控的影响，节目模式引进在中国进入了冷却期，加之国外模式节目的快速被消耗，联合研发和原创开始成为一种普遍的选择。与国外团队进行模式节目的联合研发与改造，成为很多节目本土落地的一种现实路径。与此同时，积极组建研发团队，进行本土原创节目的生产制作也被很多平台公司提上日程。一些在创意水准上颇具水平的原创节目相继被推出，《汉

字英雄》《中国好歌曲》《我不是明星》等原创节目甚至开始试图参与到国际版权节目市场之中。

尽管中国原创模式的崛起还为时尚早，但原创的趋势已经开始显现，平台和制作方已经开始意识到原创的紧迫性和必要性，在国外版权模式已无法充分满足国内需求、当版权开发成为一种共识时，原创自然而然会被不断践行，而中国电视在经历过近年来的模式引进节目的洗礼之后，在思维方式和制作水准上都为原创奠定了基础，原创与联合研发在未来将持续发力。

五　视听新媒体产业

近年来，中央高度重视视听新媒体的发展。十八届三中全会强调要重视新兴媒介的运用和管理。十八届四中全会强调要加强互联网领域立法，完善网络信息服务、网络社会管理、网络安全保护等方面的法律法规，依法规范网络行为。国务院也出台了一系列发展网络经济、促进信息消费的政策措施。中国视听新媒体面临良好的政策机遇和发展环境，正迎来实现新一轮高速增长的重要战略机遇期。

（一）视听新媒体发展政策层面

一是网络自制视听节目监管全面加强，节目播出秩序得到规范。近几年来，国家新闻出版广电总局（以下简称总局）针对网络视听节目内容存在的问题，建立了节目“自审自播”、“先审后播”、节目备案制、节目审核员持证上岗制等一系列管理制度，并出台了相应的管理措施。2014 年以来，中央和省级新闻出版广电部门持续开展网络视听节目审核员培训，推动建立完善互联网视听节目服务机构节目内容总编辑负责制，严格执行《网络剧、微电影等网络视听节目内容审核通则》，督促指导视听节目网站把好内容播出关。对低俗不良内容，采取“零容忍”“零姑息”的态度，不仅涉色情类的网络节目被要求立即下线，即使是那些总体内容尚可但有部分情节低俗的节目，也要求相关机构先行停播，经重编重审后才能重新上线。2014 年以来，中央和省级新闻出版广电部门对发现问题的境外剧和网络剧、微电影全部实行下线停播，对新浪、百度等 14 家持证网站分别给予吊销许可、罚款等行政处罚。通过集中整治和日常监管，网络视听舆论空间日渐清朗。

二积极推动提升网络视听内容品质。2014 年以来，总局明显加大了引导、鼓励和扶持网络原创优秀节目生产的力度。2014 年，总局首次设立网络视听节目内容建设专项扶持基金，重点扶持视听新媒体的优秀原创节目、重大宣传项目，对网络视听内容建设起到了积极的引导和促进作用。这些举措显示出，政府管理部门鼓励大力加强创作生产优秀内容，推动网络视听内容建设由以量取胜转变为以质取胜。

三是加强规范，落实网上境外影视剧管理规定。网上境外影视剧是网民非常关注、青年人比较爱看、点击率比较高的节目。近年来，网上境外影视剧未经批准擅自引进的现象越来越严重，未经政府审查、含有有害内容的境外影视剧往往轻而易举地就渗透到境内网站。总局在充分调研、深入研究的基础上，制定了加强管理的工作方案，于 2014 年 9 月出台了《国家新闻出版广电总局关于进一步落实网上境外影视剧管理有关规定的通知》（新广电发〔2014〕204 号）。此次出台的管理办法，针对网上境外影视剧引进播出，明确了总量调控、内容审核、发放许可、统一登记的管理思路，并做了制度安排，即引进专门用于信息网络的境外影视剧，必须将年度引进计划报总局审核；专门用于信息网络的境外影视剧，由新闻出版广电行政部门进行内容审核、发放许可；总局对不同渠道经批准用于信息网络传播的境外影视剧实行统一登记；对网上在播境外影视剧实施登记管理。

配合通知实施，总局制定下发了相关实施细则，并于 2015 年初建成启用了“网上境外影视剧引进信息统一登记平台”。具有影视剧播放资质的网站将本网站 2015 年引进境外影视剧年度计划和现有在播境外影视剧备案信息上传至统一登记平台。从 2015 年 4 月 1 日起，未在平台登记的境外影视剧不能上网传播。这对于网络视听节目内容安全和行业规范健康发展都有着积极的推动作用。

四是着眼未来发展，出台加强移动互联网视听节目管理的规定。随着移动互联网的高速发展，通过移动互联网传播视听节目正成为网络视听服务的重要业态；在移动终端设备中预置、下载安装专门的视频 App，已成为利用移动互联网向公众提供视听节目服务的主要手段。相对于移动互联网的快速发展，2014 年底之前，这方面的管理相对滞后。为适应形势发展需要，统筹通过不同渠道、面向不同终端的新媒体新业态的管理，总局于2014年12月出台了《关于加强通过移动互联网开展视听节目服务管理有关问题的通知》。通知明确，通过移动互联网开展视听节目服务，包括以预置、下载客户端软件的方式向手机等移动终端设备提供视听节目服务，应当按照《互联网视听节目服务管理规定》，取得相应的《信息网络传播视听节目许可证》（接收终端为“手机等手持终端设备”）。未取得相应许可，任何单位和个人不得通过移动互联网开展视听节目服务。通知指出，移动终端生产企业、应用软件商店和软件下载网站为取得许可的单位提供视听节目客户端软件的预置、下载服务；移动终端生产企业、应用软件商店和软件下载网站不应当为非法的视听节目客户端软件提供预置和下载服务；对未经批准擅自通过移动互联网开展视听节目服务的，应当依法查处。

五是加强互联网电视管理，全面整顿违规业务。近两年来，互联网电视业务发展迅速，用户体验好，社会各方参与热情高，产业规模不断扩大。但在发展中也存在不少问题，一些企业单位受经济利益的驱使，在竞相进入市场的过程中，依靠突破政策底线来“攻城略地”，出现了很多不符合政策要求的产品和业务。对此，总局自2014年6月起对互联网电视违规业务进行了集中整顿。整顿重点主要包括两个方面：一是规范7家互联网电视集成机构的相关业务，要求各单位针对业务中存在的播放未经许可的节目内容、终端产品界面不符合验收要求、擅自发放终端产品等问题，进行限期整改；二是规范网络视听节目服务机构的相关业务，2014年8月11日，总局下发《关于不得超范围安装互联网电视客户端软件的通知》，要求未持有互联网电视集成服务和互联网电视内容许可的机构，一律不得推出、提供用于安装在互联网电视终端产品中的客户端软件。总局在各种场合多次强调，互联网电视播出的内容与传统电视播出的内容，审核标准一致、管理尺度一致、版权保护原则一致。经过集中整治，7家集成牌照方按要求下架了不合规的内容，删除了商业网站的客户端、专区和上网浏览器软件，断开了与违规机顶盒的链接；腾讯、优酷土豆、爱奇艺、搜狐等商业视听网站关停了其互联网电视客户端服务。总局联合省级新闻出版广电管理部门，对兔子视频、泰捷视频等非法互联网电视服务进行了重点查处。通过多措并举，有效遏制了互联网电视违规业务“野蛮生长”的态势，推动了互联网电视的健康有序发展。

六是严格主体准入，切实落实退出机制。总局 56 号令自 2008 年实施以来，从业机构的总体数量逐步进入相对稳定的状态。近两年来，总局继续对互联网视听节目服务许可证申请实施严格审批程序，严把准入门槛，严格控制持证机构总体数量；同时，着力加强对已持证机构的核查，切实落实退出机制。截至 2014 年底，全国共批准 607 家机构开展互联网视听节目服务业务，比 2013 年底减少了 5 家。

（二）视听新媒体行业发展层面

2014 年以来，我国视听新媒体呈现出蓬勃发展的局面。目前，我国网络视频用户规模达 4.39 亿，约占网民的 70%，市场规模、用户规模等都保持了持续快速增长态势；网络视听整体内容品质得到显著提升。

1. 视听新媒体社会投资规模不断扩大，盈利趋势明显

随着视听新媒体影响力的提升，各种社会资本参与网络视听节目生产制作的热情持续高涨，网络原创内容生产规模不断扩大，内容品质不断提升。目前，网上传播的微电影已达 1 万余部，网络剧已达数百部。个别网络剧平均每集投资达到 100 万元，投资制作超过 1 亿元的网络电影开始涌现，投资规模不断扩大，盈利趋势明显。包括电视剧在内的一些影视节目从制作阶段就兼顾了新媒体的需求和特性，视听新媒体正从影视节目的一个新盈利点变为一个重要的支撑平台。

2. 互联网电视和移动互联网视听节目将成为未来热点

作为最具市场前景的一项视听新媒体业务，近年来，互联网电视发展迅速。互联网电视是基于公共互联网络、面向电视机终端的一种新型的广播电视服务。其优势在于将广播电视与互联网技术进行了紧密结合，用户体验好，社会各方参与热情高，产业规模不断扩大。

移动互联网视听节目方面，随着网络技术和移动智能终端的发展，越来越多的用户习惯于通过移动方式收看收听移动互联网视听节目。特别是 4G 的应用和普及，成为推动移动互联网视听节目发展的重要力量。4G 技术使随时随地观看高质量视频成为可能，越来越多的用户使用视频 App 观看影视节目，4G 应用正带来手机电视新业务的开发和用户观看体验的提升。一年多来，视频节目在移动互联网流量中的占比节节攀升，一些大的视听网站移动收视份额

已经超越 PC 端。据百度爱奇艺的统计，移动互联网视频流量占爱奇艺全部视频流量的比例从 2010 年底的 10% 上升至 2013 年底的 50%，至 2014 年底则达到近 60%。专网手机电视方面，6 家手机电视集成播控机构的用户规模不断扩大，业务运营稳步推进，三家电信运营商均开通了手机电视分发业务。截至 2014 年底，全国手机电视用户达到 5400 万户。随着总局 2014 年 12 月有关移动互联网视听节目管理规定的出台，移动互联网视听节目必将迎来一个健康蓬勃发展的新局面。

3. 视听新媒体行业自律机制加强，网络视听产业基地繁荣发展

近两年来，中国网络视听节目服务协会和 5 个省级视听协会积极开展工作，行业自律得到切实加强。中国网络视听节目服务协会连续举办年度“优秀网络视听作品推选活动”，评选出一批优秀网络视听原创节目，促进了优秀内容生产传播；切实加强网络视听节目评议，2014 年对数百部涉及低俗内容或有争议的网络视听节目进行评议，为净化网络视听舆论环境发挥了积极作用；持续开展网络视听节目审核员培训，与省级视听协会一起，2014 年共举办 9 期培训班，培训约 800 名审核员，累计培训 3300 余名审核员，为有效落实“自审自播、先审后播”要求、促进网络视听节目健康发展夯实了基础。

中国（上海）网络视听基地建设得到积极进展。基地创新建设模式，以内容为中心打造中国网络剧微电影创意创业中心，优酷土豆集团内容生态圈首批入驻。目前，优酷土豆影业有限公司已在基地完成注册。基地规模稳步扩大，截至 2014 年底，中国网络视听产业基地入驻企业总量达到 122 家。2014 年 1 ~7 月，基地注册企业累计缴纳税收约 1. 43 亿元，同比增长 85%。

六　媒体融合发展

随着视听新媒体的发展壮大，广电主流媒体推动媒体融合、发展新媒体的步伐也大大加快。特别是《关于推动传统媒体和新兴媒体融合发展的指导意见》下发以来，各电视台在发展新媒体方面的重视程度、自觉性、投入力度和资源整合力度明显增强，正由过去的“观望等待”向“积极寻找转型路径”

转变，由“台网联动”“台网互动”向深层次的“台网融合”转变，在内容建设、新业务开展、体制机制创新、队伍建设等方面取得进展。截至2014年底，全国共有28家省级以上（含省级）广播电视播出机构获准开办网络广播电视台，有24家城市电视台获准联合开办城市网络电视台；6家广电机构开办手机电视集成服务，24家机构开办手机电视内容服务；7家广电机构建设、管理和运营互联网电视集成播控平台，14家广电机构获批提供互联网电视内容服务。

全国省级以上广电机构和部分市县广电机构都开办了微博、微信、客户端等新媒体业务，多屏互动、一云多屏、从线上到线下、城市信息云平台等不断涌现。有些地方探索建立融合式新闻中心、节目中心，通过“电视端+电脑端+移动端+可穿戴设备”，开展视听内容的一次采集、多次分发、全媒体传播。中国网络电视台以重点产品为抓手，构建覆盖多屏的新媒体传播体系。央视网月度独立访问用户数突破5亿，“CBox央视影音”客户端累计下载用户数突破3.3亿。中央人民广播电台专门成立融媒体指挥中心，致力于整合内外部有效资源，加强总体设计和战略规划，并着力打造中国广播云平台、音频客户端等重点产品，截至2014年底，中国广播35档精品节目在苹果iTunes播客中累计收听（含下载）达到130万次。中国国际广播电台努力构建中华网多语种新媒体传播体系，并发挥自身优势，发力移动互联网业务，“英语环球News Plus”微信公众号订阅户一年内增长600%，各英文类栏目及衍生音频产品在荔枝FM和苹果博客的同类供应商中名列前茅，累计荔枝订阅户近30万。湖南卫视2014年4月起启动独播战略以来，“芒果TV”视频网站的点击量实现了从百万级到数千万级的飞跃，增长了几十倍。山东网络广播电视台针对母婴市场、老年人群体等不同需求，对传统内容资源进行深耕，面向市场打造新型传播产品，受到广大用户、相关机构和商业公司的支持和关注。江苏苏州、无锡，山东青岛等地市级广电媒体积极开展移动客户端建设，推出本地新闻、交通、医疗、电力、公共自行车等多种服务，用户数量不断增加，取得较好社会效益和经济效益。但总体看来，广电机构在推进媒体融合和开办新媒体过程中，在体制机制、理念观念、技术力量、资金投入、人才资源等方面，还存在很多困难和问题，广电媒体在互联网新兴媒体平台上的影响力和舆论引导能力还很有限，同新媒体的发展趋势还不相适应。推动融合发展任重道远。媒体融合欢迎社会资本的进入，将成为社会资本投资关注的热点。

七 2015年广电传媒产业发展趋势分析与投资展望

2015 年，在国家政策层面，将保持 2014 年国家政策的延续性，继续扶持广电传媒产业高速发展。

在产业与市场方面，实体产业和互联网产业的发展以及内容产业的创新将支撑广电传媒产业不断向支柱性行业发展，广电传媒产业发展前景看好。

（1）广电传媒产业链各方将逐渐发展成熟，特别是内容制作方实力逐渐壮大，具备条件和实力整合产业链，为行业带来巨大的发展空间。

（2）发行和传播渠道将进一步拓展，开放化、民营化趋势明显，便于广播影视企业复制国外传媒集团发展模式。

（3）实体产业特别是广电传媒周边制造业、地产业对文化升级诉求将进一步增强，在品牌树立、拓展产品销售、融资拿地方面有较大的优惠支持；实体产业投资广播影视产业的动力和冲动将不断加强。

（4）知识产权保护力度的加强为广电传媒产业的发展提供了良好的环境。近年来，版权内容公司实力快速加强，寻求法律的实力和力度增强，知识版权需求和保护力度提高，广电传媒公司发展的外部环境向好。

（5）渠道将不断向内容延伸，广播影视的发展空间得到拓展。近年来，万达加大对影视剧的投资力度，神州泰岳收购壳木软件，乐视网整合花儿影视，爱奇艺等众多视频网站和数码视讯等设备、软件公司加强电视剧和自制剧投资能力等，所有这些为广播影视产业的规模化发展拓展了空间。

（6）内容也将不断向渠道延伸，规模化发展趋势明显。如百视通收购风行网、光线传媒投资呱呱网、乐视影业布局线上线下发行业务等，内容也不断向渠道延伸，呈现规模化发展趋势。

（7）内容将继续向周边衍生产业延伸，产业链不断拓展。如华策影视、凤凰传媒等公司开始布局文化旅游地产，产业链实现向文化旅游、旅游地产等相关产业的延伸，产业发展空间不断扩大。

（8）传统产业衍生布局广播影视的力度将加大，行业发展引入新生力量。

如奥飞动漫、互动娱乐、万达等传统产业布局广播影视内容业务，进一步提升了产业规模和发展空间。

（9）广播影视内容创新将持续，荧屏多样化趋势将进一步深化。全行业资本介入程度将更高，优秀制作团队和人才将成为稀缺资源，新兴制作公司、创新节目会在资本的助力下不断涌现。

B.5 中国出版业投资报告

刘建华*

摘　要：中国出版业是市场竞争比较成熟的行业，出版品种、营业收入、利润总额都在稳步增长，正在从量的追求朝质的追求转型。出版业发展特点整体上表现为：利好政策催生各类优秀出版物、资本与金融促进融合发展、数字出版引导转型、“走出去”提升国际传播力。出版上市公司表现出出版主业稳定增长、内容生产环节略显薄弱，出版市场日益成熟、进入非暴利时代，出版业数字转型带来新增长点三大特点。出版业未来发展表现为四大趋势：内容依然为王、平台建设成为新商业模式、手机出版成为主体、出版银行呼之欲出。内容原创，跨界融合，出版业“带状发展”，出版与科技、金融融合发展等领域将会出现较大的投资机会。

关键词：出版产业　上市公司　现状与趋势　投资落点

一　出版业发展概况①

2013年，全国新闻出版业实现营业收入18246.4亿元，与2012年相比增

* 刘建华，传媒经济学博士，中国新闻出版研究院副研究员，中国社会科学院文化研究中心博士后，瑶溪（井冈山）发展基金会执行理事长，从事传媒经济与文化产业研究。

① 本报告数据除注明出处的外，其他均引自中国新闻出版研究院《2013年新闻出版产业分析报告》。

长 9.7%；增加值 5059.3 亿元，增长 9.6%；利润总额 1440.2 亿元，增长 9.3%（见表 5－1、图 5－1～5－3）。

表 5－1　2013 年新闻出版业主要经济指标

单位：亿元，%

经济指标	金额	增减	经济指标	金额	增减
营业收入	18246.4	9.68	所有者权益	9023.17	10.52
增加值	5059.28	9.58	利润总额	1440.19	9.32
总产出	18648.99	9.72	纳税总额	868.35	－0.58
资产总额	17207.7	9.4			

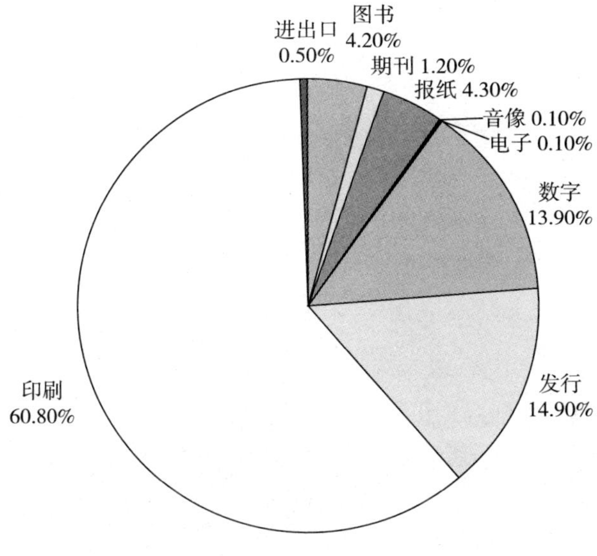

图 5－1　出版业营业收入产业结构比重

（一）图书出版

目前，全国共有出版社 582 家，其中，中央级出版社 221 家，地方出版社 361 家。

从图书规模来看，2013 年，共出版图书 44.4 万种，较 2012 年增长 7.4%。总印数 83.1 亿册（张），增长 4.9%。总印张 712.6 亿印张，增长 6.8%。定价总金额 1289.3 亿元，增长 8.9%。实现营业收入 770.8 亿元，增

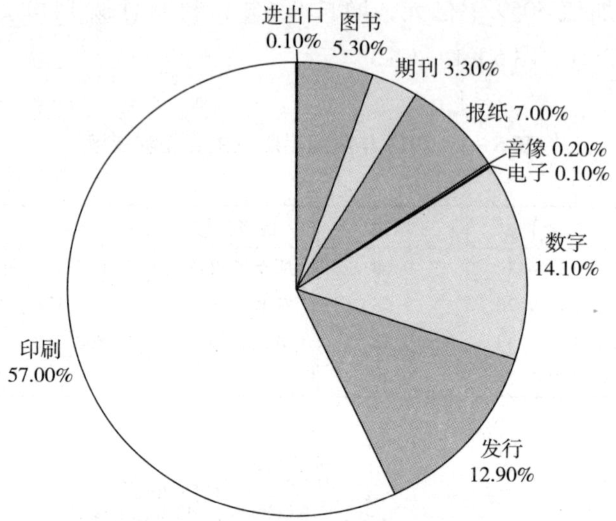

图 5-2　出版业增加值产业结构比重

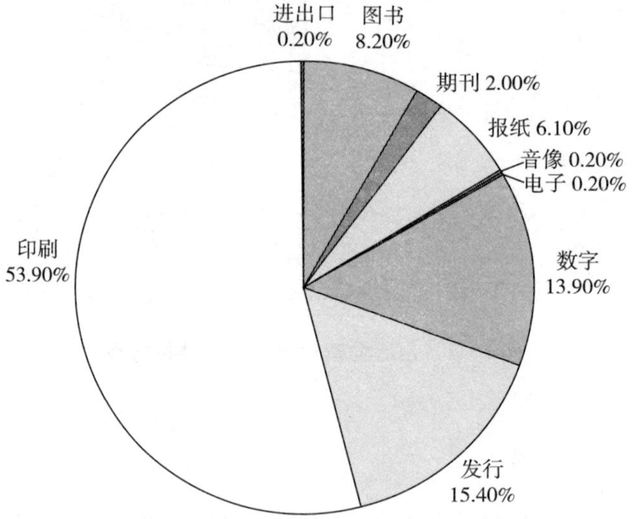

图 5-3　出版业利润总额产业结构比重

长 6.5%。增加值 266.6 亿元，增长 4.5%。利润总额 118.6 亿元，增长 2.9%（见图 5-4）。

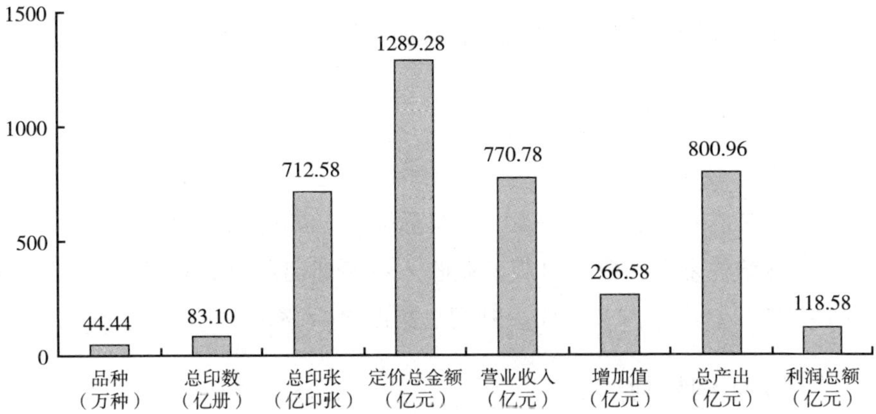

图 5－4　2013 年图书出版总量规模

从图书结构来看，主要包括书籍、课本和图片 3 类，书籍和课本合计占到图书品种的 99. 8% 和定价总金额的 99. 5% 。社科人文类书籍品种数量占图书的 67. 3% ，排在第一；定价总金额占 63. 6% ，排在第一。科学技术类书籍品种数量占图书的 12. 1% 、定价总金额占 8. 0% ，均位居第二。

从产业结构来看，图书出版营业收入占新闻出版全行业的 4. 2% ，增加值占 5. 3% ，总产出占 4. 3% ，利润总额占 8. 2% 。

（二）音像出版

2013 年，共出版音像制品 16972 种，较 2012 年降低 8. 2% 。发行总金额 17. 1 亿元，降低 7. 9% 。营业收入 24. 7 亿元，降低 12. 8% 。增加值 8. 4 亿元，降低 10. 0% 。利润总额 3. 4 亿元，降低 2. 8% 。

从产业结构来看，音像制品营业收入占新闻出版全行业的 0. 1% ，增加值占 0. 2% ，总产出占比不足 0. 1% ，利润总额占比 0. 2% 。

（三）电子出版

2013 年，全国共出版电子出版物 11708 种，较 2012 年降低 1. 0% 。营业收入 10. 2 亿元，增长 10. 8% 。增加值 5. 3 亿元，增长 15. 1% 。利润总额 2. 8 亿元，增长 21. 7% 。

从产业结构来看，电子出版物营业收入占新闻出版全行业的0.1%，增加值占0.1%，总产出占比不足0.1%，利润总额占比0.2%。

（四）数字出版

2013年，数字出版实现营业收入2540.4亿元，较2012年增长31.3%。增加值711.3亿元，增长31.2%。利润总额199.4亿元，增长31.2%。

从产业结构来看，数字出版营业收入占新闻出版全行业的13.9%，增加值占14.1%，总产出占13.6%，利润总额占比13.8%。

（五）印刷复制

2013年，印刷复制业实现营业收入10791.12亿元，增长7.1%。增加值2796.59亿元，增长7.7%。利润总额736.06亿元，增长7.5%。

从产业结构来看，印刷复制营业收入占新闻出版全行业的60.8%，增加值占57.0%，总产出占61.0%，利润总额占比53.9%（见表5-2）。

表5-2　印刷复制主要经济指标

单位：亿元

类别	营业收入	增加值	总产出	利润总额
出版物印刷	1542.58	529.86	1589.8	125
包装装潢印刷	8150.72	1905.17	8356.9	494.12
印刷品印刷	1036.14	349.78	1064.27	117.81
复制	61.68	11.78	62.41	-0.87

（六）出版物发行

2013年，全国实现出版物总销售额2346.2亿元，较2012年增长8.6%。共有发行网点17.2万处，降低0.1%。实现营业收入2710.7亿元，增长12.1%。增加值653.0亿元，增长7.1%。利润总额221.1亿元，增长12.8%。

从产业结构来看，出版物发行营业收入占新闻出版全行业的14.9%，增加值占12.9%，总产出占14.8%，利润总额占比15.4%（见表5-3）。

表 5－3　2013 年出版物进出口经营单位进出口总量规模

单位：亿元，%

总量指标	金额	增减	总量指标	金额	增减
营业收入	96.02	11.05	总产出	96.56	10.86
增加值	7.08	22.41	利润总额	2.93	36.77

（七）出版物进出口

2013 年，出版物累计出口 2387.4 万册（份、盒、张），进出口总金额 58533.4 万美元。进出口实现营业收入 96.0 亿元，增长 11.1%。增加值 7.1 亿元，增长 22.4%。利润总额 2.9 亿元，增长 36.8%。

从产业结构来看，出版物进出口营业收入占新闻出版全行业的 0.5%，增加值占 0.1%，总产出占 0.5%，利润总额占比 0.2%。

（八）版权贸易

2013 年，输出版权 8444 种，较 2012 年增长 11.1%；引进版权 17613 种，增长 3.3%。版权输出与引进品种比例由 2012 年的 1∶0.9 提高到 1∶1.7（见表 5－4）。

表 5－4　出版物对外版权贸易构成

单位：种

类型	引进	输出	总计	差额
图书	16625	7305	23930	－9320
录音制品	378	300	678	－78
录像制品	538	193	731	－345
电子出版物	72	646	718	574
合　计	17613	8444	26057	－9169

二　出版业发展特点

（一）利好政策催生各类优秀出版物

出版业是内容产业，内容原创依然为王。2014 年，国家推出了一系列促进出版产业发展的政策。重大政策利好，如《关于加快发展对外文化贸易的意见》《推进文化创意和设计服务与相关产业融合发展的若干意见》《关于支持小微文化企业发展的意见》《关于深入推进文化金融合作的意见》等，促进了各类优秀出版物的诞生。在2014年、2015年的全国“两会”上，“全民阅读”连续两次被写入《政府工作报告》。2014年12月，随着国家“一带一路”战略的提出，新闻出版业丝路书香工程也正式获批立项，列入“一带一路”战略重大项目。

2014年，出版界共推出了206种重点优秀出版物选题，如学习贯彻习近平总书记系列重要讲话精神、培育和践行社会主义核心价值观、庆祝新中国成立65周年、纪念邓小平同志诞辰110周年等。这些主题出版物不仅销量好，而且深得读者的好评。《习近平谈治国理政》以中、英、法、俄、阿、西、葡、德、日等多语种面向全球出版发行，发行300多万册；《习近平总书记系列重要讲话读本》发行量突破1500万册；《之江新语》3个月内重印3次，累计发行170万册。

（二）资本与金融促进融合发展

首先，资本促进出版业大规模并购。2014上半年，沪深两市文化传媒共发生80余起并购，累计资金逾700亿元。4月30日，读者出版传媒进入了上市前的预披露阶段，其募投项目包括刊群建设出版项目、数字出版项目、特色精品图书出版项目。5月13日，北京昊福文化传播股份有限公司成为登陆“新三板”的第一家书企，该公司是广西师范大学出版社集团的成员企业，这标志着中国新闻出版业混合所有制经营向资本市场迈出了重要一步。中文天地出版传媒股份有限公司以26亿元购买专注于国际化的互联网综合平台企业——智明星通100%股权。湖南出版投资控股集团财务公司5月正式挂牌运营，这是国内文化行业首个金融牌照。5月13日，江苏凤凰教育出版社有限公司拟以8000万美元收购美国出版国际有限公司（PIL）拥有的全部儿童图书业务资产。6月19日，江苏凤凰数字传媒有限公司发起专项游戏产业创投基金，投资于中国移动互联网行业。2014年年底，中文在线成为民营数字出版企业第一股，实现了民营出版传媒企业上市融资。

其次，资本促进出版业战略重组。2014年，中央出台融合发展指导意见，推动了出版业战略重组和融合发展。重庆出版集团旗下重庆五洲文化传媒集团有限公司与北京两家民营书业企业分别在京合资组建公司。黑龙江出版集团有限公司与中国教育出版传媒股份有限公司开展资本合作。北京新华印刷有限公司重组，其51%控股权由中国出版集团公司获得。中国出版集团对研究出版社进行重组，出版业战略重组向着“三跨”（“跨地区、跨媒体、跨产业”）方向继续深化。

再次，资本需求催生文化金融融合发展。2014年3月25日，首届全国文化金融合作会议在无锡召开，会议发布了《关于深入推进文化金融合作的意见》。2014年，江西省出版集团公司与中国银行江西省分行、安徽出版集团与安徽省投资集团、深圳出版发行集团与中国建设银行深圳分行签署了战略合作框架协议，出版与金融融合加速。凤凰出版传媒集团在文化贸易金融、艺术金融等领域进一步开放，逐渐形成“1+3”文化金融新格局。中国财经出版传媒集团联合中投证券发起设立中国创新文化产业基金。

最后，资本纽带延伸产业链。文化与科技、文化与金融的融合，集团之间的合作，延伸了文化产业链，同时可以推动其他产业创新和转型升级。一是同业合作。湖北科技出版社与中国船舶报社合作成立“中船书局”。2014年3月28日，湖北知音传媒集团、湖北长江出版传媒集团签订战略合作协议，共同投资《长江商报》，目标是打造一个跨行业、跨区域的长江财经传媒集团。二是异业合作。中国科技出版传媒集团有限公司在影视传媒制作与文化旅游领域进行积极拓展，制作旅游文化电视节目，逐步开发科教视频产品和新媒体项目。三是与平台商、运营商合作。山东出版传媒股份有限公司与中文在线达成战略合作，确立优先业务战略合作伙伴关系。2014年5月27日，中国出版集团公司与中国移动签订战略合作协议。京东出版通过大数据模式，联手青岛出版集团，积极拓展“私人定制”业务领域。

（三）数字出版引导转型

国家新闻出版广电总局、财政部联合发布的《关于推动新闻出版业数字化转型升级的指导意见》提出，“支持一批新闻出版企业、实施一批转型升级项目”。时代出版传媒股份有限公司的“时光流影”正式上线，移动客户端一并推出；商务印书馆与亚马逊达成纸电同步战略合作，纸质书、电子书将同时上市。传统出版单位利用微博、微信等新兴媒体策划选题、联系作者、营销图书现象普遍。京东商城、当当网、亚马逊的电子书销售呈增长态势。通过中国移动阅读基地、苹果商城、移动客户端销售电子出版物成为重要发展方向。

2014 年，出版企业由内容提供商向内容服务提供商转型成为潮流。大众出版商正在进入大众服务产业，专业出版商正在进入专业服务产业，教育出版商正在进入教育服务产业。比如，于 2014 年初首度亮相的长江少年儿童出版集团未来定位将从传统出版社“内容提供商”向“中国少儿成长综合服务提供商”转变。一些民营策划商抓住了“网络出版和对外出版特许经营权”的机遇，基于大数据时代的发展趋势，推出了诸如数字出版 1.5 模式（数字出版 1.5 模式，是利用 App 学习软件和通过计算机编程实现的互动式问题解决方案，安徽经纶文化传媒集团率先成功应用——作者注），与科技企业联合推出数字课堂和电子书包应用平台等新产品，并开拓电商平台、微书城等新渠道。

2014 年下半年，新华发行集团 O2O 建设步伐加快，从传统的围绕图书、教育产品线上销售的电商平台转为跨界拓展的食品电商，将单纯的售书网站打造成新一代体验式“智慧书城”，正朝综合电商转型，并通过文化营销增强吸引力。结合微信、线下体验等形式的“智慧书城”概念的提出与打造，以及互动、体验元素的引入，是传统发行企业进行数字化转型的新尝试。多家发行集团旗下的大书城开启了新一轮重装改造开业潮，减少图书品种，引进更多文化创意产品，成为集阅读、体验、休闲于一体的综合文化中心。

（四）“走出去”提升国际传播力

2014 年 9 月 16 日，习近平总书记亲自为第十六届科伦坡国际书展中国主宾国活动揭幕，并向斯里兰卡政府赠送中国图书，这是国家最高领导人第一次为国际书展中国主宾国活动揭幕。2014 年，北京出版集团与德国梅尔杜蒙公司共同投资组建的京版梅尔杜蒙（北京）文化传媒有限公司揭牌。广西师范大学出版社集团有限公司成功收购澳大利亚视觉出版集团。“一带一路”战略的重大项目“丝路书香工程”，在 2014 年 12 月获得中宣部批准立项。在第 21 届北京国际图书博览会上，时代出版传媒公司率先响应国家“一带一路”战略，面向丝绸之路沿线国家积极策划了一系列“丝路书香”国际合作项目。2014 年，跨媒介的数字版权输出成为“走出去”的新发力点。

兼并重组是出版巨头企业“走出去”进军国际出版市场的最有效方式。2014 年 5 月，凤凰传媒全资子公司江苏凤凰教育出版社有限公司和美国出版国际有限公司（PIL）签署《资产购买协议》，拟以 8000 万美元收购其拥有的全部儿童图书业务资产。世界经济复苏乏力，国外出版业资本运营市场不断变化，给我国出版传媒公司“走出去”带来了客观机遇，未来国内出版传媒上市公司通过兼并重组“走出去”将会取得新的重要成果。随着出版业的有效“走出去”，中华文化的国际传播力与影响力将大大增强。

三　出版上市企业

（一）基本概况

2013 年，共有书报刊出版上市公司 15 家，发行上市公司 6 家，印刷上市公司 11 家，合计 32 家（其中在中国内地上市 26 家，在中国香港上市 5 家，在美国上市 1 家）。以 2013 年 12 月 31 日收盘价计算，32 家上市公司股市流通市值合计 1740.9 亿元人民币，较 2012 年同期增加 837.8 亿元，增长 92.8%。在排名前 10 的上市公司中，有 8 家属于图书出版发行和印刷企业。

在中国内地上市的 26 家出版发行和印刷企业，就总市值而言，2013 年为 2232.1 亿元，较 2012 年增加 730.3 亿元，增长 48.6%。排名前 10 位的依次是江苏凤凰出版传媒股份有限公司（出版发行）、北京康得新复合材料股份有限公司（印刷）、中南出版传媒集团股份有限公司（出版发行）、浙报传媒集团股份有限公司（报业）、华闻传媒投资集团股份有限公司（报业）、中文天地出版传媒股份有限公司（出版发行）、成都博瑞传播股份有限公司（报业）、安徽新华传媒股份有限公司（发行）、上海新华传媒股份有限公司（发行）与长江出版传媒股份有限公司（出版发行），总市值依次为 243.29 亿元、229.32 亿元、197.38 亿元、180.44 亿元、161.58 亿元、117.78 亿元、116.03 亿元、113.48 亿元、93.00 亿元、91.87 亿元（见图 5 – 5）。

就营业收入而言，26 家公司共计 804.5 亿元，较 2012 年增长 13.2%。排名前 10 位的依次是中文天地出版传媒股份有限公司（出版发行）、上海紫江企业集团股份有限公司（印刷）、中南出版传媒集团股份有限公司（出版发

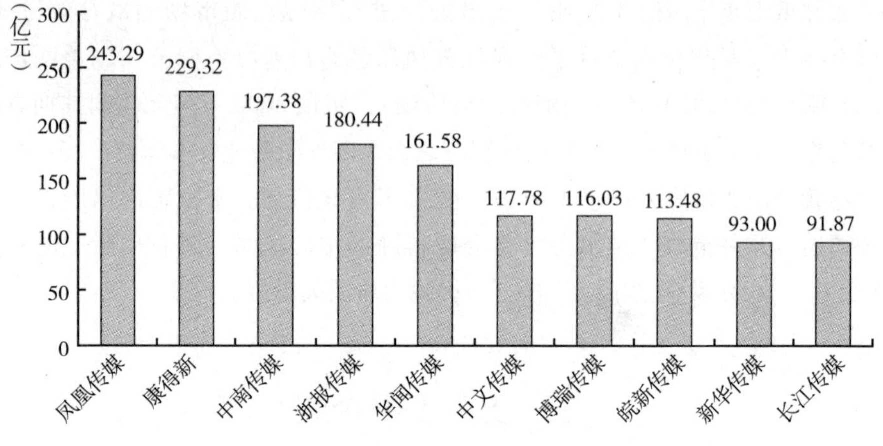

图 5-5　总市值排名前 10 位的出版上市公司

行）、江苏凤凰出版传媒股份有限公司（出版发行）、安徽新华传媒股份有限公司（发行）、时代出版传媒股份有限公司（出版）、长江出版传媒股份有限公司（出版发行）、华闻传媒投资集团股份有限公司（报业）、北京康得新复合材料股份有限公司（印刷）、中原大地传媒股份有限公司（出版发行），营业收入依次为 113.87 亿元、86.26 亿元、80.33 亿元、73.16 亿元、45.96 亿元、43.24 亿元、42.08 亿元、37.50 亿元、31.93 亿元、28.85 亿元（见图 5-6）。

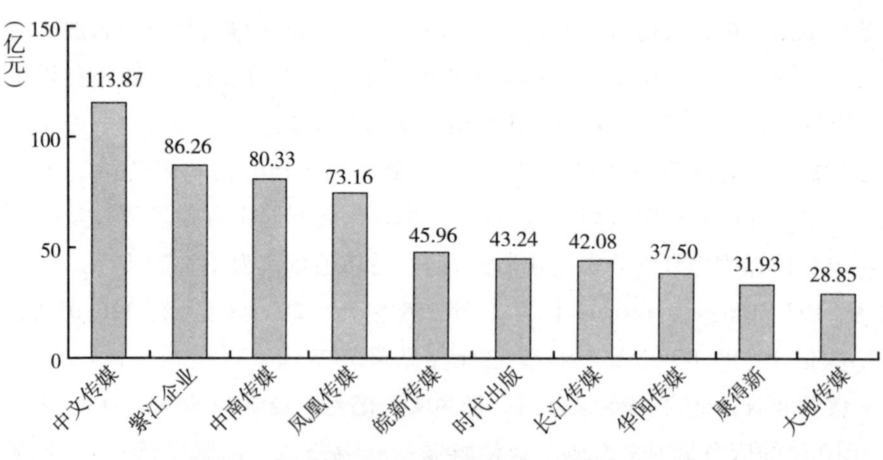

图 5-6　营业收入排名前 10 位的出版上市公司

就利润总额而言，26 家公司共计 82.9 亿元，较 2012 年增加 8.2 亿元，增长 11.0%。排名前 10 位的依次是中南出版传媒集团股份有限公司（出版发行）、华闻传媒投资集团股份有限公司（报业）、江苏凤凰出版传媒股份有限公司（出版发行）、北京康得新复合材料股份有限公司（印刷）、中文天地出版传媒股份有限公司（出版发行）、安徽新华传媒股份有限公司（发行）、深圳劲嘉彩印集团股份有限公司（印刷）、浙报传媒集团股份有限公司（报业）、成都博瑞传播股份有限公司（报业）、长江出版传媒股份有限公司（出版发行），利润总额依次为 11.42 亿元、10.34 亿元、9.50 亿元、7.39 亿元、7.22 亿元、6.16 亿元、5.80 亿元、5.29 亿元、5.01 亿元、3.83 亿元（见图 5－7）。

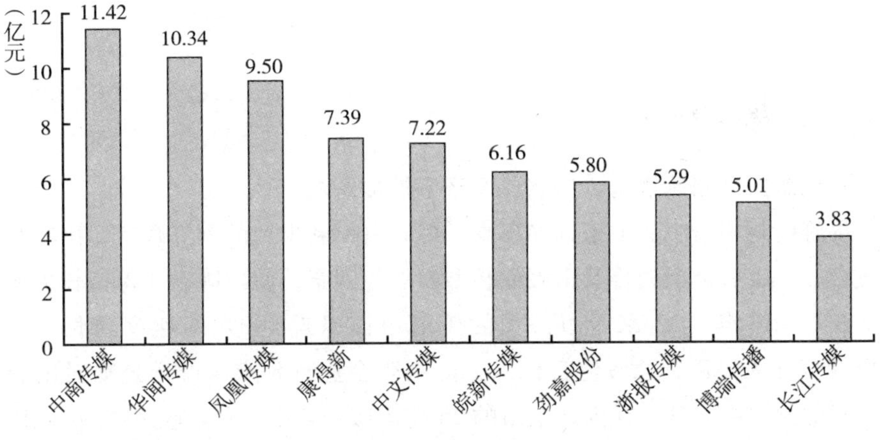

图 5－7　利润总额排名前 10 位的出版上市公司

就经济效益（利润率）而言，26 家公司平均资产总利润率排名前 10 位的依次是华闻传媒投资集团股份有限公司（报业）、深圳劲嘉彩印集团股份有限公司（印刷）、成都博瑞传播股份有限公司（报业）、北京赛迪传媒投资股份有限公司（报业）、浙报传媒集团股份有限公司（报业）、东港安全印刷股份有限公司（印刷）、黄山永新股份有限公司（印刷）、北京康得新复合材料股份有限公司（印刷）、安徽新华传媒股份有限公司（发行）与中原大地传媒股份有限公司（出版发行），利润率分别为 15.42%、13.14%、12.58%、12.44%、11.52%、11.49%、11.06%、10.75%、10.62%、10.57%（见图 5－8）。

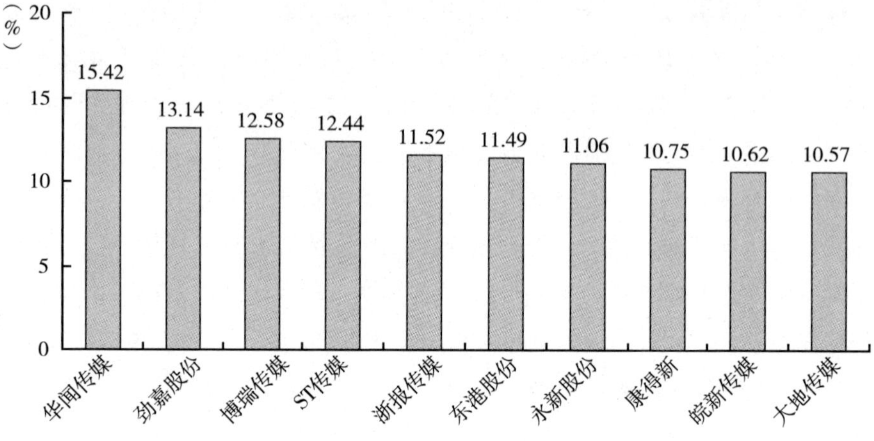

图 5-8 经济效益排名前 10 位的出版上市公司

（二）发展特点

1. 出版主业稳定增长，内容生产环节略显薄弱

尽管前几年出版业上市预期不高，但政府不断出台的利好政策、出版与科技融合、出版与金融融合及出版业转型发展等因素，使出版主业保持较为稳定的增长。2013 年，32 家上市公司的流通市值以近 100% 的速度增长，达到 1740.9 亿元人民币，总市值百亿以上的出版企业有 8 家，可见公众对出版上市公司的预期在上升。在内地上市的 26 家出版企业中，营业收入 40 亿元以上的有 7 家，前 10 名中最低的也达到 28.85 亿元，可见文化出版企业在上市的市场规范中稳步前行。

同时，我们发现，出版上市企业中，无论从总市值、营业收入、利润总额来看，实力较强的都是处在产业链后端的发行与印刷企业，而作为前端的内容生产环节图书出版企业，实力偏弱，反映出内容原创方面的不足。营业收入排名前 10 位的上市企业中，有 8 家是发行与印刷企业，即使作为出版发行合一的凤凰出版集团与中文天地传媒集团，发行收入实际上占据其半壁江山。出版业作为内容产业，对其的内容原创再怎么强调都不过分，当然，目前的劣势反而恰恰是一种难得的投资机遇。

2. 出版市场日益成熟，进入非暴利时代

在文化体制改革中，图书出版业率先实行转企改制，也是全面彻底完成转

企改制的行业，市场化程度较高，经营管理与商业模式较为成熟与稳定，市场在资源配置中发挥决定性作用，实现买方市场转型，尽管在教辅方面还存在垄断，但已经进入非暴利时代。排名前10位的出版上市企业的经济效益较为合理，图书出版、发行和印刷企业的利润率都在10%以上，不过即使利润率最高的华闻传媒投资集团股份有限公司（报业），利润率也就是15.42%，与高科技行业及咨询行业不能相比，即使与同类行业中的新媒体相比，也是相形见绌。但这也证明，对出版业的投资，其风险也相对较低，回报也较为稳定。

3. 出版业数字转型带来新增长点

面对新媒体的严峻挑战，传统媒体陷入一个救亡图存的境地。与新媒体进行融合发展，在数字技术、网络技术与移动技术的助力下，注入互联网基因，实现数字化转型就成为出版企业，尤其是上市出版企业的不二法门。上市企业凭借在资本市场融资的优势，通过并购新媒体企业，可以很快注入互联网基因，快速实现数字转型。浙江报业传媒集团通过上市募集26亿元资金，以32亿的大手笔收购网游公司边锋与浩方；中文天地传媒股份有限公司上市募集16亿元资金，再通过10亿元的股权置换，轻松并购国际性网络公司北京智明星通。这些新媒体企业成长性较好，既可以用自己的互联网基因去改造传统出版业，又可以给母公司带来现实的经济收益——智明星通的经营收入接近10亿元。上市公司有较好的融资渠道，将会在与新媒体融合发展中发挥主导性作用，这也是投资的较好切入点。

四　出版业发展趋势与投资机会

（一）发展趋势

1. 内容依然为王

不论技术、资本等要素力量如何强大，它们都只是促进出版业更好发展、更好为人们服务的辅助手段，出版业的核心力量和价值依然是内容。不论出版方式以何种形式呈现，不论是纸质出版产品还是数字化产品，广泛传播或彰显价值的就是内容，内容是满足人们精神需求的。随着消费社会的到来，人们有更多的闲暇时间，精神需求日益个性化与高精尖，对出版内容也越来越挑剔，好的内容不但能满足国内消费者的需求，还能有效“走出去”，获得国际消费者的喜爱。超级畅销书依旧能强劲带动市场，如于丹的《论语心得》在全世界一共签了35个合同，涉及29个语种，已出版了31版，全球销量超过30万册，其中法文版上了法国的畅销书榜，该书的成功就在于其内容能够被大家接受。

纵观中国出版业，但凡实力强大的出版社，都是推出过好的畅销书的企业。江西出版集团的二十一世纪出版社，创立了“皮皮鲁总动员”“悦读阅美”“魔法小仙子”“彩乌鸦”“幻想文学大师书系”等若干知名图书品牌，以《图画书：阅读与经典》《今日出门昨夜归》为代表的100余种图书荣获中国首届政府出版奖图书奖、中宣部“五个一”工程入选作品奖等各类奖项。这些畅销书的成功，使该社成为同类出版社的领头羊，并助力其迈向组建集团的步伐。广西师范大学出版社作为一个地处西部的地方出版社，因成功推出大量畅销书，已成为傲视中央级大型出版社的知名品牌社。在数字出版时代，出版社更需要推出个性化、多元化、高质量的内容，才能在竞争激烈的文化出版市场立足。

2. 平台建设成为新商业模式

平台一般是指一种可用于衍生其他产品的基础环境，这种环境可能只用于产生其他的产品，也有可能在产生其他产品之后仍然是这些衍生产品生存的环境。全球自媒体营销泰斗迈克尔·哈耶特在《平台：自媒体时代用影响力赢取惊人财富》一书中指出：“在当今市场要想获得成功，必须拥有两个战略资产：让人欲罢不能的产品和有效平台。”哈耶特是世界顶级博客作者之一，拥有大量粉丝，其巨大并且日益扩张的平台正是他成功开展写作、演讲和咨询业务的基础。哈耶特告诉大家，要扩大自己的影响力，并且把影响力变成实际效益，关键就在于搭建平台。

数字时代与移动互联网时代的出版传媒业，要想把好的内容传播出去，对读者产生影响力，并且把这种影响力变成实际效益，需要一个强大的平台。腾讯通过微信，短短一年时间就搭建了聚集近5亿微信用户的平台，并开始收获成功。阿里巴巴搭建了淘宝这个平台，从而使其在美国成功上市，马云一度成为中国首富。对于出版业而言，国家新闻出版广电总局甚至直接出台了《关于加强数字出版内容投送平台建设和管理的指导意见》，由此可见平台建设的重要性。实际上，平台建设已成为一种商业模式，只要搭建起一个合适的平台，把用户黏连起来，为用户提供个性化与多元化的内容服务，出版企业就能获得巨大的经济收益。中文天地传媒股份公司的领导甚至提出“内容为主、平台为王”的发展战略，强调平台对公司发展至关重要。中文天地在全省推出的文化综合体、小学生免费电子书包等举措，都旨在搭建一个好的平台，聚集足够多的用户，通过提供内容服务取得更好的经济效益。

3. 手机出版成为主体

技术进步促进了出版业的发展，但同时也对传统纸质阅读构成了严峻威胁，纸质阅读下滑已成为一个不争的事实。但是，随着智能手机与移动互联网技术的普及，手机阅读已成为消费者使用手机的一个刚性需求。发改委高新技术产业司副司长孙伟介绍：“中国的手机用户已经进入到13亿，互联网的网民的规模已经达到了6.5亿，普及率达到了47.8%。”① 市场研究机构eMarketer发布报告显示，“2014年中国智能手机用户首次超过5亿，2018年将超过7亿”②。这对于中国出版业来说，是一个充满巨大前景的消费市场。

目前，中国移动手机出版基地与很多出版社进行合作，利用其渠道优势，把出版社的图书资源盘活，每年经营收入在50亿~70亿元。当然，这些还是一种初级的手机阅读，随着用户的增加、技术的提高、智能手机的普及，面向手机用户的专门性手机出版将成为出版业的主体业务，届时，适应手机阅读需求的出版内容将会更加丰富与个性化，为用户提供即时、互动、个性化与多元化的服务。

4. 出版银行呼之欲出

十八届三中全会提出鼓励金融资本、社会资本与文化资本相结合，2014年3月，文化部、财政部、中国人民银行共同出台了《关于深入推进文化金融合作的意见》，明确文化与金融合作已经成为我国文化创意产业持续发展的重要动力。意见指出：“要创新文化金融服务组织形式，鼓励金融机构建立专门服务文化产业的专营机构、特色支行和文化金融专业服务团队。在加强监管的

① http：//news.mydrivers.com/1/362/362385.htm2015－3－16.

② http：//technews.cn/2014/12/25/china-will-top－500－million-smartphone-users-for-the-first-time-see-more-at-httpwww-emarketer-comarticle2－billion-consumers-worldwide-smartphones-by－20161011694sthash－1do3dlqq－dpuf/2015－3－16.

前提下，支持具备条件的民间资本依法发起设立中小型银行，为文化产业发展提供专业化的金融服务。”

出版传媒业是文化产业的核心行业，内容产业的一个重要特征是“大投入、大产出，少投入、不产出”。一个出版项目的建设投入动辄几十亿上百亿元，甚至几千亿元，出版基地的建设，出版业生产设施与流程的数字化改造，数字出版人才的培养，都需要巨额资金投入。而现实难题是：一是业外资本不熟悉出版传媒业，不敢轻易进入；二是出版企业，特别是出版集团有一定的闲置资金，有的甚至达几十亿元，但是作为国有资产，有保值增值的要求，决策者也不敢轻易进行投资，另外，其规模还不够大，从而造成分散的却又是大量的国有资产闲置。因此，必须建立专门化的文化银行与出版银行，将出版业闲置的国有资产（资金）盘活，使“资产资本化、资本市场化”，通过出版银行整合大量业外资金，以支持出版传媒业的发展。

（二）投资机会

1. 内容原创

“内容为王”决定了出版业的核心资源还是在于内容原创。好的内容一定能为投资者带来可观的、稳定的经济回报。实践证明，无论是传统出版社如二十一世纪出版社、广西师范大学出版社等，还是原创文学网站如盛大文学、榕树下等，抑或是进行内容的聚合和管理、“一种内容、多种媒体、同步出版”的中文在线等数字出版企业，无不收到较好的经济回报。中文在线作为民营企业，其成功上市更是验证了“内容为王”这个定律。应该利用好国家出台的各种利好政策，积极投资内容个体生产者、图书工作室、出版社、文学网站等优秀公司。

2. 跨界融合

在政策、技术、资本与人才等生产要素的推动下，出版传媒业必然走向跨界融合发展，以拉动文化消费。推动文化创意出版产业与国民经济相关产业融合，使文化元素渗透与融入到国民经济其他产业中，推进文化创意和设计服务等新型、高端服务业发展，促进与实体经济深度融合，是培育国民经济新的增长点、提升国家文化软实力和产业竞争力的重大举措，是发展创新型经济、促进经济结构调整和发展方式转变、加快实现由“中国制造”向“中国创造”

转变的内在要求，是促进产品和服务创新、催生新兴业态、带动就业、满足多样化消费需求、提高人民生活质量的重要途径。

跨界融合首先是内部产业链各个环节的垂直融合，出版的资源、创意、生产、技术、资本、流通、消费等环节日益扁平化。其次，跨界融合是技术驱动下的行业融合，如新闻出版、广播影视、新媒体业等媒体行业的融合，传媒业与歌舞演艺业、艺术品业、会展业等不同文化行业的融合。再次，跨界融合是出版产业与外部传统行业的融合，如与零售、金融等传统产业纵深跨界融合加速，产业边界日渐模糊。最后，跨界融合是出版文化创意元素与三大产业的融合，农业、工业、服务业三大产业将焕发前所未有的生机。在这些跨界融合的进程中，到处充满着新的投资落点。

3. 出版业“带状发展”

长期以来，中国新闻出版业发展一直处在区域分割状态，存在较大区域壁垒，也造成出版业区域间的不平衡。各省份出版产业发展基本还处在各自为战的封闭状态，每个省份不论大小，都是“大而全、小而全”的标配，省市级党报、日报、晚报、都市报、各机关行业报等样样具备；都拥有冠以不同省份名的人民社、教育社、科技社、美术社等出版社，这些出版社都是本省份教材市场的一方霸主，缺少省际竞争活力与市场效率。教材教辅更是高度垄断，很多出版社也就靠这个垄断资源苟延残喘。省份之间的出版资源、人才、技术、资本、产品、消费等生产链环节无法衔接，造成出版资源的巨大浪费。出版业必须突破传统行政区划发展的界限，实施“带状发展”的区域融合战略，提升区域出版产业空间配置效率。要按照《中共中央关于全面深化改革若干重大问题的决定》精神，建设统一开放、竞争有序的现代文化市场体系，使市场在文化资源配置中发挥决定性作用。

首先，“带状发展”战略的最终目标是建立全国统一出版传媒市场。其次，“带状发展”战略的落点是根据全国出版文化资源与要素的分布情况，基本规划出4 ~6 个出版产业发展带，如长江出版传媒发展带、珠江出版传媒发展带、一带一路出版传媒发展带、环渤海出版传媒发展带、中原出版传媒发展带，把每个发展带打造成统一开放竞争有序的现代出版传媒市场体系。最后，“带状发展”战略应该是沿着数字技术与网络技术→出版金融与投资→生产链融合→区域现代市场体系这个路径进行内化发展的。投资者应该顺应发展趋势，积极进行带状出版布局，在打造统一开放竞争有序的出版市场体系中寻找商机。

4. 出版与科技、金融融合发展

根据波特的“钻石模型”的相关理论，产业竞争力的成长阶段大致分为要素驱动阶段、投资驱动阶段、创新驱动阶段和财富驱动阶段四个依次递进的阶段。其中前三个阶段属于产业竞争力的上升时期，最后一个属于衰落时期。从国际上看，美国计划将 GDP 的 3% 用于科技研发，投入强度超过了 20 世纪 60 年代“太空竞赛”时的水平；日本提出了“ICT”新政，旨在在 3 年内创造出 100 万亿日元规模的市场新需求，推动相关领域的产业结构改革，提升国际竞争力。对于我国出版产业发展而言，大多还处于要素驱动阶段和投资驱动阶段，缺乏创新要素使得区域出版产业的竞争力相对较弱。亟待通过依靠科技的力量，大幅提高自主创新能力，促进出版产业跨界融合，实现出版产业的跨越式发展。出版产业与金融、科技融合已成为不可逆的发展趋势。它是推动出版产业升级的重要途径，也是发展、壮大出版产业的重要手段，更是未来出版产业发展的目标。

在出版与科技、金融融合发展的趋势下，国家将会重点推进云计算、大数据、移动互联网和智能终端、社交网络等技术在出版业的应用，扶持相关的出版建设项目；成立出版基金与出版金融组织机构，探索建立出版金融合作实验区，创新符合出版产业发展需求特点的金融产品与服务。所有这些，将会带来巨大的投资机会。

B.6

中国书店零售业投资报告

刘 贵*

摘 要：本报告通过研究国家对书店业的宏观政策和书店微观经营活动，分析2013～2014年的书店业数据，总结当前书店业的发展特点，探讨今后书店业的发展趋势，提出了未来书店业引进外部资本，从而实现经营模式转型、塑造特色化品牌的发展思路，预测了未来书店业的良好发展前景，从而为投资业了解书店业、投资书店业提供参考。

关键词：书店 引进资本 塑造品牌

一 本报告研究的意义、研究对象和研究方法

（一）研究意义

近几年，网络书店的快速发展引人注目，而实体书店的经营陷入困境也令人深思，两者的竞争愈演愈烈，实体书店和网络书店的发展状况引起了社会的广泛关注和热烈探讨。

本报告旨在通过对中国图书零售业的发展历程的回顾及对现状的分析，预测书店在未来应如何调整发展方向，如何寻求新的发展道路，促进图书市场盈利的增长点，进而推动中国图书市场的良性发展，为投资提供参考。中国图书市场的发展对推动我国社会文化环境的进步也具有极其重要的意义。

---

* 刘贵，1992年7月毕业于北京大学政治学与行政管理系，法学学士。曾任北京龙之媒广告文化书店总经理、Page One书店中国区总经理，现任建投书店（上海）有限公司总经理。本报告写作友情支持：百道网。

（二）研究对象

根据不同的分类标准，书店可以划分为不同的类别。按照所有制性质可分为国有和民营书店；按照销售图书种类可以分为特色专营书店和综合书店；按照销售产品的范围可分为纯图书书店和混业经营书店；按照营销渠道可分为实体书店、网络书店和二者结合型书店。本报告以营销渠道作为分类标准，即以实体书店和网络书店作为研究对象。

（三）研究方法

1. 文献阅读法

主要通过阅读图书行业的期刊、论文和相关数据报告等，了解我国书店零售业的发展情况和经营策略，为本报告的研究拓宽视野并提供一些指导方法。

2. 比较分析法

对网络书店和实体书店进行信息和数据等方面的比较分析，探讨两者分别具有怎样的优势和劣势，思考如何找到两者的有效结合点，以弥补对方的不足，实现协同发展。

二　新中国成立以来书店业历史发展阶段

根据中国政府对书店业相关政策的调整以及书店经营形态的变化，可以将新中国成立以来的书店业划分为以下三个发展阶段。

（一）1949～1979年，国有新华书店单一体制阶段

这一时期书店经营体制单一，国有新华书店一统天下，是计划经济体制下的产物，经营方式采取柜台式销售。

（二）1980～1998年，民营书店登上历史舞台，与国有新华书店并存

伴随着改革开放，我国的经济体制开始由计划经济向市场经济过渡，民营书店就是在这一阶段逐步兴起的。1980 年国家出版局发出《建议有计划有步

骤地发展集体所有制和个体所有制的书店、书亭、书摊和书贩》的通知，这是我国关于民营书店的第一份文件。从此以后，我国民营书店开始逐步出现，获得了承认和宝贵的生存权。

（三）1999年至今，实体书店、网络书店共舞

1999 年 11 月，当当网正式上线开通，标志着网络书店开始在我国出现，从此极大地改变了我国书业零售终端的格局，也改变了读者的购书习惯。到目前为止，网络书店已经成长为图书零售业的一支重要力量。

三 2013 ~2014年中国书店零售业的基本状况

（一）国家及地方政府政策层面

近几年来，国家新闻出版广电总局采取了多项措施以推动出版物市场的繁荣发展。其中包括：实施农家书屋等文化惠民工程，使城乡居民人均图书阅读量不断提高；将“倡导全民阅读”写入中央文件，积极推动各地读书节、读书月等活动的开展；税收优惠政策落地；财政加大对书店的扶持力度。

1. 税收优惠

为了支持实体书店的发展，财政部、国家税务总局于 2013 年出台了《关于延续宣传文化增值税和营业税优惠政策的通知》。通知规定自 2013 年 1 月 1 日至 2017 年 12 月 31 日，图书批发、零售环节免征增值税，对国有书店和民营书店、大型书城和中小书店实现了全行业普惠。

2. 财政扶持

（1）中央财政支持。

2013 年，财政部办公厅和国家新闻出版广电总局办公厅联合下发了《关于开展实体书店扶持试点工作的通知》，决定对北京、上海、南京、杭州等 12 个试点城市的 56 家特色实体书店给予 9000 万元中央文化产业发展资金支持。2014 年奖励范围扩大到 12 个省份，奖励资金总额达 1. 185 亿元。

（2）地方财政支持。

中央扶持政策的出台，带动了地方扶持政策的出台及落实，京、沪、粤、

浙等地相继出台了对实体书店的资金奖励、政府补贴、贷款贴息、租金减免等扶持措施。北京市新闻出版局从2013年7月开始公开向社会征集实体书店发展的建议和意见。上海于2012年发布《上海市出版物发行网点建设扶持资金管理办法》及《上海市出版物发行网点建设引导目录》，是国内首个出台综合配套扶持实体书店发展地方政府规范性文件的省份。① 2013年广东省省委宣传部联合省书报刊发行协会共同制定了《民营实体书店开展阅读推广服务扶持奖励办法》，学而优、方所等著名民营书店品牌成为首批获得扶持的品牌。2012年，杭州市委宣传部、市文创办、市财政局和市文化广电新闻出版局四部门联合出台了《关于扶持民营书店健康发展的暂行办法》。杭州市财政每年拿出300万元专项资金对符合条件的民营书店进行扶持，以资助、贴息和奖励等方式支持杭州民营书店的发展。②

3. 领导及社会各界对书店业的关注

2014年的全国“两会”上，李克强总理在《政府工作报告》中“倡导全民阅读”。全民阅读立法已经列入国家立法程序，这充分说明了国家层面对书店业的发展给予的高度关注。国家新闻出版广电总局作为行业管理部门，努力为行业发展提供良好的政策环境、优质的管理服务和规范的市场秩序，和全行业共同促进图书发行业的健康持续发展。

同时，社会各界也都开始关注全民阅读，关注书店业的发展。鉴于前几年实体书店业的普遍经营困境，在全国“两会”及地方“两会”上，有很多代表开始呼吁重视书店业的发展，从国家层面关注全民阅读，提升国民阅读率。正是社会各界的关注和呼吁，才逐渐形成了支持实体书店发展的良好社会氛围。

（二）书店行业层面

1. 网点层面

（1）实体店面情况。

根据《2014中国出版物发行业年度发展报告》，2013年，全国出版物零售总额为757.6亿元，其中实体书店销售额581.6亿元，占76.8%，仍然在零

① 佚名：《年投500万“输血”实体书店》，《领导决策信息》2012年第12期。

② 孙月沐、伍旭升等：《中国书业年度报告（2011~2012）》，商务印书馆，2012。

售市场发挥着主力作用。

截至2013年年底，全国1000平方米以上的实体书店共有765个，增幅达21.8%。5000平方米以上的大型书城共有109个，实现出版物销售总额119亿元，比2012年增长47%，占全年出版物零售总额的15.71%。

此外，发行企业借助新闻出版“走出去”的政策支持，主动到境外开设网点，如福建新华发行集团已在海外设立了13家新华书店分店；昆明新知集团在东南亚和南亚地区建设了7家华文书局，成为新闻出版“走出去”的重要平台。

（2）网络店面情况。

2013年，全国网上书店共计511家，比2012年增长39.2%；实现出版物销售总额176亿元，比上年增长54.4%，增速大大高于行业平均水平。其中当当网、京东商城、亚马逊3家企业的出版物销售额占网上书店整体销售额的45.9%；在282家外资发行企业当中，出版物销售额前5名的企业占外资企业销售总额的61.3%。①

2. 销售市场层面

（1）2014年整体销售情况。

2015年1月8日，“2014年图书市场分析报告会”在北京举办。报告会发布了《2014年中国图书零售市场报告》。报告指出图书零售整体增长10%左右，实体书店渠道同比增长3.26%。

2014年，实体书店图书零售市场一改前两年负增长（2012年，整体增速为-1.05%；2013年，同比增长率为-1.39%）的态势，实现了3.26%的正增长。其中以北上广深为代表的一线城市回暖幅度最大，大书城成为年度增长的重要带动力量。2014年四个季度中，图书零售实现了同比正向增长，开卷地面图书零售指数也在2014年2月达到了418.35的历史新高（见图6-1）。开卷分析认为，实体书店销售的整体回升，得益于卖场改造吸引客流、社店结合创新营销活动、书店强化内部管理提升效率等多重因素的作用。②

开卷监测网店数据显示，2014年图书在线零售市场持续增长，但网商自营业务增速呈放缓态势，第三方平台增长突出。

---

① 国家新闻出版广电总局印刷发行司：《2014中国出版物发行业年度发展报告》。

② 北京开卷信息技术有限公司：《2014年中国图书零售市场报告》，2015。

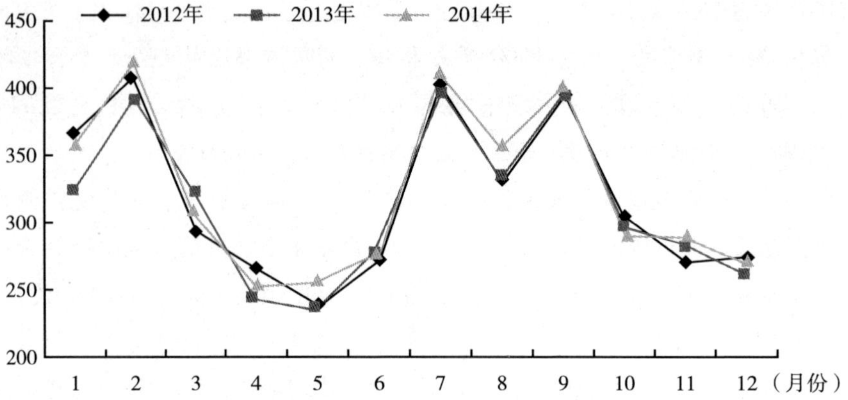

图 6－1　开卷地面图书零售指数（2012～2014 年）

（2）各细分市场销售情况。

细分类表现方面，实体书店渠道码洋比重最大的细分类依然是教辅教材，为 25.5%，其次是社科、少儿和文学，码洋比重均在 10% 以上，尤其是社科类和少儿类两类在实体书店渠道合计码洋比重超过 35%。网络销售渠道在销售结构上与地面书店有明显的差别：码洋比重最大的细分类为社科类，接近 30%；少儿、文学和科技在网络渠道所占码洋比重也高于地面书店渠道；而教辅教材的码洋比重则低于 10%（见表 6－1）。

表 6－1　实体书店渠道与网络书店渠道图书零售码洋结构（码洋比重）

单位：%

细分市场	实体书店渠道码洋比重	网上书店渠道码洋比重
教辅教材	25.5	7.7
社　　科	18.0	27.8
少　　儿	17.7	22.0
文　　学	11.9	13.6
科　　技	7.4	10.5
语　　言	7.4	6.7
生　　活	4.7	4.9
艺　　术	4.4	4.5
传　　记	2.0	1.6
其　　他	1.0	0.7

3. 物流层面

截至2013年年底，全国5000平方米以上的出版物物流中心共有142个，年发货码洋902.42亿元。出版物物流业正逐步由以储运为主的传统型出版企业物流向现代物流企业转变。如四川新华文轩正在建设总面积20万平方米的“西部文化物流配送基地”，并已与国际物流业巨头敦豪（DHL）、国内的京东等企业达成合作，积极面向市场开发第三方物流业务。近期国务院出台了一系列关于促进物流业发展的文件，以完善基础设施、整合各方资源、加强网络建设，将对传统发行企业加强出版物配送能力、提升综合物流服务水平起到重要的推动作用。

4. 运营模式层面

（1）24小时书店兴起。

2014年4月8日，北京三联韬奋书店启动24小时营业。[①] 三联韬奋24小时书店试运行成功后，杭州新华书店“悦览树”书吧、西安万邦图书城和西安嘉汇汉唐书城等多家书店相继进入夜读市场，在全国掀起了一股24小时书店热潮。到目前为止，在北京、上海、广州、深圳、杭州、西安、郑州、太原、青岛等多个城市都开设有24小时书店。

在2014年7月29日召开的“全国24小时书店创新发展”研讨会上，与会的11家书店围绕各自的经营情况、经验教训进行了交流，讨论了24小时书店的兴起与实体书店的转型、24小时书店如何实现创新发展与合作、24小时书店如何加强人文关怀等问题，并建立了24小时书店联盟。为了进一步了解24小时书店的经营状况，表6－2列出了几家比较有代表性的24小时书店。

由表6－2可知，24小时书店的出现，不仅仅是突破了实体书店在时间上的局限，更重要的是经营理念的转变，从以销售额为着眼点转向对文化价值的培育，并以文化为着眼点，探索可持续发展的商业模式。

（2）大书城在转型，探索新的经营模式。

国有大型书城积极创新，探索新的经营模式。例如深圳书城以书业为核心，复合多种业态模式，除阅读学习外，还提供文化休闲、聚会交流、创意生活

① 王玉：《北京三联韬奋24小时书店：一盏灯点亮一座城市》，百道网，2014年9月24日。

表 6－2　24 小时书店典型的经营模式

书店名称	经营主体	经营模式
台湾诚品书店	民营个体	融合品味百货商场与生活博物馆的形态，将书籍、讲座、画廊、饮食、咖啡、创意饰品等结合 “店中店”的设计与管理方式，靠书店树品牌，靠租金赢利润
三联韬奋 24 小时书店	三联书店与雕刻时光	95% 的商品是书，其他是一些创意产品，做一家“纯粹的书店”
明阅岛	青岛新华书店	集图书、音像、杂志、咖啡、饮料、甜品、读者沙龙、VIP 休闲阅读于一体的 24 小时购书、阅读、餐饮、购物、休闲场所
郑州书是生活书店	民营个体	经营图书和饮品；会员付费借阅与图书销售是收入的两大来源
12000bookshop	民营个体	“7×24”小时经营：夜场设置 6.8 折的大幅度优惠，并提供餐饮、咖啡、“背包客”住宿等服务；餐饮反哺书店
陕西“夜书房”	万邦书城和嘉汇汉唐书城	两家相距不远的书店联手经营，其中，嘉汇汉唐书城每周一、三、五、六 24 小时营业，万邦书城每周二、四、六、日 24 小时营业
杭州“悦览树”	杭州新华书店和菲比咖啡	从书店中划出一片区域，设置“店中店”24 小时经营；安装大型投影仪，用影像陪伴读者熬夜

等多种服务，丰富了书城的功能，将传统的图书卖场变成城市的公共文化生活中心，吸引了大量的顾客，有力地促进了主营业务的发展。沈阳北方图书城沈阳天地店于 2014 年 8 月也实现了重装升级，号称“沈阳最美书店”。

（3）民营书店创新发展。

民营书店在 2013～2014 年获得了全新的发展机会，比如西西弗、单向街、字里行间、方所、晓风、叶一堂、JIC 书店等都在打造自己的优势，建立了一批相对稳定的顾客，在书店零售业的竞争中赢得了一席之地。

（4）出版社开始陆续开设书店。

20 世纪八九十年代，有一些出版社开设自己的书店，但那时此类的出版社书店只是作为出版社服务读者的一种形式，或者说是出版社读者服务部的一种功能延伸，地点也大多选择在出版社附近。在实体书店生存维艰的当下，数家出版社逆势投入书店，让人眼前一亮。商务印书馆 2014 年年底与山西大学、广西日报集团合作，相继开办“商务印书馆阅读体验店”；人民教育出版社 2014 年 10 月在贵州书城启动“人教书苑体验店”；福建教育出版社打造的“大梦书屋”同月在福州开业；当月开业的还有由黑龙江教育出版社参与投资创办的哈尔滨“果戈里书店”，被誉为“最美书店”。此外，海豚传媒2014年在武汉各大商圈开张了4家店面，打造“体验式阅读成长空间”。

四　书店零售业未来发展趋势

（一）宏观政策层面

（1）政府对书店等文化行业越来越重视，从而带动了整个书业环境的改善与优化；全民阅读立法也已提上日程，纳入国家立法计划。

（2）政府对图书零售业的税收优惠将直接惠及书店业的发展；越来越多的地方政府会出台对本地书店业的直接鼓励补贴政策。

（3）政府对图书馆建设的重视，将直接带动图书零售业的发展；全民阅读率的不断提升、人民生活水平的不断提高也将会带动书店业向良性趋势发展。

（二）实体书店层面

1. 大书城向复合书城、多元文化空间转变

“体验性”是实体书店优于网络书店的重要属性，对其进行深层次的挖掘非常必要。体验式多元化文化中心一方面强调核心的“文化中心”，要求书店在经营的过程中，能够将图书与其他文化产品有机结合；另一方面强调体验性，除了欣赏商品本身，顾客还可以在实体书店体验书香弥漫、服务周到的购物环境和氛围。同时，更多关注服务细节，以个性化、人性化、专业化的标准为顾客提供服务和支持，更加积极主动地与顾客建立联系，增加顾客体验的价值感，从而建立起对书店的忠诚度。一些书城已经开始尝试转型，如深圳南山书城、沈阳北方书城、南京书城等都开始进行这方面的店面改造和新业态探索，在以图书为主业的同时，增加了更多的文具和礼品，增加了休闲咖啡，满足读者多元化的需求。

2. 中小独立书店发展趋势

（1）顾客定位差异化。

差异化目标顾客定位在许多欧美国家已有很多成功的典范，比如，专门经营美食类书籍的法兰克福“玛哈斯饮食书店”和伦敦“厨师书屋”；开在巴黎

的英文书店“莎士比亚书店”；以优雅女性为目标顾客的伦敦“银月女性书店”；专门为养宠物人群开办的纽约“爱狗人书店”；全世界第一家同性恋书店“王尔德书店”……[①]在北京也不乏一些具有特色的书店，比如，专门经营影视书籍的“戏剧书店”、以女性作为目标顾客群的“雨枫书店”、专门经营儿童绘本的“蒲蒲兰绘本馆”……

差异化目标顾客定位的实施，一方面有利于书店吸引专一方向的读者，通过与读者的互动和深度交流，形成稳定的客户群；另一方面能够推动书店通过专注于所经营书种而不断扩充书种的数量，不断完善专业度，从而建立成熟的品牌。通过目标顾客的差异化实现书店的特色化，使得实体书店吸引更多的目标群体，在市场定位上更加准确，从而提高自己的销售量，构建自己独特的竞争优势。[②]

龙之媒广告书店总经理徐智明在其著作《我爱做书店：中小书店生存之道》一书中提出，“你（书店）所提供的价值，必须是其他类型的书店不能替代的”。向读者提供具有不可替代性的价值，就是一家书店最根本的生存理由。

（2）经营模式多元化。

随着时代的发展和人们思想的进步，如今的实体书店仅仅依靠卖书已经难以为继，要想获得生存和发展，书店必须采取多元化经营模式，也可以称为“X＋书店”的模式。而在实现多元化经营过程中，明确书店的定位，科学、谨慎地选择“X”，确保“X”与文化、文艺的关联性，让“X”的添加与书店的概念完美地结合为一体尤其重要。在这方面，方所可以称得上实体书店学习的典范。2011 年 11 月，广州方所开幕，该店面定位为“以图书为主的生活美学空间”。总计 1500 平方米的空间，由 500 平方米的图书区、400 平方米的生活用品区、260 平方米的活动展览区、250 平方米的服饰区和 90 平方米的咖啡区等构成。为了配合生活美学空间的格局，使书店整体呈现质朴原始的风格，方所在灯光设置、空间布局、柜台设计等方面都进行了统一设定，受到了顾客

① 钟芳玲：《书店风景》，中央编译出版社，2007。

② 厉春雷、孙博文：《网络时代实体书店的困局解析与出路探讨》，《编辑之友》2012 年第 2 期。

的大力追捧。

这种“X + 书店”公众文化生活空间，让两类或多类文化在同一空间内共存，利用独特的空间设计使多种服务载体相互融合，改变了仅依靠卖书获利的单一盈利模式，给实体书店提供了一种全新的选择。

（3）店面设计特色化。

特色化的店面设计是增加对读者的吸引力的重要方面，也是实体书店体验性的重要因素。随着人民生活水平的提高，读者品位的提升，读者对购书环境的要求越来越高。他们不再满足于单纯地“购书”，而是更加注重整个购书过程中的体验和感受，因此，特色化的店面设计无疑会吸引到更多的读者。很多中小独立书店店面设计很有特色，比如方所书店、Page One 书店、单向街书店等。

3. 实体书店业技术在转型升级

相比较其他行业，书店业的技术相对落后。目前，很多书店已经意识到了这一点，开始在技术方面进行更多的投入。

（1）信息化系统的升级改造。

信息，是每一个产业发展的基础。从目前图书市场来看，由于交易手段落后和信息交流不畅，每年有近两成的图书不能及时上架销售，上百亿元码洋的库存图书无法二次进入市场实现再销售。书店信息系统的建设和升级，将加速信息流通，更新交易手段，提高图书发行效率。有图书业人士预测，“如果我国图书发行实现信息传递和交易手段的现代化，至少可以再扩大 100 亿元以上的销售额”①。

在互联网时代中，书店应积极引入信息化、数据化的运营理念，纳入信息采集，数据统计、分析系统，建立消费者信息数据库，掌握消费者的年龄、职业、购买周期、阅读偏好；加强书目信息管理、客户订单管理等。通过对信息的充分分析，发现关联，为书店良性发展做出正确决策提供支持。

（2）实体书店与网络书店共融，实现线上线下一体化。

实体书店存在模式单一和价格劣势等缺点，但具有真实的购物环境、强大的品牌效应、优质的售后服务等网络书店无法比拟的特点。相对的，网络书店

① 帅刚：《电子商务：新华书店发展的必然选择》，《中国出版》2000 年第 7 期。

具有便利、快捷、价格实惠的优势，但其信息详尽度不足、网站同质化明显、第三方服务欠缺等问题使其发展遇到了瓶颈，不具备成长性。① 在这样的背景下，实体书店与网络书店的共融、线上与线下一体化将是书店零售业发展的大势所趋。两者的融合能为实体书店提供更为广阔的舞台，为网络书店注入人文情怀。比如我们熟知的“携程网”“钻石小鸟”等，都是通过实现线上线下一体化，获得了新的发展机遇。② 现在很多实体店面也开设网络书店，有的独立开发自己的网站，有的借助第三方平台，极大地弥补了实体店面销售的不足，形成了线上线下的良性互动发展。

这种新型的商业模式被称为“水泥 + 鼠标”模式，“水泥”代表传统经济，“鼠标”代表以互联网为平台的新经济。网络书店和传统的实体书店分别具有对方无法替代的特点，在未来的书业市场上，通过融合发挥出两者的优势，弥补对方的不足，对促进书业的健康发展极为有利，对构建有序的社会文化环境也有积极作用。

4. 书店业管理更加精细化

以前书店业粗放的经营管理方式已无法适应目前的经营形势，整个书业的“数字化、多元化、特色化、体验化”的趋势对管理者提出了很高的要求。书店经营者要从管理上做出调整，以适应行业发展的需要。引入先进的管理理念，吸引专业人才，实现管理的精细化和系统化。在书店的图书品种选择方面要更加精准，针对不同的读者定位精心选择本书店的经营品种，不能再搞“大而全”。在图书的店面陈列方面也要不断创新，不断给顾客以充满创意的视觉冲击。要充分利用现代科技手段，给会员顾客提供个性化的服务，满足不同读者个性化的需求。要不断地举办各类文化活动来吸引读者，增加与读者互动，满足读者“文化社交”方面的需求。

5. 书店更加注重品牌化建设

品牌专家颜金伟这样定义品牌：品牌是可以触发受众心理活动的商品（或者组织）标识，是一项无形资产。与单纯的售卖相比较，每个企业都应该

---

① 杜艳华：《中国网上书店：“拿来主义”遇“瓶颈”》，《出版参考》2005 年 10 月上旬刊；张歌燕：《试析我国网上书店的优势、劣势及其发展对策》，《图书情报知识》2003 年第 2 期。

② 李春成：《传统书店与电子商务整合之探讨》，《图书情报知识》2003 年第 1 期。

去追求打造一个具有美誉度和高普及率的品牌。而实体书店品牌形象的建立一方面有利于通过扩大知名度而吸引顾客；另一方面，可以将书店打造成重要的城市文化精神存在，实现书店业的可持续性发展。综合来看，书店品牌可以通过以下几种方式构建。

（1）注重新媒体营销。

书店的文化产业性质及利润情况决定了其在市场宣传上无法选择与其他商业相同的电视、报纸、户外广告等大众媒介营销方式。在新媒体快速发展的时代，豆瓣、微博、微信等社交平台进入人们的视野，而这些新媒体选择性、小众化、专业化的特点恰好与实体书店的性质和定位十分契合。第一，书店利润空间有限，必须有效控制成本，以最小的支出获得最理想的收益；第二，新媒体营销作为一种软广告更容易让顾客接受，并赢得良好的口碑。

（2）扩展读者活动。

在原有的读者活动基础上增加主题活动和读者聚会；在形式选择上更加注重层次性；同时，如果能与所在城市或者地区的文化相结合，则能产生更佳的活动效果。比如创立于2002年的北京老书虫外文书店，几乎每周都要举办读者活动，包括读书会、朗诵会、艺术电影欣赏等，老书虫被打造成了一个连接艺术家、作家和文学爱好者的信息中心。老书虫的众多读者活动为文学交流起到了积极的推动作用，2011年它作为亚洲唯一入选书店，被“孤独星球”系列丛书评为“全球十佳书店”之一。[①]

6. 延伸传统书店职能

（1）加强与本地文化的互动。

作为城市中重要的文化地标，高普及率传播传统意义上的文化知识必不可少，而书店怎样与本地文化进行互动与融合，为所在城市的文化传播和发展贡献自己的力量也是非常具有意义的课题。书店所在城市的文化特点是其赖以生存的土地，城市的居民、历史和文化都可以作为书店开展活动的好选题。通过这类活动，实体书店传播了本地文化，有利于与市民建立起良好的情感联系；同时，也利于书店与城市的融合。如杭州的枫林晚书店在探索“把书店开到社区去”的独特道路，拟把文化管家服务体系植入社区配套中，打造社区的

---

① 李楠：《光合作用死了，西西弗活了》，《中国市场》2012年第8期。

“文化客厅”，提升社区的文化品位和文化幸福指数。

（2）多元化履行书店普及文化的职能。

传统书店通过完成图书销售来实现文化的传播。而在未来，实体书店可以通过寻求多方合作，组织一定规模的社团或协会，独立出版一些作品，从各个方面传播文化，普及知识，扩展其普及文化的组织职能。

（三）网络书店层面

网络书店以图书品种多、数量大、检索便捷、价格便宜、突破时间和空间的限制等优势吸引了很多读者，发展势头强劲。然而，媒体融合和数字发展给网络书店带来新的挑战。在这样的背景下，网络书店的发展将出现分化。

1. 网络书店开始向多元化、碎片化方向发展

从 2013 年的网店销售数据看，当当网、京东商城、亚马逊 3 家企业的出版物销售额占网上书店总额的 45.9%，而其余的 54.1% 销售份额则被其他众多网店商家所瓜分。开卷监测网店数据显示，2014 年在线零售持续增长，但网商自营业务增速放缓，第三方平台增长突出。这两年的网店销售情况反映出网店已经开始向多元化、碎片化方向发展。

2. 继续追随亚马逊的步伐，发展成为数字出版内容平台

随着网络发展和数字化的深入，电子书开始出现，亚马逊于 2000 年首先对此做出反应，宣布除传统纸质图书外，开始销售电子书。此后，亚马逊与各类出版社展开广泛合作，不断丰富电子书品种并获取电子书的授权，致力于打造极富影响力的电子书销售平台。2007 年，亚马逊推出自己的阅读器 Kindle，开始捆绑销售电子书。2013 年，亚马逊更是抛出重磅消息，将直接签约作者出书，这将进一步扩展其内容资源，并对整个产业链造成巨大影响。当当网于 2009 年也开始涉足电子出版业务。

电子书产业的兴旺、各种阅读终端的兴起、人们阅读形式的转变都有力地促进了数字出版的发展。据中国新闻出版研究院的《2010～2011 中国数字出版产业年度报告》：我国数字出版收入 2006 年为 213 亿元，2010 年则达到 1051.79 亿元，年增速为 49.73%。[①] 在这样的形势下，追随亚马逊的步伐，从

① 中国新闻出版研究院：《2010～2011 中国数字出版产业年度报告》。

销售纸质图书逐步转向数字出版，不失为网络书店未来发展趋势之一。

3. 坚持守护传统图书市场，从价格战转向提升服务

网络书店可以继续守护传统的图书市场，继续以销售纸质书籍为主，但要转变以往的“价格战”竞争策略，改变整个行业低利润的恶性竞争。转向提升服务水平，包括售前咨询和售后服务，吸引并保留住网络书店的顾客群。

4. 网络书店也开始注重“线上线下一体化”，增加顾客体验

2012 年 6 月 8 日，当当网正式与国内最大的线下儿童书店“青少年阅读体验大世界”联手，在“大世界”卖场开设当当网销售专区，这是当当网上线 12 年以来首次尝试真正意义上的线下销售。当当网计划未来三年在全国开办 100 家实体店，形成完整的线上销售和线下体验产业链。据《华尔街日报》2014 年 10 月报道，亚马逊计划在曼哈顿最繁华的一条商业街开设实体店。

（四）资本层面

资本对于未来书店业的发展极为重要。实体书店拥有一定经营管理经验和固定资产，但若落实到未来转型建设方面则仍然显得不足，其中首先就是资金问题。资金直接决定着实体书店能否成功转型。多元化的经营项目、舒适的阅读环境、高质量的服务均需要雄厚资本的支持。

这两年，一些外部资本开始关注书店业。国家宏观政策的大力扶持，整个社会环境的改善，对于未来书店业的发展是一个积极信号。书店自身经营空间的升级改造，技术的进步，管理水平的提升，也都使外部资本对于未来书店业的发展增强了信心。可以说，书店业对资本的吸引力在逐步回升。单向街书店已经有外部资本注入；民间的一些资本开始涉足书店业，如方所书店；国有资本也已开始尝试投资书店，由中国建银投资集团投资的建投书店已经在上海北外滩开张，取得了良好的口碑和反响。

随着越来越多资本关注书店，加之政府政策的扶持，以及书店自身的努力，书店业必然会迎来一轮新的发展机遇。

新媒体投资篇

New Media Investment

B.7 中国网络媒体投资报告

谭云明　杨梦桐*

摘　要：伴随着互联网的普及和媒介融合时代的来临，网络媒体如雨后春笋般迅速发展。2014 年，网络媒体在资本市场中受到投资者的青睐。本报告针对 2014 年网络媒体的投融资状况、特点、问题、原因等进行了系统的分析，并对未来网络媒体行业的投融资趋势做了大胆的预测。

关键词：网络媒体　投融资　互联网

一　2014年我国网络媒体市场投融资情况综述

自 1994 年 4 月 20 日中国正式接入互联网，至 2014 年，中国互联网的发

* 谭云明，中央财经大学新闻系主任、教授、媒体经济硕士生导师，主要从事媒体经营管理、新媒体研究；杨梦桐，中央财经大学新闻系。

展已经走过了20年。20年来，互联网的地位不断提升，其作用和影响也不断扩大，给中国媒体市场和传播格局带来了一波又一波的冲击和挑战。2014年是网络媒体获得新发展的一年：网络媒体的用户规模快速膨胀，内容更趋丰富多彩，网络媒体的收入呈多元化趋势且迅速增长；同时网络媒体在资本市场上也受到了投资者的青睐。

根据IT桔子收录的数据信息统计，截至2014年底，国内互联网领域共发生融资1878笔，融资总金额超过1000亿元人民币。从投资数量上看，互联网领域内投融资最热的三个细分领域分别为电子商务（238笔）、移动互联网（232笔）、金融服务（180笔）。

在2014年互联网领域的投融资中，媒体资讯类共发生融资35笔，在所有融资中占比2%（见图7－1）。

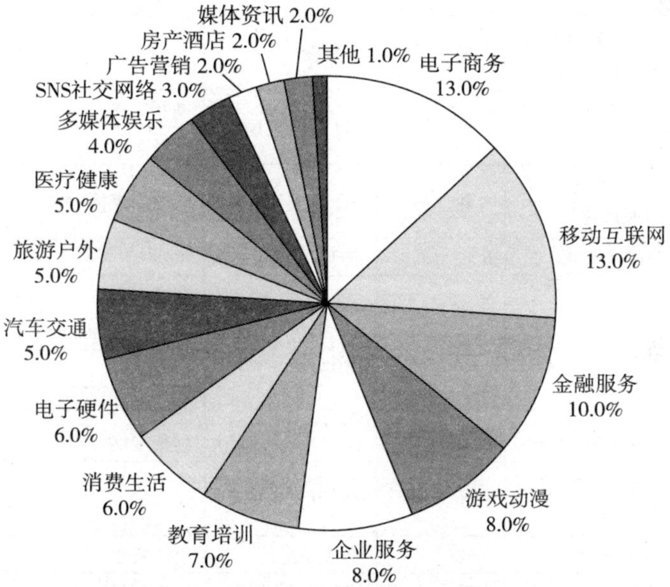

图7－1　2014年国内互联网各领域获投数占比

根据IT桔子统计数据，2014年内媒体资讯类主要投融资共发生了35笔（见表7－1）。

表 7-1　2014 年互联网领域媒体资讯类融资事件一览

时间	公司	轮次	金额	投资者
2014. 12. 31	魔方网	A 轮	1 亿元人民币	经纬中国
				深圳市创新投资集团(深创投)
2014. 12. 22	果壳网	C 轮	2000 万美元	IDG 资本
				学而思/好未来
2014. 11. 30	36 氪 36Kr	C 轮	数千万美元	经纬中国
2014. 11. 29	文书车云	种子天使	数百万元人民币	
2014. 11. 28	网上百科全书	种子天使	200 万元人民币	
2014. 11. 17	北京水瓶时代文化传播	A 轮	500 万元人民币	邦易资本
2014. 11. 7	一点资讯/一点网聚科技	A 轮	850 万美元	凤凰新媒体
2014. 10. 30	糗事百科	A 轮	500 万美元	创新工场
				经纬中国
2014. 10. 1	车云网/启程未来科技	A 轮	未透露	
2014. 10. 1	FView 无水社区/杀价帮	A 轮	500 万元人民币	创新工场
				网易
2014. 9. 10	一点资讯/一点网聚科技	A 轮	600 万美元	凤凰新媒体
2014. 9. 1	华尔街见闻	B 轮	数千万元人民币	
2014. 9. 1	界面网络	A 轮	1 亿元及以上人民币	奇虎 360
				弘毅投资/hony capital
				小米科技
				海通开元/海通证券
2014. 8. 25	轻单/翰森嘉洋	种子天使	数百万元人民币	创新工场
2014. 8. 1	Zealer 深圳载乐网络	种子天使	600 万元人民币	
2014. 8. 1	微在 WeZeit	A 轮	数百万美元	挚信资本
2014. 8. 1	速途网	A 轮	3000 万元人民币	达晨创投
2014. 7. 1	餐饮老板内参/瓦特新媒	种子天使	数百万元人民币	微玺投资
2014. 6. 1	虎嗅网/云觅科技	B 轮	数千万元人民币	阿里巴巴/阿里资本
2014. 6. 1	雷科技/广州微宝科技	种子天使	数百万元人民币	PreAngel/PA 镭厉/PA 鉴睿

续表

时间	公司	轮次	金额	投资者
2014.6.1	头条网/今日头条	C轮	1亿美元	红杉资本中国 新浪微博基金/新浪
2014.6.1	亿欧网/和光盛景科技	A轮	数百万元人民币	杭州盈动投资 Incapital/盈开投资
2014.6.1	二十一世纪传媒/21世纪	A轮	5亿元人民币	阿里巴巴/阿里资本
2014.5.1	亿欧网/和光盛景科技	种子天使	未透露	
2014.4.1	KnewCoin/貔貅交易所	种子天使	未透露	BitFund.PE 比特基金李笑来
2014.3.13	WeMedia 自媒体联盟	A轮	300万美元	华映资本
2014.3.1	Donews/斗牛士网络	B轮	数千万元人民币	深圳市创新投资集团(深创投)
2014.3.1	一点资讯/一点网聚科技	战略投资	3000万美元	媒体资讯
2014.2.1	Hot.FM/北京热频科技	A轮	未透露	
2014.1.10	蓝鲸财经记者工作平台/蓝鲸传媒	A轮	未透露	
2014.1.1	有趣点/游衷文化	种子天使	数百万元人民币	创新工场
2014.1.1	游戏多/cwan	A轮	数千万元人民币	
2014.1.1	酷发现－爱稀奇/志腾新诺科技	种子天使	数百万元人民币	九合创投
2014.1.1	拇指阅读/上海珠玑文化	种子天使	数百万元人民币	经纬中国
2014.1.1	雷科技/广州微宝科技	种子天使	数百万元人民币	

二　2014年网络媒体市场融资特点

综合对35笔融资的分析，2014年互联网领域媒体资讯类的融资呈现以下几方面的特点。

（一）投资金额以数百万元、数千万元为主，币种以人民币为主（见图7－2）

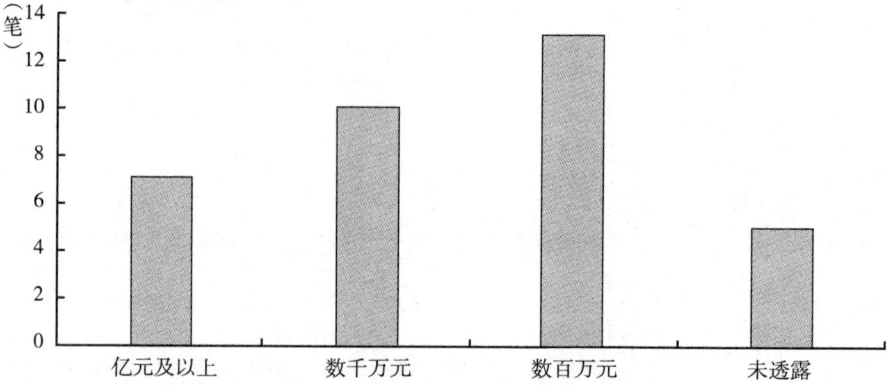

图7－2　2014年中国互联网领域媒体资讯类融资金额分布

投资金额为数百万元到数千万元的获投媒体占比达65.7%。原因是获投的媒体大多为小型行业垂直媒体，且处于发展的初期阶段。其初期的主要发展任务是进行内容或服务的轮廓性建设及用户体验测评。

（二）投资轮次以种子天使投资及A轮为主（见图7－3）

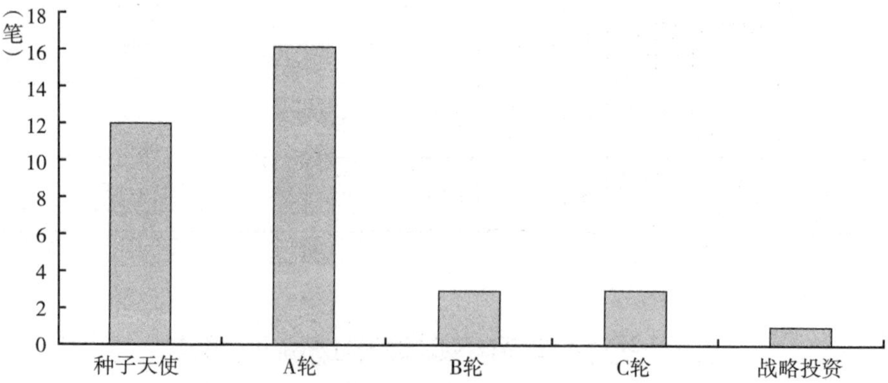

图7－3　中国互联网领域媒体资讯类融资投资轮次分布

种子天使投资与 A 轮投资总占比达 73.94%，2014 年新成立的网络媒体较多，如界面网络、轻单等。部分 A 轮融资是 2013 年种子天使投资的阶段性延续，说明这些媒体得到了较好的发展，如果壳网、头条网以及华尔街见闻等。而从 IT 桔子统计的数据看，2013 年媒体资讯类的种子天使投资有 18 笔，至 2014 年末仅有 6 家媒体得到了进一步的投资。

天使基金为新兴网络媒体带来了资金与活力，成为推动网络媒体发展的重要力量。2014 年中国股权资本市场中国机构天使投资共发生 766 起，涉及投资金额 5.27 亿美元。TMT（Telecommunication，Media，Technology）行业仍然是机构天使追逐的热点，占比超过七成。互联网及娱乐传媒均在前五名之内。

2013 年股权投资市场募集渠道和退出渠道严重萎缩，在此背景下 2014 年一些创业投资机构更加注重对早期项目的挖掘，以此来拉长投资战线。此外，中国富裕阶层接受创业投资的程度有所提高。2013 年胡润财富榜数据统计我国有 103 万资产超过千万元的高净值个人，而有能力进行天使投资的个人数目更大，越来越多的富裕阶层参与到天使投资中来。随着互联网（包括移动互联网）技术的应用，网络媒体以更多新形式进入人们的视野，受到了天使投资者的青睐。

（三）获投网络媒体发展模式丰富，小型行业垂直媒体众多（见图7－4）

2014 年进行融资的 35 家网络媒体发展模式多样：既有 21 世纪这样发展较为完善的老牌媒体，也有专注于电商、科技、数码产品、游戏等细分行业的小型垂直媒体，如亿欧网、雷科技、Zealer 等，新兴的自媒体如餐饮老板内参、文书车云等也获得机构天使数百万元人民币的投资。

图 7－4　2014 年中国互联网领域媒体资讯类融资方一览

处于种子天使投资及A轮投资的以小型行业垂直媒体为主。这些媒体有以下特点。

第一，有一定规模的热度用户，覆盖行业人群比例更高。用户对某一行业的兴趣和需求驱使其成为行业垂直媒体的受众，出色的行业垂直媒体会成为该行业内的信息权威，且用户活跃程度高。

第二，与传统媒体以及门户网站相比运营成本较低。员工人数较少、规模小、技术投入少、内容生产成本低给予了这些媒体更大的增长空间。微博、微信、Weavi等新应用的出现使得媒体的开办成本降低，几个人便可撑起一个质量极佳的行业垂直媒体。然而就是这些小型行业垂直媒体，正在各个细分领域发挥着惊人的作用。不管是在O2O、互联网金融、数码产品行业还是在智能硬件、电子商务、手机游戏等行业，都有大量的行业垂直媒体诞生。这些媒体不再像以前的许多网络媒体一样去追求信息服务的多样性、广泛性，而是注重其专业性及深度，以此来增强用户黏度。它们的读者、受众的人数与四大门户网站（新浪、网易、搜狐、腾讯）的受众比起来虽是微乎其微，但在每个专门领域，却是不可小觑的力量。“有趣点”的用户数量虽少，但在手游领域的地位却比某大门户网站手游板块的内容更专业、受众更忠实。

第三，有核心竞争力的内容或产品。成功的行业垂直媒体会通过专业性来打造自己的品牌影响力和核心竞争力。

第四，注重用户需求，具有社交性和互动性。小型行业垂直媒体相对于大型网络媒体（如四大门户网站）来说用户规模较小，因此媒体与用户之间的直接互动交流便能够更简单、更频繁。甚至对于一些自媒体，运营者可以直接与受众进行交流，以了解用户体验及用户需求。这些媒体更加注重社交性及互动性，依托社交网络鼓励用户将信息进一步传播出去。

第五，多平台发展。不以网站或者某一社交网络作为单一的发展平台，而是网站、App、多个社交网络交叉同时发展，以求最大限度地吸引、凝聚受众。

以“餐饮老板内参”为例，2014年9月，这个自媒体正式运营约一年，便以6万多的订阅量获得200多万元的天使风投，估值达一千万美元。

“餐饮老板内参”由曾经担任餐饮记者的秦朝于2013年8月创办，正如其名，它专注于餐饮行业上游，进行互联网时代餐饮经营理念的研究与分享，其订阅用户覆盖众多一线餐饮品牌的老板、餐饮创业者及供应商。

从用户规模来说，与一些传统媒体的微信公众账号（如《人民日报》、央视新闻等）相比，“餐饮老板内参”的订阅量较小，但其用户性质较为单一，他们对餐饮上游行业、餐饮经营的兴趣和信息需求突出，且在更为出色的同类媒体出现以前，用户会将“餐饮老板内参”作为获得此类信息的主要渠道，因此用户黏性较高。

“餐饮老板内参”以微信公众账号为主要平台，同时还在搜狐、网易、新浪的移动客户端进行同步，因此其运营团队规模并不大。据创始人秦朝介绍，其团队包括核心成员 2 人、内容编辑 4 人，另外还有一部分特约撰稿人。从内容生产上来说，“餐饮老板内参”所推送的内容中，原创内容、网络采编加工，以及特约撰稿、投稿、合作媒体文章分别占 1/3。同时，依托微信、门户网站的移动客户端等平台，使得他们无须在技术方面投入大量的资金。如此一来，与传统媒体、门户网站等相比，“餐饮老板内参”一类的小型行业垂直媒体在人力成本、技术投入、内容生产成本等方面节省了许多，为自己创造了更大的盈利空间。

尽管团队及用户的规模都较小，但在餐饮行业上游领域乃至整个餐饮行业，“餐饮老板内参”却拥有较强的专业性及竞争力。通过原创内容、网络编辑加工以及约稿、来稿等为餐饮行业的老板及供应商提供具有针对性的信息，它在这方面的专业性就是其核心竞争力，而在餐饮行业老板中，也会形成一定的影响力。

“餐饮老板内参”的发展模式并不局限于信息传播，而是打造一个以新媒体为核心，同时延伸到产业链社交与服务平台的发展模式。社交方面，其设计的餐友汇已经完成了全国 15 个城市站的设立，计划下一步会开展形式多样的餐友线下交流活动。从盈利模式来说，据秦朝介绍，目前他们设计的盈利模式包括广告收入、餐饮项目咨询策划、众筹项目平台佣金、社交平台服务佣金等。这说明，“餐饮老板内参”突破了大多数网络媒体的发展模式，从内容生产拓展到平台服务提供，且后者所带来的利润及价值更为可观。“餐饮老板内参”正式运营的第二个月便通过为客户进行自媒体策划获得了收益，很快便过了盈亏临界点。且随着客户咨询量日益增加，其渠道价值越来越凸显，因此一直处于盈利状态。这与其一开始便实行公司化运作而非个人自媒体运作有关。

“餐饮老板内参”还注重用户需求，用创始人秦朝的话说就是“关注老板们的生意和生活”，强调“有人味、说人话、要好玩”。秦朝认为：“未来垂直自媒体的价值和作用会越来越大，因为互联网时代每个人必须找到自己的兴趣点和专长。对于自媒体创业者来说，这是个针尖捅破天的时代，只有专注和垂直，才能成为领域内的专家，才能为用户提供有价值的东西。”

（四）投资方以本土投资机构为主，还有外资投资机构、教育机构、科技公司、媒体共同注资（见图7－5）

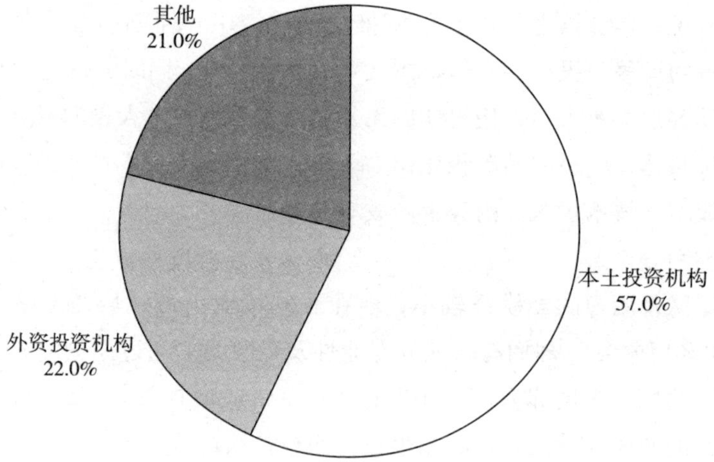

图7－5　2014年中国互联网领域媒体资讯类投资方分布

三　2014年网络媒体资本市场迅速发展的原因

2014年是网络媒体资本市场爆炸性增长的一年，根据IT桔子提供的数据进行统计，2014年中国互联网领域媒体资讯类的融资事件数为近五年来的最高峰，较2013年增长34.6%（见图7－6）。

网络媒体资本市场在2014年迅速增长，与网络媒体发展的大环境的变化直接相关，总体来说有以下几方面的原因。

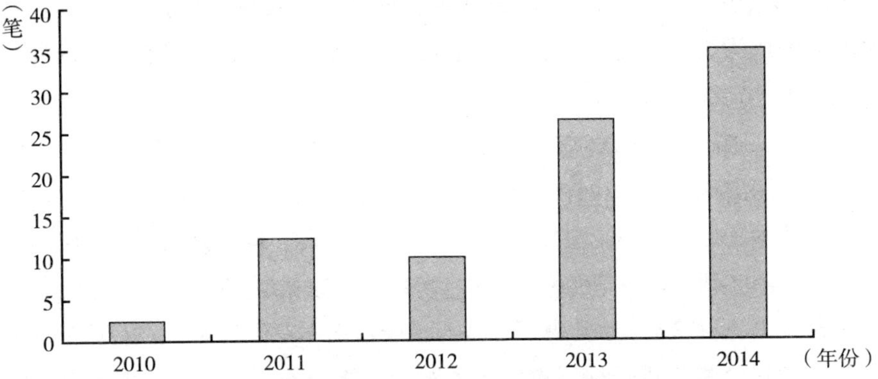

图 7－6　2010～2014 年我国互联网领域媒体资讯类融资事件数变化情况

（一）政策原因

2014 年，无论国内还是国外，传媒领域都发生了很大的变动。这一年，很多传统纸媒纷纷选择停刊。毋庸置疑，网络媒体的发展对传统媒体造成了很大的冲击，传统媒体纷纷走上转型、融合发展之路，以求保全自身。媒体融合、传统媒体转型在传媒业界、学界，甚至政界都成为关注、讨论的焦点。

2014 年 8 月 18 日，中央全面深化改革领导小组第四次会议审议通过了《关于推动传统媒体和新兴媒体融合发展的指导意见》（以下简称《意见》），对新形势下如何推动媒体发展提出明确要求，做了具体部署。

习近平同志在中央全面深化改革领导小组第四次会议的讲话中强调，推动传统媒体和新兴媒体融合发展，要遵循新闻传播规律和新兴媒体发展规律，强化互联网思维，坚持传统媒体和新兴媒体优势互补、一体发展，坚持先进技术为支撑、内容建设为根本，推动传统媒体和新兴媒体在内容、渠道、平台、经营、管理等方面的深度融合，着力打造一批形态多样、手段先进、具有竞争力的新型主流媒体，建成几家拥有强大实力和传播力、公信力、影响力的新型媒体集团，形成立体多样、融合发展的现代传播体系。要一手抓融合，一手抓管理，确保融合发展沿着正确方向推进。①

① 据新华社北京 2014 年 8 月 18 日电。

《意见》把推动传统媒体与新媒体融合的工作正式提上社会经济发展日程，推动互联网成为新型主流媒体、打造现代传播体系，对非网民信息生活的渗透力度持续扩大。新媒体的快速发展和全面普及，网络、数字技术在传媒领域的广泛应用，全民互联网时代的来临，使传统媒体面临巨大的压力和挑战，社会价值观、舆论思潮出现多元化趋势。新兴媒体作为新时代信息传播的重要平台，是传统媒体阵地的延伸，在舆论引导、主流价值观的传播、构建公共领域等层面发挥着重要的作用。新媒体的普及对中国社会的各个层面都产生了广泛的影响。

另外，我国在 2014 年开展了“宽带中国 2014 专项行动”，从硬件、技术及服务上为民众提供更便捷、更实惠的宽带网络服务，在优化网民用户体验的同时，保障用户信息安全。这一行动进一步推动了宽带网络及无线网络的普及，也为网络媒体的发展创造了更好的资源和环境。

网络媒体资本市场之所以在 2014 年能够快速增长，与国家政府层面对传统媒体与新兴媒体融合发展的重视、支持是分不开的。

（二）互联网技术的发展

互联网在中国的发展已经走过了 20 个年头。近年来，互联网技术、数字技术在传媒领域的应用日益广泛。传统媒体纷纷在互联网上开拓或坚守自己的阵地，也有一批新兴媒体依托互联网如雨后春笋诞生、发展。

互联网技术与数字技术很大程度上改变了新闻传播的方式。在互联网时代，人们更加倾向于接受有声有色、引人入胜的信息。网络媒体融合了文字、声音、视频、动画、图片等多媒体技术，给予了受众更多的选择。随着电脑尤其是智能手机的普及，受众越来越依赖电脑端或移动端的网络媒体获取新闻信息及服务。传统媒体是主要的内容生产商，网络媒体则是聚合受众的重要渠道。此外，随着网络媒体的发展及媒体版权意识的增强，许多网络媒体对原创内容越来越重视，尤其是小型细分行业垂直媒体，在做平台的同时，也提供了高质量的原创内容。

（三）用户需求的变化

国外不少网络媒体也在 2014 年融资成功，如美国财经科技网站 Business Insider、极具特色的科技新闻网站 Mashable 等。一般来说，内容导向性的媒体公司并不受到投资者的青睐，因为媒体依靠内容生产得到的利润相比于其他互联网产品而言增长缓慢且难以看到增值爆发点。媒体的商业模式同样存在一种困境，就是在广告收入与读者订阅费收入之外很难再寻求另一种盈利模式。

但是国内外的投资者纷纷在2014年注资网络媒体，又是看到了网络媒体的什么价值呢?

美国硅谷知名风险投资人马克·安德森（Marc Andreessen）曾公开发表一个论断：当前的新闻消费速度显然快于新闻产出速度，这种供不应求的局面会让新闻行业更加赚钱并提升利润，互联网新闻行业的市场规模将会迎来10倍以上的增长。这个增长空间所基于的大环境是受众需求及习惯的变化。

CNNIC的《第35次中国互联网发展状况统计报告》显示，截至2014年12月，中国网民规模达6.49亿，互联网普及率为47.9%。中国手机网民规模达5.57亿，网民中使用手机上网人群占比由2013年的81.0%提升至85.8%。在中国网民各类互联网应用及各类手机互联网应用的使用率中，网络新闻均位居第三位（见表7-2、7-3），即时通信、搜索、网络新闻成为中国网民使用互联网的最主要需求。

表7-2　2013~2014年中国网民各类互联网应用的使用率

应用	2014年		2013年		全年增长率(%)
	用户规模(万)	网民使用率(%)	用户规模(万)	网民使用率(%)	
即时通信	58776	90.6	53215	86.2	10.4
搜索引擎	52223	80.5	48966	79.3	6.7
网络新闻	51894	80.0	49132	79.6	5.6
网络音乐	47807	73.7	45312	73.4	5.5
网络视频	43298	66.7	42820	69.3	1.1
网络游戏	36585	56.4	33803	54.7	8.2
网络购物	36142	55.7	30189	48.9	19.7
网上支付	30431	46.9	26020	42.1	17.0
网络文学	29385	45.3	27441	44.4	7.1
网上银行	28214	43.5	25006	40.5	12.8
电子邮件	25178	38.8	25921	42.0	-2.9
微博	24884	38.4	28078	45.5	-11.4
旅行预订	22173	34.2	18077	29.3	22.7
团购	17267	26.6	14067	22.8	22.7
论坛/BBS	12908	19.9	12046	19.5	7.2
互联网理财	7849	12.1	—	—	—

资料来源：CNNIC《第35次中国互联网络发展状况统计报告》。

表 7－3　2013～2014 年中国网民各类手机互联网应用的使用率

应用	2014 年		2013 年		全年增长率(%)
	用户规模(万)	网民使用率(%)	用户规模(万)	网民使用率(%)	
手机即时通信	50762	91.2	43079	86.1	17.8
手机搜索	42914	77.1	36503	73.0	17.6
手机网络新闻	41539	74.6	36651	73.3	13.3
手机网络音乐	36642	65.8	29104	58.2	25.9
手机网络视频	31280	56.2	24669	49.3	26.8
手机网络游戏	24823	44.6	21535	43.1	15.3
手机网络购物	23609	42.4	14440	28.9	63.5
手机网络文学	22626	40.6	20228	40.5	11.9
手机网上支付	21739	39.0	12548	25.1	73.2
手机网上银行	19813	35.6	11713	23.4	69.2
手机微博	17083	30.7	19645	39.3	－13.0
手机邮件	14040	25.2	12714	25.4	10.4
手机旅行预订	13422	24.1	4557	9.1	194.6
手机团购	11872	21.3	8146	16.3	45.7
手机论坛/BBS	7571	13.6	5535	11.1	36.8

资料来源：CNNIC《第 35 次中国互联网络发展状况统计报告》。

据 CNNIC《2014 年中国社交类应用用户行为研究报告》，社交类应用普及后，网民网上收看新闻资讯的渠道不再是以单一的新闻资讯类媒体为主，而是以新闻资讯类网站为主体，同时微博、社交网站并存。当用户网上浏览新闻资讯时，除了新闻资讯类网站以及新闻客户端外，21%的网民会通过微博关注新闻，13.9%的网民会通过社交网站关注时下发生的热点问题（见图 7－7）。

网民之所以使用社交类应用收看新闻资讯，是因为社交类应用能从多方面满足网民接触新闻的需求。CNNIC 的《2014 年中国社交类应用用户行为报告》显示，62.0%的网民表示"喜欢看大家都关注的热点新闻"，社交类应用的属性决定了进入关系圈内进行分享的话题多是圈内热点或共同关注、感兴趣的热点，如微博搜索热点、社交网站热点话题推荐等，网民通过这些渠道能更快地接触到正在发生的热点事件。其次，45.2%的网民喜欢看短新闻，微博能很好地满足网民此类需求。最后，还有 41.9%的网民喜欢看别人转发的新闻，20.9%的人喜欢看到新闻后转发到社交类应用上面，20.1%的网民喜欢看新闻后做评论，而社交类应用能很好地满足网民这些需求。

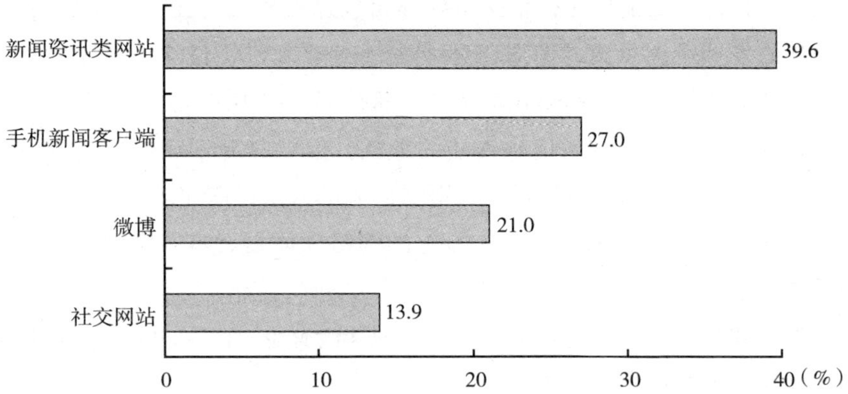

图 7-7　网民网上获取新闻资讯的渠道

这样的环境变化使用户对新闻信息的消费量与过去相比大量增长，消费速度也明显加快，进而对新闻信息生产的速度和规模都提出了更高的要求。新闻信息的消费速度快于新闻产出速度，因此会出现一种供不应求的局面。

果壳网、36 氪、界面、头条网等网络媒体有着许多共同的特点：内容生产速度快；轻量化资讯较多，搭配其他媒体的深度报道提升内容质量；多媒体呈现内容，包括文字、图标、图片、视频等直观信息；与社交网站建立链接渠道，鼓励用户将信息分享到社交网站进行传播。这样的特点恰恰满足了网民的信息需求和社交需求，增强了用户的黏度及活跃程度。

四　2014年网络媒体投资中的问题与启示

2014 年我国网络媒体资讯类的融资案例中存在着的风险与问题，也同样给予日后网络媒体资本市场的投资方与融资方多方面的启示。

其一，种子天使投资及 A 轮投资占比高达 80%，融资方媒体处于初期阶段，投资风险较大。很多媒体刚成立或者刚刚开始经营，未经历过市场的考验，在融资之后，市场给予的是挫折挑战还是机遇红利，谁也无法准确预测。2013 年媒体资讯类的融资事件中，有 18 笔为种子天使投资，而只有 6 家媒体在 2014 年得到了进一步的注资。这说明在这一年的时间里，有些媒体在得到资本后并未如计划顺利地发展。

投资方在注资之前应对整个网络媒体市场及融资方有充分的调研与评估。网络媒体的发展空间虽大，但对于整个媒体行业来说，目前正处于大动荡时期。媒体的商业模式与盈利模式仍然处于瓶颈期，许多新兴媒体虽借力互联网尤其是移动互联网，改进了信息传播的形式，但“其基本运作模式并没有跳出传统媒体的基本逻辑，依然是由一群做内容的人来试图完成一个全媒体、全链条的构建”①。在这样的背景下，新生的网络媒体是否具有发展的可持续性是一重要问题。

其二，部分网络媒体内容丰富，但原创性内容少，潜在的问题如今日头条的侵权问题需引起投资方注意。

2014 年 6 月，今日头条刚刚宣布完成 C 轮 1 亿美元融资，24 日，搜狐公司宣布对今日头条侵犯著作权和不正当竞争的行为提起诉讼，要求对方立刻停止侵权行为，刊登道歉声明，并赔偿经济损失 1100 万元。国家版权局此前便已宣布对其进行立案调查，由此，今日头条在 2014 年的下半年深陷侵权危机。这场侵权案至今未有明确的结果，国家版权局只是通过微访谈的形式宣布确认今日头条构成侵权，但未正式公布调查及判决结果。然而这并不意味着这起侵权案没有对今日头条造成损失。

在互联网时代，受众虽更为依靠网络媒体，但他们所接触到的内容却大部分来自传统媒体。网络媒体扮演的角色更多的是一个内容吸聚器而非内容生产商。这说明，好的内容依然值钱。新兴的网络媒体若想实现可持续的发展，不仅要建设好平台，更要注重原创内容的生产及特色服务的提供，如此才能打造核心竞争力。

网络媒体在资本市场上备受青睐，与传统媒体形成了鲜明对比。传统媒体尤其是纸媒的影响力日渐式微，而新兴媒体的使用度却逐渐扩大。在全民互联网时代，传统媒体应借鉴新兴网络媒体的发展理念与思路来进行突围，实现可持续发展。具体来说主要包括两种策略：融合与转型。

媒体融合与传统媒体的转型都已不是新鲜话题，然而在现实环境中，究竟如何转型，却始终没有成功案例。新兴网络媒体之所以成为大势，是因为突破

① 喻国明、姚飞：《媒体融合：媒体转型的一场革命》，《青年记者》2014 年 8 月下，第 26 页。

了传统媒体僵化的发展模式。2014 年融资成功的网络媒体中，有多家将媒体融合与转型做出了新方向。如今日头条，其自身并不生产内容，但作为一个内容聚合平台，它将传统媒体的优质内容进行再度编辑与整合，针对不同用户的需求与兴趣进行推送，这就是平台与内容的融合。媒体转型成功者如电子测评网站 Zealer，它除了提供测评资讯，还推出邀请制的高端问答社区并进军电子产品维修领域。Zealer 虽是一个资讯平台，但并没有局限于资讯服务，而是依托其专业性和用户黏性延长产业链，纵向发展。

这些案例告诉传统媒体从业者，传统媒体要想在移动互联网大潮中不被新兴网络媒体甩在身后，必须突破原有的发展思路。优质的内容曾是媒体发展之王，但现如今已是“酒香也怕巷子深”，优质内容的传播也需要好的渠道和平台。传统媒体在自身平台受限且无力开发新平台的情况下，应该与一些新兴网络媒体寻求合作，借助它们比较成熟、社会化程度较高的平台来传播自己的原创内容。例如专业杂志《汽车之友》，在发行量下降的情况下，可以与文书车云等汽车类新媒体合作，将专业性的内容通过这样的新平台发送给读者，实现读者的回流。传统媒体要想实现成功转型，不应急于建设新平台。当今无论是报纸还是杂志，都去开通微博、微信，或者建设自己的网站和 App 来实现所谓的“转型”，这是一种狭隘的思路。并不是平台多了、新了，就是成功转型了。传统媒体要学习的是新媒体的发展模式而非仅仅是平台。一如 Zealer 进军电子产品维修领域，一如“餐饮老板内参”建设社交和交易平台。传统媒体需将自身拥有的资源进行整合利用，以核心产品为基础，开发形式产品与延伸产品，在内容、渠道、团队、技术、商业链等各个层面进行优化和差异化竞争。

五　网络媒体资本市场投资趋势预测

未来网络媒体行业将呈现怎样的发展趋势？网络媒体是否能够继续受到资本市场中投资方的青睐，资本市场将出现怎样的投资走势？

2015 年初，游戏多与一点资讯分别得到达晨创投与凤凰新媒体的注资，成功实现 B 轮融资。其中一点资讯融资金额高达 3000 万美元。

预计 2015 年网络媒体行业资本市场将保持高增长状态，新生网络媒体发展的可持续性将增强。在传统媒体与新兴媒体融合的大背景下，传统媒体为求成功转型，将会与新兴媒体采取更多的合作，包括内容生产、版权、资源等。网络媒体在保持平台优势的前提下，借力传统媒体，提高内容的原创性与服务的独创性。而“传统媒体自身的核心价值也只有嵌入到互联网体系中，才能保有和实现它的价值和影响力”①。随着新兴网络媒体的发展，将会有更多的发展模式和经验值得媒体业借鉴，有第一个、第二个试水者突破了现有的瓶颈，就会有更多的业内人士与媒体去模仿以及在模仿的基础上实现进一步的创新。

小型细分行业垂直媒体将迎来更好的发展机遇。这并不意味着其数量会继续大幅增长，相反，每一细分行业的垂直媒体的数量有减少的可能。因为当数量增加到一定程度，就会出现“优胜劣汰”。而在这场淘汰战中胜出的垂直媒体在该行业中的地位将得到提升。有业内人士曾提出“垂直行业自媒体联盟”的构想：筛选传统媒体具有较强内容生产优势的垂直行业或者区域市场，利用互联网开放平台，建立起一个垂直行业领域的自媒体网站，形成一个统一的自媒体联盟。这种构想其实揭示了传统媒体如何与新兴媒体进行资源的共享与融合。小型细分行业垂直媒体代表了媒体的一种新的发展方向，即媒体不再将利润作为生存的大目标，而是更加注重影响力建设及社会价值的发挥，在经济规模上不盲目扩张。

另外，网络媒体中相对较为传统的新浪、腾讯、网易、搜狐等门户网站，以及百度等互联网公司，为了能够在行业竞争中增强自身的创新力与竞争力，不排除会有调整媒体战略与布局、创办新兴网络媒体的可能。2014 年 6 月今日头条获得 1 亿美元的 C 轮融资，就是红杉资本与新浪微博领投。新浪无疑是看到了今日头条作为新媒体的优势与长处。因此，门户网站甚至是更为传统的纸媒在 2015 年开发或扶持新媒体平台的力度可能会增大，这或许也会成为媒体资本市场的新生力量。

---

① 喻国明、姚飞：《媒体融合：媒体转型的一场革命》，《青年记者》2014 年 8 月下，第 28 页。

B.8
中国移动媒体投资报告

王炎龙*

摘　要：　移动媒体投资是我国传媒投资的重要领域之一。移动互联网与手机媒体成为两大主体投资渠道，两者的投资模式具有多元化特征，且趋势发展的融合性较为显著。国内主要运营商投资移动媒体呈现叠加式竞争，也有力促进了我国新媒体投资的活跃度。

关键词：　移动媒体　移动互联网　手机媒体　运营商　投资模式

2014年中国移动媒体不断变革创新，移动媒体用户数量、移动媒体终端、移动互联网市场规模都实现了突破性跨越，个人电脑用户加速向移动互联网环境中的“智能移动终端+App”的移动新媒体模式迁徙。随着智能手机的大面积普及，WiFi覆盖范围的扩大，微信、QQ、旺信等即时通信类以及在线视频类移动App的使用率快速上升，用户由PC端向移动端分流明显，移动端庞大的用户基数已定型。CNNIC第35次调查报告显示，截至2014年12月，中国网民规模达6.49亿，互联网普及率为47.9%。根据Analysys易观智库产业数据库发布的《中国移动互联网数据盘点&预测专题报告2015》数据，2014年中国移动互联网用户规模增速走低，用户数达到7.3亿人，预测到2017年我国移动互联网用户将会达到8.7亿人。经过2011年、2012年的爆发式增长后，移动互联网投资在逐渐回归理性，市场增速放缓，开始探索创新商业模式。2013年电商、游戏、广告等传统PC经济逐渐适应移动端发展，并且在已有的商

* 王炎龙，博士，四川大学文学与新闻学院副教授，四川大学文化传播研究中心主任。主要研究方向为公益传播、新媒体传播。

业模式基础上扩展创新应用及服务，带来持续的市场增长。移动互联网、手机媒体、国内主要运营商之间在投资领域相互争夺这一日益扩张的市场。

一 移动互联网的发展与投资

2014是移动互联网飞速发展的一年：网络环境提升，为移动互联网夯实通信基础；网络入口的多元化，使移动互联网全面渗透进用户生活，同时新型垂直服务涌现，商业模式和投资思维亟待不断创新。互联网企业、创业企业和传统企业竞相入局，从入口卡位到支付闭环，从创新应用到传统转型，充分显示其活跃的增长力。移动互联网并没有颠覆原有传统产业，而是以一种更开放的思维和更高效的方式，加速信息与商业的运转。基于以上的预判，我们对移动互联网的发展与投资进行分析，从其基础资源与投资的现状入手进而预估其投资趋势。未来，移动互联网将会出现更多的垂直型应用与服务，并且以往纯粹的线上服务会逐渐渗透到线下实体，移动互联网的发展离不开实体经济的支持，这就亟须针对移动互联网盈利模式与投资方式进行思考与创新。

（一）移动互联网基础资源现状

1. 移动网络覆盖情况

移动媒体的发展前提在于基础网络的完善，基础网络的稳步推进有利于移动网络的快速前进。近年来，我国3G网络建设进一步发展，4G网络加速覆盖，无线网络持续渗透，使得网络建设及用户大幅增长（见表8－1）。在我国基础网络的建设取得了可观的成效的同时，大力改善移动网络的条件，扩大移动网络的规模，提升网络能力与质量成为现阶段及未来移动互联网的重要课题。

表8－1 移动上网设备使用率

单位：%

移动设备上网使用率 \ 年份	2013	2014
手机接入移动互联网	81.0	85.8
平板电脑接入移动互联网	28.6	34.8

资料来源：中国互联网络信息中心《第35次中国互联网络发展状况统计报告》，2015。

其中，平板电脑娱乐性和便捷性的特点使其成为网民的重要娱乐设备，并在高学历、高收入人群中拥有更高使用率（本科及以上学历网民使用率 51.0%，月收入 5000 元以上网民使用率 43.0%）。[①] 这意味着 2014 年移动网络的平台建设取得阶段性成效，移动互联网的投资具备良好的基础条件和可靠的资源储备。

2. 移动技术发展状况

2014 年，3G 用户规模大幅增长，4G 移动通信技术部署也步入关键阶段，试点城市规模性试验陆续展开（见表 8－2）。

表 8－2　2013.12～2014.12 中国互联网基础资源对比

时间	2013.12	2014.12	年增长量	年增长率(%)
IPv4(个)	330308096	331988224	1680128	0.5
IPv6(块/32)	16670	18797	2127	12.8
域名(个)	18440611	20600526	2159915	11.7
其中.cn 域名(个)	10829480	11089231	259751	2.4
网站(个)	3201625	3348926	147301	4.6
其中.cn 下网站(个)	1311227	1582870	271643	20.7
国际出口带宽(Mbps)	3406824	4118663	711839	20.9

资料来源：中国互联网络信息中心：《第 35 次中国互联网络发展状况统计报告》，2015。

从表 8－2 可以看出，包括 IP 地址、域名、网站、网络国际出口带宽等在内的要素，作为构成移动互联网的技术因子迅速而平稳发展，促进了移动互联网投资的可持续性。

（二）移动互联网的投资模式

据统计，截至 2014 年 12 月底，国内互联网领域总共发生融资 1878 笔，融资总金额超过 1000 亿元人民币，移动互联网有 232 笔投资。[②] 通过对这些投资的梳理，可以将移动互联网的投资类型按投资需求分为社会化投资、智能化投资、移动化投资、个性化投资、社交化投资、服务化投资 6 类。以下简介其中 4 类。

① 中国互联网络信息中心：《第 35 次中国互联网络发展状况统计报告》，2015。
② 钛媒体：《2014 中国互联网投资报告：电商、移动、金融三大热》，2015 年 1 月 5 日。

1. 社会化投资

这种模式以湖南电广传媒为典型。湖南电广传媒采用增资与受让股权相结合的方式投资控股广州翼锋信息科技有限公司（下称翼锋科技），投资总额为1.673亿元，交易完成后公司将持有翼锋科技51%股权；同时，公司以增资和受让股权相结合的方式，出资1.2273亿元持有江苏物泰信息科技有限公司（下称江苏物泰）45%股权，成为江苏物泰第一大股东。湖南电广传媒的这次对移动互联网的投资从大数据和物联网入手，以互联网广告为基石，展开了小范围的大投资，将公司的核心业务转向实现传统媒体与新媒体的融合，基于对移动互联网未来发展趋势的预判，投资面覆盖到社会生产生活的大部分，是一次成功的社会化投资。

2. 个性化投资

这种模式以百度为典型。百度在移动互联网的投资和并购数量相对较少，但带有自己的特点，投资具有强烈的个性化。百度注重对百度核心业务的补充，有两种对象会吸引百度进行互联网投资：一是独立业务的前景，就是指投资或并购对象商业模式上足够独立，可以独立培养成才或者成为好伙伴，如百度在爱奇艺的投资；二是能和百度进行战略协同的，如百度在去哪儿和安居客的投资。值得一提的是，在爱奇艺自身得到更强势的发展后，百度对PPS进行并购，使其与百度联合发展。百度的这种投资模式符合其一贯的运营风格，立足自身的定位与发展前景，坚持个性化投资，不做无谓的“争夺”，意在打造与集团业务相连贯的移动互联产业链。

3. 社交化投资

这种模式以阿里巴巴与新浪微博投资合作为代表。2014年4月，阿里巴巴集团旗下子公司公布对新浪微博的合作协议，阿里以5.86亿美元购入新浪微博公司发行的优先股和普通股。阿里出这样的大手笔进军自媒体，而且是国内用户数较大、评价较高的新浪微博，说明阿里集团充分意识到，移动互联网的支付行为不仅仅与行为消费相关，还应关注到物质消费之外的消费行为，如文化消费等。另外，新浪微博还授予了阿里一项期权，允许阿里在未来按事先约定的定价方式，将其在微博公司的全稀释摊薄后的股份比例提高至30%。股份变更的背后实际是一场关于估值、资本乃至互联网话语权的多重博弈。新浪微博注重用户和流量变现，阿里和SNS、淘宝竞争，双方的需求在这次合作中得到互补。这次阿里对新浪微博的投资从表面上看，是对社交媒体的一次互联网投资，瞄准的是娱乐行为，弥补自己的“媒体”短板，但协议签署的背后代表着并购自媒体的一次“试探”。阿里作为线上的支付平台，进驻新浪微博，既是消费移动用户的娱乐行为，也是满足自身未来的电商盈利。阿里的这次投资模糊了投资界限，也是对竞争对手的“障眼法”，谋求自身更大的发展空间。

4. 服务化投资

这种模式以腾讯收购京东商城为典型。作为国内最大的互联网综合服务提供商之一，腾讯既受益于移动互联网的蓬勃发展，又被固有的移动互联网盈利模式所束缚，因而需要找到成熟的运营方式，也就是大量的供应商和专业的电商运作团队。所以 2014 年腾讯以 2. 14 亿美元收购京东商城 15% 的股份，具体投资方式体现为腾讯 B2C 平台的 QQ 网购和 C2C 平台的拍拍网并入京东商城，这表明腾讯将电商这部分市场的赌注“押”给了京东商城，而“筹码”就是腾讯将把微信和手机 QQ 客户端的一级入口位置及其他主要平台的支持提供给京东商城。在这种并购实践中，腾讯以自身的服务性优势成功吸引了京东商城，京东商城需要这样强大的服务资源来消费自己供应商的“货源”，并建立长线投资，即双方还将在在线支付服务方面进行合作。腾讯与京东商城的这次合作正是基于构建“更便捷、更安全、更创意”的线上支付理念而进行的服务化投资。腾讯和京东从最初的竞争关系到如今的合作关系，在一定程度上说明了移动互联网投资的时效性与突发性。京东商城需要大量的流量，腾讯需要稳固的支付系统，增强用户黏性，基于此，两者的这次合作实现了互补，打着“服务用户”的旗号进行了资源的整合。

（三）移动互联网的投资趋势

移动互联网的投资，从现有的投资实际来看，前景非常可观。一方面由于移动互联网将仍然是信息通信业里面最具活力、创新最快和规模最大的产业，可能会主导整个信息通信业的发展和创新节奏，那么与此相关的经济行为和资本运作会越发活跃而有弹性，将会促使资本市场呈现新的投资局面。另一方面，移动互联网的投资现状虽然存在较为单一、不够稳定、不够系统等不完善的现实缺陷，但是投资空间巨大、投资环境开放、投资政策积极等，这些内外因素都将促使移动互联网投资方式越发多样，投资领域越发多元，投资回报越发丰厚。

1. 产业跨界融合

目前移动互联网产业正在大规模推进移动企业级应用，这在未来社会中将非常流行。云和端的整合会成为一个基本趋势。诸如O2O、线上线下ICT的产业链条，都预示着移动互联网将全面扩大与传统产业的融合。这种和传统产业的结合，跨界的模式会越来越多，那么针对其的投资趋向会更加明显。对移动互联网的投资不再局限于线上支付、线下运营这样简单的模式，也不再停滞于简单的、单一的、相对粗糙的对移动应用的投资；投资者将在传统产业与移动互联网的融合中寻求投资机会，创造投资环境，在金融、家居、汽车、房产、零售业等产业运作中，利用移动互联网的优势弥补传统产业的劣势，发挥传统产业资源广、市场大、政策优等特点，建立长效的投资机制，促进资本的快速流动，达到双赢。

2. 物移深度融合

移动互联网与物联网的融合，被业界誉为“风云际会”。一是多形态的终端融合，智能终端固有的通信和移动互联网功能扩展至物联网感知层功能，使各类可穿戴终端全面拓展应用；二是网络平台融合，在资本推动下，以技术为基础，形成面向宽带互联网、移动互联网、物联网的跨行业跨终端的统一支撑平台，支持能力和数据开放，促成应用聚合创新；三是应用服务和内容全向接入，多元化业务形态并举，如应用商店、网页内容、音乐、视频等。物移融合，本质上是从互联网、物联网向泛在网大一统产业生态体系和应用体系演进的必经之路。[①] 这种沉浸式的传播链条影响着移动互联网的投资方式，在物联网的链接下，对移动互联的投资不再是单一的、点对点的投资，而将呈现复杂的、立体化的网络式格局，并不仅仅追求经济利益的增长，更多地会关注社会效益和经营效益的同步发展。

二　手机媒体的发展与投资

手机作为一种终端和介质，更具媒体的兼容性、整合性、贴身性以及互动性，其技术升级和商业革命推动投资不断拓展和转型。

---

① 李均：《物移融合——物联网搭上移动互联网创新活力快车》，中华人民共和国工业和信息化部网站，2014年5月5日。

（一）手机媒体的发展现状

1. 手机媒体发展概况

根据 CNNIC 的《第 35 次中国互联网络发展状况统计报告》，截至 2014 年 12 月，中国手机网民规模达 5.57 亿，较 2013 年底增加 5672 万人。网民中使用手机上网人群占比由 2013 年的 81.0% 提升至 85.8%，手机上网已常态化（见图 8－1）。手机上网比例超过 PC 机上网比例，手机媒介成为中国网民上网第一终端。

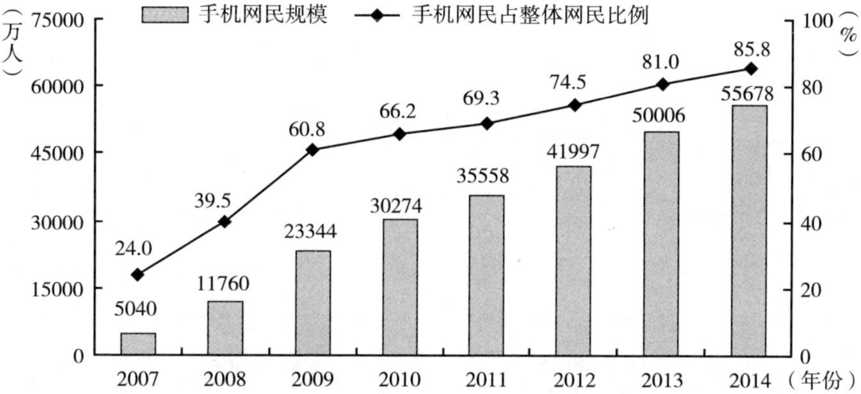

图 8－1　中国手机网民规模及其占网民比例

资料来源：中国互联网信息中心《第 35 次中国互联网络发展状况统计报告》。

根据中国信息通信研究院发布的数据，2014 年全年，中国手机市场累积出货量为 4.52 亿部，比 2013 年下降 21.9%（见图 8－2）。在 4G 网络建设完善、国内手机厂越发激烈的竞争等因素的影响下，中国智能手机出货量将持续保持增长状态，手机媒体普及化程度将不断提高。

2. 手机媒体各项业务发展概况

一是手机传统通信市场趋近饱和。从市场总量角度，2014 年是中国移动通信行业明确的“步入饱和”之年。中国三大运营商公布的数据显示，截至 2014 年底，中国市场移动用户总计 12.9 亿，较 2013 年净增 5800 万。2009 ~ 2013 年，中国移动通信市场每年净增用户均超过 1 亿，净增用户相对前一年

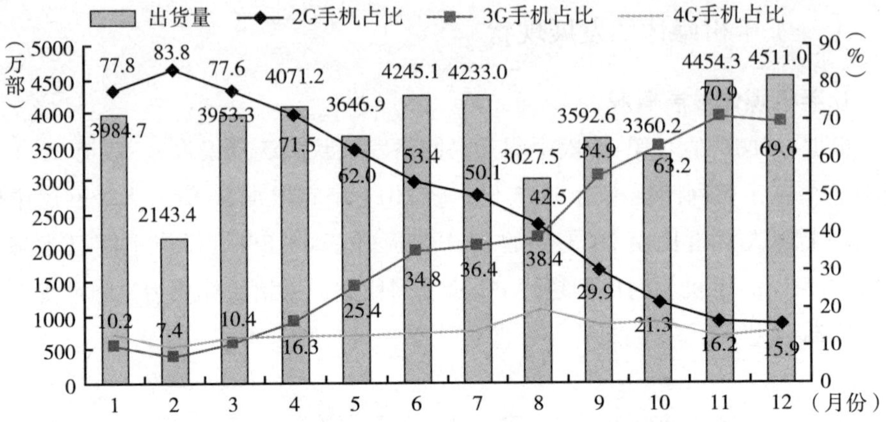

图 8－2　2014 年 1～12 月国内手机市场出货量

资料来源：中国信息通信研究院《2014 年中国手机市场累积出货量为 4.52 亿部》，http：//www.199it.com/archives/329005.html. 2015－02－12。

存量用户的比例均超过 10%。

二是手机搜索跻身第二大手机应用。《2014 中国网民搜索行为研究报告》显示，2014 年上半年我国手机搜索引擎用户规模达 4.0583 亿人，同比增长 8152 万人，手机网民使用率达到 77.0%。手机搜索已经超过手机新闻，成为除手机即时通信外的第二大手机应用。另外，相较于 2013 年，手机多渠道搜索特征更加明显，手机搜索用户中有 56.6% 的用户在过去半年中使用网络地图搜索过信息。其中，百度地图在用户从 PC 端向手机端迁移过程中，以超高的常用率同时在 PC 端和手机端登顶。同时，多样化发展是手机搜索的主流方向，有专业人士预测说，未来 5 年使用语音和图片搜索的请求量占比将超过 50%，超过纯文字请求量。

三是 2014 年迎来手游爆发。《2014 年手游市场年度数据分析报告》显示，2014 年移动游戏市场份额在不断增加，客户端游戏市场份额在不断减少。截至 2014 年 11 月中旬，客户端游戏的市场份额占比减少至 53.3%，移动游戏市场份额增加至 33%。另外，2014 年移动游戏的用户规模比 2013 年增长 62.3%，增长规模达 193.5 万。手机游戏已成为中国人娱乐的重要方式之一，其中尤以休闲益智类游戏、社交类游戏最受欢迎。

四是手机成视频观看第一终端。根据 CNNIC 的《第 35 次中国互联网络发展状况统计报告》，截至 2014 年 12 月，71.9% 的视频用户选择用手机收看视频，其次是台式电脑/笔记本电脑，使用率为 71.2%，手机成为收看网络视频节目的第一终端。根据 KPCB 发布的互联网趋势报告，移动互联网用户在移动设备上观看视频的时间、分享视频的次数都在呈直线增长态势，这表明我们即将进入微视频时代。

五是手机商务类应用异军突起。伴随着手机媒体各项业务的发展，手机商务的重要性逐渐凸显。2014 年，中国网民手机商务应用发展大爆发，手机支付、手机银行、手机网购等手机商务应用用户年增长分别为 63.5%、73.2%和 69.2%，远超其他手机应用增长幅度。其中，2014 年手机旅行预订呈爆发式增长。数据显示，通过手机预订机票、火车票、酒店或旅行度假产品的用户规模达到 1.34 亿，较 2013 年 12 月增长 8865 万人，增长率为 194.6%，成为移动端增长速度最快的商务应用。①

（二）手机媒体业务的投资模式

1. 社交类业务投资

这一模式以陌陌为代表。社交类业务作为手机媒体的基础性业务，市场份额居高不下。根据移动应用经济决策平台 App Annie 发布的 2014 年年度报告，在中国 2014 年热门应用的 iOS 收入榜单上，陌陌位居第一，手机 QQ、微信等社交应用同样占据排名前十应用的重要位置。陌陌是一款基于地理位置的移动社交产品，紫辉投资、红杉资本和经纬创投均参与了投资，其中阿里巴巴和 58 同城分别为最大机构股东和基石投资者。多轮融资下陌陌仅用 3 年时间即拥有超过 1.48 亿的注册用户，且仍具有较高的商业化潜力。以陌陌为代表的手机社交软件作为其他衍生业务的资源基石，有一定的用户黏性，能有效链接各方的需求与利益，其构建的生态系统一直为各大投资者所青睐。2014 年 12 月 12 日陌陌在纳斯达克上市，阿里巴巴投资回报高达 26 倍。陌陌未来的战略是不断扩展用户量、提高用户体验、提升盈利能力、寻找战略合作伙伴及并购，尤其是着重与能够为社交平台提供内容的公司进行合作，以及与一些初期

① 人民网 - IT 频道：《CNNIC 第 35 次调查报告：手机旅行预订进入爆发增长》，http://it.people.com.cn/n/2015/0203/c1009-26500144.html. 2015-02-03。

的 O2O 公司合作。

2. 搜索类业务投资

这种模式以健趣网为代表。2014 年中国搜索引擎市场格局基本保持稳定，百度、360 搜索用户量与收入居领先地位。2014 年手机搜索类业务向更加多元化发展，新闻资讯、地图导航、音乐休闲等都成为移动端搜索的涵盖层面，百度将移动端搜索作为其主要投资方向也预示着手机搜索的市场地位不可小觑。以健趣网为例，作为一个结合了医疗和垂直搜索的新型智能健康信息服务平台，2014 年健趣网进行了首轮融资，目标估值超 1 亿美元，并具有巨大发展空间。在新型搜索技术的支持下，搜索类功能结合具体的内容资源，无疑是投资者们最为关注的板块之一。

3. 游戏类业务投资

这种模式以腾讯为代表。2014 年，国内手游行业继续保持着 2013 年的上升状态。截止到 2014 年底，腾讯在游戏领域已有超过 50 个投资案例，覆盖 10 个国家和地区，投资覆盖从天使到上市阶段，退出市值超过 70 亿元，其中包括游戏谷、爱乐游、苏摩科技等。仅 2014 年内，腾讯就进行了以 3.3 亿美元收购 EpicGames 发行股本 48.4% 的股份、以 5 亿美元购买了韩国游戏企业 CJ Games 28% 的股份等多起投资收购行为，诸如此类的投资案例足以反映腾讯对手机游戏的重视程度。而 2015 年腾讯将加快移动游戏的全球化投资，将布局全球手游作为其主业，结合自身的社交基础，不断利用手游受众广、回报高的特征来巩固自身地位。

4. 手机视频类业务投资

这种模式以小米为代表。网络视频自产生之初就处在投资界的聚焦点，这种趋势也逐渐蔓延至移动端。手机媒体逐渐完备的移动终端特性结合视频网站内容资源优势成为手机视频类业务广受投资者青睐的重要原因。除此之外，手机视频的多元发展空间以及移动视频广告带来的高盈利性是手机视频类业务吸引投资者的独家法宝。2014 年 11 月，小米公司 5000 万美元投资优酷土豆，后又出手爱奇艺，以 18 亿元人民币战略入股爱奇艺，这是小米成立四年来金额最大的一笔投资。爱奇艺的版权、自制内容库以及视频智能化技术配合小米移动端的优势，在手机视频市场增加了竞争力。与小米攻占视频领域形成竞争的是，2015 年 3 月阿里入股光线传媒，这被认为是阿里与小米、360 在视频内容产业方面的博弈，也预示着手机视频投资更多地从单纯的渠道扩张上升到了资源占有和内容自制。

5. 手机支付类业务投资

这种模式以滴滴打车为代表。央行发布的《2014 年支付体系运行总体状况》显示，到2014 年底移动支付业务成交笔是45.24 亿笔，金额达23 万亿元，同比分别增长170% 和134%。作为手机支付产业链上的一种，专车类应用成为2014 年异军突起的细分领域之一，各类打车软件竞争不断，这被认为是互联网巨头们对O2O 市场的抢夺，借助打车软件，移动支付有了最好的试验田。以滴滴打车为例，自滴滴打车2014 年1 月获1 亿美元投资后，快的公司也随后宣布已经完成新一轮的融资，总额6 亿美元。12 月9 日，滴滴打车宣布其已获得超过7 亿美元融资。这意味着越来越多的投资者开始关注此类手机业务的入口价值，通过庞大用户规模向其他服务拓展寻求盈利模式，并围绕用户做精准营销，发掘用户潜在消费需求以求更好地拉动手机支付。

（三）手机媒体的投资趋势

1. 手机终端联姻运营商

工信部于2015 年2 月正式向中国电信和中国联通发放FDD 制式4G 牌照。获得LTE FDD 经营许可后，这两家运营商可在国内大规模展开4G 业务的运营，这意味着中兴等主设备提供商将直接受益，运营商大数据、车联网、在线教育、移动视频、移动支付、垂直O2O 等细分领域也将连带获益。手机作为最主要的移动终端，4G 终端策略更加明晰，产业格局进一步完备，这意味着手机在投资领域的竞争力不断增强。

2. 手机游戏投资更加谨慎

作为丰厚资本的优势所在，游戏类业务在手机终端方面都收益明显，投资巨头通过游戏视频等领域来补足移动媒体生态圈，能力较弱的投资者则通过手游来进行资本博弈。但是，2015 年对于手游的投资需要更加谨慎，悲观态度下手游的成功率仅0.1%，是页游成功率的1/10。而目前的趋势是产业之外的资本正在加速撤离，产业内的资金聚集于众多优质手游CP，进军手游行业前必须考虑如何选择制作团队并进行投资分析。

3. 手机视频投资将持续内容之争

2014 年手机视频业务发展良好，主要体现在这一年网络视频行业普遍 PC 流量停滞、移动端爆发增长，在此大趋势下各视频网站开始加强移动商业化领域的布局。腾讯视频达到了 27.7% 的移动应用用户覆盖比例，搜狐视频收入取得了超过 60% 的同比增长，其中有 1/3 左右的收入来自手机等移动端。整个行业的发展依旧被投资者在手机视频领域的内容之争所主导，而此时的内容不仅服务于网站与品牌建设，还要服务于整个娱乐生态的构建，为多样化的智能终端向外延伸提供不竭的动力。在视频受众整体向移动端迁徙的情况下，投资巨头们一方面开拓渠道升级移动终端，另一方面对内容资源不断抓取，2015 年这种投资趋势也会延续下去。

4. 搜索类应用投资的新布局

Edelman 调查发现，在线搜索引擎超过传统媒体，成为全球最受信任的媒体资源。手机作为重要的移动搜索终端，具有持续稳定的投资潜力。这一优势将在 2015 年得到更加多面化发展，语音搜索、图片搜索等新的搜索方式以及 LBS 相关功能或将成为新一轮的竞争点。但是到目前为止，诸如百度等出手较早的 UC 都形成了一定的用户黏性，百度 2014 年初实行的“应用内搜索优化升级”新布局能有效扩大第三方 App 的调用范围。投资手机搜索类应用必须建立在对移动搜索市场的充分认识之上，结合最新的技术优势、依靠强大的渠道去开发新产品。

5. 手机支付市场的用户激发

《第 35 次中国互联网络发展状况统计报告》显示，截至 2014 年 12 月，48.6% 的中国网民认同我国网络环境比较安全或非常安全；有 54.5% 的中国网民对互联网上的信息表示信任。建立在用户网络信赖感持续增高的基础上，2015 年的手机支付产业将持续走好。2015 年初，微信红包战略成功拉动了上亿投资，且资金流动方式更加多样化，其中微信发布了 30 亿元的卡券红包，阿里发布了 4.3 亿元的购物消费红包，百度发布了 30 亿元代金券红包，这种资金与营销直接结合的方式为手机媒体支付业务开拓了更广阔的发展空间。作为投资者，越来越看重移动互联网打破中间环节，链接客户与商家的能力，这种能力随着移动终端、支付模式的发展，会更多地体现在手机支付业务之中，2015 年手机支付领域具有很高的投资价值。

三 国内主要运营商的移动媒体投资

国内主要运营商分别为中国移动、中国联通、中国电信。这三大网络提供商运营固定网络、移动网络、IP 网络等。2014 年，在政策层面，工信部一方面管制手机程序泛滥，建立评估体系，另一方面推进虚拟运营商的规则建立。随着 4G 营业牌照的发放，催生了移动互联网新一轮投资热，用户规模也不断发展。截止到 2014 年 12 月，移动互联网用户数达到 7.3 亿人，与 2013 年相比增长 11.8%（见图 8－3）。① 自 2013 年移动网民中的手机网民增长已经超过 PC 网民增长。随着 4G 网和智能机终端的普及，移动互联网用户中手机网民规模将会继续扩大。

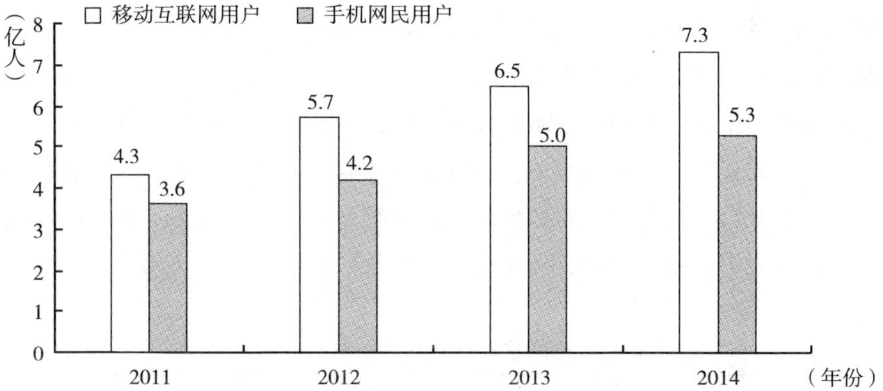

图 8－3 移动互联网用户与手机网民数据对比

（一）中国移动：终端与内容融合的投资理念

1. 4G 技术开发投资的终端定制

中国移动获得工信部颁发的 4G 牌照后，经过一年的时间，中国移将 4G 用户量推进到 1 亿户，4G 基站达到了 70 万个。中国移动 2014 年的整体投资

① 根据 Analysys 易观智库产业数据库发布的《中国移动互联网数据盘点 & 预测专题报告 2015》。

规模将超过2400亿元，其中大部分都用于4G建设。而3G建设也并未减少，中国移动在TD－SCDMA[①]的投资从2013年底到2014年已经超过1500亿元。在4G逐步推进的过程中，移动互联网之争以终端定制为基础。因此中国移动也开始投入终端定制，在第三代移动通信中通过与手机厂商进行合作，TD终端的销量以每年翻一番的速度增加，2013年全年销售总量达到1.55亿部。为了推动4G终端发展，中国移动开始投资自主研发手机终端。中国移动在投资方面基本落脚于4G技术的开发与投资，在此基础上对其终端定制进行配套跟进。

2. 高速移动网络的专业化运营

4G的高网速运作必然会催生新的大宽带网速应用，例如视频、移动网游、3D导航等。中国移动洞悉此发展趋势，在4G移动网络的开发中，将移动互联网业务的开发也作为其投资发展的项目。对此，在数字内容服务领域投资成立咪咕文化科技有限公司，针对移动互联网业务进行专业化运营探索。中国移动计划到2017年，打造1个校园开发者培育推广新平台，扶持10个移动互联网创业团队，建立100个创业孵化基地，形成1000个产业链合作公司联盟。[②] 通过移动互联的技术、终端、应用的开发和创新，形成系统的产业链。另外，中国移动专门成立移动互联网基地，负责移动互联网网络、业务、商业模式的开发，将互通融合、平台化运营和精品化战略等互联网思维，融入传统电信运营商的运作过程中。截至2014年10月，其业务发展情况如下（见表8－3）。

表8－3　中国移动互联网基地业务发展情况

业务项目	具体发展情况
MM业务	移动应用商场累计注册用户数达到4.5亿，全年MM下载量为49.9亿次
WLAN	全国累计到达用户共10567.1万户，使用用户达到1713.1万户
飞信发展	全国飞信到达用户12.7亿人
和笔记	全国累计注册用户1046788人
和彩云	累计用户为4584.9万人
和生活	全国累计独立访问用户数8133.6万，全国累计用户点击量20.5亿次
和通讯录	全国累计注册用户数达4639.3万
139邮箱	全国累计到达用户共8.86亿

① TD－SCDMA是我国自主研发并且投入使用的第三代移动通信。

② 搜狐IT网络新闻：《中移动咪咕公司成立：整合五大基地欲独立上市》，2015年1月15日。

3. 融合通信投资升级网络社交方式

中国移动于 2014 年 12 月正式对外发布了基于搭载融合通信技术的“三新·和”手机。融合通信是以“新通话”“新消息”“新联系”为核心的一系列基础通信服务集合，“三新·和”是融合通信定制手机的通称。在 3G、4G、WiFi 网络环境下，传统语音通信和短信将被取代，用户只通过流量进行通信。“新通话”采用崭新的 VoLTE 技术，用户可进行流畅稳定的高清音视频通话；“新消息”可发送短信、图片、视频和语音留言到任何号码。“新联系”除了作为通讯录外，还具有黄页和号码搜索等多元社交功能。融合通信的出现，为消费者提供了更多更方便的通信和网络社交选择，消费者的网络社交方式或将发生巨大改变。

（二）中国联通：综合数字服务主导的投资模式

1. 双4G 领先下的产业链三维新模式

随着移动 4G 浪潮的冲击，中国联通 WCDMA 优势减退，因此联通也进行了投资规划的转型，WCDMA 在国际上的演进方向为 FDD－LTE，2014 年中国联通推出 4G 商用服务，实施“双 4G 领先计划”，联合产业链各方在产品、渠道和体验方面实现领先。产品方面，将双 4G 终端打造成消费者首选、渠道首推和市场主流的产品，通过“双 4G 双百兆”终端重构 4G 终端市场格局；渠道方面，在现有的“定制终端＋渠道＋统一业务政策”传统分级合作模式的基础上，探索建立全国统一“双 4G 终端＋核心渠道＋专属定制业务政策”的垂直区隔合作新模式，同时借力沃易购服务平台创新渠道合作模式，为产业链搭建了更加便捷、有效、低成本终端销售平台。在用户体验方面，存费送机合约长期存在并主要用于联通自有渠道和核心战略渠道，合约惠机成为社会渠道合约发展的主流产品，同时还推出业务补贴模式用于社会渠道阶段性定向用户发展。①

2. 投资模式创新构建多维业务体系

2014 年，中国联通深入推进存量客户价值经营，建立专业化存量客户维

---

① 参阅《中国联通：60 亿元专项资金力推“双 4G 领先计划”》，http：//www.c114.net/news/119/a866923.html。

系体系。深入推进集中统一运营，顺应移动互联网时代市场和用户需求变化，借助集中业务支撑系统（cBSS）上线，全面推进产品、支撑、服务的统一运营，构建覆盖全业务和全客户群、全新结构的统一产品体系；推进线上线下一体化运营，实施营业厅专业化管理，创新建立互联网化全国统一运营的"沃易购"B2B平台，打造了终端、业务、渠道端到端高效、透明的运营支撑体系；充分发挥服务优势和网络资源，加快升级固网宽带，推进建设固网专业化运营体系，积极构建家庭客户融合应用产品体系。

3. 行业应用战略布局与新兴业务创新拓展

2014年，中国联通聚焦IDC与云计算、ICT、物联网等行业应用的热点领域，加快技术与战略布局，全面提升专业化运营能力，培育新的业务增长点。继续发挥在教育信息化、汽车信息化、智慧城市（见图8－4）等重点行业应用领域形成的领先优势，着力提升解决方案提供能力，提升产品渗透率，全年新增重点行业应用用户2002万户，达到5929万户。积极探索新兴业务领域市场化改革，成立了联通创新创业投资有限公司，组建招联消费金融有限公司，试点推进应用商店运营中心公司化运营，扩大跨行业合作范围与力度，运用市场化机制推进业务发展。① 中国联通结合利用自身具备融合通信能力，提供IT解决方案，在LBS领域开发的新运用，根据差异化竞争找到发展投资的新出口。

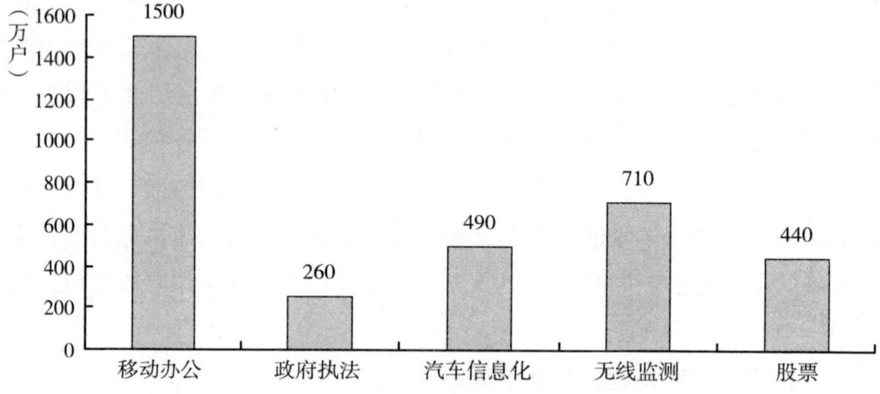

图8－4　中国联通智慧城市项目用户分布

① 参阅《中国联合网络通信股份有限公司2014年年度报告》。

（三）中国电信：互联网思维下的投资战略

1. 运营商开放模式与“新三者”主体建设

面对传统业务下滑，新兴业务难以顺利开展的困局，2014 年，中国电信以“去电信化”的举措摒弃传统通信运营商的固有思维和渠道，开放运营商模式，移动转售业务试点合作企业达 26 家，驻地网建设领域引入民资达 12 亿元。确立“新三者”主体角色，即“智能管道的主导者、综合平台的提供者、内容和应用的参与者”。针对移动互联网发展，以原有八大基地内容平台为基础，有机结合未来云计算与互联网、大数据等新技术，再开启云计算数据中心的建设。2014 年，逐步向虚拟运营商进行网络开放，与联通组建 CDN 合资公司，与广大社会资本在固网宽带和 WLAN 方面进行合资建设。

2. 差异化产品多元投资模式

在产品差异化方面，中国电信重点提供四类产品：一是网络平台类，包括基于综合平台和智能管道的产品、WiFi 云、大数据等；二是安全类，提供端、管、云联动的安全系列产品，包括网络安全、手机安全、安全手机等；三是行业信息化类，对重点行业做精、做深，提供信息化解决方案、智慧城市、智慧企业应用、物联网等；四是提升效率、生活品质类，让娱乐、社交、支付一体化，包括易信、“翼支付”等。如 2014 年 7 月，中国电信发布智能家居产品“悦 me”系列，含悦 me 盒、悦 me 网关及悦 me 电视等，为家庭用户提供影音娱乐、民生应用和智能网关应用三大类服务，悦 me 系列是中国电信基于家庭宽带延伸的一系列差异化产品。

3. 打造4G 终端产业链

截至 2014 年 12 月，中国电信移动业务用户规模为 1. 86 亿，其中 3G 用户为 1. 19 亿。同时，中国电信的固定上网和 3G 上网的用户满意度均居行业第一，移动业务渠道覆盖跃居行业第二。2013 年 12 月以后中国电信获得 TD－LTE 4G 牌照，中国电信采用电信联通 TDD/FDD 混合组网试验，投资超 400 亿元，2015 年 2 月，中国电信再次获得工信部颁发 LTE/第四代数字蜂窝移动通信业务经营许可。目前市场上在售天翼手机中 4G 终端占 10%，中国电信在 2015 年将投资 160 亿元用于 4G 终端销售，打造“视频手机”“老人智能机”“自拍王”“待机王”等系列终端。中国电信的传统优势在于宽带固网领域，但是随着移动互联网的热潮冲击，中国电信除了在4G移动网络技术方面的投资，终端销售也是其投资的重要项目。

移动互联网的竞争从入口开始，竞争至今，三大运营商的投资路线都暗藏着一条明晰的规律，遵循了从基础的终端层、系统层到细分的应用层及内容层的发展规律，并且在4G网络的推动下，将投资的链条牵到了各个层面，形成了新型的投资产业链。在这场投资开发中，不仅是三大运营商之间的相互竞争，它们同时也与其他网站运营商、系统开发公司、手机定制厂商等保持竞争合作关系，相互促进发展。

腾讯科技与中国人民大学新闻学院共同发布的《中国网络媒体的未来2014》指出了中国移动媒体未来五个趋向：新闻客户端的社交深化，UGC和内容众包模式升级，入口向平台转化加速，可穿戴设备带来数据资源扩张，移动服务客户端的“媒体化”可能。基于此，移动媒体投资也将有更为广阔的领域和多元的模式。

B.9

中国游戏产业投资报告

陈京炜　刘枝秀*

摘　要：2014 年游戏产业持续稳定发展，宏观政策为游戏产业投资提供了新机遇，跨媒介融合趋势与泛娱乐概念对游戏产业的影响显著。全行业对知识产权的保护逐步规范，行业内小微企业发展迅速但生存相对困难，移动领域仍然是企业兼并与收购中的最大焦点。

关键词：游戏产业　跨领域媒介融合　创业公司

一　2014年游戏产业概况

（一）中国游戏产业整体发展放缓，增长趋于稳定

作为中国互联网产业中增长最快、市场潜力最大、影响最深远的焦点产业，我国游戏产业的发展潜力是巨大的，尤其是网页游戏和移动游戏的异军突起，给产业带来了更多的机遇。

2014 年，中国游戏产业继续保持稳定增长的发展态势，主要表现在：第一，包括网页游戏、客户端网络游戏、移动游戏、单机游戏在内的所有游戏市场领域均呈现稳定的增长势头；第二，移动游戏市场发展迅猛，成为促进 2014 年网游市场增长的新力量；第三，客户端网络游戏仍然是游戏市场的中坚，继续保持稳步增长；第四，网页游戏增长较缓慢，基本已达到顶峰；第

* 陈京炜，中国传媒大学艺术学部动画与数字艺术学院游戏设计系主任；刘枝秀，中国传媒大学艺术学部动画与数字艺术学院游戏设计系。

五，单机游戏市场增幅趋于稳定。

从整体上看，三大运营商对3G、4G网络的全面支持为移动游戏提供的巨大的发展动力，浏览器性能的提升带动网页游戏品质向客户端游戏推进，以及国家政策等原因可能导致的单机游戏市场迅速扩大，都将成为未来几年整个游戏市场保持增长的重要支撑点。

（二）游戏总量扩大显著，精品数量有所增长

2014年，中国游戏产业的产品规模显著扩大，移动游戏产品数量呈现爆炸式增长趋势，与此同时网页游戏产品和客户端网络游戏产品保持稳步增长。

2014年度，游戏产品精品数量也有所增长。一方面，国际及国内市场的激烈竞争刺激企业实施精品化战略；另一方面，国家新闻出版广电总局以及相关行业协会坚持鼓励和扶持精品力作的宏观政策主线，通过中国出版政府奖、中国原创动漫出版扶持计划、中国民族网络游戏出版工程、中国“游戏十强”等扶持与奖励措施，全面调动游戏企业精品创作的积极性，发掘产业投资潜力，激励游戏企业提升游戏作品艺术价值。

（三）宏观政策为游戏产业投资提供新机遇

2014年，《关于推进文化创意和设计服务与相关产业融合发展的若干意见》《关于推动传统媒体和新兴媒体融合发展的指导意见》等文件提出加快实现由“中国制造”向“中国创造”转变，推动文化产品和服务的生产、传播、消费的数字化、网络化进程；强化互联网思维，形成立体多样、融合发展的现代传播体系。越来越多的媒体集团进军网游行业，给游戏产业带来新的发展机遇。国务院进一步加大财政、税收、融资支持，鼓励地方中小企业扶持资金将小微企业纳入支持范围，加强建设服务小微企业的信息系统，方便企业获取政策信息，运用大数据、云计算等技术提供更有效服务。

（四）用户规模持续扩大，增强投资优势

2014年，整体用户规模的持续扩大，也进一步推动了游戏产业的持续增长。游戏用户规模持续扩大的主要基础在于：第一，网民总数持续增长；第二，网民中游戏玩家的比例进一步提高；第三，手机网民规模大幅度增长；第

四，各大互联网平台相继扩大开放规模，提高游戏用户渗透率。

近年来，我国国内生产总值一直保持较高的增长速度，同时，根据中国互联网络信息中心（CNNIC）发布的《第34次中国互联网络发展状况统计报告》，中国互联网用户规模已超过6亿人，互联网普及率接近47%，互联网用户对网络游戏的消费需求和消费能力逐步提升，带动了网络游戏产业的发展。

（五）游戏产业投资环境仍存在部分阻碍因素

1. 游戏市场为高强度红海竞争

游戏市场已经进入红海竞争阶段，竞争非常激烈，且竞争方式单一。特别是移动游戏行业的中小型游戏公司淘汰率过高，20%不足半年即夭折。

2. 竞争地位挤压研发商生产力与创新力

游戏产业链间的竞争，包括资本及运营渠道的强势，导致研发商生存空间变小，资本方和渠道方压迫产品研发周期，研发商失去自主权，沦为工厂流水线模式，艺术从业者应有的激情被削弱。除了完美世界、腾讯等少数资金、研发实力雄厚、收入较稳定的大型企业，基本上中小型研发商均不同程度地面临上述问题。

3. 整体技术环境待完善

随着中国游戏市场逐渐进入投资平稳期，技术研发领域的缺陷也开始逐渐暴露。与所有的投资领域一样，此前抱有暴富心理进入游戏行业的企业无处不在，导致游戏企业创新意识不足，行业内高素质技术研发人才资源匮乏，新产品创意性较差，市场产品趋同化严重；高尖技术的开发进度较缓慢，支柱型技术数量较少。近期业内较为看好的移动终端产品，也受到4G网络基建不健全、网络覆盖率不足等因素的影响，用户体验反馈较差，未能达到市场预期目标。

二　2014年游戏产业投资环境分析

（一）国家政策与政策分析

2014年，游戏行业整体持续发展，总产值突破千亿元。随着以互联网和信息技术为核心的新一轮科技革命和产业革命的孕育兴起，互联网化和信息化已经贯穿在经济社会各行业各领域，呈现出多项交互融合的新态势。

1. 文化产业政策

（1）2014 年 2 月 27 日下午，习近平总书记在中央网络安全和信息化领导小组第一次会议上指出，要努力把我国建设成为网络强国，从国际国内大势出发，总体布局，统筹各方，创新发展。①

（2）国务院在 2014 年的常务会议上确立了鼓励创新、扶持人才、开放市场准入、绿色导向、完善政策服务五大方向，以及推进文化创意和设计服务与相关产业融合发展的政策。工商总局启动工商登记及年检制度改革，推进注册便利化，减轻企业负担。同时，全面推进三网融合，加快网络、通信基础设施建设和升级，推动下一代广播电视网和交互式网络电视等服务平台建设。

（3）2014 年的国家文化产业政策凸显了对创新创业的鼓励，《新闻联播》对游戏创业者的报道也证明了这一点。可见，政府在政策上对游戏产业抱持着一种认可乃至鼓励的态度。

（4）2014 年，国家新闻出版广电总局频频对互联网电视进行整顿，实际上是为广电争取三网融合争取宝贵的时间窗口，短期内对无牌照合作方的互联网视频内容商及互联网盒子设备商有不利影响，长期可能未必如此。此外，混合所有制的推行有望引入互联网基因以激发公司活力。

2. 简化审核程序

2014 年 8 月 12 日，国务院出台《国务院对确需保留的行政审批项目设定行政许可的决定》，决定取消国家新闻出版广电总局的“电子出版物出版单位与境外机构合作出版电子出版物审批”职能。但是，游戏内容依旧需要通过国家新闻出版广电总局审查。因此该项政策只是简化而非省略游戏审核流程。

内容审查政策的调整预计将向“简化审批、保护原创、鼓励创新”的方向转变。“简化审批”在无形中适应了手游短平快的特点，有助于缩短手游的盈利周期。同时，配套海外主机及游戏入华的解禁，相关审核也在简化，将有助于中国主机行业更快速地发展，但也会引发更加激烈的竞争。

① 中央网络安全和信息化领导小组会议，http：//www. gov. cn/ldhd/2014 - 02/27/content_2625036. htm。

3. 主机市场解禁

2014 年 1 月 6 日，国务院办公厅宣布在上海自贸区内“允许外资企业从事游戏游艺设备的生产和销售，通过文化主管部门内容审查的游戏游艺设备可面向国内市场销售”；同时，“在保障网络信息安全的前提下，允许外资企业经营特定形式的部分增值电信业务”。①

上海市政府于 2014 年 4 月公布的《中国（上海）自由贸易试验区文化市场开放项目实施细则》，在宣布游戏机可面向全国市场销售的同时，也做了如下规定：游戏设备外观、内容、方法、说明应使用中国通用语言文字，审批需由市文广影视局于 20 日之内完成，大尺度游戏须严格审查（不得含有《娱乐场所管理条例》（国令〔2006〕458 号）第十三条的禁止内容），游戏升级、改版需重新审查等。

长达 14 年的主机游戏禁令，使得内地主机游戏市场长期处于半真空状态。随着政策限令的解除，国内外的大厂均显示了对这一市场的强烈兴趣。国内阿里、华为、九城、小米等厂商均开始在电视盒子领域进行尝试及布局；海外的微软、索尼两大主机商也先后杀入中国。中国政府如今的逻辑已经不是单纯地屏蔽封杀，而是希望将与思想内容有关的产品纳入体制的轨道进行管理。

4. 保护知识产权

2014 年 6 月 12 日，国家版权局、工业和信息化部、国家互联网信息办公室、公安部联合召开“全国版权执法监管工作座谈会”，正式启动“剑网 2014”专项行动。该行动确定了保护数字版权、规范网络转载、支持依法维权及严惩侵权盗版四项重点任务。

2014 年 12 月 10 日，国务院办公厅发布《关于转发知识产权局等单位深入实施国家知识产权战略行动计划（2014～2020 年）的通知》，其中也特别提出要推动软件正版化。

5. 规范资本市场

2014 年 10 月 15 日，证监会发布《关于改革完善并严格实施上市公司退市制度的若干意见》。意见指出，重新上市主要指标应等同 IPO 条件，为此沪深两家交易所分别修订各自的上市规则等。

---

① 《上海自贸区细则》，http：//www. zsnews. cn/Backup/2014/01/07/2565263. shtml。

该项政策将增加借壳上市的难度，未来游戏资本市场“借鸡下蛋”的行为恐怕会越来越少，未来的游戏资本市场，将会更加注重有实力的企业。

（二）媒介融合策略对于游戏产业的影响

1. 跨领域媒介融合

（1）影视作品与游戏：片方深度合作待开发。随着中国电影和手游行业双双进入高速增长的繁荣期，一场电影 IP 向游戏改编的热潮正不可阻挡地袭来。但电影改编游戏这种跨界合作模式，并不意味着简单的强强联合就能源源不断地开发出新的市场产生新的利润。中国电影并未赶上华语单机游戏的好时光，等到国产电影市场开始高速增长时，国内的游戏生态已经跨越了端游时代，进入了页游的中后期。国产页游继承了端游时代的丰厚研发运营经验，兼具周期短、流量大、少监管等优势；但其有时代背景的缺乏监管特点，使得行业内抄袭、盗版等情况十分严重，并且维权艰难。时至今日，大部分国产电影在宣传投放开始时，在各大页游平台上就会涌现出大量冒牌换皮作品。

而手游产业的情况则有显著改善：团队正规化、大型互联网企业参与上下游建设、资本退出机制明朗等因素使得手游公司更有合法经营的意愿。同时国内版权保护相关立法、执法环境的好转也促使大公司开始投入资源维权。虽然仍然有大量抄袭、盗版的情况发生，但在今天的中国手游业，大中型公司已有能力对自身持有的 IP 进行维权，并能够取得一定的效果。这也是国产电影能够进入手游行业最重要的条件。

从电影类型来看，国内电影在改编游戏选择上，通常是动作、喜剧、动画三者各占其一，这与国产商业电影的成功类型较为符合。而海外电影在动作、科幻、战争等类型的商业表现上更为成功，与游戏的主流题材结合得较好；在表现形式上，海外的改编游戏案例中 3D 游戏的比例更高。

从游戏类型上来看，国产电影改编的 13 款游戏中有 5 款跑酷、4 款 RPG（角色扮演）和 2 款卡牌类游戏。从整体来看，所有游戏都采用了较为重度，需要连续而频繁操作的玩法，这可能有盈利模式上的考量，但不见得真正适合改编为影视作品。同时，目前还未形成个别精擅此道的厂商包揽大部分项目的格局。除了触控科技承接了两个项目以外，大多数手游厂商还是首次接触电影改编游戏这类项目。另外，取得官方授权的页游仍是少数，大部分国产票房超过1500万元的电影（不限于上述影片）都能够轻易地通过搜索引擎或页游平台找到有侵权嫌疑的同名页游。

（2）电影游戏跨媒介IP运营潜力大。国产改编手游存在着类型和玩法相对单一的问题，但对于有志于在电影改编游戏领域有所作为的团队来说，这却是一个优势：经过市场调节的单调类型、玩法虽然缺乏创意，但也证明了此类改编方式有着较为稳定的表现。

一些IP本身资源较丰富，或已经建立泛娱乐产品体系的影片，已经开始更注重质量和长远利益。“秦时明月”作为一个在多种艺术形式都有广泛尝试的成功IP价值体系，在2014年以前也推出过两款页游，积累了相关经验。其2014年推出的一款页游、一款手游均在各自平台获得了专业人士和玩家的好评。但也应注意到，“秦时明月”作为多栖体系，生命力和生命周期都远强于单部商业电影。这使玄机科技有耐心和底气来保证游戏质量。

但目前国内规模较大的影视公司还未能建立自己成熟的游戏运作团队。较之好莱坞的华纳、派拉蒙、迪士尼等影视巨头从2009年开始就频频下沉自制游戏的情况，这也反映出国内电影改编游戏的产业还处于早期发展和摸索阶段。这一阶段虽然存在着缺乏成功案例、IP对市场号召力不足以及游戏收益对片方缺乏吸引力等问题，但这些问题都是一个初级市场所必须面对的，并不能掩盖电影改编游戏的巨大潜力。潜力的挖掘和开发还需要结合国内外实际情况，在商业模式整合和创新力上持续地投入精力。

2. 传统媒体与游戏的融合发展

2014年8月，一则名为“侠客行”的网游广告成功登陆央视六套，长达15秒的广告片，全程都是游戏画面。这则广告是国内网游公司蜗牛公司为旗下产品《九阴真经》花重金推出的广告片。主流媒体对网游的接纳度在放宽，网游从“娱乐鸦片”变成了创意绿色产业，不少优质网游产品也已成为中国文化精髓的载体，让媒体和公众对网游这个行业有了全新的认识，也因此使得网游和广电两个行业紧密合作、跨界融合。

来自《2014年中国游戏产业报告》的数据显示，2014年，中国游戏市场用户数量达到5.17亿人，比2013年增长4.6%；2014年，中国游戏市场实际销售收入达到1144.8亿元人民币，比2013年增长了37.7%。行业如此迅猛的增长态势，使得资本市场上只要一听到“游戏”两个字，投资客就会乌泱泱地把头凑过来。更强大的资本实力也为网游提供了保障，为优秀产品的推出提供了基础，对广电等传统媒体行业而言，这有利于手游行业合作，共同推出优质产品。

2014 年 4 月 8 日上午新浪科技发布消息，巨人网络已与《中国好声音》《出彩中国人》等知名综艺节目的品牌管理开发方梦响强音达成战略合作，双方将合作研发一系列娱乐品牌游戏，首款合作产品目前已确定在手游领域。从游戏市场来看，知名 IP 对于手游下载和收入的促进作用十分明显，在娱乐领域具有广泛认知度的 IP 一直是游戏厂商争夺的对象。

2013 年，火热荧屏的亲子秀《爸爸去哪儿》同名手游创下了 1.2 亿次下载的佳绩；2014 年 6 月 27 日，《爸爸去哪儿 2》官方手游正式推出，通过百度移动游戏首发。与此同时，移动互联网行业品牌广告主数量剧增，拉动了移动广告行业的蓬勃发展，2014 年初，中国智能手机广告平台多盟赢得由湖南卫视授权蓝飞团队研发《爸爸去哪儿》手游独家广告代理。随着用户媒介使用习惯的改变，越来越多的品牌广告主也从 PC 端转战移动端，企业日益追求品牌曝光最大化，传统营销向移动互联网营销跨界成为必然趋势。

2014 年 3 月 7 日，一款由成都大熊猫繁育研究基地联合新加坡 YANUA 推出的《拯救大熊猫》移动应用游戏正式发布上线。

2014 年 5 月 16 日，炫彩互动科技有限公司（中国电信游戏基地）与恒大官方球迷协会（广州球迷大联盟）的跨界合作启动，炫彩互动旗下“爱游戏”品牌与恒大球迷协会在 2014 年达成战略联盟。“爱游戏”将迅速推行诸多球迷与玩家的互动内容，如世界一流足球游戏引入“爱游戏”手机游戏平台，世界杯专题在“爱游戏”资讯门户 play.cn 上线，官方微博微信线上送票，恒大主场比赛线下赠饮等。

2014 年 7 月，盛大游戏宣布与春秋航空联手合作，打造国内首条动漫航班——《最终幻想 14》（简称“FF14”）。该航班计划于 7 月 18 日进行首航。这也是继与索尼跨界合作，推出全球首个“FF14”视觉体感环境之后，盛大游戏继续推进的“FF14”跨界品牌合作战略第二步。

2014 年 7 月，光环游戏旗下手游《囧西游》《乱世之刃 2》携手信用卡 App 软件“招商银行掌上生活”开启跨界合作，推出招商银行信用卡积分换游戏礼包的活动，将千万玩家推至“招行信用卡”用户群中，同时吸引大量高质量付费用户进入游戏，使玩家在消费中获得优惠。

2014 年 8 月 2 日，中国手游集团（CMGE）与中国嵩山少林寺全资公司河南少林无形资产管理有限公司正式签订合作协议，授权中国手游集团使用少林品牌研发移动端和电视端的少林相关题材游戏。

三　2014年游戏产业大事及分析

（一）游戏产业投融资收并购大事及分析

与 2013 年相比，2014 年游戏公司资本变动有几个明显的变化趋势。

第一，出现越来越多的跨界游戏股。与 2013 年很多游戏公司单独上市不同，2014 年更多的是传统行业参与的并购和收购：其一是从传统行业向手游行业跨界的公司；其二是游戏公司与 IP、传媒等资源方整合转型的公司。尤其是 2014 年 IP 的热度上升，通过增强自身 IP 的协同效应，无论是拍电影还是拿版权都对提升估值有帮助。

第二，2014 年的游戏收购案，对赌时间延长（如从 3 年延长至 4 年）。

第三，2014 年平均为 10 倍溢价，相较 2013 年的平均值 15 倍，甚至 20 倍、30 倍 PE 来说，整个资本市场还是趋于冷静的。此外，由于单款产品盈利或者单纯的游戏盈利模式公司的上市并购延缓受阻，表明在审核了 2013 年一波上市公司的成绩单之后，资本市场更加看好的是业绩稳定且可持续发展的盈利模式（见表 9－1）。

表 9－1　2014 年中国游戏产业投资事件一览

时间	事件	被收购方知名产品
1.21	世纪华通拟 18 亿元全资收购天游软件和七酷网络	天游软件《街头篮球》；七酷网络《热血战记》《天神传奇》
4.3	爱使股份 11.8 亿元收购游久时代 100% 股份	《刀塔女神》
4.12	中青宝总价 17.56 亿元收购美峰数码 49% 股权与中科奥、名通信息 100% 股权	美峰数码《二人世界》《君王Ⅱ》；中科奥《3D 终极狂飙》《3D 暴力摩托》；名通科技运营《梦幻飞仙》《龙将》《神仙道》

续表

时间	事件	被收购方知名产品
5.5	光线传媒2.3亿元收购仙海科技20%股权	《烈火战神》
5.7	宝利来9000万元收购掌娱天下10%股权	《英雄大乱斗》
5.22	巨龙管业25亿元收购艾格拉斯	《英雄战魂》
6.8	北纬通信3.6亿元收购杭州掌盟82.97%股权	《安卓商城》
6.23	中文传媒26.6亿元收购智明星通100%股权	《开心农场》
6.30	联众港交所上市，首日市值约为29.4亿港元	联众世界游戏大厅
7.16	畅游9100万美元收购百纳信息51%股权	海豚浏览器
7.23	大东南5.63亿元收购游唐网络100%股权	《末日重生》《这就是战争》
8.7	乐逗游戏母公司创梦天地纳斯达克上市，首日市值约6.54亿美元	代理《水果忍者》《神庙逃亡》《地铁跑酷》
8.19	中技控股60.21亿元收购点点互动100%股份	Family Farm、Family Farm Seaside（天天农场）、Royal Story、Happy Acres
8.27	湖南电广传媒1.673亿元收购广州翼锋（含指点传媒）51%股份、1.2273亿元收购江苏物泰45%股份	翼锋科技“指智”和“指效”等App营销服务平台；江苏物泰基于物联网的智慧旅游平台、基于RFID和GPS智能导览系统、基于云计算的O2O电子商务服务平台
9.1	任子行6.03亿元收购唐人数码100%股权	《风之岛》《捕鱼冠军》
12.5	飞鱼科技在港成功上市，首日市值达33亿港元	《保卫萝卜》
12.9	山水文化3.6亿元收购掌沃无限100%股权	《三国战神》
12.19	飞流欲借壳野马国际上市，估值5.7亿~6.3亿美元	发行《啪啪三国》《攻城掠地》《战地坦克》《三国战神》《大侠别嚣张》
12.30	蓝港互动港交所上市，首日市值36.2亿港元（约合29亿元人民币）	《苍穹之剑》《王者之剑》《神之刃》

2014年，部分游戏产业投融资收并购事件如下：

2014年3月初，趣游公司以1500万元重金拿下知名域名“youxi.com”。3月6日，上海三七玩网络科技有限公司（37游戏）以1200万元购买的新域名37.com正式启用。

2014年7月7日，神州泰岳发布公告，计划与深圳市前海梧桐并购投资基金管理有限公司、Ultrapower 360 PTE. LTD、北京中清龙图网络技术有限公司联合设立面向移动游戏领域的专业化投资管理有限公司，合资公司注册资本2000万元，将聚焦移动游戏产业内的投资并购机会。

2014年7月31日，奇虎360与九城宣布合作，双方将成立合资公司，同时360将获得九城FireFall产品的国内独家运营权。

2014年8月27日，岂凡网络与37游戏集团召开战略合作发布会，宣布深圳岂凡网络有限公司同意接纳来自37游戏集团的战略投资，完成后37游戏将占股岂凡网络10%，共同筹备的创优孵化基金将为小微团队提供全产业链支持。

2014年11月4日，巨人网络总裁纪学锋在接受采访时首次对外透露，巨人网络已经在考虑再次上市。纪学锋表示，未来两到三年内，巨人网络将全力向移动端进军，并在智能硬件、移动软件方面加大开发，同时用收购的方式占据更多的流量入口。①

（二）游戏产业大公司战略及分析

2014年1月10日，骏梦游戏宣布已经取得《古龙群侠传》独家手机游戏改编权，其中可使用的内容包含《天涯明月刀》《绝代双骄》《武林外史》等在内的56部在华人地区拥有广泛知名度的重量级古龙巨作（见表9-2）。

表9-2 国内游戏厂商IP采购现状

骏梦	蓝港	完美	畅游	腾讯
《秦时明月》	《十万个冷笑话》	《诛仙》	《天龙八部》	《火影忍者》
《阿狸》	《佣兵天下》	《笑傲江湖》	《轩辕剑》	《植物大战僵尸》
《仙剑奇侠传》		《神雕侠侣》	《斗破苍穹》	《变形金刚》
《天涯明月刀》		《倚天屠龙记》	《鹿鼎记》	《天涯明月刀》(端游)
《仙境传说(RO)》		《圣斗士星矢》	《书剑恩仇录》	
《绝代双骄》			《碧血剑》	
《武林外史》			《雪山飞狐》	
《小李飞刀》			《鸳鸯刀》	
《流星蝴蝶剑》			《白马啸西风》	
《萧十一郎》			《飞狐外传》	
《圆月弯刀》			《连城诀》	
《愤怒的小马》			《侠客行》	
《楚留香新传》系列			《越女剑》	
《陆小凤传奇》系列				
《七把武器》系列				

① 《巨人网络再谋IPO》，http：//games. qq. com/a/20141106/027314. htm。

由表 9－2 可见，在未来短期之内，精品 IP 将依旧在移动游戏开发层面占据制高点。骏梦游戏收购古龙群侠小说全集手游改编权，既是贯彻执行其 IP 授权合作的大战略，也可见其后续着力布局移动游戏的决心，可以预见的是未来将有多款正版授权的古龙群侠手游出自骏梦游戏之手。

2014 年 1 月 16 日，有消息称 360 将与迪士尼达成合作，360 内部人士向搜狐 IT 证实了本次合作，而合作的核心是引进迪士尼手中的 IP。将旗下 IP 授权给优秀游戏，并基于原版游戏和 IP 开发新品，然后再由自己发行游戏，这是迪士尼早已开始的策略。《迪士尼疯狂猜图》便是由迪士尼授权 IP 给豪腾嘉科，并由豪腾嘉科在《疯狂猜图》基础上开发的新品。此外，迪士尼还联合 imagi studios 基于 “Temple Run” 开发了《魔境仙踪》和《勇敢传说》。

2014 年 3 月 4 日，韩国游戏公司 Nexon 与成都动鱼数码联合宣布，由动鱼数码开发的 3D 飞行射击手机游戏 *War Wings*（《血战长空》）欧美独家运营权已授予 Nexon 公司。Nexon 战略重心近年来逐渐转向移动游戏，2014 年公司收入超过 15 亿美元，其中约 20% 来自手机游戏。此次是 Nexon 第一次与中国手机游戏开发公司合作，携 “偏重度” 手机游戏作品首次出击欧美市场，预计 2014 年第二季度上线。

2014 年 4 月 10 日，巨人网络宣布已与上海电信合作共建游戏大数据分析挖掘中心，双方已携手开展基于智能化游戏大数据方向的技术与应用合作，相关技术将首次应用于巨人即将正式推出的智能化网游《江湖》中。

巨人拥有 10 年的网游用户数据积累，上亿注册用户，通过大数据应用可以了解用户在游戏中的状态、习惯、喜好等，并直接在产品设计中进行体现，提升用户在游戏中的体验。大数据在智能化网游上的创新应用，为网游的更新换代提供了技术实现的可能。

2014 年 5 月 16 日，中国无线及互联网公司空中网宣布与长安马自达汽车达成战略合作关系，空中网旗下网游作品于 5 月 15 日正式公测。双方将以此为契机，整合各自优势资源，在市场营销、品牌推广等方面展开深入合作。

2014 年 6 月，由上海刃游打造，猎豹移动代理的 3D 卡牌手游《齐天大圣 3D》与龙舟世界杯比赛进行合作，刃游 CEO 陈峰表示，龙舟世界杯大赛作为一个国际性的竞技比赛，具备很大的世界影响力，一方面合作有助于品牌知名度的提升，另一方面也是基于双方弘扬中华传统文化的共识。①

2014 年 10 月，国内知名移动游戏发行商掌趣科技宣布，已与著名游戏制作公司育碧达成合作协议，获得了育碧旗下移动单机游戏《饥饿鲨：进化》（*Hungry Shark Evolution*）的 Android 平台中国独家代理权。掌趣科技副总裁张沛（Chris）先生表示："此次与育碧达成合作协议，其目的为借助《饥饿鲨：进化》这款在欧美已经取得优异成绩的产品，与育碧展开深度战略合作，将更多欧美优秀移动游戏产品引进国内。"②

四　游戏产业投资前景展望

（一）IP 与改编

中国音数协游戏工委（GPC）、CNG 中新游戏研究（伽马数据）、国际数据公司（IDC）共同出版的《2014 年中国游戏产业报告》数据显示，2014 年，中国游戏市场（包括网络游戏市场、移动游戏市场、单机游戏市场等）实际销售收入达到 1144.8 亿元人民币，比 2013 年增长了 37.7%，其中 IP 发挥了重要作用（见图 9－1）。

从目前移动游戏榜单中接近七成都具有 IP（智力成果权）因素的客观事实来看，未来 IP 还将在移动游戏发展壮大当中发挥更强劲的作用。IP 由于在文学、电影、游戏、电视、动漫等领域具有高度互通性，用户存在大量重叠，这也为游戏从更多领域获取用户和宣传资源提供了便利条件。例如乐动卓越与暴雪达成和解，为《我叫 MT2》的发行运营以及登陆腾讯平台清除了版权隐患。

2014 年被业内称为 IP 元年，IP 红利成为用户增长重要来源，同时也是破解各类游戏同质化的关键。按照现有的发展趋势，未来国产游戏将会更加依赖 IP 价值，这也意味着市场上的 IP 更加激烈的竞争正在酝酿。

---

① 《齐天大圣 3D 与央视龙舟合作》，http：//games. qq. com/a/20140616/066595. htm。

② 《掌趣科技获育碧〈饥饿鲨：进化〉国内独代》，http：//www. youxiduo. com/zixun/game/88470. shtml。

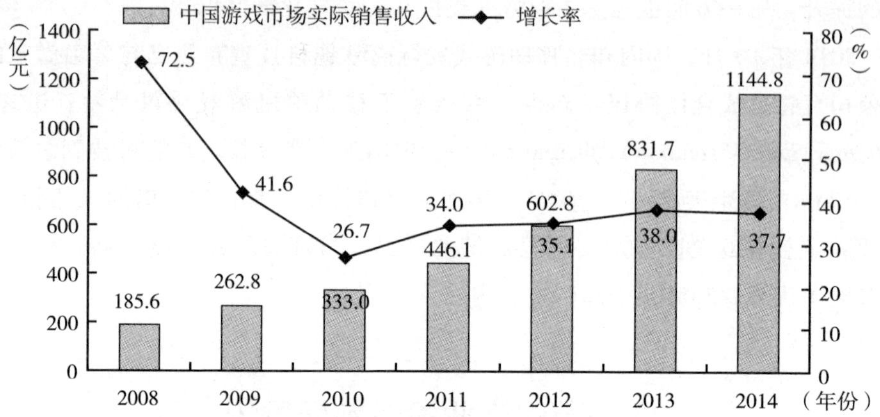

图9-1　2014年中国游戏市场实际销售收入

资料来源：GPC、IDC和CNG。

（二）游戏创业公司与原创游戏展望

2014年，中国自主研发网络游戏市场销售收入达到726.6亿元，比2013年增长了52.5%（见图9-2），可见游戏创业公司和原创游戏产业将迎来新的发展，究其原因无外乎如下几个方面。

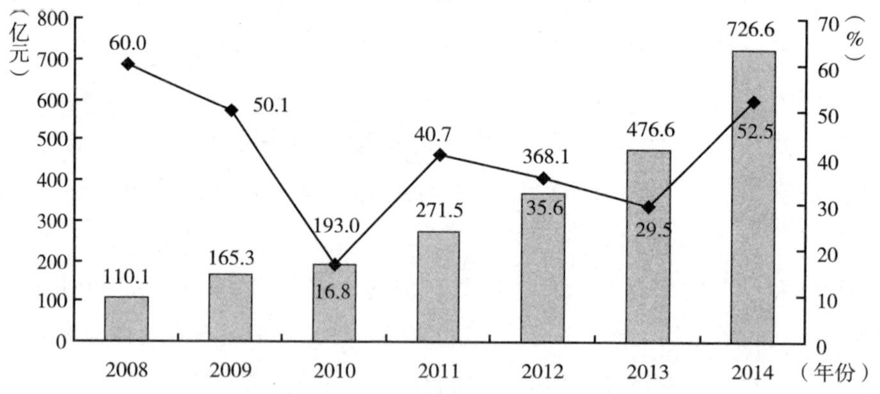

图9-2　2014年中国自主研发网络游戏市场实际销售收入

资料来源：GPC、IDC和CNG。

1. 政策扶持游戏产业发展

国家新闻出版广电总局着眼于提高审批管理效率，简化审批环节；国家版权局等部门发出《关于开展打击网络侵权盗版“剑网2014”专项行动的通知》，加大保护著作权力度；总局还公布第九批中国民族网络游戏出版工程项目，该项目已实施9年，项目总数达194个，在扶持国产游戏精品方面持续保持力度，拓宽了中国游戏产业研发之路。积极扶持企业“走出去”，完美世界、上海征途、苏州蜗牛、福建天晴等一批优秀网络游戏企业获得文化服务出口奖励。

2. 自主研发实力提升

在国内外的两个市场上，自主研发网络游戏的市场份额已经占据了重要地位，而且处于高速增长的态势。2014年我国自主研发网络游戏市场实际销售收入占全部市场份额六成以上，多年来持续高速增长。收入增长，反哺企业提升游戏产品研发能力，使得企业在产品的游戏引擎、画面质量、细节化处理等方面有了充足的资金支持，促进自主研发游戏引擎数量的快速增长，免费引擎的普及。

3. 资本市场游戏概念热度较高

新兴游戏产业的成功刺激了投资领域的活跃程度，国内民间资本作为游戏产业的主要投资力量，众筹作为辅助投资力量正在逐渐改变游戏产业投资环境，游戏企业的融资行为成为常态。2014年，已有多家游戏公司通过上市、融资、并购、收购等模式成功获得国内外资本的支持，越来越多的企业在A股收获颇丰，或成功登陆美股、港股市场。与此同时，有稳定收入和用户基础的网络游戏企业也成为资本市场的首选目标，这说明，资本与游戏结合已经进入新的阶段，投资更为理性和谨慎。

（三）游戏产业的国际化趋势

2014年，游戏产业继续处于并购案发生的高峰期，2014年前三季度所进行的兼并与收购交易总值就已达到125亿美元，是2013年的近两倍。

微软收购Mojang（按照8倍收入25倍收益的方式计算，得出25亿美元的收购价格）：这是一次长期的战略性投资，为微软未来的云平台、移动平台、虚拟现实平台以及可穿戴产品平台培养《我的世界》的用户群体。

Facebook收购Oculus（按照87倍收入的方式计算，得出20亿美元的收购价格）：这是对虚拟现实将会成为未来具有增长潜力的平台所进行的一次战略性投资。

巨人网络（Giant Interactive）私有化（按照 8 倍收入和 12 倍运营收益的方式计算，得出 16 亿美元的交易价格）：巨人的主席与资金赞助者们认为，巨人作为私有公司的价值将会更高。

亚马逊收购 Twitch（据称按照多重数字收入的两倍计算，得出 9.7 亿美元的收购价格）：亚马逊不仅在视频业务与游戏业务方面加快了脚步，在竞争力方面也有所斩获。

中技控股收购趣加游戏资产（9.6 亿美元）：中国的工业企业找到一条通往未来之路，同时让剩下的趣加游戏团队得到了充足的资金来投入到移动领域之中。

移动领域仍然是企业兼并与收购活动中的最大焦点，2014 年在这个领域中发生的并购案所涉及的交易额达到了 46 亿美元，在截至 2014 年第三季度的前 12 个月中，移动游戏是移动互联网企业出让交易金额达到 180 亿美元的第二大推手，仅次于通讯应用领域（Facebook 以 218 亿美元的价格收购了 Whats App）（见图 9－3）。

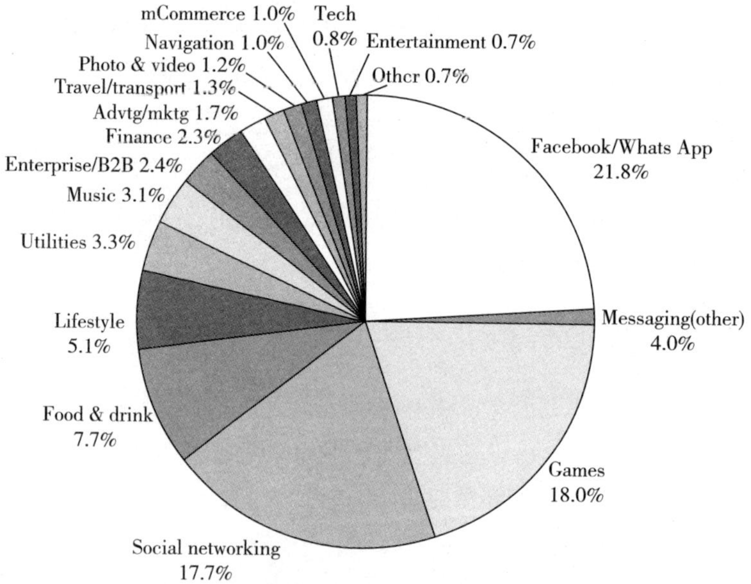

图 9－3　移动互联网市场各项业务所创造的财富分布

2014 年并购市场上 50% 大单交易的参与者都是美国公司，剩下的则为日本公司和中国公司。而仅仅一年之前，九成的并购交易案都是由来自亚洲的企业发起的。

2014 年是后来者很难企及的一年，业界预测拥有稳定增长和睿智策略，并在下一代平台的开发者群体中拥有很高人气的 Unity 公司将会成为大公司们的下一个收购目标。同时随着 EA 公司的前任首席执行官约翰·里奇蒂耶诺（John Ricitiello）加入 Unity 公司的董事会，Unity 公司或许会寻求通过上市来进行资金募集。

除此之外，Codemaster 的所有者 Reliance 集团近来也对扩展其在移动游戏领域的业务制造舆论，而它收购的目标很有可能将会集中在欧洲和北美市场。与此同时 Facebook 尚未结束它与 Oculus 有关的各种收购行动，不过，接下去的这些行动很可能更多地会涉及技术领域的事宜，而不是与游戏直接相关的领域。

B.10

互联网金融投资发展报告

吴立波*

摘　要：随着互联网的迅速普及和互联网交易的快速发展，中国的互联网金融进入了高速发展阶段。其中互联网支付已进入成熟期和单寡头垄断阶段，但各路资本基于业务布局的需要仍在进入；而 P2P 行业已处于高速发展的中期阶段，行业整合远未完成，成为各路资本目前最为垂青的互联网金融投资领域。目前行业投资呈现出风投大资本蜂拥而入参与行业整合和传统金融资本开始逐次入场竞技的状态。

关键词：互联网　金融　投资　高潮

2014 年是以资金融通为核心的互联网金融大发展的一年，随着行业发展进入高潮，各路资本纷纷涌入，投资同时进入高潮。

一　互联网金融行业的发展

（一）互联网金融的兴起和基础

互联网金融是指以互联网为服务平台所进行的一切金融活动，目前主要包括线上支付、线上投融资以及线上理财等金融服务。

互联网金融以互联网为依托和载体，突破了传统金融受制于网点与上下班

* 吴立波，香港喜利达投资副总裁。

的空间和时间限制，降低了获取信息的成本，增强了信息的透明性，使得以资金为主要经营对象的金融业运行效率更方便、快捷、透明、有效。

中国互联网，尤其是移动互联网的普及和电子商务的快速发展，成为互联网金融快速发展的支撑。

根据中国互联网信息中心数据和工信部数据，2014 年中国已成为全球网民数量最多的国家，拥有网民 6.49 亿；全年信息消费规模达到 2.8 万亿元，其中电子商务交易额达到了 12 万亿元，网上零售额 27898 亿元，比 2013 年增长 49.7%，占社会消费品零售总额超过 10%。

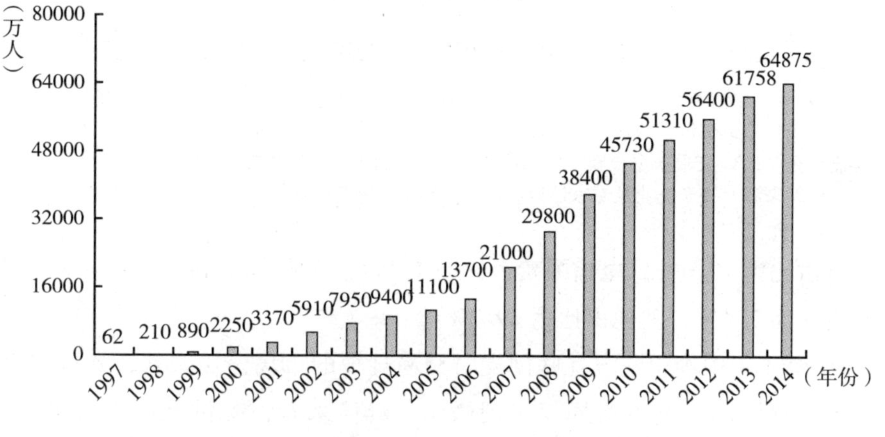

图 10－1　1997～2014 年中国网民规模

资料来源：CNNIC 中国互联网络发展状况统计调查。

（二）线上支付

根据公开数据，目前央行已经分 7 批共发放 269 张线上支付牌照。

根据艾瑞咨询的统计数据，2014 年中国第三方互联网支付交易规模达到 8 万亿元，同比增长 50.3%。但快速增长的同时，互联网支付竞争格局基本保持寡头垄断的市场结构，支付宝占据了互联网支付的半壁江山。预计到 2018 年，中国第三方互联网支付交易规模将达到 22 万亿元（见图 10－2）。

2014 年第四季度，第三方互联网支付交易的整体结构变动较小，网购、基金占比小幅上升。其中，网络购物占比为 31.4%，基金占比为 14.7%，航

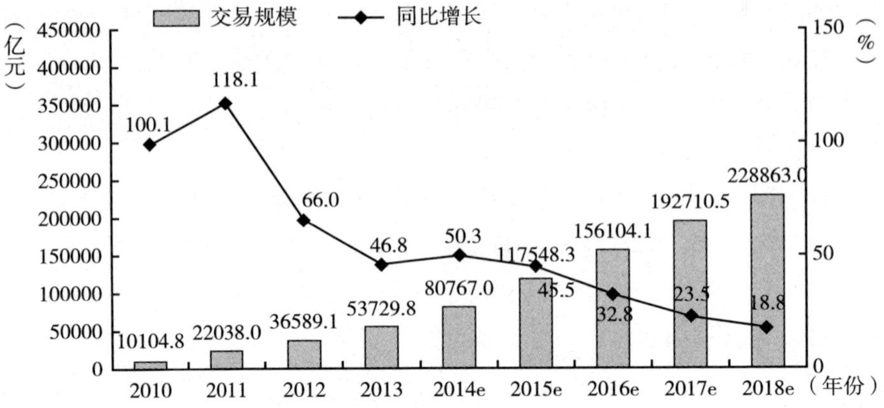

图 10－2　2010～2018 年中国第三方互联网支付交易规模趋势

注：1. 互联网支付是指客户通过桌式电脑、便携式电脑等设备，依托互联网发起支付指令，实现货币资金转移的行为；2. 统计企业类型中不含银行、银联，仅指规模以上非金融机构支付企业；3. 艾瑞根据最新掌握的市场情况，对历史数据进行修正。

资料来源：综合企业及专家访谈，根据艾瑞统计模型核算。

空旅行占比为 10.6%，电信缴费占比为 4.3%，电商 B2B 占比为 7.4%，网络游戏占比为 2.4%，其他占比为 29.2%。

从 2014 年中国第三方互联网支付交易规模的市场份额来看，支付宝仍然占据了半壁江山，竞争格局仅出现微调。具体来看，支付宝占比为 49.6%，财付通占比为 19.5%，银商占比为 11.4%，快钱占比为 6.8%，汇付天下占比为 5.2%，易宝支付占比为 3.2%，环迅支付占比为 2.7%，其他占比为 1.6%（见图 10－3）。

相对于 2014 年第三季度，2014 年第四季度由于受到央行降息和股市利好的影响，基金申购逐渐回暖，天弘增利宝申购额有较大幅度提高。此外，网络购物市场也在第四季度迎来旺季，对促进第三方支付交易规模的增长起到较大支撑作用，其中支付宝受益最大。

就其他核心竞争企业而言，2014 年均获得了相应的发展契机。2014 年第四季度航空及高铁市场增速较稳，对财付通及银商交易规模产生一定促进作用；2014 年京东上市、京东与腾讯达成合作协议，也使得网购格局产生变动。此外，快钱、银商借助与京东的合作关系，也实现了侧面获益。总体来看，财付通、银商、快钱市场份额均有所上升，而易宝支付、汇付天下、环讯支付均

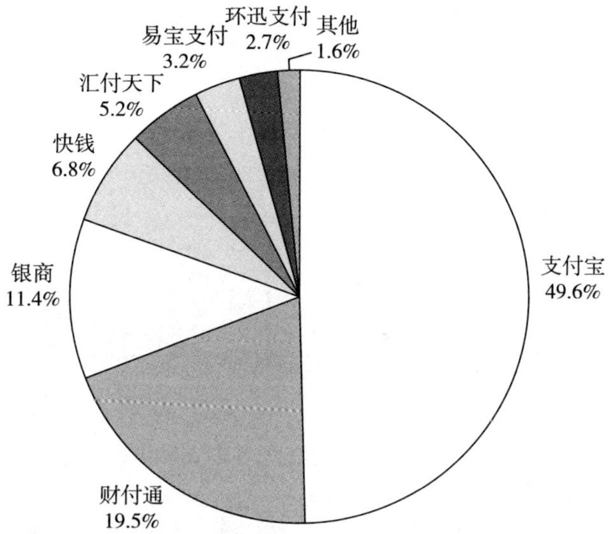

图 10－3　2014 年中国第三方互联网支付规模市场份额

注：1. 互联网支付是指客户通过桌式电脑、便携式电脑等设备，依托互联网发起支付指令，实现货币资金转移的行为；2. 统计企业中不含银行、银联，仅指规模以上非金融机构支付企业；3. 2014 年中国第三方互联网支付交易规模为 80767.0 亿元；4. 艾瑞根据最新掌握的市场情况，对历史数据进行修正。

资料来源：综合企业及专家访谈，根据艾瑞统计模型核算。

在 P2P 资金托管领域继续深耕，但其红利还未全面爆发。

更值得注意的是在第三方移动支付市场，基本是支付宝一家的寡头垄断状态。

2014 年，第三方移动支付市场交易规模达到 59924.7 亿元，较 2013 年增长 391.3%，继续呈现出较高的增长状态。而 2013 年，第三方移动支付的增长率达到了 707.0%。移动支付已经连续两年保持超高增长。预计 2015 年开始，移动支付的增速将放缓，2018 年移动支付的交易规模有望超过 18 万亿元（见图 10－4）。

2014 年中国第三方移动支付的市场集中度更加明显，支付宝、财付通两家企业占据了 92.9% 的市场份额，其中支付宝的市场份额为 82.3%，财付通的市场份额为 10.6%（见图 10－5）。

在移动支付时代，不同于传统的第三方互联网支付，同时拥有庞大用户群和应用场景的互联网企业掌握了绝对的市场份额优势。从网购支付通道慢慢成

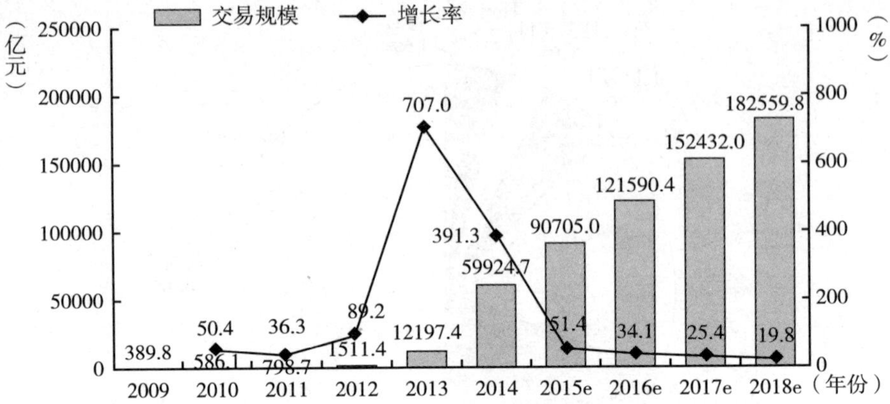

图 10－4　2009～2018 年中国第三方移动支付市场交易规模趋势

注：1. 统计企业类型中不含银行和中国银联，仅指第三方支付企业；2. 自 2014 年开始不再计入短信支付交易规模；3. 艾瑞根据最新掌握的市场情况，对历史数据进行修正。

资料来源：艾瑞综合企业及专业访谈，根据艾瑞统计模式核算及预估数据。

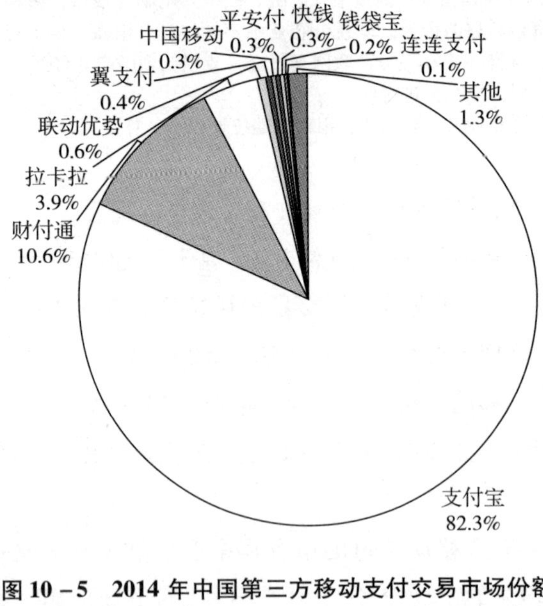

图 10－5　2014 年中国第三方移动支付交易市场份额

注：1. 统计企业类型中不含银行和中国银联，仅指第三方支付企业；2. 自 2014 年第 2 季度开始不再计入短信支付交易规模，历史数据已做删减处理；3. 艾瑞根据最新掌握的市场情况，对历史数据进行修正。

资料来源：艾瑞综合企业及专业访谈，根据艾瑞统计模型核算及预估数据。

长起来的支付宝，在支付用户量级、黏性和场景铺设的速度和力度等方面都遥遥领先；财付通凭借微信支付腾飞，在用户和支付场景方面有了质的飞跃，前景值得期待。

2014 年移动支付虽然在市场份额上呈现集中趋势，然而各个参与者都积极布局，发挥自身的资源和优势，走差异化发展的道路。

拉卡拉着重对社区电商和小微金融服务进行场景建设和发展；伴随移动互联众应用的崛起，联动优势、快钱、连连支付等侧重 in – App 支付带来的机遇；翼支付在存量客户的发掘和新用户的拓展方面表现不俗。还有移动和包、壹钱包等应用依托母公司的资源和特色逐步发展。2014 年以后的移动支付机遇与挑战并存，行业格局仍旧充满了不确定性。

（三）线上投融资

与低风险的以货币基金为主的“宝宝类”互联网理财产品不同，高风险、高收益的线上投融资业务目前主要包括 P2P 和众筹行业。

1. P2P 行业的发展

目前整个互联网金融行业中，P2P 行业发展最为迅速。

根据网贷之家数据，2014 年 P2P 行业融资额从 2013 年的约 1058 亿元增加到 2500 亿元，贷款余额从 2013 年的 268 亿元增加到 1036 亿元，平台数量从 2013 年的 800 家暴增到近 1600 家，投资人数从 25 万人增加到 116 万人，借款人数从 15 万人增加到 63 万人（见图 10 – 6）。

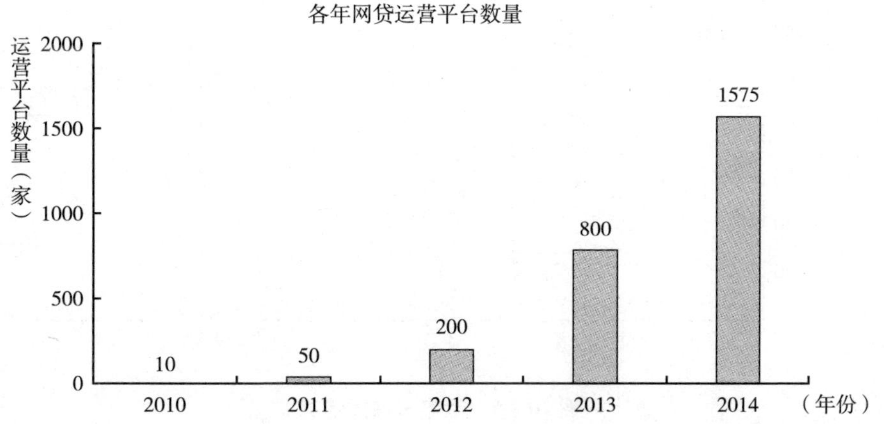

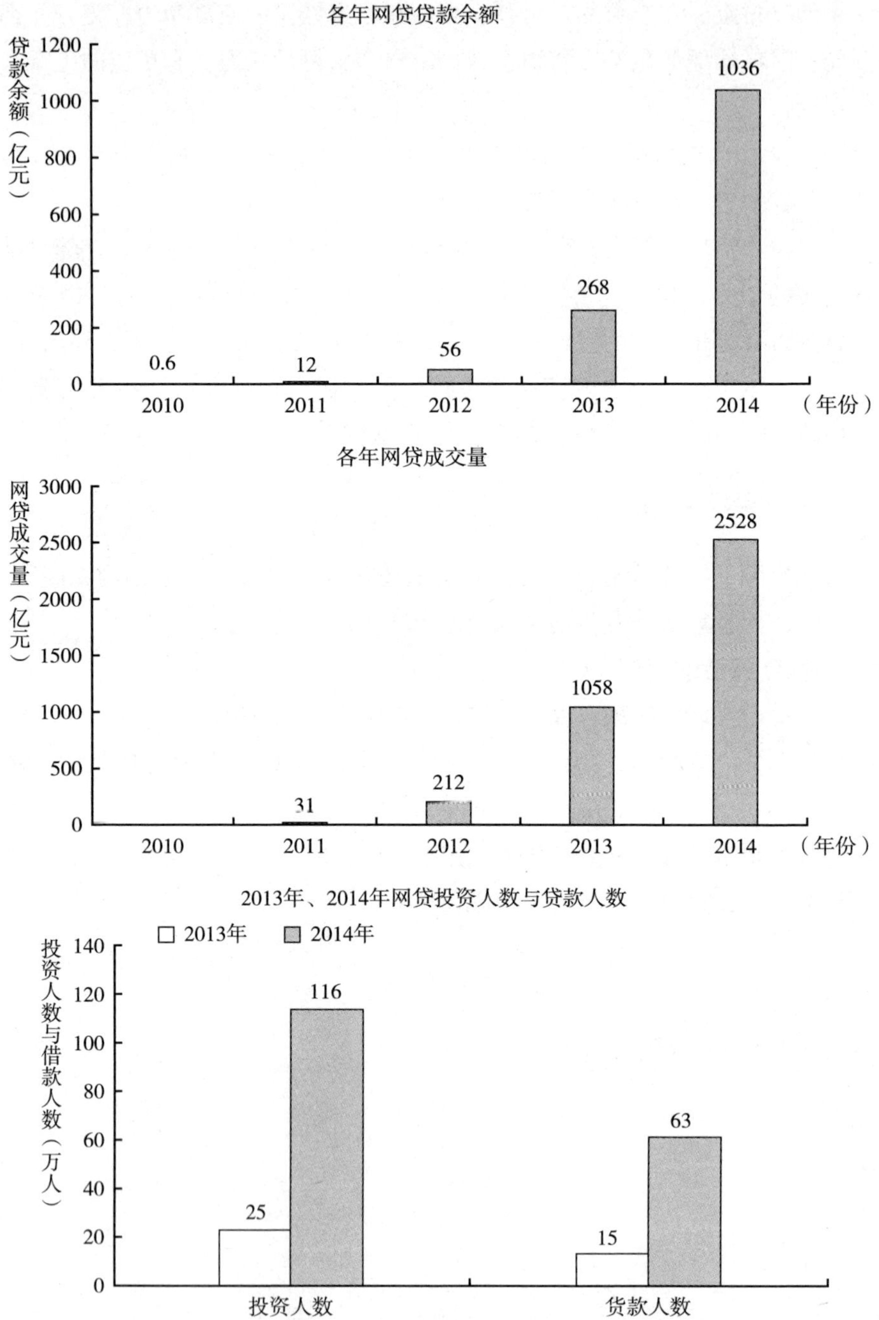

图 10－6　近年来网贷情况

与此同时，伴随着行业爆发式增长的是问题平台数量的增多。2014 年，P2P 行业问题平台从上年的 76 家增加到 275 家，仅 12 月一个月“出事”平台就达 92 家（见图 10－7）。

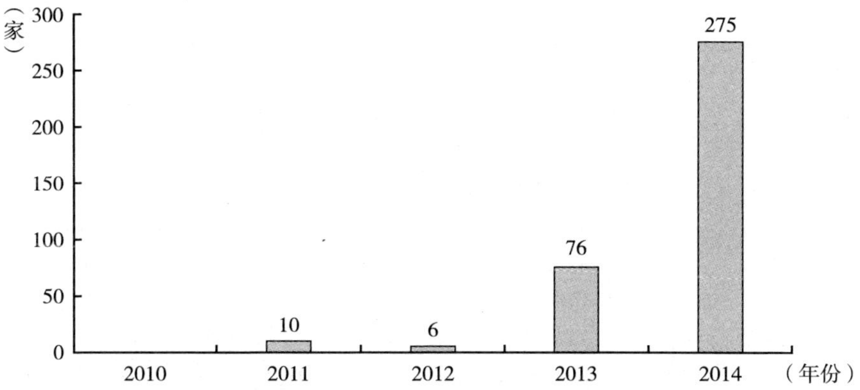

图 10－7　2010～2014 年问题平台情况

按照成交额，2014 年 P2P 行业排在前 10 位的平台包括陆金所、人人贷、宜人贷、拍拍贷、招财宝、有利网、积木盒子、投哪网、微贷网、红岭创投，交易额在 80 亿元到 100 亿元之间，第 90 名成交额近 50 亿元，行业第一名的市场份额不到 4%，行业第 90 名市场份额 2%，第一名只有第 100 名的 2 倍，行业整体还处在没有拉开差距的乱战状态。

表 10－1 为网贷之家对前 90 名所做的分析。

表 10－1　2014 年网贷平台发展评级表

排名	平台	成效（8%）	营收（10%）	人气（16%）	收益（4%）	杠杆（10%）	流动性（5%）	分散度（15%）	透明度（14%）	品牌（18%）	发展指数
1	陆金所	98.72	92.74	100.00	34.42	37.67	45.80	82.92	26.03	88.57	72.63
2	人人贷	88.57	79.00	82.56	44.45	41.07	46.73	83.03	51.09	82.14	70.81
3	宜人贷	82.47	72.46	79.81	46.41	75.34	45.68	77.51	29.76	77.81	68.09
4	拍拍贷	72.13	66.60	82.31	38.43	59.29	79.14	66.84	38.48	70.20	65.07
5	招财宝	82.97	92.54	93.06	17.77	64.38	58.16	40.54	25.39	74.50	63.88
6	有利网	84.04	58.48	86.38	40.58	54.67	55.37	55.78	40.72	74.41	63.71
7	积木盒子	81.71	56.00	87.20	39.64	47.87	67.04	39.19	61.63	72.75	63.41
8	投哪网	71.95	53.90	72.66	46.85	54.83	91.19	48.99	59.71	70.24	63.04

续表

排名	平台	成效（8%）	营收（10%）	人气（16%）	收益（4%）	杠杆（10%）	流动性（5%）	分散度（15%）	透明度（14%）	品牌（18%）	发展指数
9	微贷网	78.21	44.43	73.45	52.36	44.86	58.97	58.32	56.83	70.72	61.41
10	红岭创投	87.22	78.50	80.82	44.63	14.84	100.00	32.82	51.76	68.68	60.56
11	开鑫贷	74.05	50.73	52.79	39.57	90.63	30.78	35.35	47.39	86.03	59.05
12	你我贷	66.54	72.32	75.37	44.79	18.02	58.82	64.98	55.03	52.74	58.09
13	翼龙贷网	63.21	59.30	76.02	55.78	11.39	51.51	68.90	31.16	73.14	56.96
14	鑫合汇	77.45	46.25	72.38	41.48	57.02	100.00	28.05	54.77	55.84	56.69
15	PPmoney	77.67	47.21	80.68	47.40	27.47	81.41	36.07	48.19	65.96	56.59
16	易贷网	76.91	62.69	67.92	45.45	44.33	71.90	32.79	44.19	67.94	56.47
17	91 旺财	63.86	39.47	58.89	37.99	60.88	89.07	28.58	47.87	69.55	54.05
18	和信贷	70.32	46.78	66.53	58.02	42.46	53.41	25.77	61.44	56.82	52.88
19	信融财富	68.49	47.22	69.43	55.55	42.05	81.57	35.63	44.61	52.52	52.86
20	小牛在线	55.09	51.64	70.24	46.26	44.07	47.68	38.29	55.83	53.20	52.58
21	人人聚财	58.84	48.07	73.84	44.99	40.95	59.63	42.46	34.79	61.75	52.56
22	国城金融	70.33	47.75	64.45	57.62	37.14	86.87	32.57	59.33	45.57	52.47
23	团贷网	58.26	58.10	71.12	51.06	34.95	65.62	34.83	47.29	52.09	51.89
24	银湖网	62.85	40.67	64.36	46.13	57.49	61.42	35.97	39.00	58.63	51.47
25	合力贷	58.10	31.64	53.20	55.01	57.73	76.89	31.17	48.84	64.70	51.30
26	E 速贷	65.76	48.82	68.97	51.22	46.68	68.57	28.09	47.79	49.21	51.08
27	新新贷	72.55	57.95	55.59	51.55	34.70	67.52	46.54	44.21	46.77	50.99
28	融金所	68.34	45.74	53.38	58.56	43.71	51.69	46.51	48.77	47.53	50.24
29	口贷网	62.00	58.99	41.67	37.89	93.33	41.96	21.64	72.80	34.43	50.11
30	合拍在线	53.31	40.51	64.89	52.48	73.29	98.04	30.52	30.65	44.89	49.98
31	金开贷	60.61	42.59	45.06	37.86	94.17	31.26	30.55	34.24	64.99	49.88
32	爱投资	66.71	52.52	79.69	48.43	37.61	50.75	44.40	37.99	34.36	49.74
33	温州贷	51.44	50.45	67.70	51.12	26.97	100.00	24.68	54.96	47.25	49.63
34	汇通易贷	64.31	44.16	57.71	54.61	48.26	81.32	26.14	58.53	41.44	49.44
35	前海理想金融	58.23	41.71	63.43	49.52	59.33	73.48	28.40	31.49	64.02	49.16
36	理财范	54.68	40.03	59.04	54.01	74.31	56.31	24.91	53.19	42.30	49.03
37	诺诺镑客	51.80	44.43	62.93	44.95	45.25	58.96	61.05	24.19	47.19	48.97
38	爱钱进	50.79	53.49	71.24	46.48	36.81	49.54	52.96	25.06	47.79	48.88
39	金海贷	51.89	42.59	63.45	56.52	46.01	76.89	30.40	48.45	43.03	48.36
40	四达投资	49.29	38.18	59.59	60.09	36.69	71.01	46.35	58.11	34.17	48.16
41	德众金融	52.91	37.01	48.94	44.22	69.74	63.16	25.53	54.10	49.76	48.03
42	银豆网	61.49	35.49	51.04	53.91	76.61	74.89	24.66	32.96	51.55	47.79

续表

排名	平台	成效（8%）	营收（10%）	人气（16%）	收益（4%）	杠杆（10%）	流动性（5%）	分散度（15%）	透明度（14%）	品牌（18%）	发展指数
43	付融宝	64.28	39.30	59.47	43.99	48.43	77.47	34.22	39.87	41.13	47.18
44	广信贷	61.71	34.76	62.95	60.56	33.85	65.19	32.80	50.13	41.79	47.01
45	安心贷	54.49	52.45	71.59	48.87	36.21	60.57	36.49	23.21	47.34	46.91
46	永利宝	51.28	31.05	58.26	49.76	53.85	80.22	25.27	51.02	44.66	46.89
47	月月贷	37.96	20.34	52.84	64.15	43.59	93.91	52.64	54.68	34.05	46.83
48	九斗鱼	45.78	24.65	66.33	49.80	66.67	41.98	36.41	37.39	47.41	46.73
49	合盘贷	65.50	51.50	56.41	55.24	29.76	19.28	44.79	38.03	50.59	46.71
50	银客网	69.12	43.26	50.47	49.83	49.30	60.19	15.79	40.08	60.13	46.67
51	温商贷	57.77	47.27	60.50	56.62	24.16	53.27	23.47	54.77	50.58	46.67
52	汇投资	64.04	36.72	69.10	52.87	52.55	38.68	32.39	30.96	44.53	46.37
53	一起好	57.29	48.94	65.98	56.54	27.44	76.33	39.13	41.56	32.04	46.31
54	新联在线	51.42	27.62	52.54	58.93	65.18	84.28	18.00	55.65	40.15	46.09
55	恒信易贷	44.32	22.72	49.19	64.43	44.51	96.13	42.23	48.29	41.32	46.05
56	礼德财富	58.19	41.47	65.74	49.20	31.73	48.00	33.69	44.16	43.63	45.95
57	365 易贷	47.94	42.51	49.15	55.27	46.86	100.00	37.65	42.37	34.49	45.64
58	易九金融	77.92	53.05	59.20	36.86	46.35	38.05	30.19	15.73	54.20	45.51
59	合时代	66.75	34.98	61.14	55.65	45.48	60.99	20.56	42.45	43.54	45.31
60	钱多多	68.10	50.97	58.81	49.65	5.00	36.92	20.61	46.77	62.77	45.23
61	88 财富网	58.47	60.90	60.16	31.71	49.46	81.40	12.86	17.50	56.20	45.17
62	众金在线	60.05	31.34	61.45	50.94	43.61	93.94	27.97	30.63	43.20	45.13
63	网利宝	50.24	30.60	56.28	46.68	73.77	36.59	25.68	26.80	57.43	45.10
64	钱爸爸	73.30	51.08	64.53	48.70	39.85	64.29	23.13	22.93	44.30	45.10
65	保必贷	51.38	34.66	38.50	42.61	77.11	59.08	26.57	33.44	53.87	44.47
66	珠宝贷	45.96	25.93	53.67	49.36	78.33	55.22	20.91	29.43	51.43	43.94
67	融易融	67.97	44.60	52.77	62.94	40.46	41.07	33.87	33.87	37.78	43.58
68	丁丁贷	40.81	28.99	44.95	60.43	32.26	79.79	43.73	56.98	32.93	43.45
69	微金互助	45.66	26.59	51.74	62.32	50.26	55.08	49.68	25.95	40.61	43.26
70	爱上理财	46.78	20.38	49.35	76.05	49.14	90.77	30.61	49.54	29.96	43.09
71	微金所	52.92	41.57	61.77	42.15	36.39	39.88	43.91	27.88	38.89	43.08
72	通融易贷	56.34	34.97	49.48	58.28	42.90	66.77	30.78	38.32	39.91	43.05
73	808 信贷	57.07	47.49	60.15	58.55	17.13	52.26	30.21	42.28	37.31	42.77
74	玖融网	42.77	29.47	55.06	59.36	37.17	49.84	42.61	49.79	31.31	42.76
75	惠众金融	35.92	22.74	52.60	63.24	57.73	41.60	44.95	42.25	34.10	42.74
76	速可贷	42.71	25.18	57.52	66.70	46.59	52.99	35.98	41.90	35.20	42.71

续表

排名	平台	成效（8%）	营收（10%）	人气（16%）	收益（4%）	杠杆（10%）	流动性（5%）	分散度（15%）	透明度（14%）	品牌（18%）	发展指数
77	紫枫信贷	57.07	36.13	54.97	59.14	11.29	40.45	32.59	55.87	39.63	42.33
78	小油菜	54.72	30.68	55.10	48.14	45.95	78.72	32.21	26.16	39.49	42.32
79	众信金融（京）	67.14	43.30	48.56	43.79	40.00	66.15	14.20	27.36	54.39	42.28
80	短融网	43.73	26.46	42.97	48.71	62.66	57.16	23.72	35.49	53.55	42.26
81	普天贷	53.64	39.82	51.11	46.60	42.95	38.50	40.79	29.81	40.38	42.10
82	喜投网	45.03	24.62	40.13	49.47	65.77	39.55	29.77	35.60	52.60	41.94
83	易网贷	56.13	26.49	47.81	69.60	39.08	92.71	34.28	42.93	25.58	41.88
84	金 e 贷	47.20	31.72	43.06	62.12	57.57	59.09	26.10	36.27	41.40	41.48
85	房金所	49.98	45.53	34.94	35.18	49.29	22.58	36.72	25.44	59.90	41.46
86	慧财网	52.53	34.63	42.42	59.24	44.85	64.86	33.76	41.31	33.15	41.36
87	融贷通赢	41.13	33.01	50.86	55.72	37.13	32.60	42.06	44.12	36.48	41.35
88	速帮贷	50.78	54.76	62.02	50.92	5.00	26.26	57.44	10.01	44.26	41.30
89	小富金融	43.42	29.23	40.09	54.94	63.02	32.32	22.45	56.01	39.72	41.29
90	粤商贷	48.58	25.96	44.42	59.22	58.65	59.28	24.36	45.33	35.77	41.23

从目前状态看，P2P 行业从“春秋列国”时期进入“战国七雄”逐鹿中原，尚有 2 年左右的窗口期；行业前三名占据 50% 左右的市场份额从而奠定寡头市场格局，尚有 4 ~ 5 年的时间。而未来四五年就是 P2P 交易额的大爆发时期，估计交易额 2 年以内就可跃上万亿元级，5 年跃上 10 万亿元级。

2. 众筹行业的发展

众筹主要分为奖励众筹、捐赠众筹、债权众筹和股权众筹。中国互联网众筹主要有奖励众筹和股权众筹两种，前者主要指以互联网网站为筹资平台，以单纯的实物产品或服务为回报的众筹模式，类似于“团购 + 预售”；后者指的是融资方通过出让一定比例的股份，面向普通投资者募资，而投资者通过出资入股公司，以分红或者股权变现的方式获得未来收益。

根据融 360 金融搜索平台发布的《中国互联网众筹 2014 年度报告》，截至 2014 年底，中国股权类和奖励类众筹平台总数已达 116 家，一年内新增平台 78 家。股权类众筹平台由 2014 年 1 月的 5 家增至年底的 27 家，奖励类众筹模式在量上仍处于主导地位。

但从融资规模上看，在中国众筹 2014 年 9 亿多元募资总额中，股权类众筹又处于主导地位。数据显示，2014 年第一季度国内众筹募资总金额为 5245

万元，股权众筹募资 4725 万元，奖励众筹募资仅 520 万元。到第四季度，我国众筹募资总金额累计突破 4. 5 亿元，其中包括奖励众筹 10435 万元，股权众筹 34682 万元（见图 10 –8、图 10 –9）。

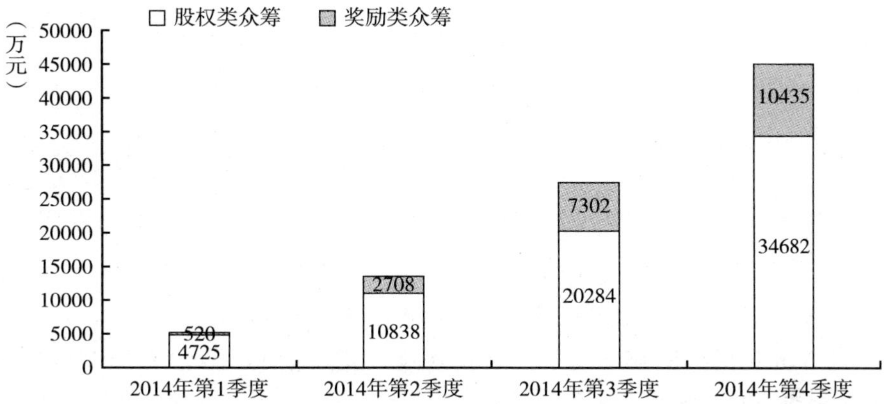

图 10 –8　2014 年各季度众筹募资规模

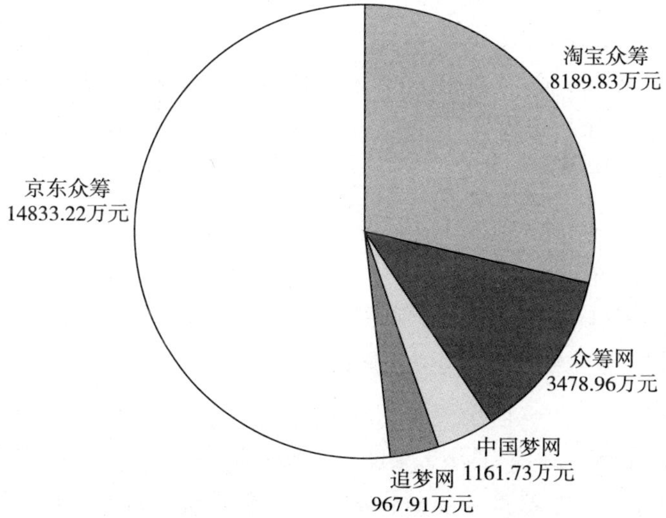

图 10 –9　2014 年综合类众筹平台募集金额分布

IT 桔子收录的股权众筹平台共 21 家，其中第一梯队有天使汇、创投圈、原始会。众投邦、天使街、创业易、V2ipo 创客、路演吧、微投网、大家投等为第二梯队。天使客、云筹网、爱合投、奇点集、股权易、币帮、爱创业等为第三梯队。第一梯队的三家平台就服务能力和成熟度来讲，已经遥遥领先于其他平台。

2014 年第一梯队的三家平台共计发布 48394 个项目，占到总体的 98%，获得融资的项目为 274 个，占到总体获投项目的 83.7%，融资金额 13.2 亿元，占到总体的 85.4%。

（四）线上理财

根据中国互联网信息中心数据，自 2013 年 6 月余额宝引燃互联网理财热潮后，互联网理财用户一年内呈现爆发增长，达到 6383 万，但转入 2014 年下半年，已基本结束了其用户规模爆发式增长的态势，年底用户规模为 7849 万，较 2014 年 6 月份增长 1466 万人，在网民中使用率为 12.1%，较 2014 年 6 月的使用率仅增长 2 个百分点。

余额宝的证名开启了互联网金融元年，2013 年共有 25 个宝宝类理财产品相继问世。进入 2014 年，“宝宝军团”扩容步伐大提速，目前已经有 56 家机构共推出 79 个宝宝类理财产品。

据融 360 统计分析，按发行机构的主体类型来分类，即把基金公司发行的宝宝类产品归类为“基金系”，把银行发行的归类为“银行系”，把基金代销机构发行的归类为“基金代销系”；而互联网公司、电商平台、移动运营商等机构由于发行宝宝类理财产品依靠的是自身的第三方支付平台，我们将它们统一归为“第三方支付系”。

根据分类，目前基金系宝宝产品共有 32 个；属于银行系的宝宝类产品共有 25 个；属于第三方支付系的宝宝产品共有 14 个；属于代销系的宝宝类共有 8 个。

从整体规模变化来看，2014 年前三季度宝宝类产品的规模不断增长，到 9 月 30 日，该类产品的规模达 15638.93 亿元。但随着收益率的不断下降，宝宝类产品的规模增速从下半年开始放缓，到第四季度甚至出现下降，较第三季度减少 557.46 亿元至 15081.47 亿元。

宝宝类理财产品的规模增减与其收益率呈正相关。据统计，宝宝类理财产品的 7 日年化收益率已由 2014 年 1 月的 6.5% ~7.5% 的收益区间跌至 12 月的

4%～4.5%的区间范围，“宝宝”高收益神话破灭。

除了收益率下降之外，各系宝宝同质化严重，应用功能单一也让投资者热情消退、日趋疲软。随着货币市场化进程的推进，货币基金优势消失，依赖于货币基金的传统宝宝类理财产品也将逐步走向衰退。

恰在此时，2014年第四季度央行降息、A股行情暴涨，使得投资者从众多“宝宝”撤资“入股”，导致“宝宝”规模出现下降。

此外，随着非金融机构的三方理财机构被禁止代销信托产品（实际上禁而不止），以及好买、诺亚、东方财富等三方机构获得公募基金销售牌照，2014年线上信托产品销售出现较大波动，而线上公募基金销售则出现了惊人暴增。

以行业领导者东方财富而言，其旗下的天天基金网2014年年基金销售额大幅增长5.37倍至2297亿元，营收达到3.73亿元。

二 互联网金融行业投资的爆发

（一）支付行业的投资

目前，中国移动支付格局呈现三大势力交锋的局面，互联网系、传统金融系以及电信系这三方资本主导了支付市场。尽管互联网支付行业的市场结构已处于寡头垄断状态，但2014年仍有大量商业巨头投资上亿元人民币入场，获得支付牌照。

2014年7月，央行公布了第五批第三方支付牌照。这些新入场的企业涉及北京、广东、山东等地区19家企业，尽管大多数企业名不见经传，但是其背后不同行业的巨头身影隐现。

例如，北京帮付宝网络科技有限公司背后其实是持股95%的安邦保险，业务类型包括互联网支付及移动电话支付；用友软件旗下子公司畅捷通支付技术有限公司持有北京畅捷通信息技术股份有限公司75%的股份，北京畅捷通支付牌照的类型是互联网支付、银行卡收单；而获得牌照的北京理房通支付科技有限公司其实是链家地产的子公司；深圳市讯联智付网络有限公司背后则是央企通讯巨头中兴通讯。

除了直接投资获取牌照外，2014 年产生了中国最大的一起互联网支付并购案例。

2014 年年底，已将金融与电商作为战略方向的地产巨头万达以 3.15 亿美元（约合 20 亿元）的价格，获得快钱支付 68.7% 的股权，实现对快钱的战略控股。此前，快钱与百度的 20 亿元并购绯闻刚刚落幕。这一投资是万达整合电商、线下零售与支付产业链的重要投资之一。

在支付宝一家独大的局面下，不同行业资本大量进入支付行业，其定位已非支付宝这样的综合性支付工具，而是垂直领域的支付，主要意图是实现互联网支付与现有业务的整合，从而完善、提升自己的产业布局并提高竞争力。

（二）P2P 行业的投资

2014 年 P2P 行业投资呈现各路资本继续喷涌、大资本大量并购整合及大金融机构逐次入场三大特征。

整个行业出现 75 家国资国企、上市公司、银行等背景的平台，为行业注入新血液（见图 10－10）。这些平台普遍有较强的抗风险能力，但值得一提的是，目前这些平台中的大部分在网贷行业中还未有明显的发力。

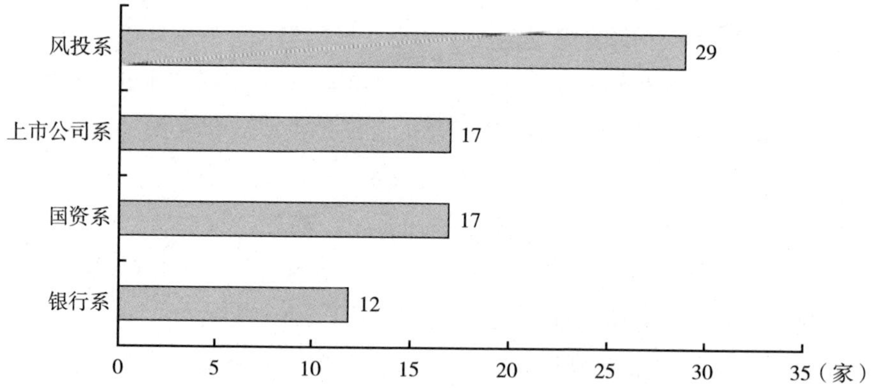

图 10－10　各背景网贷平台数量

目前先后进入 P2P 领域的银行主要有 12 家平台，银行系还未全面展开，包括：国开行在江苏、陕西两省参与发起“开鑫贷”“金开贷”，招商银行“小企业 E 家”、民生银行“民生易贷”、包商银行的“小马 BANK”和兰州银行“e融e贷”等、齐商银行“齐乐融融E”、江苏银行“融E信”、宁波银行“白领融”、华润银行资产交易平台以及众所周知的平安“陆金所”。

2014年近30家平台已经或即将获得资本的青睐，在资本分羹的同时也将平台推向资本竞争的时代。风投入股有财务投资、战略投资两类，大部分风投为财务投资，而大资本战略投资最为引人注目的典型平台为积木盒子和翼龙贷。

2014年积木盒子一年之内连续两次获得融资。年初，积木盒子获得银泰资本、和玉投资A轮上千万美元投资，9月再次获得B轮3719万美元风投，领投方为小米公司及顺为资本，经纬中国、淡马锡旗下祥峰投资以及A轮投资者银泰资本、和玉投资跟投。以风投行业常规计算，2013年8月创立的积木盒子仅经营一年，估值已在10亿~20亿元。

更为引人注目的是联想控股投资约10亿元控股着三农的翼龙贷。创立于2007年的翼龙贷的估值也在20亿元。2014年，联想旗下的基金在P2P领域投资频频。8月，联想集团旗下风投公司君联资本领头移动互联网综合理财交易平台铜板街；9月2日联想控股旗下联想之星领投P2P平台银豆网；10月15日，联想控股旗下君联资本千万美元投资网贷投资交流门户社区——网贷天眼。

表10-2为获得风投投资的主要项目

表10-2　获得风投的主要项目

项目名称	投资方	本年获投资额
翼龙贷	联想	约10亿元
人人贷	挚信资本等	1.3亿美元
趣分期	蓝驰创投、源码资本等	1亿美元
分期乐	DST、贝塔斯曼、经纬中国和险峰华兴等	1亿美元
融360	兰亭投资、光速、红杉、KPCB增资	6000万美元
铜板街	君联资本领投、华创资本	5000万美元
拍拍贷	红杉资本、光速创投、诺亚财富	5000万美元
有利网	晨兴资本	5000万美元
挖财网	宽带资本、中金佳成等	5000万美元
积木盒子	小米、顺为资本，经纬中国、祥峰投资、银泰资本、和玉投资	4719万美元

从以上风投投入的P2P项目看，估值普遍在几亿元到20亿元。而2014年末，有平安这样的大金融机构背景且行业排名第一的陆金所的估值，风传已达

上百亿美元。

随着平台数量和资本的激增，P2P 行业开始向垂直发展，业务模式越来越丰富。

目前 P2P 行业的业务模式从线上线下看，主要分为纯线上模式（如拍拍贷）、O2O 模式（如翼龙贷、宜信）；从风控措施看，主要分为担保模式（如陆金所）、抵押模式（如互利网）、风险金模式（如拍拍贷）、债权转让模式（如 PPmoney）、资产证券化模式（如招商银行小企业 E 家、民生易贷等以票据抵押）；从贷款发放对象而言，从 P2P 分化出 P2B 模式（针对企业客户）、P2C（消费贷）、P2F（针对工厂）、学生贷（针对大学生的趣分期）等模式。

同时，围绕 P2P 行业的衍生商业模式也开始充分发育。比如作为行业门户和入口的网贷之家和网贷天眼，作为 P2P 产品超市的投之家，作为 P2P 投资基金的火球网等。

从以上基本情况可以看出，目前 P2P 行业已进入中期，但尚未进入成熟期，已从万国林立的早期，逐步过渡到强国兼并争霸的“春秋时期”。

进而言之，一方面本身经营资金风险和信用的 P2P 行业由于跑路平台太多（2014 年 12 月就有近百家），行业风险充分暴露，本身成为风险高发区；另一方面，随着银行、保险等金融大资本介入，行业还将面临激烈的竞争和整合。

（三）众筹行业的投资

如前文所述，众筹行业目前募资额较小，投资处在较不活跃的早期状态。

一方面，股权众筹行业 2014 年虽有多家新平台诞生，但市场结构处于以天使汇、创投圈等少数平台为主的寡头垄断状态，较为稳定。

另一方面，在综合性众筹平台中，巨头纷纷进入。2014 年 4 月，百度宣布上线众筹频道，从影视作品众筹入手；阿里在 2013 年“双 12”期间，就试探性地推出了众筹平台淘星愿，2014 年更名为淘宝众筹；2014 年 7 月，京东宣布旗下众筹业务凑份子上线。

众筹行业的发展还有待时日检验。

（四）互联网理财行业的投资

互联网理财行业目前情况较为复杂。诺亚财富、东方财富等互联网理财的行业领导者早已上市。

东方财富截至2015 年3 月13 日的市值已达399 亿元，市盈率高达300 倍，估值已进入高估阶段。而美国上市的诺亚财富市值11.6 亿美元，市盈率16.5 倍，目前还处在合理投资区间。

而其他三方线上财富管理公司多为线下销售公司转化而来，多为非典型线上互联网金融公司，比如深圳的小牛在线，情况复杂，其风险、可持续性等尚待观察。

传媒投资专题篇

Media Investment Program

B.11
中国传媒业上市公司发展报告*

郭全中　郭　锐　郭凤娟**

摘　要：在我国传媒业市场持续繁荣的背景下，传媒业上市公司继续维持良好的发展势头，一方面阿里巴巴、腾讯、百度等上市互联网媒体高歌猛进；另一方面国内传媒业上市公司也势头良好，当然不同板块的上市公司的业绩出现了分化。同时，上市公司正通过并购以保持自己的高成长性，“上市公司＋PE”成为主流趋势。

关键词：传媒业　上市公司　发展

* 本报告是作者主持的国家社科基金重点项目《新媒体环境下传统媒体的转型战略研究》的阶段性成果（项目批准号：13AXW006）。

** 郭全中，国家行政学院社会和文化教研部高级经济师，管理学博士；郭锐，北京金信网银金融信息服务有限公司；郭凤娟，北京市资产评估师协会。

2014年，在相关产业政策利好、消费产业升级等多重因素的推动下，传媒业市场持续繁荣，我国传媒业上市公司继续维持良好的发展势头，一方面阿里巴巴、腾讯、百度等海外上市互联网媒体高歌猛进；另一方面国内传媒业上市公司也势头良好，当然不同板块的上市公司的业绩出现了分化。本报告对国内外主要的传媒业上市公司进行分板块分析，以期反映传媒业上市公司的基本情况。

一　传媒业上市公司整体发展情况

（一）海外互联网上市公司高歌猛进

我国在海外上市的传媒业公司，除了腾讯是在香港上市之外，其他主要在美国，且这些上市公司基本都是互联网公司。2014年，在海外上市的传媒业上市公司主要有14家，总市值为5027.18亿美元，其中最高的为阿里巴巴、市值高达2141.09亿美元，总销售收入为2556.80亿元，总净利润为730.14亿元，广告收入之和为1207.14亿元。

传媒业上市公司的销售收入、净利润以及广告收入都保持较高的增速：销售收入最高的是腾讯，为789.32亿元，而增速最高的为奇虎360，同比增长107.20%；净利润最高的为阿里巴巴，为269.70亿元，增速最高的为奇虎360，为123.47%；广告收入最高的为百度，为484.95亿元，增速最高的为奇虎360，增速为81.30%。14家传媒业海外上市公司及发展基本情况见表11－1。

表11－1　传媒业海外上市公司基本情况

单位：亿元，%

公司	市值（亿美元）	销售收入	增速	净利润	增速	广告收入	增速
阿里巴巴	2141.09	708.10	52.10	269.70	27.71	375.1	32.00
腾讯	1722.67	789.32	31.00	238.16	54.00	83.08	65.04
百度	743.99	490.52	53.60	131.87	25.40	484.95	52.50
网易	130.67	124.80	27.72	47.57	7.04	15.52	41.74

续表

公司	市值（亿美元）	销售收入	增速	净利润	增速	广告收入	增速
搜狐	20.46	105.88	19.00	-10.65	—	55.99	43.00
奇虎360	62.51	86.62	107.2	13.88	123.47	47.11	81.30
新浪	22.00	47.85	16.00	11.01	—	39.88	22.00
搜房	22.82	43.78	10.30	15.77	-15.20	18.34	5.80
优土	22.40	40.00	33.00	-8.886	—	36.00	34.00
欢聚时代	31.85	36.78	101.70	10.65	—	—	—
易车网	22.43	24.60	70.80	4.89	102.80	12.10	67.70
汽车之家	46.25	21.33	75.30	7.49	64.10	10.58	50.40
微博	27.49	20.82	77.00	-3.95	—	16.49	78.00
凤凰新媒体	10.55	16.40	15.00	2.631	-5.90	12.00	37.80
总　计	5027.18	2556.80		730.14		1207.14	

注：市值为2015年3月20日美国股市收盘时。

资料来源：根据上市公司财报资料整理。

尤其需要指出的是，搜索、微信、微博、视频等领域的广告高速增长，助推百度、奇虎360、腾讯、微博、搜狐等公司的广告收入继续保持较高的增速，而传统的门户网站的广告收入则增速放缓。这从新浪的市值（22亿美元）赶不上微博的市值（27.49亿美元）就可以看出。

（二）国内上市互联网媒体势头良好

在国内上市的互联网公司主要有乐视网、人民网和中文在线三家，其中中文在线为新上市公司。这三家公司发展势头良好，乐视网的营业收入增长了188.98%，重新成为创业板第一大市值公司，市值高达756.90亿元；互联网公司百视通的市值超过500亿元，为537.95亿元，人民网的市值也超过300亿元，其2014年第三季度的营业收入为10.02亿元，同比增长52.52%，净利润为1.80亿元。具体见表11-2。

表 11-2　国内上市的互联网媒体基本情况

单位：亿元，%，起

公司	总资产	增速	营业收入	增速	净利润	增速	市值	布局行业种类	并购案件数
乐视网	88.44	76.16	68.2	188.98	3.2	26.84	756.90	影视、手机、平板、汽车、硬件、应用、智能穿戴、投资	1
中文在线	4.43	38	2.82	27.94	0.46	1.61	100.62	数字出版	新上市
人民网	—	—	—	—	—	—	317.64	互联网、彩票	1
百视通	65.09	27.15	29.78	12.91	7.85	15.96	537.95	互联网电视	3

注：1. 总资产为截至2014年12月31日的资产规模；2. 市值为2015年3月20日休市时。

资料来源：根据上市公司年报整理。

（三）报业上市公司分化严重

在报业上市公司方面，主要有在内地上市的华闻传媒、浙报传媒、博瑞传播、新华传媒、粤传媒、华媒控股6家，以及在香港上市的北青传媒。报业上市公司的业绩和市值出现严重分化，华闻传媒的市值超过300亿元，而北青传媒仅为可怜的9.43亿港元；华闻传媒的净利润增长70%以上，而北青传媒和粤传媒的净利润却出现了20%以上的大幅下滑。报业上市公司的业绩之所以出现严重分化，关键在于跨行业的并购能力强弱不同，华闻传媒和浙报传媒的业绩较好，在于其跨行业并购能力强，而北青传媒之所以市值和业绩差，原因在于缺乏成长性。具体见表11-3。

表 11-3　报业上市公司基本情况

单位：亿元，起，%

公司	总资产	增速	营业收入	增速	净利润	增速	市值	布局行业种类	并购案件数
粤传媒	50.6	17.86	16.18	-3.20	2.23	-27.60	146.50	出版、电商、游戏、彩票	5
新华传媒	72.06	15.30	57.33	24.74	6.94	14.53	149.00	传媒、教育、移动互联网、金融	0
博瑞传播	48.4	0	16.2	6.98	2.81	-16.89	158.20	游戏、户外广告、互联网金融	0

续表

公司	总资产	增速	营业收入	增速	净利润	增速	市值	布局行业种类	并购案件数
华闻传媒	—	—	—	—	9 ~ 11.5	70.78 ~ 118.21	321.80	报纸、广播、教育、视频、户外媒体	3
浙报传媒	—	—	—	—	—	—	261.40	文化、游戏、健康、电商、影视、视频	3
北青传媒	—	—	—	—	—	—	9.43 亿港元	报业	—
华媒控股	—	—	—	—	—	—	103.60	传媒	新上市

注 1. 总资产为截至 2014 年 12 月 31 日资产规模；2. 市值为 2015 年 3 月 20 日休市时。
资料来源：根据上市公司年报整理。

（四）影视上市公司数量众多

影视类上市公司有 16 家之多，通过收购实现了较好的成长，市值、营业收入和净利润都实现了较好的发展，市值最高的是万达院线，为 535.58 亿元；营业收入增速最高的是华策影视，为 111.43%；净利润增速最高的是金亚科技，为 122.09%。在影视业新上市公司方面，新上市的公司有思美传媒、唐德影视和万达院线 3 家。具体见表 11 – 4。

表 11 – 4　影视上市公司基本情况

单位：亿元，起，%

公司	总资产	增速	营业收入	增速	净利润	增速	市值	布局行业种类	并购案件数
光线传媒	49.88	92.53	12.22	35.19	3.29	0.22	384.08	影视、网络视频、游戏、动漫	2
金亚科技	13.25	–1.72	5.52	–7.05	0.27	122.09	75.70	游戏、视频	2
奥飞动漫	41.15	26.90	24.21	55.86	4.28	85.33	277.83	电影、主题公园、游戏、授权业务、在线教育	3
华录百纳	40.58	254.17	7.6	101.29	1.5	21.42	209.41	电视剧，综艺	1
申科股份	9.38	3.87	2.68	7.16	–0.38	—	39.72	轴承、影视	1
长城影视	13.78	83.40	5.14	16.97	2.06	33.47	129.83	五金、影视	1
思美传媒	12.05	51.15	21.51	31.30	0.71	–15.54	56.55	电视广告、户外广告、互联网广告	新上市

续表

公司	总资产	增速	营业收入	增速	净利润	增速	市值	布局行业种类	并购案件数
唐德影视	9.11	41.67	4.08	27.70	0.86	34.24	70.88	影视	新上市
华策影视	50.27	138.78	19.46	111.43	3.89	50.67	231.24	电视剧、电影、综艺、网络内容	2
佳创视讯	6.72	4.56	1.5	3.20	0.19	13.08	32.29	电视前端、网络、终端，OTT 业务	1
新文化	13.52	15.37	6.21	28.85	1.21	5.75	115.31	综艺、电影、电视、	1
万达院线	45.6	32.17	53	31.74	8.01	32.9	535.58	影业	新上市
华谊兄弟	—	—	—	—	7.98～9.32	20%～40%	391.21	电影、游戏、电商、金融、音乐	4
山水文化	—	—	—	—	-0.08	—	30.14	旅游、综艺、手游、影视	0
当代东方	—	—	—	—	0.015～0.019	-16%～33%	47.17	电视剧、娱乐、影视	1
中视传媒	—	—	—	—	—	—	74.48	旅游、教育、影视	0

注 1. 总资产为截至 2014 年 12 月 31 日资产规模；2. 总市值为 2015 年 3 月 20 日休市时。
资料来源：根据上市公司年报整理。

（五）有线网络上市公司发展平稳

有线网络领域的上市公司主要有歌华有线等 8 家，在传统媒体领域，市值相对较高。市值最高的是华数传媒，为 554 亿元，东方明珠的市值也过 500 亿元；净利润增速最高的是东方明珠，为 68.11%。值得关注的趋势是歌华有线和中国电信合作，华数传媒引入阿里巴巴等资本大鳄。具体见表 11－5。

表 11－5 有线电视网络上市公司基本情况

单位：亿元，起，%

公司	总资产	增速	营业收入	增速	净利润	增速	市值	布局行业种类	并购案件数
天威视讯	30.44	8.95	13.14	13.25	2.1	23.19	76.51	广播、电视、互联网	1
歌华有线	104.54	1.32	24.7	9.62	5.69	50.96	279.30	电信、数据、视频、云游戏、云应用如教育、卫生、彩票、电商	0
东方明珠	176.26	11.63	45.96	16.93	11.77	68.11	503.39	有线电视网络	被吸收合并

续表

公司	总资产	增速	营业收入	增速	净利润	增速	市值	布局行业种类	并购案件数
华数传媒	—	—	—	—	2.89 ~ 3.21	13.14 ~ 25.67	554.00	视频、游戏、音乐、云计算、大数据、智能终端	2
广电网络	—	—	—	—	—	—	92.61	数字电视、智能建筑、安防、广告新媒体、影视	1
电广传媒	—	—	—	—	—	—	326.00	移动互联网、智慧旅游、影视、艺术品	2
湖北广电	—	—	—	—	—	—	115.18	电视、宽带、移动互联网、智能终端	0
吉视传媒	—	—	—	—	—	—	213.01	电视、游戏、电商、物联网、智慧城市	1

注 1. 总资产为截至 2014 年 12 月 31 日资产规模；2. 总市值为 2015 年 3 月 20 日休市时。
资料来源：根据上市公司年报整理。

（六）出版业上市公司发展水平一般

出版业领域的上市公司主要有中南传媒、凤凰传媒等 10 家，市值最高的是中南传媒，为 369.98 亿元，凤凰传媒的市值也相差无几，为 369.79 亿元。营业收入和净利润增速最高的是天舟文化。具体见表 11－6。

表 11－6　出版业上市公司基本发展情况

单位：亿元，起，%

公司	总资产	增速	营业收入	增速	净利润	增速	市值	布局行业种类	并购案件数
天舟文化	20.31	218.08	5.15	56.99	1.22	498.56	89.23	出版发行、新媒体、教育服务、文化创意、手游	0
皖新传媒	72.06	15.30	57.33	24.74	6.94	14.53	236.60	出版、文化消费、教育服务、现代物流	1
中南传媒	84.68	5.66	16.47	0.67	1.44	－34.46	369.98	出版、数字出版、电商、教育、文化金融	0
凤凰传媒	—	—	—	—	3.02 ~ 3.61	－8 ~ 10	369.79	—	1

续表

公司	总资产	增速	营业收入	增速	净利润	增速	市值	布局行业种类	并购案件数
大地传媒	—	—	—	—	6.2 ~ 6.6	117 ~ 131	130.3	新闻、出版、教育、文化、广播、电影、电视	1
赛迪传媒	—	—	—	—	-0.25 ~ 0.29	—	45.40	文化、网络、手游、医药、电商	0
长江传媒	—	—	—	—	—	—	139.49	教育、图书发行、影视、动漫	0
中文传媒	—	—	—	—	—	—	251.62	文化、互联网、游戏	1
时代出版	—	—	—	—	—	—	102.52	出版、教育、影视、科技孵化	0
出版传媒	—	—	—	—	—	—	77.64	出版	0

注 1. 总资产为截至 2014 年 12 月 31 日资产规模；2. 总市值为 2015 年 3 月 20 日休市时。
资料来源：根据上市公司年报整理。

（七）其他上市公司情况良好

传媒业领域的其他上市公司主要有蓝色光标、省广股份等 7 家，其中蓝色光标的市值最高，为 302.24 亿元，视觉中国的市值也接近 300 亿元；营业收入增长率最高的是蓝色光标，为 66.85%，而净利润增长率最高的是视觉中国，为 76.46%。具体见表 11 -7。

表 11 -7　其他上市公司发展基本情况

单位：亿元，起，%

公司	总资产	增速	营业收入	增速	净利润	增速	市值	布局行业种类	并购案件数
蓝色光标	113.29	63.84	59.8	66.85	7.25	65.84	302.24	整合营销、大数据	2
省广股份	49.39	59.80	63.73	13.99	4.25	47.77	188.20	数字营销、电视	3
姚记扑克	14.51	30.62	7.52	5.81	1.22	4.56	87.67	医疗、健康、文化、娱乐	1
华谊嘉信	16.74	67.15	15.6	-11.13	0.71	11.32	79.00	线下营销、户外广告代理、公关、数字营销	1
齐心集团	19.3	8.63	16.33	-2.67	0.31	12.64	48.56	办公用品、电商、互联网广告	0

续表

公司	总资产	增速	营业收入	增速	净利润	增速	市值	布局行业种类	并购案件数
视觉中国	15.2	393.50	3.91	49.26	1.42	76.46	281.4	智慧旅游、视觉内容与服务、视觉数字娱乐和视觉社交	0
腾信股份	8.95	75.23	8.37	20.78	0.88	13.38	94.03	互联网营销	新上市

注 1. 总资产为截至 2014 年 12 月 31 日资产规模。2. 总市值为 2015 年 3 月 20 日休市时。
资料来源：根据上市公司年报整理。

（八）新上市传媒业公司及募资额

2014 年，传媒业领域有 5 家新上市公司，其中在国内上市 4 家（包括借壳上市 1 家），海外上市 1 家，涉及金额最大的为华媒控股的 22 亿元，具体见表 11－8。

表 11－8　传媒业新上市公司及涉及金额

单位：亿元

时间	传媒公司	募集金额
2014 年 10 月	万达院线	12.81
2014 年 9 月	腾信股份	4.18
2014 年 1 月	思美传媒	3.11
2014 年 4 月	新浪微博	2.86 亿美元
2014 年 5 月	华媒控股(杭报集团借壳华智控股)	22

资料来源：根据上市公司财报相关资料整理。

二　传媒业上市公司发展新趋势

（一）通过并购维持较高的成长性

成长性是上市公司市值管理的核心，为了维持较高的成长性，传媒业上市公司纷纷通过并购来实现自己的高成长性。根据相关资料，2014 年文化传媒公司股权投资的交易额达到1635亿元，其中腾讯、阿里、百度等互联网上市公司交易金额为1235亿元，国内A股上市的传媒公司股权投资的交易额达到348亿元，互联网公司交易金额远远高于传统传媒公司。具体见表11－9。

表11－9　2014年国内传媒上市公司股权投资交易额

单位：亿元

类型	次数	金额
传媒公司投资传媒业	35	112
传媒公司投资其他行业	31	129
传媒公司新上市	9	107
门户网站投资事件	31	52
腾讯阿里百度投资事件	98	1235
合　计	204	1635

资料来源：根据上市公司财报整理。

（二）商业生态系统级互联网公司开始出现

2014年9月19日，阿里巴巴在美国成功上市，实际募资超过250亿美元，成为有史以来募资额最高的IPO。在2014年，阿里巴巴一方面通过收购传媒企业为其在美国的上市造势，另一方面携其从美国上市融来的250亿美元巨资大力布局传媒业。腾讯、百度和奇虎360等上市互联网巨头也在传媒业大肆收购，初步形成了巨型的商业生态系统。

1. 阿里巴巴花费35亿美元在传媒业大量并购

阿里巴巴花费了近170亿美元在各个领域进行大规模并购，其中，在传媒业，主要为文化娱乐领域的投资数量最多，金额也非常大，发生了10起投资和并购，总金额接近38.97亿美元，具体包括：62.44亿港元（804亿美元）收购文化中国60%股权并在后面将其升级为“阿里影业”；65.36亿元（10.5亿美元）入股华数传媒，12.2亿美元战略投资优酷土豆集团，12亿元（1.92亿美元）投资广州恒大足球俱乐部，与腾讯、平安一起斥资36亿元（5.81亿美元）入股华谊兄弟（见表11－10），此外还投资了魔漫相机、V电影、芭乐网、虎嗅网等。

表 11－10 2014 年阿里巴巴在传媒业并购情况

单位：亿美元

时间	收购对象	所属行业	金额
2014 年 3 月	文化中国传播集团	文化	8.04
2014 年 3 月	Tango	社交	2.8
2014 年 4 月	优酷土豆	视频	12.2
2014 年 4 月	V 电影	影视社交	千万级人民币
2014 年 4 月	华数传媒	传媒	10.5
2014 年 5 月	酷飞在线	票务	不详
2014 年 5 月	恒大足球	体育	1.92
2014 年 8 月	芭乐网	影视	1 亿元
2014 年 9 月	Peel	电视	0.5
2014 年 9 月	华谊兄弟	传媒	5.81
2014 年 11 月	KTPlay	游戏	百万级人民币
2014 年 11 月	陌陌	社交	0.6

资料来源：根据阿里巴巴财报整理。

2. 腾讯并购主要集中于游戏领域

2014 年，腾讯并购总金额近 70 亿美元，投入消费生活 O2O、金融、医疗健康、汽车交通等。其中游戏是其重点投资领域，具体见表 11－11。

表 11－11 2014 年腾讯在传媒业并购情况

时间	收购对象	行业	金额
2014 年 1 月	星创互联	游戏	千万级人民币
2014 年 2 月	同程旅游网	票务	5 亿元
2014 年 3 月	CJ Games	游戏	5 亿美元
2014 年 5 月	商秦天柱	游戏	1.5 亿元
2014 年 6 月	TapZen	游戏	800 万美元
2014 年 9 月	我趣	旅游	2000 万美元
2014 年 9 月	红点直播	音乐	300 万美元
2014 年 11 月	Heirloom	图片	100 万美元
2014 年 11 月	4:33 Creative Lab	游戏	1.1 亿美元
2014 年 12 月	Kamcord	视频	1500 万美元
2014 年 12 月	Aiming	游戏	不详
2014 年 12 月	Play Dots	游戏	1000 万美元

资料来源：根据腾讯财报整理。

3. 百度在传媒业的并购重点在视频

2014年，百度投入的并购金额近15亿美元，重点是跟投爱奇艺。具体见表11－12。

表11－12　2014年百度投资情况

时间	被投资方	被投资方行业性质	投资金额
2014年5月	蓝港互动	游戏	2000万美元
2014年11月	爱奇艺	视频	不详
2014年12月	Pixellot	视频	300万美元

资料来源：根据百度财报整理。

4. 奇虎360重点投资文化娱乐

2014年，奇虎360的投资和收购有24起，并购金额近7亿美元，主要集中在企业（安全）、硬件、文化娱乐、移动互联网等方向，在传媒业的投资主要分布在文化娱乐领域。具体见表11－13。

表11－13　2014年奇虎360在传媒业并购情况

时间	被投资方	被投资方行业性质	投资金额
2014年1月	萌我爱游戏	游戏	数百万元
2014年4月	途牛	旅游	数千万美元
2014年4月	趣游	游戏	不详
2014年4月	美伽相机	文化娱乐	数千万元
2014年5月	聚胜万合	广告营销	不详
2014年6月	9158聚乐	文化娱乐	数千万美元
2014年9月	界面网络	文化娱乐	上亿元
2014年9月	多听网络	文化娱乐	1000万美元

资料来源：根据奇虎360财报资料整理。

5. 小米开始大举进入传媒业

2014年，小米虽然尚未上市，但也快速扩张，并购金额近32亿美元。小米在传媒业的投资重点在文化娱乐和游戏领域，具体见表11－14。

表 11－14　2014 年小米公司在传媒业并购情况

时间	被投资方	被投资方行业性质	投资金额
2014 年 2 月	西山居	游戏	2500 万美元
2014 年 4 月	迅雷	文化娱乐	3.1 亿美元
2014 年 4 月	奖多多	文化娱乐	5400 万元
2014 年 6 月	品种互动	广告营销	3000 万美元
2014 年 7 月	发现旅游网	旅游	数百万美元
2014 年 9 月	界面网络	文化娱乐	数亿元
2014 年 9 月	珠海乐趣科技	游戏	5000 万元
2014 年 11 月	优酷土豆	文化娱乐	1000 万美元
2014 年 11 月	爱奇艺	文化娱乐	3 亿美元
2014 年 11 月	全民奇迹	游戏	数千万元
2014 年 11 月	Egret Engine	游戏	1000 万美元

资料来源：根据相关资料整理。

（三）传媒业上市公司吸收合并上市公司

上海文广积极推动其旗下上市公司的重组，根据重组方案，百视通将收购东方明珠，合并完成后，上海文广将只保留百视通一家上市公司。截止到 2015 年 3 月 20 日停牌，百视通的市值为 537.8 亿元，东方明珠的市值为 503.4 亿元，合计为 1041.2 亿元，预计重组完成后，新百视通公司将成为传统媒体领域首个跨越千亿元市值门槛的传媒公司。百视通和东方明珠的合并重组方案有三个步骤：吸收换股合并、发行股份购买资产，以及募集配套资金。

整合后的百视通公司，在牌照资源、内容资源和渠道资源丰富，已经成为一个“生态圈”。根据重组方案，上海文广新上市公司将形成包括内容、平台＋渠道、服务三大板块的业务“生态圈”。

（四）大量的文化产业投资基金成立

近几年，我国文化产业投资基金迅猛发展，仅 2014 年一年新增加 51 支文化产业投资基金，其中 40 支透露募资额的基金总募资金额高达 1196.85 亿元，首期募集金额共达到 140.75 亿元。

首先，在地区分布方面。主要分布在北京、上海、广东等一线城市，51

支基金中有33支分布在上述地区，占总基金数的64.7%，募集基金总金额为339.05亿元。

其次，在行业分布方面。投资主要集中于移动互联网、旅游演艺领域等，其中移动互联网领域11起，占总数的23%；旅游演艺领域8起，约占17%。

（五）“上市公司＋PE”模式成为新主流

2011年，硅谷天堂首创“上市公司＋PE”模式，与大康牧业合作成立并购基金，开展产业并购。2014年这一模式开始引入传媒业。

目前，在传媒业方面，蓝色光标斥资1亿元参与投资北京华泰瑞联并购基金中心、当代东方与华安基金子公司共同发起的并购资产管理计划。奥飞动漫与广发证券直投子公司广发信德的携手都是运用这一模式的典范。采取这一模式的主要代表见表11－15。

表11－15　“上市公司＋PE”模式一览

上市公司	PE公司	基金规模	投资方向
当代东方（000673）	华安未来	50亿元	参与文化传媒行业优质资产的并购、重组
山水文化（600234）	七弦股权 六合逢春	20亿元	投资动漫、游戏、影视、旅游、演艺及移动互联网
新华传媒（600825）	窗体顶端 元禾母基金和华映资本	12亿元	窗体顶端 投资布局移动互联网时代新媒体内容生产、消费转型及技术支撑环节的潜力型、成长型项目
互动娱乐（300043）	复星瑞哲	12亿元	通过并购及投资进一步延伸娱乐产业价值链
乐视网（300104）	乐视控股	5亿～10亿元	布局互联网应用、移动互联网、云计算和智能终端
蓝色光标（300058）	红土嘉禾	5亿元	互联网、新媒体、大数据、公关、传媒、影视等
省广股份（002400）	上海智义	5亿元	投资广告、营销和传媒相关行业
粤传媒（002181）	德同投资	1.5亿元	以产业整合与并购重组等方式，专注于投资文化传媒的热点领域和创新服务领域的相关性企业
天舟文化（300104）	德同投资	1亿元	与文化产业相关从事移动互联网产业的早期投资

续表

上市公司	PE 公司	基金规模	投资方向
奥飞动漫(002292)	广发信德	1 亿元	互联网游戏、广告、文学、视频及影视、动漫等
掌趣科技(300315)	华泰瑞联	N/A	重点投资 TMT、医疗服务及医药、大消费、环保等
华媒控股(000607)	浙商创业	1 亿元	泛文化行业及与信息技术结合的相关领域的内容、渠道和消费三个方面,重点关注这三者相结合所产生的投资机会

资料来源：根据上市公司财报整理。

（六）跨界并购蔚然成风

2014 年，大量来自制造业、食品、农林牧渔等传统或周期性行业的公司，纷纷通过并购涉足移动互联网、文化影视、手游、医疗健康等新兴行业。万达集团更是从房地产高调转型进入文化传媒产业，成立了专门的文化产业集团，把文化产业作为其支柱产业发展。2014 年，万达旗下文化产业集团的年收入高达 341.4 亿元，同比增长 32.3%，其在文化产业的布局具体见表 11－16。

表 11－16　万达的文化产业布局

领域	概况
文化旅游城	每个万达城文化旅游总投资均超过 200 亿元,包括超大型万达茂、大型室外主题公园、酒店群、大型舞台秀、酒吧街等内容。万达已有武汉、长白山、西双版纳、哈尔滨、青岛、南昌、合肥、无锡、桂林 9 个文化旅游城项目,计划在全国做到 12～15 个。
电影产业	万达在国内有万达院线,目前已经成功上市;在美国收购了 AMC 院线,而且还在欧美寻找新的并购机会。现在万达约占全球电影票房市场份额的 10%,目标是到 2020 年达到 20%。万达总投资近 500 亿元,正在青岛做一个全球最大的影视产业园区,正在申办青岛国际电影节,欲将其打造成具有世界影响力的中国文化品牌
舞台演艺	万达的舞台演艺集舞台节目、水中节目、舞台变化、高科技于一体,不是传统的舞台戏剧
电影娱乐科技	目前有武汉、哈尔滨、南昌、合肥、无锡、桂林 6 个项目在建
主题公园	目前有西双版纳、哈尔滨、青岛、南昌、合肥、桂林 6 个项目在建,2015 年将有西双版纳、南昌两个主题公园开业

续表

领域	概况
连锁儿童娱乐	内容以儿童体验式互动游乐为主,结合儿童教育、零售、美食等
连锁量贩 KTV	截止到 2014 年 6 月底,已开业 81 家,2014 年还要开 24 家,规模全球最大
其他领域	万达投资经营了财经类周刊《华夏时报》和《大众电影》杂志;万达专注收藏中国近现代一流名家字画,已收藏百位大师千幅馆藏级作品,价值过百亿元

资料来源：根据万达集团相关资料整理。

B.12 中国传媒业并购报告*

郭全中　郭 锐　郭凤娟**

摘　要：在相关产业政策利好、消费产业升级、并购政策松绑、互联网巨头大举并购等多重因素的推动下，2014年我国并购数量过200起，交易规模过2200亿元，单项最大交易金额达到492亿元。阿里巴巴等互联网巨头借助强大的资金实力，正通过并购大举进入传媒业，搭建属于自己的商业生态系统，以在未来的竞争中抢占战略制高点。

关键词：传媒业　并购　阿里巴巴

在相关产业政策利好、消费产业升级等多重因素的推动下，传媒业市场持续繁荣，再加上并购政策松绑、互联网巨头大举并购等的进一步刺激，传媒业并购市场活跃。

一　传媒业并购市场火爆的深层次原因

（一）我国进入传媒业高级发展阶段

1. 人均 GDP 过5000美元

传媒业市场规模由各国的 GDP 和人均可支配收入等因素决定，理论上讲，

---

* 本报告是作者主持的国家社科基金重点项目《新媒体环境下传统媒体的转型战略研究》的阶段性成果（项目批准号：13AXW006）。

** 郭全中，国家行政学院社会和文化教研部高级经济师，管理学博士；郭锐，北京金信网银金融信息服务有限公司；郭凤娟，北京市资产评估师协会。

当人均 GDP 低于 5000 美元时，广告收入/GDP 比率较低，一般为 7‰以下，而当人均 GDP 超过 5000 美元时，广告收入/GDP 比率就会大幅度上升到 1% ~2%。国外发达国家的传媒业市场实践也已经充分证明，当人均 GDP 超过 5000 美元时，文化传媒消费就会进入高级发展阶段，出现质变性增长。根据国家工商总局的数据，2014 年，我国 GDP 突破 60 万亿元，达到 636463 亿元，同比增长 7.4%；人均 GDP 突破 7000 美元大关，达到 7485 美元；全国人均可支配收入为 20167 元，同比增长 8.0%。如果按照 1% 的较低比率来计算，广告市场就将达到 6364.63 亿元，而如果按照 1.5% 的中等比率来计算，则广告市场为 9546.95 亿元，而如果按照 2% 的较高比率计算，则广告市场就破万亿元，达到 12729.26 亿元。

2. 互联网媒体高速发展

根据 CNNIC 的数据，截至 2014 年年底，中国网民数达到 6.49 亿，渗透率为 47.9%，其中手机网民数为 5.57 亿户，渗透率为 85.8%。在巨量的用户群尤其是年轻用户群的基础上，近几年互联网广告收入一直处于高速增长状态，2014 年，互联网广告收入为 1540 亿元，可能超过中国电视和报纸广告收入之和；而百度、阿里巴巴、腾讯、搜狐、新浪等 9 家互联网公司的广告收入为 1155.77 亿元，同比增长 43.20%。具体见表 12－1 和表 12－2。

表 12－1　2012 ~2014 年互联网广告收入

单位：亿元，%

年份	互联网广告收入	同比增速
2012	773.1	43.8
2013	1100.0	42.3
2014	1540.0	40.0

资料来源：艾瑞数据。

表 12－2　2014 年主要互联网公司广告收入

单位：亿元，%

公司	2013 年	2014 年	同比增速
百　　度	318.02	484.95	52.50
阿里巴巴	284.17	375.10	32.00
腾　　讯	50.34	83.08	65.04
搜　　狐	40.17	55.99	43.00

续表

公司	2013 年	2014 年	同比增速
新　浪	32.69	39.88	22.00
网　易	10.95	15.52	41.74
优酷土豆	27.04	35.20	30.20
奇虎360	25.98	47.11	81.30
搜　房	17.33	18.34	5.80
合　计	806.69	1155.17	43.20

资料来源：根据上市公司财报整理。

3. 电影产业近300亿元

近5年来，在中产阶层兴起、消费升级的推动下，我国的影院和银幕数量快速增长。2014年，新增影院1015家，新增银幕5397块，全国银幕总数已达2.36万块。在此基础上，2014年，全国电影总票房296.39亿元，同比增长36.15%；比2009年的62亿元，增长了3.78倍，年均增长75.61%。

4. 游戏产业市场规模过千亿元

中国音数协游戏工委（GPC）、CNG中新游戏研究和国际数据公司（IDC）共同推出的《2014年中国游戏产业报告》数据显示，2014年中国游戏市场实际销售收入达到了1144.8亿元，同比增长37.7%；中国游戏市场用户数量达到5.17亿人。

（二）文化产业利好政策迭出

2014年，国家把大力发展文化产业作为调整和完善经济结构的重要抓手，出台了大量的文化产业相关扶持政策，具体政策见表12－3。

表12－3　2014年文化产业相关政策一览

发布时间	发布部门	政策名称
3月3日	国务院	《关于发展对外贸易的意见》
3月14日	国务院	《关于推进文化创意和设计服务与相关产业融合发展的若干意见》
3月17日	文化部、中国人民银行、财政部	《关于深入推进文化金融合作的意见》
4月8日	财政部、国家税务总局	《关于小型微利企业所得税优惠整顿有关问题的通知》

续表

发布时间	发布部门	政策名称
4月16日	国务院办公厅	《关于印发文化体制改制中经营性文化事业单位转制为企业和进一步支持文化企业发展的两个政策的通知》
4月24日	国家新闻出版广电总局、财政部	《关于推动新闻出版业数字化转型升级的指导意见》
6月19日	财政部、国家发改委、中国人民银行、国家新闻出版广电总局等七部委	《关于支持电影发展若干经济政策的通知》
7月11日	文化部、工信部、财政部	《关于大力支持小微文化企业发展的实施意见》
8月18日	中央全面深化改革领导小组	《关于推动传统媒体和新兴媒体融合的指导意见》
8月26日	文化部、财政部	《关于推动特色文化产业发展的指导意见》
10月10日	国家知识产权局	《关于知识产权促进小微企业发展的若干意见》
10月20日	国务院	《关于加快发展体育产业促进体育消费的若干意见》
11月27日	财政部、海关总署、国家税务总局	《关于继续实施支持文化企业发展若干税收政策的通知》

资料来源：根据相关网站资料整理。

（三）国家放松对产业并购的管制政策

长期以来，我国对产业并购采取较为严格的规定。2014 年，国务院发布了《关于进一步优化企业兼并重组市场环境的意见》。《上市公司重大资产重组管理办法》以及《关于修改〈上市公司收购管理办法〉的决定》也正式施行，这些政策体现了“管制政策放松、审批环节简化、定价机制市场化”的特点，有力地促进了市场各主体参与并购重组的意愿。具体内容见表 12－4。

除了上述原因之外，由于国内 IPO 发行数量少且排队时间太长，企业转而寻找并购的退出渠道；传统产业亟待通过并购新兴产业培育新增长点来实现转型升级；上市公司的市值也需要并购实现自身的高成长性，这一切共同促进了传媒业并购市场的繁荣。

表 12－4 产业并购政策

时间	政策	主要内容
2014 年 3 月 24 日	《关于进一步优化企业兼并重组市场环境的意见》	提出发挥市场机制作用，取消和下放一大批行政审批事项
10 月 23 日	《上市公司重大资产重组管理办法》以及《关于修改〈上市公司收购管理办法〉的决定》	取消对不构成借壳上市的上市公司重大购买、出售、置换资产行为的审批；取消要约收购事前审批及两项要约收购豁免情形的审批；完善借壳上市的定义，明确对借壳上市执行与 IPO 审核等同的要求，明确创业板上市公司不允许借壳上市；进一步丰富并购重组支付工具，为上市公司发行优先股、定向发行可转换债券、定向权证作为并购重组支付方式预留制度空间；取消向非关联第三方发行股份购买资产的门槛限制和盈利预测补偿强制性规定要求，尊重市场化博弈；明确分道制审核，加强事中事后监管，督促有关主体归位尽责

资料来源：根据相关政策整理。

二 传媒业市场并购金额过2200亿元

（一）并购市场综合情况

综合 Wind 等相关市场公司数据，2014 年我国并购数量超过 200 起，交易规模超过 2200 亿元，单项交易金额大。具体见表 12－5。

表 12－5 2014 年传媒业并购基本情况

交易数量	200 多起
涵盖范围	影视、游戏、互联网媒体、有线和卫星电视等子行业
交易规模	并购总金额超过 2200 亿元，是 2013 年并购总金额的 2 倍多

资料来源：根据相关资料整理。

（二）单项并购金额高达492亿元

2014 年，百视通收购东方明珠是传媒业市场单笔最大的并购，涉及金额为 492 亿元（尚未完成），以并购金额排名计算，前 10 位涉及金额全部超过 30 亿元，具体见表 12 －6。

表 12 －6　2014 年传媒业并购金额 10 大并购案

并购事件	并购金额	并购事件	并购金额
百视通吸收合并东方明珠	492 亿元	印纪传媒借壳高金食品	60 亿元
阿里收购优酷土豆 16.5% 股权	10.88 亿美元	阿里巴巴收购文化中国 60% 股权	62.44 亿港元
马云、史玉柱收购华数 20% 股权	65 亿元	优族信息借壳上市	6.30 亿美元
复星集团收购 studio	10.0 亿美元	野马国际收购飞流	35.40 亿元
中技控股收购点点互动	60.21 亿元	腾讯收购 CJ Games	31.04 亿元

资料来源：根据各种资料整理。

（三）各子行业并购基本情况

第一，2014 年各行业的并购数量都较多，具体见表 12 －7。

表 12 －7　并购分行业情况

单位：起

行业	数量	行业	数量
影视	63	出版类	17
游戏	57	互联网媒体	13
广告	46		

资料来源：根据相关资料整理。

第二，影视行业最为活跃。有 42 家上市公司发起并购，并购交易总金额总计超过 900 亿元，其中以百事通 492 亿元重大资产重组方案规模最大。而华策影视则是活跃度最高的，华策影视以影视内容为核心，通过不断地并购逐步覆盖网络、动漫、游戏及海外电影等市场，仅仅 2014 年就耗资 5.07 亿元发起了 4 起并购。具体见表 12 －8。

第三，游戏行业活跃度依然很高。2014 年，游戏行业共发生 57 起并购案，并购金额近 400 亿元。其中并购金额第一位的是中技控股以 60.21 亿元收购点点互动，并且前 10 大并购案的并购金额都超过了 10 亿元。在并购案例数量上，中青宝、张化机、光线传媒都发起了 3 起。

表 12－8　华策影视近年收购一览

收购标的	收购金额(亿元)	股权比例(%)	收购标的	收购金额(亿元)	股权比例(%)
克顿传媒	16.52	100	合润文化	1.04	20
韩国 NEW	3.23	15	高格影视	0.40	18.1
最世文化	1.80	26	海宁华凡	0.18	60

资料来源：根据爱奇艺财报资料整理。

三　传媒上市公司并购情况

（一）交易金额为1635亿元

根据相关资料，2014 年文化传媒公司股权投资的交易额达到 1635 亿元，其中互联网上市公司交易金额为 1235 亿元，国内 A 股上市的传媒公司股权投资的交易额达到 348 亿人民币，互联网公司交易金额远远高于传统传媒公司。具体见表 12－9。

表 12－9　2014 年国内传媒上市公司股权投资交易额

单位：亿元

类型	次数	金额	类型	次数	金额
传媒公司投资传媒业	35	112	门户网站投资事件	31	52
传媒公司投资其他行业	31	129	腾讯阿里百度投资事件	98	1235
传媒公司新上市	9	107	合　计	204	1635

资料来源：根据上市公司财报整理。

（二）传媒业领域最为活跃

2014 年，在分行业中，传媒业最为活跃，并购数量为 35 起，并购金额为 272 亿元，其次分别为软硬件、电商、游戏和多媒体，交易金额都超过 100 亿元。具体见表 12－10。

表 12－10　2014 年传媒上市公司股权投资领域

单位：起，亿元

类型	数量	金额	类型	数量	金额	类型	数量	金额
传媒业	35	272	打车应用	6	72	导航	4	33
软硬件	13	238	物流	8	63	社交	7	26
电商	6	147	O2O	3	60	教育	8	21
游戏	24	128	文化	1	52	金融	6	17
多媒体	11	126	团购	4	48	其他	59	332

资料来源：根据上市公司财报整理。

（三）传统传媒公司积极发起并购

2014 年，华闻传媒、浙报传媒、粤传媒、华数传媒、电广传媒、广电网络等传统传媒公司积极发起并购，交易活跃，具体见表 12－11。

表 12－11　2014 年传媒公司股权投资传媒公司案例

单位：%，亿元

时间	收购方	被收购方	收购股权后占有被收购公司股权比例	交易金额
2014 年 12 月	华数传媒	新疆广电	10	1.36
2014 年 6 月	华数传媒	唐人影视	8.06	1
2014 年 7 月	电广传媒	珠江数码	22.50	4.95
2014 年 10 月	湖北广电	武汉广电投资、荆州视信、十堰广电	100	21.62
2014 年 4 月	奥飞动漫	壹沙传媒	70	0.0486
2014 年 12 月	蓝色光标	Vision 7 International ULC	85	2.1 亿加元(约10 亿元人民币)
2014 年 3 月	蓝色光标	密达美渡	100	1.78 亿港元(约合1.42 亿元人民币)
2014 年 3 月	华录百纳	蓝色火焰	100	25
2014 年 10 月	天威视讯	天宝网络、天隆网络	100	12.77
2014 年 5 月	乐视网	花儿影视	100	14.99
2014 年 5 月	乐视网	乐视新媒体	99.50	
2014 年 7 月	凤凰传媒	PIL、JRS、童书	100	1.5

续表

时间	收购方	被收购方	收购股权后占有被收购公司股权比例	交易金额
2014 年 6 月	长城影视	浙江光线	80	1. 84
2014 年 6 月	长城影视	上海胜盟	100	1. 4
2015 年 2 月	省广传媒	雅润文化	100	5. 7
2014 年 10 月	省广传媒	省广合众	100	2. 43
2014 年 7 月	省广传媒	广州中懋	55	1. 88
2014 年 7 月	省广传媒	尚道公司	25	0. 13
2014 年 11 月	皖新传媒	蓝狮子	45	1. 57
2014 年 9 月	大地传媒	发行集团、人民社、郑州市店、出版贸易公司、中原出版传媒集团所持对大地传媒下属 500 万元的委托贷款债权	100	29. 58
2014 年 9 月	浙报传媒	淘宝天下	51	0. 32
2014 年 4 月	浙报传媒	唐人影视	8. 77	1
2014 年 11 月	华策影视	韩国 NEW	15	3. 23
2014 年 11 月	华策影视	天映传媒	40	0. 3
2014 年 4 月	华策影视	克顿传媒	100	16. 52
2015 年 1 月	华谊嘉信	迪思传媒	100	1. 43
2015 年 2 月	新文化	郁金香传播、达克斯广告	100	5
2015 年 2 月	粤传媒	China Audience Network Inc.	13. 33	0. 16
2014 年 12 月	粤传媒	一财报业	25	1. 03
2014 年 7 月	粤传媒	香榭丽传媒	100	4. 5
2014 年 11 月	华闻传媒	精视文化	60	4. 32
2014 年 11 月	华闻传媒	漫友文化	85. 61	3. 42
2014 年 3 月	华闻传媒	华商传媒	100	14. 53
2014 年 3 月	华闻传媒	华商数码、华商广告、华商网络、重庆华博传媒、吉林华商传媒、辽宁盈丰传媒、华商卓越文化	100	8. 29
2014 年 3 月	华闻传媒	陕西黄马甲	90	1. 71

资料来源：根据上市公司财报整理。

（四）传媒公司积极开展跨行业并购

2014 年，华闻传媒、光线传媒、电广传媒、奥飞动漫、粤传媒等传媒类公司纷纷开展跨行业并购，积极进入游戏等行业，具体见表 12-12。

表 12-12　2014 年传媒公司股权投资非传媒公司案例

单位：%，亿元

时间	收购方	被收购方	被收购方行业性质	收购股权后占有被收购公司股权比例	交易金额
2014 年 6 月	光线传媒	妙趣横生	游戏	26.67	1.6
2014 年 5 月	光线传媒	仙海科技	游戏	20	2.3
2014 年 8 月	电广传媒	江苏物泰	物联网技术	45	1.23
2014 年 8 月	电广传媒	冀锋科技	移动互联网技术	51	1.67
2015 年 2 月	金亚科技	天象互动	游戏	100	22
2015 年 2 月	金亚科技	银川圣地	游戏	60	0.8
2014 年 9 月	金亚科技	麦秸创想	软硬件	20	0.04
2014 年 9 月	金亚科技	雪狐科技	软硬件	35	0.08
2014 年 6 月	奥飞动漫	方寸科技	游戏	100	3.25
2014 年 6 月	奥飞动漫	爱乐游	童婴	100	3.67
2014 年 4 月	奥飞动漫	三乐公司	游戏	40	0.2
2014 年 4 月	奥飞动漫	Waystar	游戏	40	0.98
2014 年 4 月	奥飞动漫	魔屏	移动动漫	60	0.25
2015 年 1 月	中文传媒	智明星通	游戏	100	26.6
2014 年 9 月	华谊兄弟	GDC 公司	策划	79	5.4
2014 年 8 月	华谊兄弟	卖座网	电商	51	2.67
2014 年 5 月	华谊兄弟	银汉科技	游戏	50.88	6.72
2014 年 6 月	天舟文化	神器时代	游戏	100	12.54
2015 年 2 月	姚记扑克	中德所罗门	自行车	51	1.25
2014 年 3 月	浙报传媒	起凡数字、起于凡信息	游戏	5.75	1
2014 年 7 月	吉视传媒	三亚樾城	地产	100	1.26
2014 年 6 月	佳创视讯	PlayJam	游戏	3.38	0.062
2014 年 8 月	粤传媒	佛山禅城碧桂园	地产	不详	0.77
2014 年 3 月	粤传媒	龙飞软件	软件	10.53	0.4
2014 年 3 月	粤传媒	万将科技	游戏	7.19	0.048
2014 年 11 月	华闻传媒	掌视亿通	视频	100	13.05

续表

时间	收购方	被收购方	被收购方行业性质	收购股权后占有被收购公司股权比例	交易金额
2014 年 11 月	华闻传媒	邦富软件	舆情	100	7.2
2014 年 4 月	华闻传媒	国视通讯	通讯	100	2.8
2014 年 3 月	华闻传媒	澄怀科技	咨询	100	6.98
2014 年 12 月	歌华有线	世博云公司	视频	10	0.14
2014 年 8 月	人民网	微屏软件	软件	35	1.82

资料来源：根据上市公司财报整理。

（五）互联网公司的并购

2014 年，除了阿里巴巴、腾讯、百度、小米和奇虎 360 五大互联网公司开展大量并购之外，搜狐等互联网公司也开始进行大量并购（见表 12－13）。

表 12－13　搜狐等互联网公司股权投资案例

单位：%

时间	收购方	被收购方	被收购方行业性质	交易金额
2014 年 7 月	搜狐	海豚浏览器	浏览器	9100 万美元
2014 年 8 月	搜狐	KeyEast	娱乐	8926 万元
2014 年 10 月	搜狐	56 网	视频	数千万美元
2014 年 1 月	新浪	四季凯芯科技/问我	社交	数千万元
2014 年 1 月	新浪	上海钜派投资	金融	数千万元
2014 年 1 月	新浪	美丽家	装修	数百万元
2014 年 1 月	新浪	鼎开互联	移动互联网	数千万美元
2014 年 2 月	新浪	奇游互动/全民武侠	游戏	不详
2014 年 5 月	新浪	Geo 集奥聚合	广告营销	数千万美元
2014 年 6 月	新浪	爱彩网	电商	不详
2014 年 6 月	新浪	今日头条	传媒	1 亿美元
2014 年 9 月	新浪	广州墨游科技	游戏	数百万元
2014 年 9 月	新浪	秒拍	拍照应用	5000 万美元
2014 年 9 月	网易	周伯通招聘网/途明锐达科技	企业服务	2800 万元
2014 年 10 月	网易	FView 无水社区/杀价帮	媒体	500 万元
2014 年 10 月	网易	Mobvista 移动远景	广告营销	1000 万美元

续表

时间	收购方	被收购方	被收购方行业性质	交易金额
2014 年 2 月	凤凰网	一点资讯	媒体	3000 万美元
2015 年 3 月	东方财富	证通股份	金融	2500 万元人民币
2014 年 7 月	优酷土豆	国广东方	多媒体	5000 万元人民币
2014 年 4 月	人人网	万门大学	教育	不详
2014 年 5 月	人人网	Fundrise	地产	3100 万美元
2014 年 9 月	人人网	雪球网	金融	4000 万美元
2014 年 11 月	人人网	GoGoVan 高高客货车	物流	1000 万美元
2015 年 1 月	人人网	Motif Investing	金融	4000 万美元
2015 年 2 月	人人网	车易拍/北京巅峰科技	二手车交易	1.1 亿美元
2014 年 4 月	易车网	易点时空/我要考驾照/车轮社区	汽车服务	数千万美元
2014 年 9 月	易车网	Zampus 晶赞科技	广告营销	数千万美元
2014 年 10 月	易车网	好快省汽车服务	汽车服务	数千万元人民币

资料来源：根据上市公司财报整理。

（六）非传媒公司积极进入传媒公司

2014 年，业外资本积极进入传媒业，申科股份、当代东方等上市公司纷纷进入传媒业，具体见表 12 - 14。

表 12 - 14　2014 年非传媒公司股权投资传媒公司案例

单位：%，亿元

时间	收购方	收购方行业性质	被收购方	收购股权后占有被收购公司股权比例	交易金额
2014 年 6 月	申科股份	轴承	海润影视	100	25.22
2014 年 4 月	江苏宏宝	五金	长城影视	100	22.9
2015 年 1 月	当代东方	投资	盟将威	100	11

资料来源：根据上市公司财报整理。

四　TABLE 等互联网巨头的并购

2014 年，阿里巴巴、腾讯、百度、奇虎 360 和小米等互联网巨头凭借强大的资本实力大肆收购，不断完善自身的商业生态系统。

（一）阿里巴巴并购金额近170亿美元

阿里巴巴在各个领域进行大规模并购，具体见表12－15。其中，在文化娱乐领域的投资数量最多、金额也非常大，共发生了10起投资和并购，总金额接近38.97亿美元，具体包括：62.44亿港元收购文化中国60%股权并在后面将其升级为“阿里影业”；65.36亿元入股华数传媒，12.2亿美元战略投资优酷土豆集团，12亿元投资广州恒大足球俱乐部，与腾讯、平安一起斥资36亿元入股华谊兄弟，此外还投资魔漫相机、V电影、芭乐网、虎嗅网等。

表12－15　2014年阿里巴巴并购一览

单位：亿美元

时间	收购对象	所属行业	金额
2014年1月	FirstDibs	零售	0.15
2014年1月	中信21世纪	信息服务商	1.7
2014年2月	TutorGroup	教育	1
2014年2月	茵曼	服装	千万级美元
2014年3月	文化中国传播集团	文化	8.04
2014年3月	佰程旅行网	旅游	0.2
2014年3月	Tango	社交	2.8
2014年3月	银泰百货	地产	6.92
2014年4月	Lyft	打车应用	2.5
2014年4月	优酷土豆	视频	12.2
2014年4月	快的	打车应用	千万级美元
2014年4月	V电影	影视社交	千万级人民币
2014年4月	恒生电子	软件	33亿元
2014年4月	华数传媒	传媒	10.5
2014年5月	酷飞在线	票务	不详
2014年5月	中国智能物流骨干网	物流	2.69
2014年5月	新加坡国家邮政服务	物流	2.5
2014年5月	美团	团购	3
2014年5月	恒大足球	体育	1.92
2014年5月	卡行天下	物流	亿级人民币
2014年6月	UCWEB	浏览器	不详
2014年6月	超级课程表	教育	千万级美元
2014年7月	高德公司	导航	2.94

续表

时间	收购对象	所属行业	金额
2014年7月	Kabam	游戏	1.2
2014年7月	华康全景	医疗	千万级人民币
2014年8月	芭乐网	影视	1亿元
2014年8月	WiTown	营销	千万级人民币
2014年9月	魔漫相机	拍照应用	不详
2014年9月	Peel	电视	0.5
2014年9月	遛遛	社交	百万级美元
2014年9月	华谊兄弟	传媒	5.81
2014年10月	快的	打车应用	不详
2014年11月	V-Key	互联网安全	0.12
2014年11月	KTPlay	游戏	百万级人民币
2014年11月	陌陌	社交	0.6
2014年12月	特逗	拍照应用	不详
2014年12月	华康全景	医疗	千万级美元

资料来源：根据阿里巴巴财报整理。

（二）腾讯并购金额近70亿美元

腾讯在坐拥QQ、微信两大王牌的基础上，继续大力布局新业务，除开腾讯占有明显优势的社交、游戏、文化娱乐等领域外，2014年的腾讯在一些新业务方面也大力投入，包括消费生活O2O、金融、医疗健康、汽车交通等。具体见表12-16。

表12-16　2014年腾讯并购一览

时间	收购对象	行业	金额
2014年1月	科菱航睿	导航	不详
2014年1月	富图证券	金融	千万级人民币
2014年1月	香港物流及贸易中心华南城	物流	1.03亿美元
2014年1月	滴滴	打车应用	1亿美元
2014年1月	人人贷	P2P	1.3亿美元
2014年1月	星创互联	游戏	千万级人民币
2014年2月	刷机大师	刷机应用	千万级人民币
2014年2月	同程旅游网	票务	5亿元

续表

时间	收购对象	行业	金额
2014 年 2 月	大众点评网	团购	4 亿美元
2014 年 3 月	京东	电商	2.14 亿美元
2014 年 3 月	买卖宝	电商	1 亿美元
2014 年 3 月	CJ Games	游戏	5 亿美元
2014 年 3 月	平台乐居	O2O	1.8 亿美元
2014 年 4 月	Weebly	网站设计	3500 万美元
2014 年 5 月	商秦天柱	游戏	1.5 亿元
2014 年 5 月	四维图新	导航	1.87 亿美元
2014 年 5 月	Whisper	社交	3600 万美元
2014 年 6 月	58 同城	O2O	7.36 亿美元
2014 年 6 月	缤刻普锐	智能硬件	2100 万美元
2014 年 6 月	Scaled Interface	人工智能	500 万美元
2014 年 6 月	TapZen	游戏	800 万美元
2014 年 7 月	e 袋洗	O2O	2000 万元
2014 年 7 月	微学明日	教育	不详
2014 年 8 月	跨考	教育	3000 万元
2014 年 8 月	万达电商	电商	50 亿元
2014 年 9 月	丁香园	医疗	7000 万美元
2014 年 9 月	华南城	物流	1.93 亿美元
2014 年 9 月	e 家洁	O2O	400 万美元
2014 年 9 月	Altspace VR	VR	400 万美元
2014 年 9 月	我趣	旅游	2000 万美元
2014 年 9 月	中石化	石油	不详
2014 年 9 月	红点直播	音乐	300 万美元
2014 年 10 月	口袋购物	电商	3.5 亿美元
2014 年 10 月	挂号网	医疗	1 亿美元
2014 年 10 月	快看	社交	2000 万美元
2014 年 10 月	华彩控股	彩票	不详
2014 年 10 月	Tile	硬件	350 万美元
2014 年 11 月	Heirloom	图片	100 万美元
2014 年 11 月	人人快递	物流	1500 万美元
2014 年 11 月	4:33 Creative Lab	游戏	1.1 亿美元
2014 年 12 月	迈外迪	硬件	4900 万美元
2014 年 12 月	Kamcord	视频	1500 万美元
2014 年 12 月	Aiming	游戏	不详
2014 年 12 月	Play Dots	游戏	1000 万美元
2014 年 12 月	滴滴	打车应用	7 亿美元

资料来源：根据腾讯财报整理。

（三）百度并购金额近15亿美元

2014 年，百度的并购相对保守，在新产品和新服务的布局不是太多，但对于自己特别看好的领域如教育、硬件，百度动作非常快速。具体见表 12－17。

表 12－17　2014 年百度投资表一览

时间	被投资方	被投资方行业性质	投资金额
2014 年 1 月	糯米网	团购	不详
2014 年 1 月	乐彩网	彩票	不详
2014 年 4 月	沪江网	教育	8000 万美元
2014 年 4 月	猎豹移动	互联网安全	2000 万美元
2014 年 5 月	蓝港互动	游戏	2000 万美元
2014 年 7 月	万学教育	教育	千万级美元
2014 年 7 月	传课网	教育	不详
2014 年 8 月	万达电商	电商	50 亿元
2014 年 9 月	智课网	教育	1060 万美元
2014 年 9 月	IndoorAtlas	导航	1000 万美元
2014 年 10 月	Peixe Urbano	团购	不详
2014 年 11 月	爱奇艺	视频	不详
2014 年 11 月	物流系统服务商	物流	600 万美元
2014 年 12 月	Uber	打车应用	不详
2014 年 12 月	Pixellot	视频	300 万美元

资料来源：根据百度财报整理。

（四）小米并购金额近32亿美元

2014 年，小米快速扩张，业务从此前的手机、数码扩展到智能家居、医疗健康等多个领域。具体见表 12－18。

表 12－18　2014 年小米公司并购一览

时间	被投资方	被投资方行业性质	投资金额
2014 年 1 月	瓦力网络	移动互联网	不详
2014 年 1 月	华米科技	硬件	数千万元
2014 年 1 月	合创科技	企业服务	数千万元
2014 年 2 月	西山居	游戏	2500 万美元
2014 年 2 月	凡客诚品	电子商务	2 亿美元
2014 年 4 月	迅雷	文化娱乐	3.1 亿美元
2014 年 4 月	猎豹移动	移动互联网	5000 万美元

续表

时间	被投资方	被投资方行业性质	投资金额
2014 年 4 月	人脉通	SNS 社交	1000 万美元
2014 年 4 月	奖多多	文化娱乐	5400 万元
2014 年 6 月	品种互动	广告营销	3000 万美元
2014 年 7 月	一起作业网	教育	2000 万美元
2014 年 7 月	发现旅游网	旅游	数百万美元
2014 年 8 月	金山云	企业服务	数亿元
2014 年 8 月	魔秀科技	移动互联网	5500 万元
2014 年 9 月	积木盒子	金融	3719 万美元
2014 年 9 月	Ihealth	医疗健康	2500 万美元
2014 年 9 月	界面网络	文化娱乐	数亿元
2014 年 9 月	我有外卖	消费生活	8000 万元
2014 年 9 月	丽维家	消费生活	数千万元
2014 年 9 月	闺蜜圈	SNS 社交	1000 万美元
2014 年 9 月	You + 国际青年公寓	房产酒店	1 亿元
2014 年 9 月	星空琴行	教育	数千万美元
2014 年 9 月	维立客教育	教育	数百万美元
2014 年 9 月	珠海乐趣科技	游戏	5000 万元
2014 年 10 月	电话邦	移动互联网	数千万美元
2014 年 10 月	云柚科技	硬件	数百万美元
2014 年 10 月	LBE 安全大师	企业服务	数千万美元
2014 年 10 月	阿姨帮	生活服务	数千万美元
2014 年 10 月	51talk	教育	5500 万美元
2014 年 11 月	优酷土豆	文化娱乐	1000 万美元
2014 年 11 月	爱奇艺	文化娱乐	3 亿美元
2014 年 11 月	全民奇迹	游戏	数千万元
2014 年 11 月	凯立德	移动互联网	8400 万元
2014 年 11 月	RIGO design	企业服务	不详
2014 年 11 月	Egret Engine	游戏	1000 万美元
2014 年 12 月	世纪互联	企业服务	2. 92 亿美元
2014 年 12 月	美的集团	硬件	12. 66 亿元
2014 年 12 月	Misfit	硬件	4000 万美元
2014 年 12 月	华米科技	硬件	3500 万美元
2014 年 12 月	人人车	汽车交通	2000 万美元
2014 年 12 月	爱空间	房产酒店	6000 万元

资料来源：根据相关资料整理。

（五）奇虎360并购金额近7亿美元

2014 年奇虎 360 的投资和收购有 24 起，从所披露的投资金额来估算，其年度投资额近7亿美元，主要集中在企业（安全）、硬件、文化娱乐、移动互联网等方向，资金分布上也基本上一致。数量最多、资金量最大的都发生在智能硬件领域。具体见表12－19。

表12－19　2014年奇虎360并购一览

时间	被投资方	被投资方行业性质	投资金额
2014年1月	恋爱笔记	SNS社交	数百万元
2014年1月	大连捷诺科技	移动互联网	不详
2014年1月	萌我爱游戏	游戏	数百万元
2014年1月	京华良子	消费生活	数千万元
2014年2月	云安世纪	企业服务	数百万元
2014年3月	书生电子	硬件	数千万元
2014年4月	途牛	旅游	数千万美元
2014年4月	趣游	游戏	不详
2014年4月	蓝信	企业服务	数百万元
2014年4月	美伽相机	文化娱乐	数千万元
2014年5月	聚胜万合	广告营销	不详
2014年5月	BroadLink	硬件	1000万美元
2014年6月	创投圈	金融	400万美元
2014年6月	生日管家	SNS社交	1000万元
2014年6月	彩生活	消费生活	1000万美元
2014年6月	9158聚乐	文化娱乐	数千万美元
2014年7月	迪信通	硬件	4875万美元
2014年7月	Eyeverify	移动互联网	600万美元
2014年7月	Spire	企业服务	2500万美元
2014年8月	悦跑圈	SNS社交	数百万元
2014年9月	快按钮	硬件	不详
2014年9月	界面网络	文化娱乐	上亿元
2014年9月	多听网络	文化娱乐	1000万美元
2014年12月	酷派	硬件	4.09亿美元

资料来源：根据奇虎360财报资料整理。

对于2015年的传媒业并购市场，可以预测的是：一是互联网上市公司吸收合并传统媒体上市公司将增多；二是互联网巨头为了布局生态系统，将进一步收购传媒企业；三是跨界并购数量将更多、规模将更大。

B.13 中国上市传媒公司投资行为分析报告

王 祥　谭云明*

摘　要：对于我国上市传媒公司来说，大多数公司都是在传统媒体时代成立和发展起来的，在面对新媒体的冲击时，其业务结构、资本结构、发展战略都亟须调整。上市传媒公司进入了转型的关键时期，而其主要的表现就是向新兴业务投资的显著增加，在战略布局中将新媒体布局作为其新的主攻方向。因此，研究上市传媒公司的投资行为，对于分析我国上市传媒公司在新时期的表现，乃至预测我国传媒产业未来发展方向有着重要意义。在各类投资行为分析体系研究中，虽然分析方法不尽相同，但是包含的分析内容主要是投资特征、财务与资本结构、投资效益、投资风险、投资战略等，因此在本报告主体部分，将着重沿用国内外主流的投资理论分析方法，对我国上市传媒公司近年来的投资行为进行多个维度的分析，得出我国上市传媒公司投资行为各维度的主要特征，并给出相关建议。

关键词：上市传媒公司　投资行为　分析报告

一　中国上市传媒公司投资行为特征分析

（一）中国上市传媒公司投资多元化特征

在传媒产业发展初期，由于国家体制机制的缺陷，我国传媒公司面临一定

* 王祥，中央财经大学新闻系；谭云明，中央财经大学新闻系主任、教授，媒体经济硕士生导师，主要从事媒体经营管理、新媒体研究。

的发展困境，从而在投资特征上呈现出较为多元化的局面，往往会涉及非传媒行业如批发零售、印刷制造、在线教育、房屋租赁、工程开发、房地产业等。但是近一两年来，从上市传媒公司公开披露的信息中我们可以看到，这种现象正在逐渐减少，传媒公司开始将更多比重的资本投入传媒产业中，这也从侧面反映出我国传媒产业经过市场化的改革已经进入了新的发展阶段，扭曲的市场激励体制已经有了显著调整。

我国传媒产业主要包含的经营范围为：

（1）新闻服务。新闻采访、新闻写作、新闻编辑和发布等。

（2）书、报、刊的版权服务和出版发行。包括报纸、期刊、图书的印刷、出版、发行、零售批发以及版权服务和增值业务。

（3）电子出版物和音像出版发行。包括记录媒介的复制、零售、批发和电子出版物、音像制品、数字内容的出版发行。

（4）电视、电影、广播服务。包括电视、广播内容制作和发行，电视、广播的网络传输服务、发射台和转播台的建设、电影院放映和经营、电影发行和内容制作。

（5）文化与艺术服务。包含文艺创作和文艺表演、艺术表演场馆经营。

（6）互联网。包括网络信息服务、互联网和数字出版、在线数字内容制作和发行。

（7）网络游戏业务。网络游戏的制作、开发和运营等。

对于我国上市传媒公司来说，每家公司均会选择一到两个业务作为核心业务，同时依靠产业协同效应，涉足其他相关的业务领域，甚至某些公司为追求利润最大化会投身于某些新兴的但是同传媒产业相关度不大的行业，从而最大化其经济效益。

传媒公司在不断增加向互联网公司或者互联网环境下产生的新媒体公司的投资。在新时代，传媒公司的存在和发展已经离不开互联网技术的支持，上市传媒公司不仅同互联网公司进行直接的合作，也会投资于互联网技术服务公司的股权，为本公司提供技术储备。目前，中国多数上市传媒公司将新媒体业务作为自己未来发展的重点领域，表 13 -1 列出了我国上市传媒公司在 2013 ~ 2014 年主要的投资行为所涉及的领域。

表 13-1　中国上市传媒公司新增投资项目主要投资领域

公司	2013 年主要投资领域	2014 年主要投资领域
粤传媒	购彩平台、高端杂志、户外媒体	小额贷款、网络游戏、户外媒体
电广传媒	有线网络、创投公司、理财产品	有线网络、影视剧、理财产品
光线传媒	影视剧、综艺节目、新媒体广告	影视剧、综艺节目、数字演播中心
浙报传媒	在线游戏、大数据服务	电子商务媒体、在线推广
中视传媒	影视剧、广告、旅游	影视剧、广告
博瑞传播	在线游戏、新媒体广告、小额贷款	在线游戏、小额贷款
中文传媒	出版、立体传播系统、文化城	出版、文化城
新华传媒	出版、数字图书馆	出版、O2O 媒体、电子商务
长江传媒	数字即时印刷网络、连锁影城	数字教育内容、跨区域连锁文化商城
中南传媒	数字教育产品、数字出版	出版、数字资源全屏服务、文化广场
皖新传媒	图书出版发行、数字广告媒体	图书出版发行
凤凰传媒	文化数码产品、图书出版	大型文化商城、数字出版
中文在线	数字出版、数字内容开发、数字内容增值服务	
唐德影视	影视剧制作发行	影视剧制作发行
出版传媒	文化广场、出版	出版、电子商务
华数传媒	数字电视网络、互联网电视	电视及互联网信息服务产业
长城影视	广播电视节目制作发行	影视基地
大地传媒	框架媒体、互联网信息服务	数字教育、数字出版

从表 13-1 可以看出，近年来我国传媒行业表现出了一定程度的转型期特点，两年来投资于新媒体领域的公司数量明显增加，框架媒体、户外媒体、数字内容、互联网信息服务等业务得到了重点关注和较大比重的新增投资。另外，部分公司也面临转型期的投资困境，如部分成熟的传媒公司将部分现金用于小贷业务、理财产品和创投公司，这是企业面临现金冗余时的惯常行为，如 20 世纪 90 年代的微软公司在 10 年间的平均增长率达到 30%，其对于再投资的资金需求非常大，甚至常常要进行对外融资，2000～2010 年，微软增长开始放缓，放缓的增长结合较高的销售利润率，使其出现巨额现金冗余，不得不进行分红和转移，而目前我国部分传媒上市公司如电广传媒、博瑞传播、粤传媒等都面临着这样的局面，从而通过购买理财产品、开设小贷公司、投资创投公司转移部分现金。

（二）中国上市传媒公司产业链变化特征

“产业链是一个产业经济学中的概念，其目的是描述一个具有某种内在联系的企业群结构”。随着近年来我国上市传媒公司在企业战略管理方面深耕细作，其在产业链延伸和整合方面将企业群之间这种内在联系表现得更为明显，对于联系不紧密甚至毫不相关的业务群，我国上市公司选择了剥离、变卖等方式进行处理，而对于有利于企业产业链横向纵向延伸的业务群，则选择了兼并、并购、重组、新设子公司等方式吸纳进来，从而调整了整个业务集群。从横向产业链延伸的角度来看，横向主要集中于某些专注于传媒细分领域的上市传媒公司，如光线传媒在影视剧制作方面横向并购同样是以影视剧制作为主的新丽传媒，并且为了提升自身在三维动画方面的制作能力，光线传媒对广州蓝狐文化传播有限公司进行了股权投资。上市公司自身具有较大的市场号召力和影响力，经过这样的并购行为，最重要的作用是产生协同效应，体现企业的集约价值，可以说横向并购本身是一种价值创造过程。同横向并购相比，纵向产业链的布局在中国上市传媒公司中体现得更为突出，首先是对公司产业链上下游的企业进行直接的股权投资和100%股权收购。其次是近两年中国上市传媒公司成立新媒体、信息服务类、数据服务类子公司成为流行趋势。最后是由于互联网对传媒产业的改造，传媒公司开始投资诸如网络游戏、众筹平台等受众广泛的引流业务，从而扩大公司原有传媒产品对受众的覆盖范围。例如粤传媒利用自身在细分市场的媒体《足球》《篮球先锋报》《足球大赢家》等体育媒体来打造“云彩彩票”平台，《广州文摘报》延伸发展艺术品创造、交流、手册、交易互动平台，在布局移动互联网板块方面是成立全资子公司“广州广报数据科技有限公司”，这家公司承担了广州日报集团基于大数据技术的智能云服务平台的研究和建设，利用数据驱动其经营模式创新。

（三）中国上市传媒公司投资规模特征

一家公司在发展的不同阶段，其投融资的规模是呈现规律性变化的。初创期的企业有时虽然经营活动产生的现金流有限且净资产收益率为负，但是其投资和筹资产生的现金流却高速增长；成长期的企业虽然经营活动产生的现金流高速增长，企业净资产收益率为正，但是为了支撑其快速成长，经营活动产生的现金流根本无法支撑其再投资过程，需要继续进行筹资活动，并且将经营活动产生的现金流和筹资活动产生的现金流一同投入投资活动中；当企业发展进入成熟期之后，经营活动产生的现金流显著增多，净资产收益率保持在较高的位置上，但是却会出现投资规模萎缩，投资活动产生的现金流下降的情况。

表 13－2 为我国上市传媒公司 2008～2013 年投资净现金流出情况。图 13－1 为我国上市传媒公司 2008～2013 年的投资净现金流出变化情况。

表 13－2　中国上市传媒公司投资活动产生的现金流出情况

单位：万元

公司＼年份	2008	2009	2010	2011	2012	2013
电广传媒	74071.66	108311.32	199150.56	114384.24	132725.50	197771.03
光线传媒	1582.14	1993.19	6522.99	2887.20	21299.46	69546.05
浙报传媒	164.52	198.48	27870.26	50776.58	98470.47	320757.76
中视传媒	1944.18	758.78	1777.78	5875.89	2049.88	3667.98
博瑞传播	31643.33	36511.05	42997.90	30905.08	69286.37	21154.15
中文传媒	136061.77	228839.01	110744.76	29531.69	119997.38	137373.72
新华传媒	53243.31	25937.31	203692.83	139985.56	120786.92	206467.05
长江传媒	598.46	19268.90	17745.15	18395.90	140326.39	168273.03
中南传媒		21863.26	12052.04	67918.81	99543.52	146541.70
皖新传媒	9037.17	5269.35	5054.83	244497.67	276065.07	331090.60
凤凰传媒	76295.18	192282.78	253944.37	141541.54	413771.83	639529.35
出版传媒	5345.91	21614.04	4598.60	1512.73	1017.25	46311.40
华数传媒	144.91	210.28	162.94	54724.42	55860.80	121712.13
长城影视	4810.28	1503.59	9554.32	37895.78	13041.90	5598.51
大地传媒	—	—	4369.94	6858.80	16906.20	53556.31
粤传媒	4208.48	3654.42	1210.93	119591.7	42096.96	32341.36

资料来源：各上市传媒公司年报、季报。

从表 13－2、图 13－1 中可以看出，我国多数上市传媒公司投资活动产生的现金流出自 2011 年后呈现快速增加的迹象，2011 年后也是我国文化传媒产

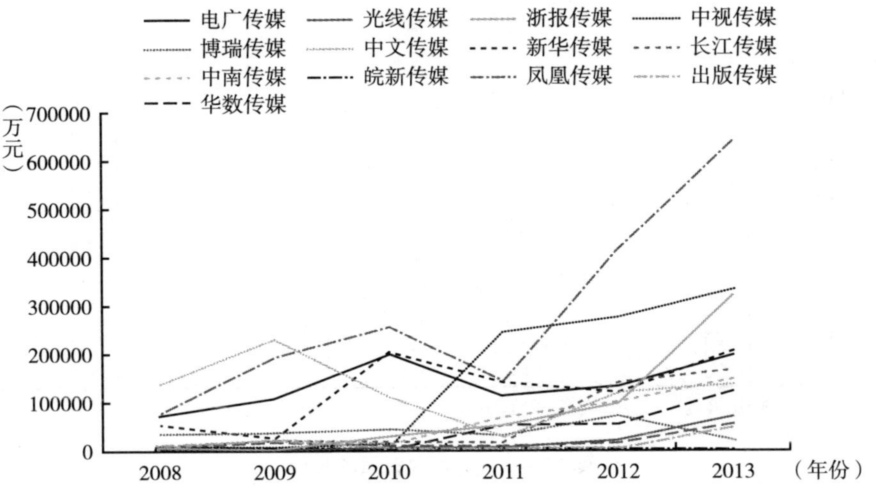

图 13－1　中国上市传媒公司投资活动产生的现金流出变化情况

业公司并购、兼并、重组的密集时期。我国上市传媒公司在转型期开始采用增加投资、扩张业务、加速转型的策略，投资活动产生的现金流出均呈现出不同程度的增长。我国传媒产业已经进入了发展转型时期，伴随着传统媒体业务萎缩的是新媒体蓬勃发展，我国上市传媒公司希望能够在这个时期胜出，因此纷纷增大了对全产业链的投入，不放过任何一个投资机会，这成为这一时期传媒领域的投资常态。

二　中国上市传媒公司投资风险分析

（一）中国上市传媒公司系统性风险分析

中国上市传媒公司系统性风险指的是各家上市传媒公司都会面临的风险。在对中国上市传媒公司进行风险分析时，首先要进行风险识别，我们需找出企业会面临的所有风险。根据一项研究，企业的绝对多数风险来自于战略风险（65%）而不是财务风险（15%），如图 13－2 所示。如果进一步细分，则结果如表 13－3 所示。

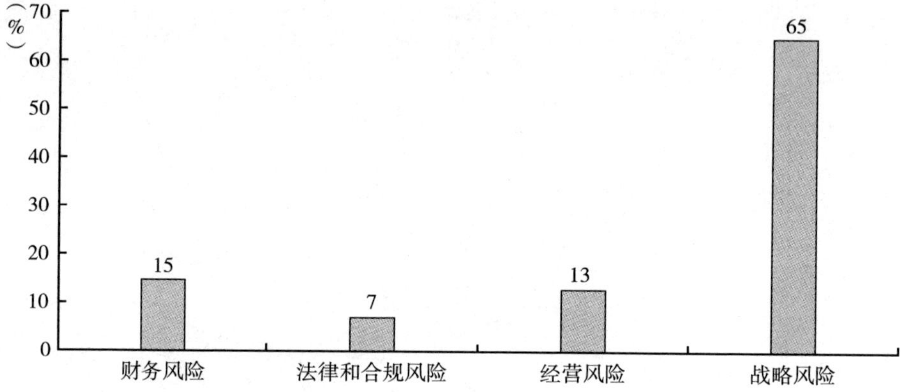

图 13－2　企业主要风险来源

表 13－3　企业风险来源

财务风险	高财务杠杆	2%	15%
	财务声明	3%	
	财务套期失败	4%	
	会计舞弊/财务欺诈	6%	
法律和合规风险	民事诉状	3%	7%
	管理冲突	4%	
经营风险	IT 整合失败	1%	13%
	商品价格变化	3%	
	差的收入预测	4%	
	企业重组/业务的失败	5%	
战略风险	未能扩大替代收入来源	2%	65%
	投资者失去信心	2%	
	高级人员流动	2%	
	利润压力	4%	
	单一合作商风险	4%	
	恶性价格竞争	7%	
	竞争对手侵犯核心市场	13%	
	并购失败	15%	
	核心产品需求下降	16%	

资料来源：〔美〕西姆·西格尔、《基于价值的企业风险管理——企业管理的下一步》，裘益政译，东北财经大学出版社，2013 年 3 月。

从图 13 -2 和表 13 -3 我们可以看出，在对我国上市传媒公司进行风险识别时，来自战略层面的风险仍然是首要的考虑因素。近年来，“媒介融合”成为我国上市传媒公司进行业务转型的关键词，而其特别的产业属性仍然保持不变。对我国上市传媒公司系统性风险应进行以下分析。

第一，战略风险。观察近年来中国上市传媒公司的年度报告，多数公司都将平台化、多元化作为整个战略规划的中心，并且将对新媒体业务的布局作为战略发展的重点，但是如产品的选择、分销渠道、市场或价值定位并不一定能同期望相一致，这是需要上市传媒公司注意的。例如有些上市传媒公司在打造全媒体平台时，仍然在非核心业务上投入，战略未能像预期的那样实施，这使得战略有效性减弱；战略执行过程中会有战略关系的不确定性变化，竞争格局由于不同公司选择相同战略而加剧，以及随之带来产业链上下游企业的行为变化，都是需要在战略制定和执行中考虑进去的，以形成动态管理的机制。

第二，财务风险。我国多数上市传媒公司均进入了转型时期，传统业务的萎缩使得传统业务带来的经营活动现金流减少，新业务又需要快速增加投入，两种因素叠加导致企业转型期存在流动性紧张的问题。因此企业必须去考虑信用市场的多种要素，如可获得性、获得价格（利息）以及考虑信用市场对企业的评估体系是否发生变化。同时，公司股票价格、商品价格也需要企业时刻关注，这些因素都会直接影响企业在资本市场上的筹资能力，并且会给企业财务带来不确定性。

第三，传统媒体转型风险。我国大部分上市传媒公司都是在传统媒体时代发展起来的，在新时代大多数的传统媒体都面临着其接触率持续下降的风险，以互联网尤其是移动互联媒体为代表的新媒体在接触率和受众数量上明显占优，不断冲击着传统媒体的业务和市场份额，上市传媒公司均面临着这样的经营风险，在原有经营项目上的追加投资已经无法取得稳定的毛利润率。传统媒体如发行配送、印刷、广告业务的转型升级追加了投资。但是这一行为受到了多方面因素的制约。首先，这些业务整个行业的市场规模都在缩小，单方面的转型无法改变整个行业的趋势。其次，市场竞争也日益加剧，各家传媒上市公司现在须想办法稳固现有业务。

第四，政策风险。我国传媒行业担负着输出国家意识形态的任务，长期以来作为党和政府的宣传机器，受国家政策影响和宏观调控的影响比较大。我们已经从中视传媒的财务分析中得到了这样的结果，其经营过程中必须兼顾经济效益和社会效益的平衡。这无形中为传媒企业带来了投资和经营风险，例如在影视制作过程中，常常由于制作完成后审核没有通过而无法在电视台、网络媒体上传播，导致投资无法收回。这也是传媒企业不得不面临的风险。

第五，新媒体投资风险。经过近几年的发展，我国的新媒体行业取得了蓬勃发展，各类新媒体公司涌现，互联网和移动互联网新媒体公司在适应新的媒介环境和捕捉新的市场机会方面要强于传统媒体。新媒体行业的市场门槛低于传统媒体，市场化程度高，竞争较为激烈，这给传媒上市公司在市场占有率和盈利能力上带来了不确定性。新媒体对于广告业务的分流，也不断降低了传统媒体的主营收入。另外，新媒体的未来趋势并不明朗，整个行业还不成熟，这给上市传媒公司的新项目投资带来风险。

第六，经济周期风险。2014 年我国经济已经进入新常态，宏观经济的下行压力较大，这影响了广告客户的广告投放，从而影响了传媒公司的经营业绩。观察近几年上市传媒公司的广告经营业绩，除了中视传媒这样具有雄厚广告资源实力的公司保持了广告业务的强劲势头，其他大部分上市传媒公司的广告业务都呈现不同程度的下滑。但是对于影视业、新闻业来说，呈现出一定的逆经济周期表现，往往在经济陷入低迷时，影视业和新闻业会呈现一定程度的增长，这便是“口红效应”在传媒产品消费上的表现。

（二）中国上市传媒公司投资非系统性风险分析

不同的中国上市传媒公司其核心业务、产业及股权结构不同，其投资支出在不同领域的比重上也有诸多差别。接下来对不同类型的中国上市传媒公司进行风险分析。

第一，对于博瑞传播、粤传媒、浙报传媒来说，这三家公司曾经在传统业务上所占比重较大，在传统业务类型和新兴业务投资方面也有很多相似之处，三家企业传统的报刊发行和印刷收入均开始萎缩。在 2013 年年报中可以看到，博瑞传播在印刷和发行收入上下滑了 10.9%，而粤传媒也下滑了 5.8%，浙报传媒下降了 3.62%，这三家企业均面临转型风险。巧合的是，三家公司近年来在业务转型中均增加了对于文化产业和网络游戏行业的投资，如博瑞传播对北京漫游谷信息技术有限公司、成都梦工厂网络信息有限公司进行了股权投资。这两家由博瑞传播所投资的网络游戏公司在网络游戏行业中都有较高的品牌知名度和美誉度，给企业短期内带来了一定的收益，平衡了其净资产收益率。但是网络游戏行业目前的净利润率很高，在未来行业竞争将加剧的情况下，各种新的网游制作技术和创新每天都在涌现，这些无疑给这两家通过网络游戏转型的公司增加了其投资收益的不确定性。与此同时，博瑞传播和粤传媒均增加了小额贷款业务，这虽然是传媒企业的非核心业务，但是两家企业争相进入，这不仅仅与两家企业进入成熟期之后账面保有大量现金有关，同时也是因为面对转型压力，当企业评估其投资项目所产生的净收益没有直接贷款高时，会选择这样的方式去获取最大收益。但是这并非上市传媒公司的核心业务以及擅长领域，上市传媒公司在进行贷款风险控制时并不专业，这无疑降低了上市传媒公司的财务稳定性。上市传媒公司在选择这样的业务时需要更多考虑。而最为重要的是，这其中包含的战略风险也是上市传媒公司管理层不应该忽视的，将现金投入非核心业务上，势必使得其在转型发展过程中在一定程度上落后于其竞争对手。

第二，从股权结构的角度来看，粤传媒、电广传媒、长江传媒、中南传媒等公司股权结构相对复杂，加之其通过多种方式引进和创建了具有一定发展潜力的新的参股公司和子公司，这些参股公司和子公司之间业务的关联性有强有弱，在业务多元化的道路上势必在一定程度上削弱了战略上的一致性，在人员管理、企业文化方面也潜藏着不稳定性。纵观这些企业的参股公司和设立的子公司的业务，其中有：彩票平台、报业和印务公司、网络游戏公司，甚至包括地产公司（多为文化城项目）、小额贷款公司、创业投资公司（多领域投资），因此在业务整合方面将存在一定的风险，造成整合价值的减损。2013 年传媒上市公司并购重组的事件逐渐增多，整合风险成为必须要考虑的因素。

第三，对于电广传媒和中视传媒来说，这样的中国上市传媒巨头公司同其他传媒公司不同，它们不仅可以依靠强大的政府和地方背景，更是在渠道上、技术上、资源上拥有近乎垄断的优势。例如电广传媒直接拥有数字电视业务和网络通信服务，这样的产业具有自然垄断的特性。然而近几年来数字电视、IPTV 以及互联网电视蓬勃发展，电广传媒不得不面对同这些新兴产业的竞争，用户分流的情况日趋明显。因此公司需要加大在有限网络的升级改造工作上的投资，并且着力去推进下一代电视网络的建设。电广传媒提出“网络双向化、终端智能化、信息服务普及化、云电视项目产业化”等经营战略，在进行这方面的追加投资时，不得不面对快速变化的传媒市场和新媒体的冲击，这些发展战略的有效性将受到考验。另外，相比于其他一般的传媒上市公司，电广传媒规模庞大，且拥有将近50%的网络通信业务，但是近年来国家针对三网融合制定了一系列政策，这些政策也随着我国文化产业改革和信息化产业发展而不断进行修订，电广传媒将面临更多的行政管理风险。对于中视传媒来说，同样如此，由于其实际控制人为中央电视台，而中视传媒的核心业务为影视剧的制作和发行以及广告发行，中央电视台本身就是这些业务的最重要客户，可以说渠道优势非常大，中央电视台在有线电视领域独一无二。但是近年来中视传媒也面临着业务分流的影响，互联网尤其是移动互联网的兴起，均可以在广告发行业务和影视剧发行业务上起到分流作用，虽然从中视传媒目前的财务数据上还看不到冲击的影响，毕竟中视传媒背景资源极其丰富，稍一动用即可产生新的收益，但是从长远的角度来看，中视传媒也面临着战略和业务风险。

第四，对于像光线传媒、唐德影视、长城影视这样的上市传媒公司来说，其占据主营收入最大的业务便是广播电视节目和影视剧的制作和发行，另外是栏目制作和广告，因此这方面业务的风险构成了这些上市传媒公司的主要风险因素（见图13－3）。

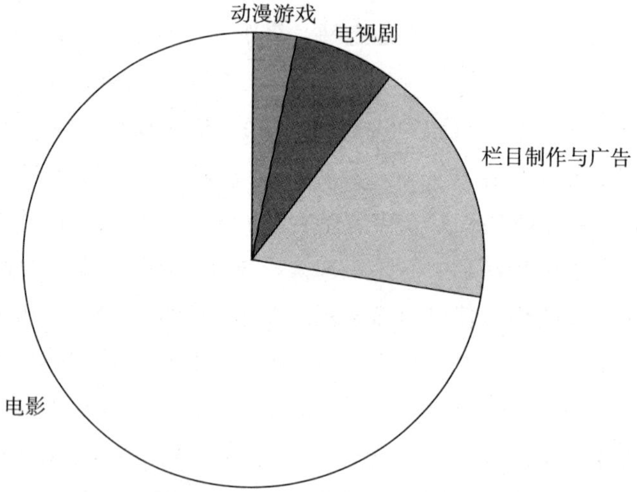

图13－3　光线传媒主营业务收入来源分布情况

首先，这些企业要面对政策和监管风险。国家广电总局2009年下发《关于认真做好广播电视制播分离改革的意见》，进一步限制了原来电视台自制自播的模式，这一意见给了民营传媒影视剧制作公司不小的发展机遇，但是这一政策未来的发展仍然具有一定的不确定性。如果国家有调整这一政策的倾向，究竟利好还是利空民营传媒影视制作公司还有待进一步观察。另外，国家对于影视剧的制作、许可、发行均实施许可证制度，并且在近年来的产业实践中可以看出，在实际监管中这一制度实施更为严格，包括许多由于未得到许可证的国外影视剧迅速下架，对相关企业通报批评、罚款、限期整改的情况时有发生，这将给光线传媒这样的企业带来政策上的风险。

其次，需要应对影视剧以及栏目制作的市场风险。影视剧以及栏目作品制作和销售具有一次性的特点，可以说一家影视剧及栏目制作公司在不断进行新产品的制作和销售。而对于文化新产品的需求往往是未知数，类似概念的产品在不同环境中、不同时段下的受欢迎程度是不同的。对于制作者来说，只能基于先前制作经验和一定的消费需求前瞻性来进行生产，但是这就给投资回报带来了一定的不确定性。近年来，对于像光线传媒等这样成熟的影视剧以及栏目制作公司来说，在剧本创作和实际生产过程中，基本可以考虑到各个文化和商业因素，兼顾思想性、娱乐性、艺术性、观赏性各方面，但是仍然无法完全避免一些推出的产品失败。另外，从外部环境来看，由于黄金档期往往面对着进口大片和国内大制作影片同时上映，这也给公司单部影片获得收入带来难以控制的不确定性。可以说，一部影片在商业上是否可以成功的影响因素非常多。

最后，需要应对盗版风险。盗版风险在如光线传媒这类民营影视剧公司中表现尤其严重。这类公司由于倾向于获得丰厚的经济回报，往往制作的影视剧是受大众广泛欢迎的娱乐消费型的影视剧，而盗版此类产品要比盗版其他类型产品可以获得更多的非法收入。随着网络传播技术和DVD技术的不断发展，很多广受欢迎的作品在一上市之后就会有盗版作品出现，这无疑冲击了影视剧制作公司的收入。虽然近年来政府有关部门不断做出了完善知识产权保护体系的努力，但是盗版行为屡禁不止，这给涉足影视剧制作的传媒公司投资带来一定风险。

三　中国传媒公司投资效益分析

本部分通过搜集和分析六家传媒上市公司2012年1~9月、2013年1~9月、2014年1~9月的财务数据，根据其中的关键性财务指标，判断其投资效益的高低，并推测其投资趋势。在对上市传媒公司进行投资效益分析时，将重点关注各关键财务比率之间所存在的内在联系，并且将这些财务比率数据归结到对企业净资产收益率的影响方面，在进行分析时，将借助杜邦等式分析法。

（一）中国上市传媒公司投资效益总体分析

2013年1~9月、2014年1~9月的杜邦财务分析数据如表13-4、表13-5所示，表13-6为三年的收益率变化。

表13-4　2013年1~9月部分上市传媒公司杜邦财务分析数据

单位：%

公司	净资产收益率	总资产收益率	权益乘数	销售净利率	总资产周转率
粤传媒	6.17	5.82	1.08	19.51	0.29
电广传媒	9.19	3.68	2.92	13.02	0.28
光线传媒	11.20	11.30	1.09	34.57	0.31
浙报传媒	9.38	9.07	1.54	24.46	0.36
中视传媒	4.34	3.00	1.44	6.32	0.45
中文传媒	9.46	5.74	1.82	7.28	0.81
新华传媒	3.32	1.37	2.55	6.65	0.2
长江传媒	6.69	5.27	1.43	10.49	0.5
中南传媒	8.11	5.84	1.41	14.39	0.4
皖新传媒	10.55	7.81	1.43	15.01	0.54
凤凰传媒	6.66	4.56	1.45	12.71	0.36
出版传媒	2.93	1.97	1.55	4.98	0.4
华数传媒	18.18	5.51	3.76	14.73	0.35
长城影视	0.43	4.45	2.43	-1.50	0.31
华录百纳	8.70	8.22	1.12	39.75	0.2
北巴传媒	8.79	5.94	1.48	6.27	0.94
大地传媒	12.09	15.32	1.45	10.81	0.78
华媒控股	3.69	1.48	3.41	1.84	0.8

资料来源：上市传媒公司年度、季度报告。

表 13－5　2014 年 1～9 月部分上市传媒公司杜邦财务分析数据

单位：%

公司	净资产收益率	总资产收益率	权益乘数	销售净利率	总资产周转率
粤 传 媒	2.94	2.79	1.16	11.17	0.24
电广传媒	3.33	2.74	1.45	9.92	0.25
光线传媒	6.67	5.87	1.53	31.60	0.18
浙报传媒	10.99	7.51	1.51	24.54	0.3
中视传媒	3.43	2.57	1.26	8.38	0.31
博瑞传播	6.11	6.03	1.21	21.67	0.23
中文传媒	10.51	6.18	1.87	8.64	0.68
新华传媒	0.74	0.29	2.46	1.44	0.21
长江传媒	5.38	3.65	1.5	7.44	0.49
中南传媒	9.52	6.98	1.4	17.35	0.4
皖新传媒	11.32	8.20	1.48	13.75	0.61
凤凰传媒	7.47	4.84	1.59	12.18	0.4
中文在线	15.17	11.93		16.18	0.74
唐德影视	24.77	11.04	2.62	21.02	0.53
出版传媒	2.62	1.68	1.59	4	0.43
华数传媒	11.75	5.25	2.58	13.88	0.34
长城影视	7.97	5.35	1.6	29.34	0.18
华录百纳	5.01	4.62	1.09	19.63	0.23
北巴传媒	8.71	6.24	1.45	7.03	0.87
大地传媒	7.91	7.56	1.54	9.17	0.82
华媒控股	1.75	0.83	3.88	1.22	0.69

**表 13－6　2012 年 1～9 月、2013 年 1～9 月、2014 年 1～9 月
上市传媒公司净资产收益率变化**

单位：%

公司	2012 年 1～9 月	2013 年 1～9 月	2014 年 1～9 月	公司	2012 年 1～9 月	2013 年 1～9 月	2014 年 1～9 月
粤 传 媒	2.92	6.17	2.94	中文传媒	11.46	9.46	10.51
电广传媒	13.79	9.19	3.33	新华传媒	3.13	3.32	0.74
光线传媒	7.59	11.20	6.67	长江传媒	8.69	6.69	5.38
浙报传媒	15.20	9.38	10.99	中南传媒	7.85	8.11	9.52
中视传媒	1.64	4.34	3.43	皖新传媒	9.89	10.55	11.32

续表

公司	2012 年 1～9 月	2013 年 1～9 月	2014 年 1～9 月	公司	2012 年 1～9 月	2013 年 1～9 月	2014 年 1～9 月
凤凰传媒	7.76	6.66	7.47	北巴传媒	9.02	8.79	8.71
出版传媒	2.93	2.93	2.62	大地传媒	7.68	12.09	7.91
华数传媒	15.69	18.18	11.75	华媒控股	4.22	3.69	1.75
长城影视	0.62	0.43	7.97				

资料来源：上市传媒公司年度、季度报告。

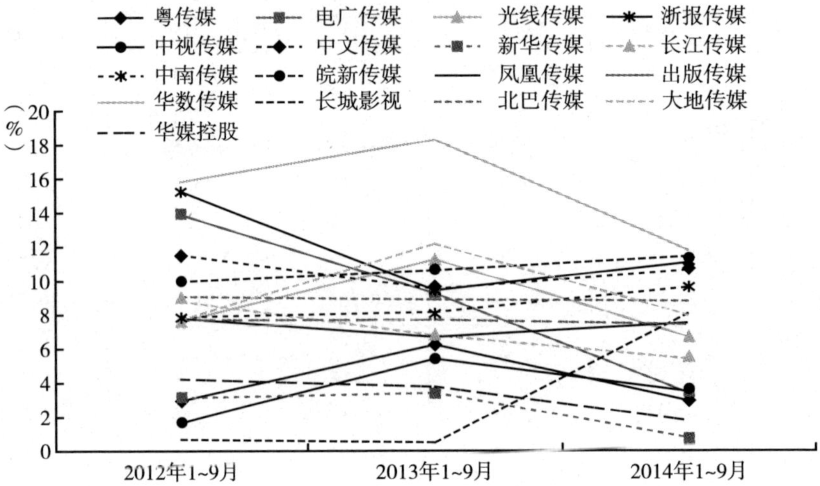

图 13－4　2012 年 1～9 月、2013 年 1～9 月、2014 年 1～9 月上市传媒公司净资产收益率变化

从图 13－4 折线图可以看出，选取的 17 家上市传媒公司整体并没有呈现出明显净资产收益率上升或者下降的趋势。但是我们知道如硬广告收入、报刊印刷和发行收入、出版物收入传统媒体产业在 2012～2014 年快速萎缩，而上市传媒公司净资产收益率并没受到明显冲击。

由于净资产收益率＝销售利润率×总资产周转率×权益乘数

而权益乘数变化情况如图 13－5。

可以看出，上市传媒公司的 2013～2014 年权益乘数（即财务杠杆）几乎没有发生变化。

经分析，在传统业务萎缩、权益乘数基本保持不变情况下，净资产收益率

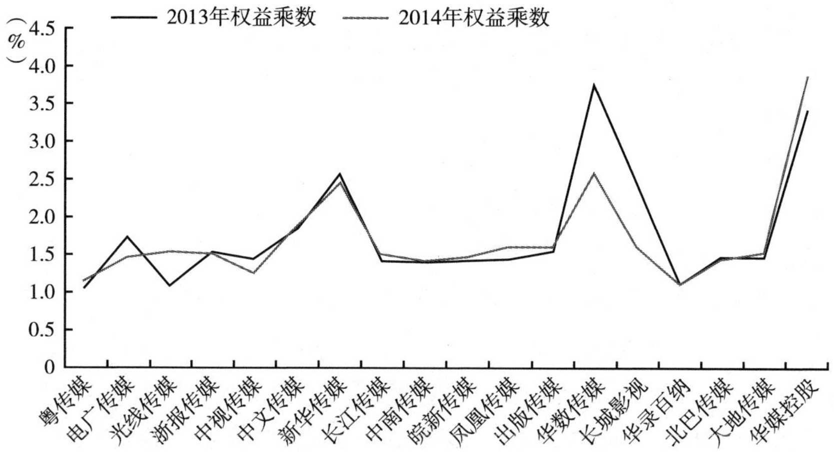

图 13－5　部分上市传媒公司 2013～2014 年权益乘数变化情况

呈现出较为稳定的态势，主要原因来自两个方面。

1. 销售利润率的稳定表现

这主要来自于新兴业务在上市传媒公司中的利润贡献比重逐渐增加，有效地抵销了传统业务销售利润的下滑。如在博瑞传播 2013 年的年报中可以看到，在其报纸印刷发行业务收入下降 14.1% 的情况下，其网游业务对博瑞传播的整体利润贡献比例上升到了 47.2%，而其小贷业务在一年内收入增加了 798.7%，这些均显示出上市传媒公司在应对转型时的稳定表现。在电广传媒、光线传媒等上市传媒公司中均能看到这种新兴业务的增加对企业销售利润率贡献的大幅增长。

2. 多种方式提高资产周转率

传统业务萎缩，首先带来企业销售不畅、库存增加，资产周转率下降的情形。上市传媒公司在应对这一问题时，选择了增强内部控制、精细化生产线来降低库存，同时在产品方面，也开始探索减少产品数量、开发精品、提高价格等收割战略来应对资产周转率的降低。同时，对于新兴业务来说，其资产周转率本身是要高于传统业务的，企业加快业务的转型，本身也可以提高资产周转率。

可以判断，在 2013～2014 年，在传媒企业资产总额提高的情况下，传媒上市公司在主营业务方面面临业务量减少、业务净利润率降低的现实，因此，企业进行业务转型以及向新媒体、新业务进行投资的必要性逐渐凸显。

（二）中国上市传媒公司投资效益个案分析

1. 博瑞传播

从表13－7可以看出，2013年度博瑞传播公司的经营活动所产生的现金流量大幅缩减495.48%，而其投资所产生的现金流增加了132.32%。为了应对转型压力，博瑞传播大幅增加筹资额2569.03%，以应对经营活动中现金流的较少和投资及业务转型中的流动性需求。对其驱动业务收入变化的因素进行分析，传统业务如印刷相关业务继续减少，广告业务、发行及投递业务也处于低迷，2013年博瑞传播投资重点关注的网游业务和小贷业务有了强劲增长，这主要来自其定向增发募集资金10.6亿元收购北京漫游谷信息技术有限公司70%股权，在其新媒体业务的竞争力上实现一定提升；在其小贷业务上，在博瑞传播公布的财报中并未详细介绍，只是提到“按照建渠道拓客户、练内功加强管理”的经营思路，优化贷款结构，培育自身核心竞争力。在2013年度会计报告期内，博瑞传播小贷业务完成营业总收入1.23亿元和净利润0.63亿元，成为公司新的利润增长点，但是对于主营业务为传媒业的上市公司来说，小贷业务能否长久支撑公司的发展还有待商榷，同时这一业务选择也表现出了博瑞传播在面临业务转型压力时，处境并不乐观，所能选择的传媒业投资渠道并不开阔。

表13－7　博瑞传播2013年度主要业务数据

单位：元

主营业务分析

1. 利润表及现金流量表相关科目变动分析表

科目	本期数	上年同期数	变动比例(%)
营业收入	1518096430.30	1349800795.57	12.47
营业成本	781121821.52	716890004.58	8.96
销售费用	75089318.13	60454569.28	24.21
管理费用	188294033.88	166844385.90	12.86
财务费用	－9146941.40	－17030831.64	－46.29
经营活动产生的现金流量净额	311090387.81	－78661843.81	－495.48
投资活动产生的现金流量净额	－686301182.53	－295416108.72	132.32
筹资活动产生的现金流量净额	878823553.64	32926751.31	2569.03
研发支出	17069304.80	14552470.87	17.29
营业总收入	1596509821.97	1356268311.20	17.71

续表

2. 收入

驱动业务收入变化的因素分析

行业名称	本年营业收入(元)	上年营业收入(元)	同比变动比例(%)
印刷相关业务	487263649.20	534859395.93	-8.90
广告业务	453470000.34	410874337.59	10.37
发行及投递业务	183897310.71	182679549.81	0.67
学校收入	67681064.77	59893822.92	13.00
租赁业务	40649786.19	33518564.47	21.28
网游收入	194692581.13	93659391.34	107.87
小贷收入	123421722.41	11403509.29	982.31
其他收入	19693470.90	17233012.76	14.28
合　计	1570769585.65	1344121584.11	16.86

资料来源：博瑞传播2013年年度报告。

表13-8　博瑞传播2014年第三季度前现金流量变动情况说明

项目	本期金额(元)	上期金额(元)	增减(%)	变动原因
经营活动产生的现金流量净额	440859565.86	167842383.18	162.66	主要系收入增加及控股子公司成都博瑞小额贷款有限公司贷款净增加额较上期减少所致
投资活动产生的现金流量净额	-184641166.50	-51493394.59	258.57	主要系支付收购子公司股权转让款增加所致

资料来源：博瑞传播2014年第三季度报告。

在2014年第三季度前，可以看到其业务思路并未发生大的变化，在投资转型过程中并未获得大的突破，依靠小额贷款业务支撑其经营活动所需要的现金流量，表现出其在核心业务方面的乏力。

2. 粤传媒

对于粤传媒来说，同样面临着类似博瑞传播的传统业务的困境，例如广告业务、发行业务所带来的经营收入在持续减少（见表13-9）。但是，同博瑞传播不同的是，粤传媒在业务探索上选择不抓住传媒业新媒体布局的发展战略，没有盲目地向不同产业扩张，我们可以从其发布的年度报告中看出，在2013年3月粤传媒设立了全资子公司广东广报社区报有限公司，致力于打造国内最成功的社区报集群，至2013年年底已经快速创办了12份社区报。粤传媒公司旗下的各个细分市场媒体也开始积极利用自身资源发展相关产业，例如其全资子公司广州先锋报业有限公司旗下的《足球》《篮球先锋报》《足球大赢家》等知名体育媒体资源开发了“云彩彩票”购彩平台，发展了移动互联网彩票业务。《广州文摘报》延伸发展“艺术家企业家联盟”，利用媒体优势链接艺术家，建设艺术品的创造、交流、收藏、交易互动平台。同时，粤传媒通过企业并购拓宽业务，2013年5月与韩国Jcontentree集团携手合作的高端生活方式杂志《HEREN－新现代画报》正式面世，成为南中国地区第一本与国际时尚接轨的高端杂志。在项目投资方面，粤传媒购买了广州日报新媒体有限公司100%的股权，并且还在2013年1月设立了全资子公司“广州广报数据科技有限公司”，在开展面向商业组织、社会机构和政府部门的数据分析服务业务的同时，也承担起了基于大数据技术应用的智能云媒体服务平台建设的研究项目，通过对数据技术的利用来驱动媒体经营模式的创新。

表13－9　粤传媒2013年度主营业务收入情况

单位：元

分行业 \ 科目	营业收入	营业成本	毛利率(%)	营业收入比上年同期增减(%)	营业成本比上年同期增减(%)	毛利率比上年同期增减(%)
广告业务	967977703.12	373150337.45	61.45	-17.4	-25.19	4.01
发行业务	376561579.94	398387373.95	-5.8	-5.8	-14.55	10.83
印刷业务	216614690.64	196864007.25	9.12	-2.76	-4.63	1.78
旅店服务业	7581598.66	4046543.55	46.63	142.64	360.98	-25.28
图书音像销售	11027677.78	7706486.81	30.12	10.79	25.34	-8.11
网络服务	32567567.85	4824298.72	85.19	6.55	-27.47	6.95
其他	3112020.23	3100425.42	0.37	115.36	191.77	-26.09

资料来源：粤传媒2013年年度报告。

另外，从其财务报表中可以发现，网络服务所获得的营业收入虽然有限，但是呈现出增长的态势，其毛利润率也远高于其他主营业务，因此可以判断，粤传媒会增加网络服务业务的发展，网络服务业务可能成为粤传媒未来收入的新增长点。相较于带来最大收入的三大业务广告业务、发行业务、印刷业务的持续低迷，粤传媒所面临的经营压力仍然很大。表现在其 2014 年第三季度的财务报告中，其归属于上市股东的净利润减少了 46.38%，而经营活动所产生的现金流量减少了 59.87%，见表 13－10。

表 13－10　粤传媒 2014 年第三季度主要会计数据和财务指标

<table>
<tr><th></th><th colspan="2">本报告期末</th><th colspan="2">上年度末</th><th colspan="2">本报告期末比上年度末增减</th></tr>
<tr><td>总资产(元)</td><td colspan="2">4934318230.02</td><td colspan="2">4292772131.10</td><td colspan="2">14.94%</td></tr>
<tr><td>归属于上市公司股东的净资产(元)</td><td colspan="2">4241229473.42</td><td colspan="2">3841032200.13</td><td colspan="2">10.42%</td></tr>
<tr><th></th><th>本报告期</th><th colspan="2">本报告期比上年同期增减</th><th colspan="2">年初至报告期末</th><th>年初至报告期末比上年同期增减</th></tr>
<tr><td>营业收入(元)</td><td>458853686.96</td><td colspan="2">5.36%</td><td colspan="2">1123818048.43</td><td>-5.94%</td></tr>
<tr><td>归属于上市公司股东的净利润(元)</td><td>71921823.82</td><td colspan="2">-28.84%</td><td colspan="2">124498766.11</td><td>-46.38%</td></tr>
<tr><td>归属于上市公司股东的扣除非经常性损益的净利润(元)</td><td>52395997.47</td><td colspan="2">-48.80%</td><td colspan="2">102941383.46</td><td>-55.78%</td></tr>
<tr><td>经营活动产生的现金流量净额(元)</td><td>—</td><td colspan="2">—</td><td colspan="2">-35494472.10</td><td>-59.87%</td></tr>
<tr><td>基本每股收益(元/股)</td><td>0.0991</td><td colspan="2">-32.12%</td><td colspan="2">0.1780</td><td>-46.94%</td></tr>
<tr><td>稀释每股收益(元/股)</td><td>0.0991</td><td colspan="2">-32.12%</td><td colspan="2">0.1780</td><td>-46.94%</td></tr>
<tr><td>加权平均净资产收益率</td><td>1.76%</td><td colspan="2">-0.96%</td><td colspan="2">3.16%</td><td>-3.14%</td></tr>
</table>

资料来源：粤传媒 2014 年第三季度报告。

3. 中视传媒

同其他上市传媒公司不同，中视传媒表现出了在广告业务方面的可观增长（见表 13－11），中视传媒背靠着中央电视台这样的强势资源和渠道，对于传媒企业来说，拥有某些独有资源对于本企业的发展影响非常大，例如本报告期内中视传媒在北京地区的营业收入大幅增加 30.14%，究其主要原因便是北京中视北方影视制作公司进一步加强了与中央电视台各频道的业务合作，纪录片及节目制作业务、频道包装业务、技术服务等业务规模扩大。另外需要特别指出的是，报告期内中视传媒子公司上海中视国际广告有限公司经营中央电视台科教频道广告资源的模式由承包制改为了代理制，对台广告业务利润同比实现较大提升。这点值得我国国有企业在经营体制改革中借鉴。广告代理制是国际通行的广告经营和运作机制，广告业现代化进程中的一个重要标志便是广告代理公司处于整个产业链的中心地位，而目前我国中央电视台等优质媒体处于强势地位，这不利于相关公司经营广告业务，无法充分释放其市场活力。

表 13－11　2013 年度中视传媒营业收入数据

单位：元

分行业	营业收入	营业成本	毛利率(%)	营业收入比上年增减(%)	营业成本比上年增减(%)	毛利率比上年增减(%)
影视业务	546665042.37	480410017.07	12.12	－8.16	－9.79	1.58
广告业务	527185310.79	486847586.88	7.65	10.83	1.97	8.03
旅游业务	165529348.03	84050337.77	49.22	5.96	5.93	0.01

资料来源：中视传媒 2013 年年度报告。

总体来看，中视传媒由于其特殊性质，在经营和投资活动上表现较为平稳，其影视制作收入的减少主要原因是中视传媒需要实现经济效益和社会效益的均衡发展，在本报告期内其制作的《赵氏孤儿案》取得了最高2.12%的收视率，并且社会反响强烈，另外还包括同中央电视台紧密合作的《茶叶之路》《云与梦之间》《大黄山》《国家大剧院》等作品以及《健康之路》《走进科学》等多个电视节目，都具有极高的社会价值，由于受到国家宏观调控以及行业经营周期影响，本报告期内影视制作收入有所减少。不过可以预测的是，未来中视传媒的经营和投资活动仍然会保持这样的基本步调。

4. 光线传媒

观察光线传媒 2013 年度收入和成本变动可以发现，其栏目制作与广告的收入和成本同比 2012 年均有所减少（见表 13－12、表 13－13），这里的主要原因是光线传媒公司调整了其战略方向，同部分电视台的广告合作方式发生了改变，并不表示其经营活动规模缩小。在本报告期内，其总营业收入为 9.04 亿元，同比减少 12.54%，但是其实现营业利润 3.85 亿元，较 2012 年同期增长 3.69%，说明其利润率有所增长，公司整体经营状况平稳。

表 13－12　光线传媒 2013 年度收入变动情况

单位：元

项目	2013 年	2012 年	同比增减情况(%)
栏目制作与广告	332676487.58	388957182.37	－14.47
电影	501125826.19	582807238.70	－14.02
电视剧	70369480.81	62090893.43	13.33
总营业收入	904171794.58	1033855314.50	－12.54

资料来源：光线传媒 2013 年年度报告。

表 13－13　光线传媒 2013 年度成本变动情况

项目	2013 年		2012 年		同比增减(%)
	金额	占营业成本比重(%)	金额	占营业成本比重(%)	
栏目制作与广告	175235155.59	36.08	221410517.51	37.98	－20.86
电影	287622401.74	59.22	327940452.88	56.26	－12.29
电视剧	22799124.38	4.7	33582558.63	5.76	－32.11

资料来源：光线传媒 2013 年年度报告。

2013 年其投资活动现金流出增幅较大（见表 13－14），这主要是对天神互动、新丽传媒的投资款增加所致。北京天神互动科技有限公司是成立于 2009 年的网页游戏开发商之一，可以看到光线传媒同博瑞传播相似，在近年的投资项目选择中，都关注了毛利润率较高的网页游戏开发；新丽传媒股份有限公司成立于 2007 年，是一家拥有电视剧、电影、网络剧制作以及全球发行的综合性影视机构，其电视剧代表作有《北京爱情故事》《你是我兄弟》《辣妈正传》等，其电影代表作有《搜索》《失恋三十三天》《101 次求婚》等，可以说是一家具有实力的优质电视剧和电影制作发行机构，光线传媒投资新丽传媒的意图非常明显，旨在扩大其影视制作方面的布局，拓宽资源渠道，对于公司的发展具有积极的作用。

2014 年，光线传媒仍然保持了同上一年度相对一致的战略投资选择，本年内收购了杭州热峰网络科技有限公司 51% 的股权，而这家公司同样是一家以游戏制作和游戏运营服务为主营业务的公司，其自主研发的首款产品《我是火影》在市场上曾取得过不错反响。除此之外，光线传媒主要将 2013～2014 年度募集和超募资金投入了电影和电视剧的制作中，凭借其在影视制作方面的优势，使得企业净利润保持平稳增长。值得注意的是，在 2014 年 10 月

24日披露的公告中，光线传媒公司使用部分超募资金投资了金华长风信息技术有限公司，这家公司主营业务为信息传输、计算机服务等。光线传媒这一举动是旨在提高自身技术实力，为下一步发展奠定基础，还是纯粹作为财务投资，以获得合理回报，这还需要进一步观察。但是上市传媒公司近年来的共同趋势是都有投资于互联网公司或者互联网信息、数据服务公司的战略布局。

表 13－14　光线传媒 2013 年度主要现金流量指标

项目	2013 年	2012 年	同比增减(％)
经营活动现金流入小计	1474131353.74	729971901.04	101.94
经营活动现金流出小计	719884134.24	838666049.83	－14.16
经营活动产生的现金流量净额	754247219.50	－108694148.79	793.92
投资活动现金流入小计	7543500.00	58800.00	12729.08
投资活动现金流出小计	695460468.82	212994588.79	226.52

资料来源：光线传媒 2013 年年度报告。

5. 浙报传媒

浙报传媒集团 2013 年度的报刊发行业务同多数具有报刊发行业务的上市公司相同（见表 13－15），经营规模呈逐年萎缩的态势，4 年前已经基本表现出了这样的趋势。浙报传媒广告业务和网络推广业务虽然规模增加，但是营业成本激增，主要原因是广告业务量的下降和网络推广业务竞争激烈，流量成本持续上升，但是对于浙报传媒来说，其广告及网络推广业务的毛利率虽有所下降，但是仍然保持了 52.14% 的水平，说明这一业务有可能成为其未来收入的新增长点，这需要浙报传媒在开展这一业务时能够使用更多的成本控制方法。另外，对于竞争程度较强的行业，毛利润率无法长期保持很高水平，因此应该关注未来的市场格局和各大传媒集团的投资趋势，避免错误投资决策产生。同时我们可以看到，浙报传媒在在线游戏运营方面的收入也相当可观，在 2013 年 8 月 29 日披露的公告中显示，浙报传媒收购了杭州边锋网络技术有限公司和上海浩方在线信息技术有限公司，这两家公司均为在线游戏提供商，这让我们找到了上市传媒公司一个共同的特点：由于其较广的受众覆盖和流量引导能力，在网络游戏业务开展过程中要比其他类型的公司具有一定的优势，因此，传媒公司同游戏公司的战略合作越来越多。

表 13－15　浙报传媒 2013 年度主营业务数据

单位：元

分行业	营业收入	营业成本	毛利率(%)	营业收入比上年增减(%)	营业成本比上年增减(%)	毛利率比上年增减(%)
报刊发行业务	400681897.75	361248288.51	9.84	－3.62	－15.57	12.75
广告及网络推广业务	1003502533.79	480239127.73	52.14	30.98	145.07	－22.28
印刷业务	60337464.76	41938915.45	30.49	－9.77	－13.23	2.77
无线增值服务业务	49508361.40	38555721.77	22.12	8.64	10.26	－1.15
在线游戏运营业务	427066112.08	36057978.89	91.56			
衍生产品销售业务	29299222.59	18593147.47	36.54			
平台运营业务	34359178.78	15307665.54	55.45			
其他业务	298371203.39	216394337.47	27.47	152.26	265.14	－22.42

资料来源：浙报传媒 2013 年年度报告。

6. 电广传媒

相较于博瑞传播、光线传媒等民营上市传媒公司，电广传媒无论是在市场规模还是竞争资源上都较强（见表 13－16）。另外，电广传媒已经形成“传媒＋投资”的核心发展战略，这与其他上市传媒公司有所不同。首先，电广传媒的广告业务范围覆盖华南、华中、华北地区，并且是涵盖广告代理、广告策划、广告制作、广告发布的全广告经营，在广告业务方面实力雄厚，因此其广告营业收入达到了 18 亿元以上；其影视制作能力也不容小觑，先后投资拍摄了《绝对权力》《雍正王朝》《全民目击》等 1300 多集（部）有效益的电视剧集和电影。电广传媒旗下拥有达晨创投，在创业投资行业内为领先品牌，达晨创投主要关注文化传媒、消费服务、现代农业、节能环保四大投资领域，其优质的投资标的不仅为电广传媒带来良好的经济效益，还带来了相当程度的社会效益。

表 13－16　电广传媒 2013 年主营业务数据

单位：元

分行业 \ 科目	营业收入	营业成本	毛利率(%)	营业收入比上年同期增减(%)	营业成本比上年同期增减(%)	毛利率比上年同期增减(%)
广告制作代理	1842588309.01	1716902476.54	6.82	44.4	42.87	1
影视节目制作发行	130340361.43	113781721.48	12.7	－23.85	－22.23	－1.82
通信和网络传输服务	2250784947.08	1224824565.14	45.58	25.09	31.4	－2.61
旅游业	262993151.60	28281049.27	89.25	3.68	－18.28	2.89
房地产	2919229.00	1321814.90	54.72	－4.06	－18.85	8.25
艺术品经营	470627291.32	114001066.00	75.78	11.59	32.54	－3.83

资料来源：电广传媒 2013 年年度报告。

同其他上市传媒公司相比，电广传媒还有另一核心业务是其优势，即通信和网络传输服务，占到其公司主营业务收入构成的 44.76%，这使其在传媒领域新业务布局方面有很多优势，在跨电脑、手机、智能家电等多终端的新媒体业务方面，电广传媒走到了前面，电广传媒先后推出了交互电视门户、宽带门户、支撑平台、营业网点、高清视频等优势媒介终端，并开展了“一云多屏”业务，向着“网络双向化、设备互联化、终端智能化、平台云端化、业务多元化”探索。

四　中国上市传媒公司投资战略分析

（一）中国上市传媒公司投资环境分析

1. 产业政策分析

近年来，我国对文化传媒产业的支持力度在不断加大，2011 年十七届六中全会确立了建立“文化强国”目标；2012 年“十二五”规划中提出了“文化倍增计划”；2013 年 11 月党的十八届三中全会提出了在改革中推进文化体制完善、在市场中落实文化产业发展等一系列意见。另外，《中共中央关于深化文化体制改革、推动社会主义文化大发展大繁荣若干重大问题的决定》《文化产业振兴规划》《关于金融支持文化产业振兴和发展繁荣的指导意见》等一系列鼓励扶持文化产业发展的政策出台，给文化传媒产业的发展带来了新的机遇。

但要看到，国家对于传媒产业的内容和意识形态管制依旧十分严格，即进行改革时必须坚持四个不变，即党的喉舌性质不变、党管媒体不变、正确的舆论导向不变、党管干部不变。

所谓文化传媒产业发展新的政策机遇其实主要来自于资本市场方面的松动。早先国家对传媒资本实施严格控制和监管，限制外部资本进入传媒领域。后来经历了 2003 ~2005 年的一系列政策转变，允许部分外资进入我国传媒业的非核心领域，例如发行、印刷、电影业等，但一般不允许外资控股，持股比例不超过 49%，而对于核心领域新闻媒体，仍然必须由国家主办主营。

从总体趋势来看，国家会越来越重视文化传媒产业的发展，扶持力度会逐步加大，我国文化产业正在进入一个历史性的拐点，跨媒体、跨行业、跨所有制、跨地区、跨国界的“五跨”发展将成为我国文化传媒产业新的增长引擎。

2. 宏观经济环境分析

如今，我国宏观经济增速放缓，经济进入了新常态，经济政策发生了从过去重视 GDP 增长到现在重视结构调整的转变，而十八大也明确了推动文化产业成为国民经济支柱产业的大方向，在第一、第二产业增速放缓的大背景下，文化传媒产业迎来了发展机遇，一方面受到国家政策扶持，另一方面在资本市场上，文化传媒产业也日渐受到资本追捧。为了促进文化传媒产业的市场竞争和发展，国家进一步放松了对进入传媒非核心领域的资本的管制。对于中国新媒体产业来说，年复合增长率达到了 22% 以上，IPTV、手机电视以及户外媒体均呈现出高速增长的态势，这也是传媒产业发展的必然趋势。由于经济下行的压力，部分广告主近期都减少了广告投入，甚至诸多广告主已经取消了硬广告的投放，这给传媒公司带来负面影响，也使得传媒产业广告业务发生转型，柔性营销、网络推广、软文等新的产品和服务推广方式蓬勃发展。总体来看，目前的宏观经济环境对传媒产业发展有利。

3. 社会环境分析

随着物质生活的极大丰富，人民对精神生活的需求日益增加。公众对文化产品的消费呈现出迅猛增长的态势。同时，文化传媒产业是重要的战略产业，其对经济发展、社会进步具有强大的协同效应，日益受到了国家的重视。随着社会进一步发展、我国国际化进程加快、国际文化交流日益密切，这给了我国文化传媒产业发展很好的社会基础。文化传媒产品需求增长，获取这些产品的渠道日益丰富，文化传媒产品的消费形式日趋多样化，因此，我国传媒业目前所处的社会环境非常好，是难得的发展契机。

4. 上市传媒公司内部分析

上市传媒公司经历了互联网时代的洗礼，均开始在新媒体产业中进行布局。目前这些公司内部都存在着新旧媒体的转型。下面从上市传媒企业核心竞争力、盈利能力、发展潜力三个方面对上市传媒公司内部进行分析。

第一，上市传媒公司核心竞争力分析。企业核心竞争力是一家企业长期获得竞争优势的能力，而竞争优势是指一家企业能够获得超额利润的优势。现代企业的核心竞争力是一个以知识、创新为基本内核的，企业拥有的某种关键资源和关键能力的组合，是能够使其长期保持竞争优势的动态平衡系统。对于我国上市传媒公司来说，首先，其拥有强势的媒体优势，这些公司在传媒行业浸染多年，积累了许多优质的媒体资源，在部分区域和部分业务范围内常常处于独家垄断地位。另外在内容提供上，均积累了长期稳定的受众，这为其他企业进入相关领域设置了较高门槛。其次，上市传媒公司往往具有品牌公信力方面的优势，上市本身对公司就是一次很好的品牌公信力宣传，上市公司旗下许多栏目、报纸、杂志、影视剧在公众中都有良好的形象和口碑。最后，部分上市传媒公司拥有较为强大的政府资源和公关优势，往往可以获得中央、省、市、区（县、市）各级政府的帮扶和支持，在获取政府优惠政策和扶持资源时，也往往比一般企业具有更多优势。

第二，上市传媒公司盈利能力分析。对于一家公司来说，公司财务绩效的关键指标就是盈利能力指标，它决定了公司能从投资中所获得的回报。盈利能力的衡量方法有很多种，其中最为有效和全面的评估指标便是权益报酬率或者叫作净资产收益率。从表 13 - 17 中的数据我们可以看出，2014 年 1 ~ 9 月六家上市传媒公司均保持了正的净资产收益率，销售净利率也较高，总体来看呈现出较强的盈利能力。

表 13-17　六家上市传媒公司 2014 年 1~9 月关键财务指标

单位：%，万元

公司＼项目	净资产收益率	总资产收益率	资产负债率	资产总额	所有者权益总额	销售净利率
粤传媒	2.94	2.79	13.85	493431.82	425106.59	11.17
电广传媒	3.33	2.74	31.19	1472639.67	1013259.05	9.92
光线传媒	6.67	5.87	34.78	461106.35	300719.14	31.60
浙报传媒	10.99	7.51	33.78	666259.04	441196.54	24.54
中视传媒	3.43	2.57	20.39	146360.83	116517.37	8.38
博瑞传播	6.11	6.03	17.37	496530.75	410275.35	21.67

第三，上市传媒公司发展前景分析。判断一家公司的发展前景，主要从市场环境、公司盈利能力趋势以及公司新增投资的情况来进行分析。对比表13-17 与表 13-18 我们可以看到，六家传媒上市公司的净资产收益率在 2014 年均出现了一定程度的下滑，这一方面来自于我国宏观经济增长放缓的压力；另一方面，大部分传媒上市公司均进入了转型阶段，传统媒体业务的规模开始缩小，净利润率也开始下降，而新增的新媒体业务还未能带来十分可观的收益。

表 13-18　六家上市传媒公司 2013 年度关键财务指标

单位：%，万元

公司＼项目	净资产收益率	总资产收益率	资产负债率	资产总额	所有者权益总额	销售净利率
粤传媒	8.02	7.38	10.32	429277.21	384978.86	18.50
电广传媒	5.09	3.81	41.96	1694141.7	983281.1	11.30
光线传媒	14.78	13.82	14.33	259064.39	221938.00	36.27
浙报传媒	11.62	10.68	36.07	656217.19	419516.34	20.93
中视传媒	6.12	4.29	25.40	153633.00	114614.85	5.87
博瑞传播	9.71	9.72	18.74	483738.11	393091.16	25.53

但从追加投资的数据来看，在 2013 年度、2014 年度的新增投资比例较大，例如光线传媒在 2013 年投资活动现金流出达到了 6.95 亿元，同比增加 226.52%；电广传媒投资活动现金流出为 6.86 亿元，同比增加 132.32%。从新投资的领域来看，主要包括新媒体运营、数字内容运营、网络项目渠道建

设、新的影视剧以及新栏目的制作等。因此从这个角度来看，上市传媒公司目前处于转型期，而在转型期表现为传统业务减少、追加投资增加并不奇怪。当我国经济结构调整进入新的时期，以及追加投资逐渐产生效益、传媒上市公司顺利完成转型之后，相信在不久的将来传媒上市公司会进入新的增长期。

（二）中国上市传媒公司传统业务战略分析

对于上市传媒公司来说，其业务成分中有相当的比重为传统媒体业务，例如报刊业务、印刷、硬广告投放、有线电视等，近年来已经有足够的数据表明这些业务的规模在逐年下降，其受众也被新媒体所分流，可以说这些传统产业已经进入了衰退期，而企业在面临传统业务衰退时，可以选择以下四种战略，分别是：领导战略、利基战略、收割战略、剥离战略。

第一，领导战略。顾名思义，该战略力求使得企业成为衰退产业中的领导者。这在中视传媒的传统广告业务中表现得较为突出，在各大传媒公司广告业务规模和收入下滑的情况下，中视传媒的广告业务逆势上涨，继续稳固其在广告业的强势地位，这主要得益于其采取的领导战略和背靠的强势媒体资源。中视传媒是中央电视台的下属企业，尽管有线电视的受众被新媒体如 IPTV、网络电视等分流，但是中央电视台还是保证了其在电视台方面的龙头位置，观众人数仍较多，节目制作档次很高，而中视传媒则凭借这一优势继续大力发展其传统广告业务。另外，我国政府也出台相应政策，如将央视部分电视频道的广告制度由承包制改为国际通行的代理制度，一定程度上释放了广告业的活力，带来新的利润增长。

第二，利基战略。利基战略要求企业去关注那些衰退速度较慢的小范围需求。这在上市传媒公司中，主要表现在那些专注于优质内容生产的公司。虽然近年来传统媒体的受众减少，越来越多的人从报纸转向新闻网站，从电视剧转向网络剧，但是优质的内容仍然受到广大观众的追捧。像光线传媒这样每年将70%的成本投入影视剧制作和内容研发上的公司，在近几年受到的冲击较小，究其原因就在于受众短期内品位和层次的变化不会太快。即使在新媒体时代，受众仍然会优先选择优质内容。通过优质内容留下忠实客户，这也是浙报传媒集团的一大战略，其公司负责运营的《浙江日报》《浙商》杂志等，均在当地有非常强的公信力和品牌优势，使得其在近几年传统媒体的衰退中，仍然保持了600万的读者数。

第三，收割战略。收割战略是希望退出产业的企业的最佳选择方式，这一战略追求的是在企业退出产业过程中，实现现金流优化。在传统报业不景气的情况下，的确有不少企业选择这一战略，例如大幅削减人力和设备投资，开始利用各种方式从原先积累的商誉中获利，如在2013年，当许多报纸纷纷降价甚至出现免费的地铁报、邮递报纸时，《华夏时报》《中国经营报》竟反其道而行之，从3元/份涨价为5元/份。报纸的涨价从短期来看可以增加一定的收入，部分报纸的忠实读者在短期内不会改变阅读习惯，对价格敏感程度也不高，但是这样做并不利于其参与长期竞争，由此，部分经历涨价的报纸随后便开始减少出版频次，这样做可以减少投递、发行乃至人力成本。这种增加收入和削减成本的方式将报业公司的收割战略意图表现得淋漓尽致，改善了其现金流状况，同时也为其发起新媒体业务投资提供了一定的流动性支持。

第四，剥离战略。剥离战略的原理是要抢在产业深陷衰退之前出售企业的衰退业务，实现净投资收益的最大化。这在上市传媒公司的关联交易中表现较为常见。上市传媒公司往往为了修饰财务报表，平稳各年度的营业利润，以符合监管要求，常见的交易方式为剥离企业不良资产给关联公司，或者低价收购优质关联公司资产。现在恰恰由于传统媒体业务业绩表现不佳，上市传媒公司往往进行资产置换，将公司内部的传统业务进行置换，并且对新媒体业务进行收购，实现企业的快速转型。

（三）中国上市传媒公司新媒体布局投资战略分析

1. 新兴产业的共同特征

尽管不同的新兴产业在发展中其结构上彼此差异很大，但是仍然有很多共同的结构因素可以刻画它们的特点，这些特点和因素是我国上市传媒公司在新媒体布局时需要考虑的。

第一，技术的不确定性。新兴产业通常存在着很高的技术不确定性。在新兴产业中，实现统一功能或者效用的技术往往有多种，哪一种是最有效、最节省成本、最受用户青睐的，这些都存在着不确定性，因此对于进入新兴产业的公司来说，选择在哪种技术上投资，确定在各技术上的投入比例，是非常关键的问题。

第二，战略的不确定性。在新兴产业刚刚开始发展时，还没有任何公认的“可行”“正确”“最优”战略，每一家参与竞争的企业都相当于在黑暗中摸索，因此各家企业都在广泛的战略方法中选择。如何进行产品定位，采取怎样的成本策略、竞争策略等，不同企业都在摸索不同的方法，即使是最先进入此领域的最具有先发优势的企业，也并不一定能真正胜出，而其中最大的因素之一便是最优战略未得到执行。

第三，高初始成本之后成本快速下降。这其中最重要的因素便是“学习曲线”（见图 13－6），在新兴产业刚刚开始发展时，产品设计和研发要投入试错成本，同时需要更多的人力资本，雇主需要在精英人才上大量投入。而随着试错次数的增加、产品设计开发进入新的阶段，以及普通员工工作熟练度的提高，同时规模经济效应开始显现，成本大幅下降。

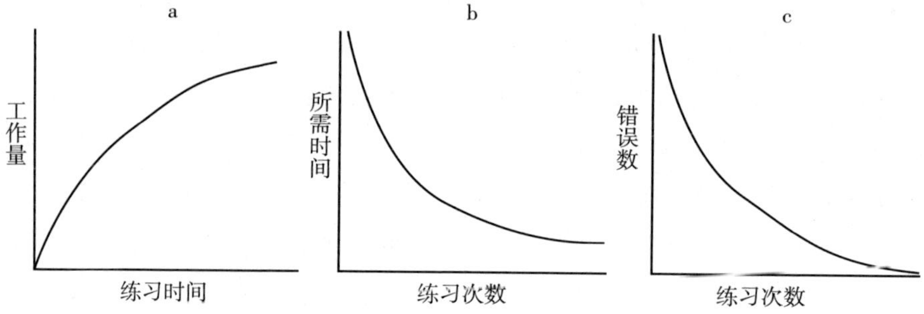

a 表示工作量对练习时间的关系；
b 表示每次练习所需时间对练习次数的关系；
c 表示每次练习的错误数对练习次数的关系。

图 13－6　学习曲线

资料来源：百度百科“学习曲线”。

2. 中国上市传媒公司新媒体布局战略选择

由于新兴产业存在着上述的特征，因此，我国上市传媒公司在进行新媒体业务布局时，尝试用多种方式来锁定风险，减少技术和战略中的不确定性，并且尽可能控制成本。

第一，对多元化的新媒体公司进行股权投资，往往同时投资于竞争的多方。为了锁定风险，减少技术和战略的不确定性，同时上市传媒公司面对不得不进行变革的环境，因此，其往往对新媒体公司进行财务和战略投资。这样做的好处在于能够锁定财务风险，以免企业内部自行开发时，由于对项目投入成本估计不足，从而项目预算出现偏差，增加财务不稳定性，而如果直接进行股权投资，则能锁定这部分风险。另外，为了避免产业未来发展在技术和战略上的不确定性，传媒上市公司会选择多元化的竞争对手进行投资。

第二，外部投资和内部自行开发相结合。这种做法的突出特点是可以达到资源和技术的互补，例如粤传媒及其全资子公司新媒体公司以现金和发行股份的方式收购了香榭丽传媒100%的股权，而后者正是一家移动情景式的户外广告媒体，其核心竞争力在于利用大数据的分析手段，使得其广告能够更加精确地重塑情景，专门开发网络性户外媒体和高科技户外媒体，其客户需求分析能力、投放策划、播放频次、播放监测过程均有翔实的数据支持。而粤传媒在2013年也成立了广州广报数据科技有限公司，抢占数据化新媒体的战略先机。

第三，兼并竞争对手。我国上市传媒公司由于资金实力雄厚，并且还拥有强大的政府背景资源，在获取分销渠道、客户议价方面都具有相当的优势。由于我国传媒产业的特殊属性，即使部分上市传媒公司在技术和发展上落后于新媒体，但是仍然具有一定的早期移动壁垒，给部分新媒体打开市场造成了困难。这个时候，上市传媒公司和新媒体都有合并的需求，高溢价收购和兼并竞争对手成为上市传媒公司的一种不错选择，产生“1+1>2”的协同效应。

第四，多种途径提高企业声望，塑造先驱者形象，为技术开发和产品设计争取时间。顾客忠诚对一家企业来说非常重要，我国传媒上市公司均具有强大的品牌资源，和受众接触也非常紧密，在新兴产业开始发展初期，上市传媒公司要全方位使用这一优势，为企业发展赢得时间。

（四）中国上市传媒公司产业投资战略分析

由于不同的上市传媒公司主营业务、发展阶段有一定不同，笔者将按照主营业务来对上市公司进行分类，寻找各个细分市场中的代表企业，结合其根据自身发展状况制定的发展战略进行分析和评估，并对其未来的发展做出预测和展望。

第一，如华谊兄弟、光线传媒、华策影视等中国上市传媒公司的主营业务主要是影视剧制作、电视栏目制作和广告行业，处于细分文化传媒行业里的大消费经济领域。随着我国宏观经济的增长和人民收入水平的增长，人们的精神文化消费的投入逐渐增加，释放出了对于文化产品购买和消费的巨大潜力，可以说现在是光线传媒等公司发展的黄金期。因此，光线传媒等公司在战略选择上更倾向于成长产业战略，创新、品牌、精品化、多元化成为其发展中的关键词。在节目制作方面，这几家上市传媒公司均倾向于大制作、精品化和多元化齐头并进，电视产业中虽然节目内容日益丰富，但是真正优质的电视节目内容仍然严重缺乏，而这其中，综艺节目相对于常规电视节目拥有更大的消费潜力和影响力，光线传媒则重点关注了这一细分领域，不断提高此类节目的观赏层次，并且积极引进和借鉴国外著名节目，带来其节目类型的丰富和提升。而华谊兄弟在产业链方面具有更大的优势，它可以算是将电视、电影和艺人经纪这三个主要的业务板块实现有机整合的一家上市传媒公司，是传媒产业链最为完整的公司之一，因此，华谊兄弟的重点就在于继续巩固这一优势，将其品牌优势、资源整合能力、管理优势发挥到最大化。电影和电视剧是这几家公司战略发展的重中之重，也是公司得以长远发展的核心，三家公司在这方面的投入达到了总成本的70%以上，这也取决于无论传统媒体还是新媒体对优质影视剧的需求和购买力都不断增强，也体现在光线传媒公司对网络电视、手机电视、智能电视等各个新媒体播放渠道的拓宽上。这种多渠道战略增强了这几家上市传媒公司的财务稳定性，并且带来了新的增长点。这一战略也符合传媒产品高生产成本、低复制成本的特性，相信以影视剧制作为主的上市传媒公司还会继续坚持这一战略。

第二，像浙报传媒和粤传媒这样曾经以报业为核心业务的大型传媒集团，都体现了其平台化和多元化的战略意图，这也是这类依托其强大新闻资源的上市传媒公司转型的一个大致思路。早在2013年，浙报传媒就已经将“加快构建互联网枢纽型传媒集团”确立为战略目标，这对于长期以来以报纸发行和广告业务为重点的传媒集团来说，体现了其转型的决心。浙报传媒集团秉承了“用户中心”的理念，对外投资和内部建设并举，并且加快推进传统媒体和新兴媒体的融合发展，进一步实现新闻传媒业务的创新转型。浙报传媒曾经提出“三个转变”的概念，即由提供单一新闻资讯向以新闻资讯为核心的综合文化服务商转变，由报纸读者向多元用户转变，由大众传播向分众化传播转变。另外，浙报传媒在大数据库方面加快了建设和应用，推动其互动娱乐平台的竞技化、媒体化、社区化转型，并且制定了在2015年实现5000万活跃用户的目标，构建文化产业投资、互动娱乐、影视和新闻传媒“3+1平台”的大传媒格局。近年来，浙报传媒对数字媒体产品的投资显著增加，在新闻传媒方面推进了媒体集群建设，着力于将其在传统媒体中积累的内容优势转移到数字媒体上，在舆论传播力、品牌影响力、市场占有率、读者阅读率、国家级奖项、领军人才数量、主营业务收入、资产利润率等多个方面，进入行业领先的位置。从其投资战略中也可以看出其大平台、大格局的战略意图，如在2014年由浙江在线发起，联合腾讯大浙网、边锋浩方在浙江省各个市、区、县建立的O2O商业及信息服务，试图建立垂直的文化传媒综合体，形成网络、报纸、文化综合体三位一体的新型O2O模式。这一战略意图还体现在其同阿里巴巴共同出资组建了淘宝天下传媒有限公司以及收购北京华奥星空科技发展公司49%的股权。浙报传媒集团正在凭借其雄厚的资金实力和背景资源，积极寻求转型的最佳路径。粤传媒同浙报传媒类似，在其2013年发布的年度报告中写道：“粤传媒将紧紧抓住文化产业发展机遇期，围绕华南领先、中国一流、世界知名的文化传媒集团的战略目标，明确以媒为本、多元多赢的战略定位，按照产业化、平台化、移动化、大数据的发展战略，加快传统媒体和新媒体的融合发展，提升从内容传播到广告营销全媒体渠道的转型升级……”可以看出，各大老牌传媒上市公司均存在着转型的压力，并且都已经逐渐认识到平台化、移动化、大数据对于其公司发展的重要性。但是在具体的投资策略上，粤传媒的表现有所不同，其投资活动更倾向于选择那些具有较高利润率和稳定现金流的传媒相关延伸产业，但是同企业的长远发展的战略契合度并不高。例如在近两年来投资于游戏产业和内部投资开发的购彩平台均具有这样的特征。2014年，粤传媒全资子公司广州广游信息服务有限公司打造的“云端游戏”上线运营，同时其手机游戏运营平台和游戏资讯网站“NB游戏社区”也上线运营，2014年足球世界杯期间，其“云彩彩票”也全面上线，并且覆盖了主流体彩的相关彩种。在其传统媒体的转型发展战略中，有所发展但是还没有实质性突破，粤传媒在《广州日报》的广告业务上，开始使用部分新的数据挖掘和技术平台来施行全媒体营销，从其广告收入表现上看，还没有大的起色。2013年也是粤传媒社区报战略发展的启动年，在 2013 年完成了 12 份社区报的创刊，并且在 2014 年发展为接近 30 份，但是由于社区报利润率低，对粤传媒的财务贡献并不大。除此之外，粤传媒还利用其现有的发行物流网络参与到电子商务物流配送业务中，这一业务能为企业带来一定的收入流，但是这究竟是其长远发展战略，还是短期的权宜之计，还有待观察。

第三，新华传媒、中南传媒、长江传媒、中文传媒这样的以出版产业为主的传媒公司，多以打造多元化的现代传媒集团为战略重点，但是值得注意的是，中南传媒和长江传媒在数字出版战略方面下了更大力气。中南传媒 2013 年数字出版的收入同比增长了 1269.82%，同时成本也提高了 1153.11%。另外，不仅仅在传播介质方面，中南传媒选择了数字出版转型的道路，在商业模式上也开始了线上同线下结合的业态转型，从介质、平台、大数据挖掘用户需求等多个方面来进行数字化转型。而长江传媒也将数字出版和数字化阅读平台当作其发展的重点。近两年，长江传媒同多所高校建立了数字出版的战略合作关系，例如和武汉理工大学合作获得“中国出版云平台建设示范工程”经费、同武汉大学合作开发数字报刊和版权交易平台等。不仅如此，为了拓宽数字出版和发行渠道，长江传媒还同多看、百度、腾讯、新浪、网易、亚马逊、91 熊猫阅读等建立合作。相比来看，虽然新华传媒、中文传媒也意识到了数字出版转型的重要性，但是无论从其财务报告还是近期的投资行为来看，对数字转型战略并没有像中南传媒和长江传媒那样重视，仍然依托其原来的渠道和资源进行发展，新华传媒和中文传媒更强调其综合实力和全面布局的战略。

第四，比起其他上市传媒公司，中视传媒的发展战略更为明确直接，即继续坚持“面向市场、背靠央视”的发展战略，维持和加强与中央电视台的协作，同时大力拓展外部市场，积极推动各项业务的市场化进程，逐步建立起适应市场需求的运行机制，保持公司各项业务的稳定和发展。在中视传媒的业务结构中，影视剧收入和广告收入加总对其收入贡献达到了 90%，而这部分收入主要来自中央电视台。近年来，中央电视台强化电视剧购播体制，并且持续推进制播分离，这成为中视传媒新的发展机遇，也是其转型升级的关键，制播分离的体制也在一定程度上带来了竞争的可能性，中视传媒在调整其影视剧战略时重点强调了精品战略和特色战略，加大高品质影视剧项目的生产和销售力度。在制播分离的环境中，中视传媒业寻求与中央电视台新的业务合作模式，比如自主选题、自主研发，继续释放企业的创造力。而在其广告业务方面的机遇主要来自央视部分频道将广告经营制度由承包制转向了代理制，这对于中视传媒的收入增长和战略调整有极大促进作用。如在2013年，中视传媒子公司上海中视国际广告有限公司经营的中央电视台科教频道广告资源的模式由承包制改为了代理制之后，中视传媒2013年广告业务收入同比增长了10.83%。中视传媒在文化传媒的延伸领域也有许多探索，其旅游业务也占到了整体营收的10%。2013年起，我国文化旅游产业已经逐步进入了快速发展的时期，中视传媒利用其强大的文化媒体资源，支撑其旗下旅游产业继续向前探索，并且带动部分地区经济腾飞，具有重要的战略意义。

第五，电广传媒已经形成了“传媒+投资”的发展战略，两者之间相互补充，业务范围遍布有线电视网络运营、影视节目内容、广告、创业投资、旅游酒店业务，公司的主要发展重心区域在北京、上海、湖南、广州、深圳等。由于电广传媒同时涉及软件和硬件的生产和销售，这为其在未来发展中提供了强大优势。首先，我国目前处于“三网融合”的趋势中。电广传媒及时调整了自己的战略方向，向着高品质数字电视、高速互联网接入、高速数据通信、高速“云信息”服务、多媒体通信业务的综合信息服务商的方向转型。并且借助其技术优势，开始了跨区域并购战略，向河北、青海、新疆、天津等地的网络运营商发起了战略投资。同中视传媒相似的是，电广传媒的母公司湖南广播广告总公司可以为电广传媒提供诸多广告项目以及影视剧的购买合同，在广告业务和影视剧制作业务的发展战略上，电广传媒仍然会重点依靠母公司带来的资源优势，并借助公司在新媒体方面的探索，拓宽销售渠道，电广传媒也在积极磋商同我国高铁进行高铁广告的合作。电广传媒旗下的达晨创投也为电广传媒长远发展注入了动力，达晨创投投资所占比重较大的产业集中在传媒和通信领域，例如其中的中南传媒（601098）已经在上海主板上市，这为电广传媒不断创新和发展提供了动力。另外，达晨创投投资业绩良好，也为电广传媒带来了不小投资收益。总体来看，电广传媒虽然主营业务较为广泛，但是战略目标明确，多种产业之间形成较强的协同效应，其未来一段时间内仍然会保持良性发展的态势。

五　结论与建议

（一）结论

通过对我国上市传媒公司的投资行为的分析和研究，可以得出如下结论。

第一，我国上市传媒公司的投资规模呈现出稳步增长的态势，表现出在转型期实施平台化、多元化战略时的共同特征。这主要来自于两方面的因素：一方面来自于我国大力扶持文化传媒产业发展的大背景；另一方面来自于上市传媒公司大多面临着转型的关键时期，在业务转型期对新业务的投资规模增加是必然的。

第二，我国上市传媒公司的业务及财务结构并未达到最优化，但是呈现出逐步改进的态势。分析上市传媒公司最近几期的财务报告，可以发现，对企业利润贡献最大的新兴业务的成本和投入往往不足，而对企业利润贡献较小的传统业务仍然占据其成本的相当大的比重。另外，阅读部分上市传媒公司的现金流量表可以发现，其账面现金存量较低，这对于其在转型期迅速把握投资机会是不利的。传媒企业的资产负债率相对较低，这有利于保证其财务稳定性，但在业绩良好的情况下可适当增加负债来提高企业权益报酬率。从近期的投资行为和财务数据可以看出，我国上市传媒公司逐步增加了对新兴业务的投入，净资产收益率的表现较为平缓，在转型期可以保持这样的净资产收益率说明我国上市传媒公司较为准确地把握住了未来传媒产业转型发展的脉搏，这是难能可贵的。即便如此，仍然不排除少数传媒企业通过小额贷款业务、理财业务、关联交易等方式平摊各年的净利润数据，当一家公司将多数现金用于非核心业务时，往往是其业务发展到顶峰之后的权宜行为。上市传媒企业如果要寻求长远发展，应该尽快调整业务结构，增加对新兴传媒产业核心业务的投入。

第三，我国上市传媒公司仍然面临多重投资风险。从政策和产业属性的角度来看，由于我国传媒产业有着输出党和国家意识形态的功能，国家管制十分严格，因此在投资过程中特别是面对新媒体时，暗含了政策风险。从产业发展的角度来看，多数上市传媒公司面临转型风险，新兴业务未来的前景并不明朗，多数企业需要“摸着石头过河”，如果投资决策失误，必然带来转型过程中较大的阻碍甚至失败。而且近年来“新三板”的蓬勃发展，也使得在主板上市的传媒公司面临新的挑战，在融资渠道、机制灵活性等方面都不再占据优势。最后，在我国现如今经济下行压力较大的情况下，上市传媒公司还要克服经济周期给其带来的潜在风险等。

第四，我国上市传媒公司均将新媒体业务的发展作为战略重点。无论是浙报集团制定“加快构建互联网枢纽型传媒集团”，还是粤传媒要求企业按照“产业化、平台化、移动化、大数据”的发展战略前进，新媒体发展战略越来越被我国上市传媒公司重视，而在战略执行过程中，上市传媒公司通过内部发展、股权投资、收购兼并、建立子公司等多种方式发展新媒体业务。相信经过几年的发展，我国上市传媒公司将会再次成为我国传媒业中的领军者。

（二）建议

第一，加快业务转型，优化公司内部财务结构。面对新媒体行业的蓬勃发展，从企业内部的财务数据来看，新媒体业务虽然在部分上市传媒公司业务中所占比例较小，但是对其利润贡献却较大。另外，传统媒体的业务规模呈现逐年缩减的态势。因此，上市传媒公司应该加大对新媒体业务的投资力度，加快转型的步伐。在此基础之上，可以通过多种方式对传统业务进行安排，如资产剥离、适度缩减投入，在减少其对企业负面影响的同时充分利用企业之前积累的媒介渠道、品牌、商誉等资源，为企业新业务的开展注入能量。

第二，控制投资风险，增强企业财务稳定性。前面已经分析指出了传媒行业在我国的特殊作用和地位，因此，在进行投资决策尤其是关于新业务的开展时，应该同国家有关部门进行密切的沟通，建立良好的政府、企业沟通机制。由于多数上市传媒公司是在传统媒体时代成立和发展起来的，因此对新媒体业务会有不熟悉的地方，企业应该增加对新媒体业务方面的人力资本投资，在做出投资决策前，应该向新媒体行业内的优秀公司、专业人士、咨询公司等请教，做更为充分的调研和尽职调查，严控投资风险。

第三，增强企业投资战略契合度，战略制定和战略执行并重，长期战略与短期发展并重。从对多家上市传媒公司的战略分析中，我们可以看到其共同点是：一方面要在新媒体、互联网尤其是移动互联网领域进行重点战略布局，另一方面多元化、平台化、枢纽化成为其发展的重要方向。这样的战略制定是有一定高度的。但是在具体的投资决策和战略执行上仍存在问题，如一些企业在制定了平台化、枢纽化的发展战略后，做出的投资决策仍然是在游戏、彩票、旅游等传媒延伸产业上，这些产业短期内确实能改善企业的现金流和财务状况，但是并不能充分支撑其长远发展战略。如果一家上市传媒公司要实现实质意义的转型，则应该在数字内容、数据信息服务、互联网与移动互联网媒体、移动社区等方面增加投资，进行探索，以提高企业自身的核心竞争力，而不是去边缘产业中分一杯羹。

B.14

中国上市出版企业战略投资行为分析

王晓榈　莫林虎*

摘　要：我国出版企业上市后正逐步走向集约化、专业化、规模化的道路。本报告主要对出版产业战略投资进行界定，同时利用出版上市企业历年年报、招股说明书等，对2008年以来以出版发行为主营业务的上市出版公司进行研究。通过成长能力、偿债能力、盈利能力等数据研究它的发展状况。展现出上市出版企业的战略投资面貌，主要包括纵向产业链的延伸和横向多元化的拓展等。根据战略投资所遇瓶颈及产生原因，为上市出版企业的战略投资提出如下建议：优化产业环境，深化产权改革，把握数字本质，探索盈利模式，升级五跨突围，实现资本高速运转，并且始终在挺拔主业的基础之上实现多元化战略支撑。同时要不断完善战略投资评估机制，及时修正，保证既定战略目标得以实现。

关键词：上市出版企业　战略投资　数字出版

一　研究对象的界定和上市出版企业发展现状

（一）战略投资的界定

投资一般分为财务性投资和战略性投资，财务投资一般是指注入资金以实

* 王晓榈，中央财经大学新闻系；莫林虎，中央财经大学文化与传媒学院副院长、教授、硕士研究生导师。

现入股控股。战略投资可以界定为市场竞争主体为获得经济利润而付出货币或其他资源来长期进行的与公司业务联系紧密的某项经营活动。战略投资行为直接影响企业竞争地位、经营成败，具体应包括新产品的研究与开发、新的生产技术或生产线的引进等，进入新的领域、兼并收购，资产重组，生产和经营规模的扩大等，能够提升某个产业的地位、培育产业的领头企业，在产业中占有重要地位。所以战略投资行为一般所需要的资金量较大，见效周期较长，同时伴有较大的投资风险。

战略投资与一般投资的区别如下：第一，与企业的主营业务有紧密的联系，或者相关投资与主营业务有一定的互补性，能够促进业务和公司的发展，同时能够利用该项投资抵御不同时期的行业风险。第二，追求中长期的战略利益，不会因眼前利益而放弃投资。这是区别于一般投资的重要特征。第三，有意愿同时有能力进行大额投资，这要求企业不仅要精通管理经营活动，更要擅长资本运营，不仅是金融资本，还应拥有强大的产业资本背景，能够移植先进的技术和管理手段，不断提高企业的经营效率，借此获得更高的收益。

我国上市出版企业近年来除了不断加大对主营业务的投资，对于纵向产业链的延伸和横向规模扩张也投入了大量的资金，例如在文化地产的投资、数字出版项目和基地的投入等。尤其是在新兴的数字出版领域，几家大型上市出版公司，不约而同地进行战略布局。这从一个侧面反映出上市出版企业在投资行为方面的战略布局和走向。本报告对上市出版企业近几年战略投资行为进行分析，根据其披露的财务报表和招股说明书等，对其融资后进行的战略投资规划和行为做出简要的脉络梳理，勾勒出出版上市企业现有投资面貌，试图利用资金投向来掌握出版传媒产业发展动向，同时找出它们在资金管理和战略投资行为方面存在的问题和不足，然后借鉴国际大型出版集团的战略投资经验，结合我国国情，为出版上市集团战略投资提出建议。

（二）上市出版企业发展现状

总体来说，我国出版企业的上市行为有两次较为集中的时期，分别是2000 年前后报刊行业的上市浪潮，以及 2008 年以后图书出版业的集中上市。

第一阶段主要强调个别业务的经营，多为借壳上市，而第二阶段才是出版企业产业链的整体上市。借壳上市强调的是出版内容与上市业务的分离，例如广告业务、发行业务等，这是当时出版企业转型的必然选择，但是这种上市方式显然会造成产业链的断裂。所以说2008年后出版产业的整体上市更加符合资本市场的要求和现代企业管理制度，实现规模效应的同时能够有效避免募集资金被违规使用等风险。因此，对于2008年以后上市出版企业的研究，可以全面了解上市出版集团的特点现状，更能把握未来出版企业的发展方向和战略计划。

1. 样本选择

2013年出版上市企业年报陆续发布（见表14－1），中国出版企业的资本化市场运作已历经十载。在市场化、集团化等一系列改革后，上市成为出版企业提高管理水平、规范企业法人制度、实现规模效应、增强核心竞争力的重要手段。上市传媒出版企业虽然数量众多，却有着各自不同的主营业务范围。1/3的市场份额被以图书出版发行为主营业务的大型出版集团所占有，所以本报告以传统的出版发行等相关业务为主的企业的为蓝本进行研究。

表14－1 2013年以图书出版为主营业务的上市出版企业

股票名称	股票代码	主营业务	区域	上市时间/方式
中南传媒	601098. SH	出版、发行、印刷、报媒、物资、其他	湖南	2010/IPO
皖新传媒	601801. SH	一般图书销售、教材销售、音像制品销售、音像出版、广告代理、文体用品及其他	安徽	2010/IPO
凤凰传媒	601928. SH	图书、期刊、报纸和电子音像等出版物的出版、印刷(复制)、发行、物资供应、外贸	江苏	2011/IPO
时代出版	600551. SH	新闻出版业、印刷、记录媒介复制、化学品制造业、电子产品制造业、其他	安徽	2008/借壳
大地传媒	000719. SZ	出版业务、印刷业务、物资销售业务	河南	2011/借壳
中文传媒	600373. SH	图书出版、图书发行、物资贸易、印刷包装、其他	江西	2010/借壳
天舟文化	600825. SZ	图书、报刊、电子出版物出版	湖南	2010/IPO
长江传媒	600757. SH	书、报、刊、网、音像、电子等多介质出版业务，拥有出版、印制、发行、版权贸易全流程业务	湖北	2011/借壳

2. 上市出版集团发展现状

根据和讯标准财务评估①系统显示，与2012年相比，在上市公司综合能力行业排名中，娱乐业和文化、体育业下降了两个名次，位列第六（见图14－1）；偿债能力继续稳坐前五名的交椅，经营能力和财务状况较好。2013年文化传媒类上市企业的市场表现跻身前五，这说明文化产业的市场预期在渐渐提升。这些数据反映出文化传媒类上市企业尽管在市场上占有重要地位，但是资本运作不够充分，市场化程度较低，稳定性欠佳，盈利能力有待提高。

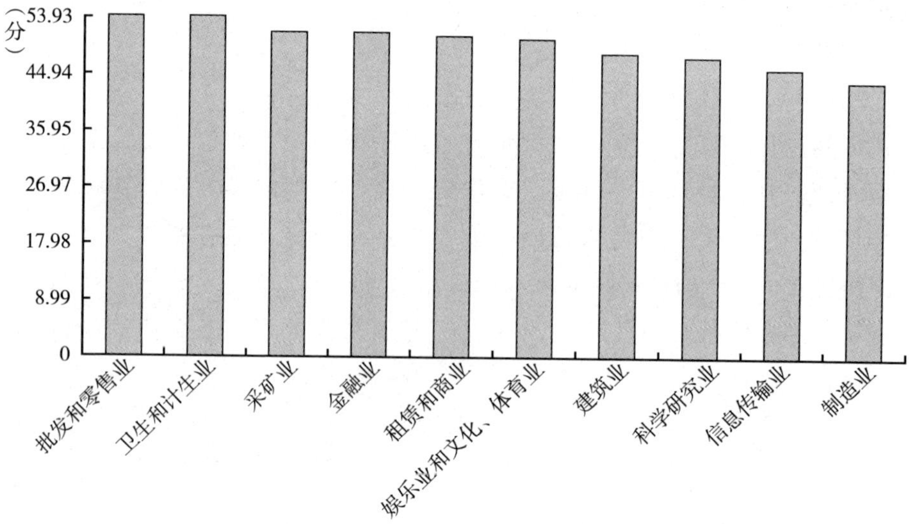

图14－1　上市公司综合能力行业排名

资料来源：和讯标准财务评估系统。

（1）盈利能力。主营业务利润率表明企业主营业务收入能带来多少利润，它表现出企业的获利能力。2013年，大部分出版企业主营业务利润率较2012年都有所增长，表明这些企业的产品定价合理，附加值较高，主营业务市场竞争力强，能够达到较高利润水平，同时也反映了上市出版企业的整体盈利情况较好。成本费用利润率主要从经营成本的角度检验经营成果，2013年只有中

① 财务评估是运用统计学的因子分析法对上市公司的财务指标进行归类、总结，将反映上市公司的众多指标归纳成几个方面，然后对每个方面进行打分来反映上市公司在不同方面的得分。

文传媒和长江传媒该项指标比2012年同期有所上升，其余企业均下降，表明出版企业要注意经营成本的产出效率。

净资产收益率是衡量企业资产综合利用情况的指标，如果净资产收益率偏高，表明企业在资产利用上比较充分，能够在节约成本的前提下提高收益。2012年该项指标最高的中文传媒，在2013年的净资产收益率下滑至11.11%，长江传媒和凤凰传媒该项指标也均走低，而大地传媒2013年的表现最抢眼，净资产收益率达到了14.16%，创下近年来较好水平，主要原因是资金流动较好和营收总额较高。同时也要看到，出版企业的整体净资产收益率的均值较低，说明上市出版企业的利润水平不高。

每股收益指的是股票的税后利润，它直接与股东利益挂钩，也是评价股票投资价值的重要依据。2013年，除天舟文化每股收益下降、长江传媒与2012年同期相比无明显变动外，所有出版企业的每股收益都保持稳步增长，这也拉动了整个文化传媒板块的市场表现，提高了市场预期，有利于出版企业走市场化之路。其中中文传媒每股收益0.97元，是业内翘楚，主要归功于其净资产收益率的提高（见表14－2）。

表14－2　盈利能力指标

出版企业＼财务指标	主营业务利润率(%)	成本费用利润率(%)	净资产收益率(%)	每股收益(元)
皖新传媒	13.15	15.18	13.11	0.67
时代出版	6.39	8.91	10.27	0.69
大地传媒	8.54	11.27	14.16	0.65
中文传媒	6.00	6.81	11.11	0.97
长江传媒	7.72	9.88	8.50	0.31
凤凰传媒	11.54	14.82	9.87	0.37
中南传媒	12.81	16.69	12.04	0.62
天舟文化	7.55	9.94	3.79	0.13

资料来源：上市出版企业2013年财报。

（2）偿债能力。企业利用资产偿还短期债务和长期债务的能力，能够准确地反映企业的财务和经营状况，一般情况下，企业的资产负债率的适宜水平是40%～60%。2013年只有中文传媒的资产负债率的水平比较符合标准，为

48.52%。行业均值为28.64%，整体水平较低，这对债权人无疑是好消息，说明企业有能力清偿债务，股东承担的风险相对较小。但是大部分出版企业的资产负债率在适宜水平以下（见表14-3），说明企业的融资行为不够积极，外部资本没有被充分利用，对于经营者来说，这将阻碍生产规模的扩大和企业活力的增强，追根究底，是大部分出版企业长久以来属于国企，对政策支持和政府的资金扶持过度仰仗，市场化程度较低。

表14-3 偿债能力指标

财务指标出版企业	资产负债率(%)	流动比率	财务指标出版企业	资产负债率(%)	流动比率
皖新传媒	25.27	2.97	长江传媒	28.64	2.34
中南传媒	27.15	3.14	凤凰传媒	30.59	2.58
时代出版	36.08	2.09	天舟文化	14.54	5.39
大地传媒	30.28	2.43	传播与文化行业均值	28.64	1.83
中文传媒	48.52	1.83			

资料来源：上市出版企业2013年财报。

流动比率也是重要的偿债能力指标，它表明了企业的流动资产可以变现偿还短期债务的能力，一般认为这个比例在2:1以上较合适。除中文传媒流动比率为1.83:1外，其余出版企业流动比率均超标，同时也大大超过了传播与文化行业的平均值，表明企业偿债能力较稳定。但是流动比率高不等同于短期偿债能力一定强，尤其是在以图书、期刊、报纸、音像制品出版为主业的上市企业中，存货量大大占用了企业资源，存货虽属于流动资产，但是变现耗时长，流动性较差。同时，较高的流动比率也说明企业的募集资金有沉积现象。

（3）成长能力。企业成长能力代表了企业在未来的成长速度和发展趋势，其中企业增加利润、扩大规模等都表明企业成长能力强大。综合2013年各出版企业年报中总资产扩张率、主营业务增长率、每股收益增长率、固定资产投资增长率、净利润增长率等指标，可得出出版企业2013年成长能力分析图14-2。从图14-2可以看出，中文传媒成长能力综合指标数值为50.23，为行业龙头，与市场均值较为接近。大部分出版企业的成长能力都超过了文化传媒行业均值，只有皖新传媒、中南传媒和天舟文化没有达到行业均值。但是整个 A 股市场均值为 54.17，所有出版企业成长能力基本达不到这个水平，说明企业的营销策略需要进一步改善，需加强主营业务和固定资产投资，以提高经营效率。

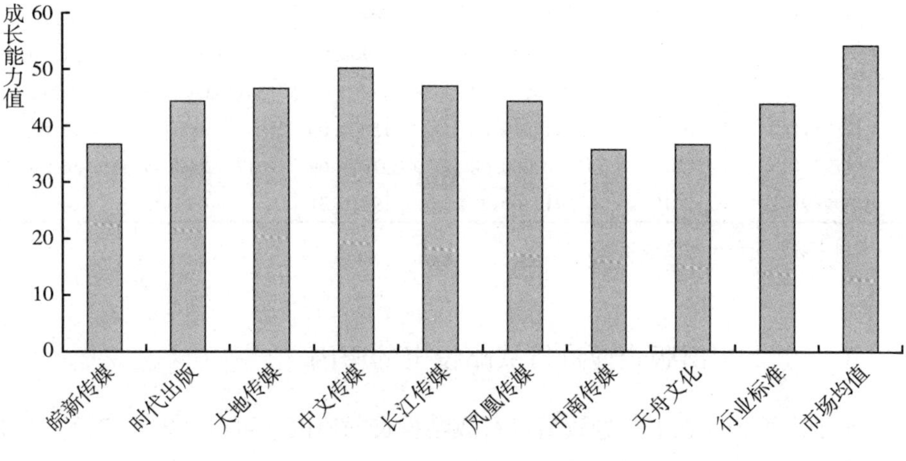

图 14－2　出版企业 2013 年成长能力指标

资料来源：和讯标准财务评估系统。

二　上市出版企业战略投资行为概述

（一）募集资金使用情况

上市公司募集资金可以扩大经营规模、缓解资金压力、进行战略投资。目前我国出版类上市公司多通过股权融资来募资。资金的使用进度和方向在一定程度上体现出企业的资金使用效率，也反映了企业的战略投资计划。2013 年出版企业募集资金使用情况如表 14－4 所示，其中凤凰传媒和中文传媒的募集规模较大。但是大部分出版企业都处于项目建设中，尚未完成资金使用。从几家 2010 年募集资金的企业来看，2014 年是第五个财务年，募集资金的剩余超过 30%，资金有沉淀现象。中南传媒的沉淀资金的比例甚至超过 80%，这说明企业募集资金较为盲目，战略性较弱，投入不够充分，原因可能是存在投向变更、融资过度、公司治理等问题。

表 14-4　上市出版企业募集资金整体情况

募资使用出版企业	募集年份	募集总额（元）	本年度使用额（元）	已累计使用额（元）	使用进度（%）
皖新传媒	2010	124516.60	5286.05	86455.16	69.43
时代出版	2010	50103.67	10870.14	33508.93	66.88
天舟文化	2010	37946.268	768.96	19616.68	51.70
中文传媒	2013	1257874193.84	341143262.05	341143262.05	27.12
长江传媒	2012	117079.00	15000.00	15000.00	12.81
凤凰传媒	2011	4479200000.00	190397977.09	2517292034.44	56.20
中南传媒	2010	412300.20	19416.31	60713.52	14.73

资料来源：上市出版企业年报。

（二）上市出版企业进行战略投资的原因

对于出版企业在上市融资后进行战略投资的原因，可以从宏观竞争环境和自身发展需要两个方面进行分析。

1. 宏观环境的要求是上市出版企业战略投资的推动力

随着中国加入 WTO，出版物销售市场逐步向世界开放，原有的封闭的国内市场格局被打破，国际出版集团带领其出版物和价值观开始进入我国市场，世界各国抢占文化经济高地的意图日益明显。我国上市出版企业硬实力与国际出版集团相比仍有较大差距，《中国图书商报》数据显示，出版业总收入前五十强，中国只占一席，出版业经济总量不大，地方出版集团的规模更是有限。因此，面对逐渐开放的竞争环境，出版企业势必要进行战略投资来提升经济实力，扩大企业影响力，应对挑战，传承和稳固我国的传统文化。从国内角度来看，上市出版企业多为地方出版集团，因此其出版发行产品多集中在教辅领域，对全国人民精神文化的辐射程度有限，想要提升自身影响力和扩大规模，应对大型出版集团和多媒体行业的冲击，必须要进行战略投资，进入新的领域，丰富出版物形式，盘活企业资本，产生规模效益。因此从宏观环境的要求来看，上市出版企业进行战略投资是企业开展竞争和抵御风险的必由之路，更是赢得世界文化话语权和提升国家文化软实力的需要。

2. 微观层面的缺陷是上市出版企业战略投资的必然选择

上市出版企业不仅肩负着传承文化、建设和谐社会的使命，同时也要在国民经济发展中扮演重要角色，因此通过上市融资、战略投资等行为促进出版企业形成更加科学的现代企业制度、更加完善的激励机制，实现产业链升级，真正走向高效、集约的市场化道路，才能获得更大的经济效益，壮大实力，从而更好地履行社会责任和职能。我国出版产业仍然属于内需型经济，因此国内市场的占领和再开拓依然是其不变的目标。目前，上市出版企业仍未完全摆脱条块分割、行政管理等现状，既面临国家税收方面的优惠幅度降低、折扣制度变更、以教辅为利润支柱的格局受到结构性冲击、利润空间不断被压缩等问题，同时还要应对新媒体对传统阅读模式的冲击。想要打破这种局面，改革和调整势在必行，上市融资后开展充分的产业链升级、多元化投资、兼并重组等战略投资行为，能够盘活企业资本，避免资金沉淀，获取更多利润回馈股东，带动体制和机制的改革，进而在根本上克服内生缺陷，获得长远发展。

（三）上市出版企业战略投资行为

战略投资是资本运营的重要方式，主要包括纵向产业链延伸战略以及横向多元发展战略等。以纵横两种思路梳理出版集团的战略投资行为，构建出版集团投资内容体系，有助于我们分析重点投资领域与出版集团的竞争与共赢，深入了解市场发展趋势。

1. 纵向——传统主业的巩固与提升

（1）挺拔主营业务的战略投资行为。

图书出版发行是这几家上市出版公司的主营业务，围绕这一部分的战略投资占据了主要份额。其中皖新传媒、时代出版、天舟文化、凤凰传媒募集资金后的投资进度较快，从其主要投向可以看出出版集团在销售网点建设、物流体系的建设等方面投入较多，大多占实际投资额的一半左右。近年来，受到经济环境和数字阅读的冲击，纸质图书的销售以教材教辅销售利润为主，各出版集团通过强化服务意识，完善教材教辅协调管理机制，保持其在主营业务中的优势，例如皖新传媒开展教育回访活动，派专员进行服务，不断提高服务能力，教材教辅业务收入实现了稳步增长，2013 年全省教材销售同比增长 19.33%，创历年新高。很多出版企业加强终端功能提升和战略转型，例如建设体验式的卖场环境、树立以客户需求为导向的服务理念、为读者提供互动式的购书氛围等。在物流体系的信息化和电子商务销售渠道建设上也都有较大的投入，在实体店租金上涨的情况下减少了销售成本，尤其是凤凰传媒在实体书店纷纷倒闭的不良市场环境中，旗下教育发展公司、海南凤凰新华、凤凰书城、南京市门店等的营业收入都实现了较大幅度的增长。

（2）促进产业链升级的战略投资行为。

出版集团上市的目的之一，是要促进传统出版业与新技术、新媒体、新平台融合，寻找更大的项目，建设更大的平台。由于目前各出版集团的投资进度不一，故下面从各集团的募集资金投资计划来分析其产业链升级的战略目标（见表14－5）。

表14－5　上市出版企业在传统出版产业链上的投资项目

主要投向	具体投资计划	出版企业
内容策划	设立辽宁出版策划有限责任公司	出版传媒
	中南基础教育复合出版项目、出版创意策划项目	中南传媒
	职业教育教材复合出版项目	凤凰传媒
	内容策划	天舟文化
印刷业务	印刷技术改造、环保包装印刷	中文传媒
	湖南天闻新华印务有限公司技改项目	中南传媒
物流建设	现代出版物流港项目	中文传媒
	新港物流中心二期建设项目	凤凰传媒
发行营销渠道	全国出版物营销渠道建设项目、湖南新华书店区域中心门店改造升级	中南传媒
	连锁经营网点改造项目	凤凰传媒
	营销网络建设项目	天舟文化

资料来源：上市出版企业年报及招股说明书。

可以看到上市出版企业依然重视对出版发行业务的投资。从内容策划到印刷再到物流建设，最后到营销渠道，几乎对整个生产和营销流程进行了串联和整合，在产业链上的每个环节都加以投入和完善。这种战略投资不仅能够巩固传统出版的主营业务地位，抵御同行业的竞争，以及防范其他行业的侵入，更是为数字出版提供了很好的前端保障。

2. 横向——多元化投资的尝试与创新

多元化战略又称多角化战略，最早由著名企业战略管理学家安索夫提出，一般是指企业同时经营两种以上与主营业务属性不一致的产品或服务的发展战略。这个概念是相对传统的单一化经营而言的，其内容包括产品和服务的多元化、投资行业的多元化和资本运作的多元化。对于出版企业来说，多元化战略就是指出版企业根据自身的内容资源、资金、渠道等，权衡市场风险，对非图书出版发行领域进行投资和拓展。

（1）打造文化地产的战略投资行为。

上市出版企业进行文化地产项目投资看似与出版本身关联性不大，但根据多家出版企业的描述，文化地产项目文化 MALL 是以图书营销为重点业务，引进和开发丰富的文化产品及服务，将多种文化业态有机结合，进行统一设计、统一管理、统一营销的“文化消费终端网”（见表 14－6）。虽然在这样的多元的、复合的文化消费综合体中图书销售的比重可能微乎其微，但是这样的募投项目还是写进了招股说明书。此外，也有出版企业进行综合性书城的建设，也在一定程度上涉及了地产行业。目前，文化地产项目多处于在建或者待建阶段，其盈利模式还有待探索。但在目前网络书店、电子书疯狂挤压实体书店盈利空间之时，大型书城（文化 MALL）可能会成为未来实体书店的主力发展趋势。

表 14－6　上市出版企业文化地产项目

实施/投资主体	项目内容	资金来源	拟投资金额(万元)	项目进度
凤凰传媒	大型书城(文化 MALL)建设项目:在江苏 5 城建设 5 家凤凰国际书城	上市募集、自筹	142513(上市募集资金 97712)	在建
长江传媒	大型跨区域连锁文化 MALL 一期项目:在宜昌、襄阳两城建设长江国际文化广场	上市募资	36000	募资
中南传媒	衡阳市新华文化广场项目	超募资金	2400	在建
皖新传媒、中国工商银行有限公司安徽省分行营业部	安徽图书音像及文化商品经营网点建设项目中合肥图书城(四牌楼)扩建子项目	上市募资	31700	即将建设
时代出版	时代数码港工程建设项目,包括数码商城、动漫商城、数码影院、大型超市、研发楼等文化创意设施	自筹	15000	已建成,待交付使用
新华传媒、红星集团	成城文化广场项目:综合文化 MALL	自筹	132000	在建

（2）跨行业跨领域战略投资行为。

上市出版企业跨行业跨领域投资能够突破管理体制、完善经营机制、优化发展战略、整合市场资源等，目前上市出版企业跨行业经营项目包括手游、互联网、影视剧制作、广告代理、艺术品经营等，虽然这些都是出版集团的非主营业务，但是在教辅折扣改革和税费优惠到期双重压力下，它们能够为企业带来新的业务利润支撑。例如天舟文化斥资 4000 万元，投资在线教育公司，抢占在线教育市场，整合各方资源打造幼儿教育线上线下综合互动平台，实现教育信息化转型，同时向数字业务利润翘楚——手游行业进军，带来业绩突破性增长。皖新传媒斥资 1.57 亿元收购了吴晓波旗下的杭州蓝狮子文化创意有限公司，成立专业影视剧制作公司“时代雅视影视文化有限责任公司”。凤凰传媒旗下凤凰传奇影业投资出品的《裸婚时代》获得了较好的收益。出版集团整合其优秀作家资源、集团文艺作品出版资源，延伸文学作品的版权价值，将其改编搬上荧屏，实现出版资源和影视制作的优势互补，实现出版产业链的完善和衍生，也不失为出版集团多元化的一条途径（见表 14 －7）。

表 14 －7　出版集团多元化经营项目

<table>
<tr><th>多元化经营项目</th><th>出版集团</th><th>涉及领域</th></tr>
<tr><td>江苏麦可在线教育科技有限公司，主营 O2O 在线教育</td><td>天舟文化</td><td>互联网</td></tr>
<tr><td>全资子公司东方全景文化传媒有限公司，主营业务为影视制作与发行、演艺经纪以及播出平台建设等</td><td>中文传媒</td><td rowspan="4">影视</td></tr>
<tr><td>参与投资或控股拍摄多部电视剧，包括《老爸驾到》《徽骆驼》《决战前》《江山风雨几多情》《桐柏英雄》等</td><td>时代出版</td></tr>
<tr><td>持股北京华影文轩影视文化有限公司，份额为 86.7%</td><td>新华文轩</td></tr>
<tr><td>旗下凤凰传奇影业有限公司筹拍的《裸婚时代》获得较高收视率</td><td>凤凰传媒</td></tr>
<tr><td>控股“集雅斋”，书画、陶瓷艺术品经营</td><td>中文传媒</td><td rowspan="2">艺术品</td></tr>
<tr><td>控股江苏凤凰拍卖有限公司：以拍卖、经营文化艺术品为主营业务</td><td>凤凰传媒</td></tr>
<tr><td>利用“天线宝宝”的品牌授权，涉足早教培训业务</td><td>凤凰传媒</td><td>培训</td></tr>
<tr><td>对手游神器时代 100% 股权收购</td><td>天舟文化</td><td>手游</td></tr>
</table>

从目前来看，出版集团进行的“大产业链”“泛文化”产业的投资，大部分属于概念运营，由于投资周期长，目前获利情况不明。这些多元化的经营方式尽管存在潜力，但尚不能成为其自身长远战略目标。无论哪种战略投资方式都并非稳赚不赔，因此区别短期战术和长期战略、把握纵向深化与横向拓展的

关系，对正在升级转型的出版企业来说尤为重要。

3. 兼并重组的战略投资行为

近年来，出版企业在投资并购上的资本运作频繁，如在区域市场内，长江传媒打开地方出版企业与部属高校进行战略合作的局面，通过增资与华中师范大学各占50%股份，共同创办华中师大出版社。在跨区域合作上，凤凰出版传媒和海南省教材出版有限公司第二次跨省合作，共同向海南凤凰新华发行有限公司增资，实现了海南教材出版发行资源的整合，对海南教材出版发行产业链一体化经营产生巨大的推动作用。在跨界的资本扩张中，上市出版企业纷纷寻找突破口，意图在资源的整合上获得优势。

与此同时，上市出版企业依托现有投资力量，加快熟悉海外图书市场，收购优质海外图书资产，积极与国际书展平台开展合作，资助翻译项目，同时加大对外“绿地投资”，外向型国际化出版格局初现轮廓。在“走出去”政策引领下，对外版权输出越来越多，国外出版基地建设逐步完善，2013年我国引进版权18167种，较2012年增加了3.29%，输出版权10401种，较2012年增加了11.06%，可以看到逆差在逐渐缩小。这与出版企业积极响应“走出去”的战略投资行为是密不可分的。例如时代出版深度融入国际出版合作大格局，印刷板块实现新增长，文化产品国际贸易业务形成新支撑。与国际上400多所孔子学院进行对接，签署近300项合作项目，公司向国际汉语教材市场进军。同时时代出版与上海自贸区合作设立版权平台，开通对外投资窗口。中南传媒公司全年实现版权输出126项，被评为“2013～2014年度国家文化出口重点企业”，逐步形成针对海外市场自主研发的产品群。中南会展公司首次走出内地，承办“港洽周”和“湘台文创周”布展活动。凤凰传媒在英国、美国、智利、加拿大、澳大利亚等国投资设立分支机构，除开展版权出口等贸易活动外，还积极开拓文化培训等服务领域的市场。中南传媒与中国国际图书贸易集团有限公司合作，共同收购法国凤凰书店，收购完成后公司持股比例为20%。凤凰教育以8000万美元收购美国童书生产商Publications International，LTD.、JRS Distribution CO. 及其某些关联方拥有的全部儿童图书业务等相关资产。这些都标志着我国上市出版企业对国际市场进行积极的战略部署。面对逐步开放的文化市场，一味抵御抗拒显然无效，增强对外战略投资力度，才能占领更多国际市场，提升自身品牌影响力。

4. 数字新业态的战略投资行为

随着数字浪潮来袭，人类的传播方式和交际方式也颠覆传统，利用新技术实现整个产业链的升级是主营业务产业链面临的首要问题，也就是由传统出版向数字出版的升级转型。数字化升级贯穿出版物的内容编辑、出版策划、版面设计、印刷发行、网络营销等各个环节。

（1）我国出版业数字化发展规模。

近年来数字出版发展势头依然保持强劲，国内数字出版产值也再创新高，截止到2013年，已经突破2500亿元大关。在政府相关部门的推动下，首批试点单位转型情况较好，起到一定的示范引领作用。传统的出版集团不断探索数字技术，培养互联网思维，数字出版成为兵家必争之地，转型思路日渐清晰。

2013年我国数字出版产业实现2540.35亿元的整体收入规模，同比增长31.25%。其中，互联网广告收入以1100亿元位居第一，网络游戏与手机相关游戏音乐产业以718.4亿元和579.6亿元分列第二、第三名。在线音乐依然保持强劲势头，收入达到43.6亿元，电子书的收入大幅度提升为38亿元，网络动漫达22亿元，互联网期刊收入达12.15亿元，数字报纸（不含手机报）达11.6亿元，博客达15亿元（见图14－3）。

（2）上市出版企业数字化投资和营收进程。

面对传统出版困境的企业纷纷在数字出版领域加大投资力度，进行产品的数字化输出，搭建数字出版平台，完善数字版权保护等，积极进行转型，取得了较好的收益。凤凰传媒在数字内容、数据库建设、多媒体出版等方面多点布阵、全线展开，形成规模，年销售额超4亿元。凤凰创壹与全国200所中高职学校合作，开发虚拟实训软件，全年净利润突破4200万元。凤凰传媒还出资3.1亿元布局数字化新型产业拓展，并购慕和网络，获得1.88亿元营业收入，净利润4843万元。凤凰游侠网全年营业收入达到2000万元，净利润增长超过50%。中南传媒2013年数字出版营业收入为13423.40万元，较上年同期增长12.70倍；和华为共建的天闻数媒实现订货超过2亿元，营业收入1.39亿元，首次扭亏为盈。中文传媒收入中，新业态收入1.2亿元，同比增长605.99%，也是数字化和新媒体等建设有力拉动的结果（见表14－8）。

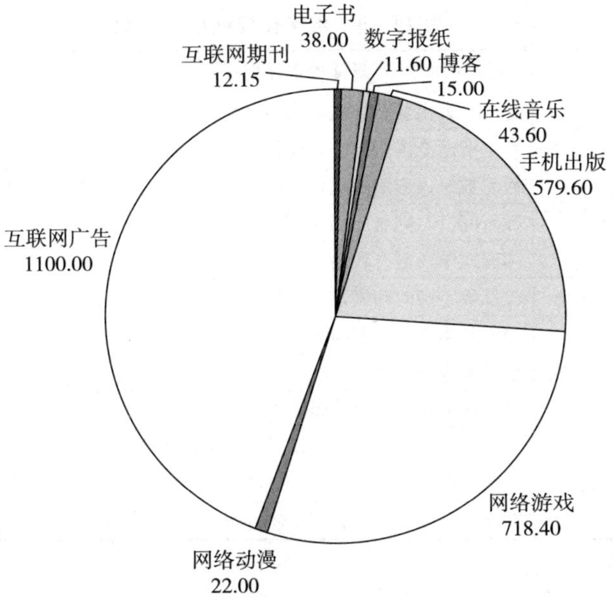

图 14－3 数字出版产业收入情况（单位：亿元）

资料来源：《2013～2014 中国数字出版产业年度报告》。

表 14－8 出版企业在建数字化项目

出版企业	数字出版相关项目
皖新传媒	数字出版发行投送服务系统
时代出版	“时光留影 TIMEFACE”数字平台、幼儿园电子教材、数字出版运营服务平台“时代 e 博”
大地传媒	ADP5 数字出版平台、电子图书推送出版编辑发行服务平台、“全流程数字出版管理平台”
长江传媒	中国出版云平台建设示范工程、数字报刊与版权交易平台、体验式学前教育数字内容全程服务项目、数字阅读与网络原创平台项目
凤凰传媒	“凤凰云校园”数字教学整体解决方案、数字内容接入阅读基地和动漫基地、智能终端应用程序开发项目、电子书综合阅读平台“凤凰悦读网”
天舟文化	未来教育——云教育平台
中文传媒	小型自助式高清数字院线项目
中南传媒	数字教育产品及大众阅读项目

从主要数字化项目来看，各大上市出版企业将主要资金投向了数字内容策划、服务运营、数字技术提升、平台系统搭建等方面（见表 14－9）。

表 14－9　数字化战略投资方向

主要投向	具体投资计划	出版企业
数字内容策划	基础教育出版数字化建设项目	凤凰传媒
数字内容服务运营	数字资源全屏服务平台项目	中南传媒
	教育数字内容服务运营平台项目	长江传媒
	数字阅读与网络原创平台项目	
	体验式学前教育数字内容全程服务项目	
数字印刷技术升级	长江数字即时印刷连锁网络项目	长江传媒
数字销售与物流平台	湖南新华书店电子商务平台项目	中南传媒
	电子商务平台建设	凤凰传媒
	跨区域文化智慧物流服务平台	长江传媒
信息系统升级	中南出版传媒集团出版发行信息平台建设项目	中南传媒
	ERP 建设项目	凤凰传媒
	管理信息和出版创意平台建设项目	天舟文化

三　上市出版企业现有战略投资行为所遇瓶颈

从笔者的研究结果看，我国出版企业上市融资后的战略投资行为较为全面，既能够考虑到自身扩张需求又能充分体现社会效益。但由于主客观原因，上市出版企业仍然存在较多问题。

（一）地方壁垒问题严重，产业格局受限，资产流动性弱

我国出版产业由于原来的计划经济体制所限，产生严重的行业壁垒和地区壁垒问题，长期处于条块分割的状态，虽然改革开放带来企业化转型及管理模式的转变，但是壁垒依然没有被打破，这对资本和资源的流动有相当大的制约作用。目前上市出版企业仍然归地方和行业所有，还没有完全实现资本与资源的自由流动。出版企业上市后，甚至加剧了各地对出版企业“划地而治”的情况，出版产业出现“市场空间结构”失衡，致使出版企业面临逐步扩张的强大资金储备规模和有限的资金投入区域之间的矛盾，具体说来表现在募集资金闲置，战略投资不足。所辖区域市场的封闭性和所属区域文化资源的有限性会严重制约出版集团产业规模的扩张。目前我国出版产业的市场格局有着空间

分布上的“省际性”、内容分布上的“本土性”、业态分布上的“传统性”、行业分布上的“集中性”等特性。尽管政策层面已经极力推动跨地域连锁经营，各兄弟省份和企业之间也已经开始了大规模并购的步伐，但是如果不突破根源性的阻碍，并购过程将会困难重重，同时也难以获得预期的收益。

（二）数字领域矛盾丛生，模式不清管理不力

1. 数字属性认识不足，商业模式尚不清晰

数字出版摆脱了“实物”的羁绊，变为了对传播和互动的争夺，因此更加碎片化和立体化，显然，出版企业并未根据这些变化探索出更为清晰有效的商业模式。目前传统出版企业的数字化拓展大多缺乏互联网基因，多数上市出版企业的数字化投资处在建设阶段，尚未考虑到用户的体验，无法形成口碑效应，在粉丝经济的时代，想要保住用户忠诚是十分困难的。

2. 行政规划模式陈旧，数字化业务亟待革新

从历史原因看，中国的文化产业有着比较明确的行业分类，即文化艺术、广播影视和新闻出版三个板块，同时也有对应的行政主管部门，这种管理方式在历史上曾经发挥过很好的作用，但是随着数字技术的不断发展，文化业态不断更新，这种板块之间的界限越来越模糊。行业管理如何顺应不断融合的产业发展趋势，对于未来数字出版的发展会有较大的影响。出版企业已经意识到应该占领数字出版高地，否则将被淘汰，但是大部分仍然局限于建立网站、对内容文本进行数字化，或者通过合作推出一些电子阅读产品等做法。同时受板块管理模式的限制，业务难有创新，仍然谈不上大举开展数字化内容创新和传播手段的彻底革新。

3. 出版企业各自为战，缺乏共享，风险较大

数字化建设一般都需要很大的资金投入，同时伴有较长的培育周期，由于盈利前景尚不明确，同行业竞争激烈，还要承受互联网公司、技术公司的竞争压力，企业相互之间的沟通和合作显得尤为重要。但是由于上市后出版企业仍然被桎梏于省际范围里，因此大多各自为战，无法进行资源和经验的共享，很难形成规模效应。

4. 产业链受制于人，价值再生存在困难

目前上市出版企业的数字出版产业链是割裂的，也就是说本应为“作

者一技术一平台一读者”的产业链，并没有被出版企业完全掌握。具体说来，首先，数字出版的源头应该是内容提供商，我国传统出版企业只掌握部分内容资源，其他的都被文学网站所控制和掌握；其次在技术和平台方面，虽然已建设很多数字平台，但显然技术方面要依靠科技和互联网公司；最后，在读者反馈方面，往往是一些社交网站获得了大数据，为其所用，而出版企业却在提升用户体验方面一头雾水，无从下手。所以从整个产业链来看，上游内容有限，中游受制于人，下游渠道缺乏，致使目前传统上市出版企业的数字化发展并不成熟（见图14－4）。

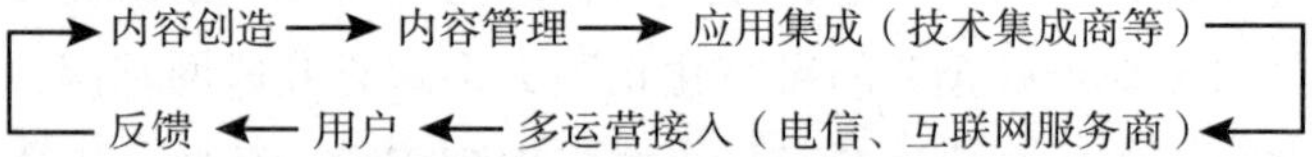

图14－4　数字出版生产流程

5. 版权仍有安全隐患，付费模式推行困难

实体图书数字化出版、建设数字化平台、数字化终端开发项目等是目前上市出版企业投资的主要方向，但是这些都会涉及版权的安全问题。版权涉及作者的著作权和出版企业的出版设计等权益，但是由于涉及技术提供商，所以出版企业会面临技术提供商非法利用出版内容，私自进行再开发等行为，导致出版社投入大量资金进行数字化建设，却被技术提供商窃取了果实。另外，我国互联网目前的管理水平有限，加之读者没有养成付费习惯，因此网络盗版泛滥，用户已经习惯了“免费午餐”，一旦收费，用户数量锐减，催生盗版，恶性循环。

6. 复合人才缺乏，人力资源有限

数字出版在传播技术、出版形态、出版流程、营销管理等方面与传统出版有很大不同，这对出版社提出了更高的要求，而复合型的技术者和管理者才是把握变化、顺应变化、利用变化的主体。目前我国真正从事数字出版工作的人大多是IT从业人员，这些人才在技术方面有着很强的优势，但是他们并不熟悉出版流程，文字编辑和美术编辑对他们来说也是新的领域，因此复合型的技术人才的培养和使用成为上市出版企业的一道难关。此外，我国出版企业的国有性质，使得管理人员大多由管理机构任免，而且年龄偏大，结构不够扁平，

这些管理人员虽也在加紧适应时代要求，但是终究缺乏对数字属性的深入认识和理解，对于这种新业态，他们在营销管理、宣传策划方面也存在不足。因此人力资源是阻碍数字化进程的又一难题。

（三）兼并重组效率低下，盲目跟风重复建设

目前我国上市出版企业的重大资产交易多为母子公司的关联交易，也就是说资金大部分都投向已有子公司，投资地域也多局限于省内，对省外的优质文化资源却无动于衷，说明投资多为强弱组合，缺乏强强联合，并购效率不高。某些投资没有做到逻辑清晰、方向明确，是否与企业已有资产实现良好的协同效应也待考察。尤其是在数字出版领域，由于缺乏技术、人才、经验等，国内出版企业也没有国外大型出版集团的规模优势，所以对于数字出版的投资，出现了很多低水平、零利润、重复建设现象，造成资金和资源的浪费。

四 上市出版企业战略投资路径探索

面对外部竞争和自身发展瓶颈，考虑我国国情和产业环境，参考国际大型出版集团的成功经验，探索出适合中国国情的上市出版企业战略投资之路十分重要。

（一）优化产业环境，深化产权改革

我国出版产业兼具事业性和商业性双重属性，同时处于特殊的政策土壤中，一方面受相关政策制约，另一方面离不开政策的扶持。面对这种两难境地，优化产业环境，深化产权改革显得尤为重要。

1. 深化产权制度改革

上市出版企业应该不断深化产权制度改革，建立市场化的产权委托代理制度，将原有的行政干预变为市场化的杠杆控制，实现政府政策指导和规范与企业自身发展和管理相结合，避免强硬的行政干预手段限制出版企业发展。

2. 推进市场经济体制的改革与完善

市场环境健康规范是出版企业战略投资的根本保障。目前我国的出版行

业产权合理有序流通环境尚未形成，例如缺乏完全公平开放的市场环境、规范的资产评估制度等，相关服务也尚未完善。因此除相关优惠政策之外，仍然要积极破除跨区域、跨行业的投资障碍，不断推进市场经济体制的改革与完善。

3. 利用政策支持，防止过度依赖

国家税务总局已经为出版企业制定了相关税收优惠政策，使出版企业在进行战略投资时能降低成本，有效防范风险。上市出版企业应该在国家能够扶持的领域中积极争取机会，例如刊号和出版权的支持等，尽快部署，尽早申报。但是不难看到政府对于出版产业的资金支持不断减少，股价也因此有所下降，因此在充分利用政策的基础上，应该积极以市场为导向，防止过度依赖政府的政策。

（二）把握数字本质，探索盈利模式

由传统媒介向数字化、网络化转型，不仅需要精湛的技术和大量的资金，同时更重要的是对数字化的本质有一定的把握，对其今后的趋势和发展脉络有一定的认识和预测，才能够有针对性地设计自身的战略投资计划和盈利模式。否则盲目投资只能带来资源的浪费和不断更改或停滞的投资计划。

1. 探索内容增值新型盈利模式

传统的盈利模式主要是依靠内容资源的单纯的版权售卖，在媒介融合的冲击下内容收费模式获利已经难以完全覆盖成本，同时还容易受到盗版威胁。在数字化战略投资过程中，应该以优质的内容资源为入口，吸引用户，与电商平台等合作，提供增值服务，尝试混业经营，这样才能充分发挥数字化的优势，扩大出版物影响力，提升出版社品牌价值。

2. 由实体生产转为运营服务

数字化说到底是将出版产品转变为出版服务，因此将原有的以实物生产管理为架构的运营模式，转变为内容数字化、出版策划、平台载体、营销宣传等多维度的服务体系，是上市出版企业数字化战略投资的必然选择。

3. 由各自为战走向消除壁垒合作共赢

面对投资数额大、见效周期长、经验不足等问题，上市出版企业的数字出版投资应该逐步打破壁垒走向共赢，在内容资源、技术手段、渠道建设、平台搭建、项目建设等方面积极开展合作，共同抵御来自互联网企业和科技企业的竞争威胁。

（三）实现“五跨”升级，资本高速运转

文化产业将面临“三弱三强”。“三弱”就是政策支持逐渐变弱、地域壁垒逐渐变弱、产业边界逐渐变弱，“三强”就是市场流动逐渐变强、跨界合作逐渐变强、竞争压力逐渐变强。因此上市出版企业势必要实现跨行业、跨地区、跨媒体、跨所有制、跨国界的“五跨”升级。

1. 实现高层次战略合并和重组

跨媒体跨地域，与省内外大型文化企业实行更高层次、更大范围和规模的战略性重组联合。避免对已有子公司一味地进行纵向投资，将眼光放远，提高兼并重组效率，整合更多优质出版资源，提升自身抗击风险能力。

2. 跨行业投资创造更大收益

应该在保持自身文化属性的同时，不断寻找商机，找到能够与主营业务互补的优质产业进行投资，例如与影视机构进行合作，加速出版产品的再开发，延伸产业链和价值链。再如投资手游等数字类公司，有效学习其先进的技术和互联网思维，并将其移植到自身数字化建设当中，在跨行业吸取经验的同时，能够有效弥补因传统出版行业利润下降带来的收益减少。

3. 在跨国投资中清晰部署

由于我国特殊的出版产业体制，跨国投资并非投资主流，但国际出版集团带来的竞争日益激烈，我国出版企业必须积极“走出去”，在有限的跨国投资中清晰部署。除单纯版权输出外，可以吸收先进技术，促进产业升级，有计划地投资高新技术企业，促进产业的更新换代和产业升级，这样才能提高对外投资的效率。同时要注意收支平衡，避免造成国内资金大规模流失，同时能有效将国外利润回馈国内股东。

（四）主业挺拔多元辅助，形成战略支撑

在主业、辅业经营方面，各个出版集团的战略方向并不一致。但无论是做强主业还是多元化经营，都应该符合出版集团自身的发展战略，扩大优势，不应盲目跟风、有所偏颇或者固步僵化、保守不前。

1. 做强主业，强本固源

主营业务核心竞争力强大是出版企业战略投资的重要条件。出版集团发展步伐日益加快，在资本的助力下，在发展战略上也更趋于扩张化。扩张的前提是集团整体实力的提升，而自身实力的提升源于扎实做好主业，巩固优势产业环节，把主营业务做强。作为传统出版公司，内容板块和发行板块仍然是主营业务，是重要的利润来源，更是出版企业品牌形象塑造的重要力量。出版企业对这一部分的投资占很大份额，可以说是顺理成章，既能够获得较为可靠的利润，同时又能给公众、社会、股东一个很好的交代。

2. 主辅齐头并进

我国传统出版企业一直就有对非相关领域的业务的投资，例如时代传媒对化学工业的投资等。目前上市出版企业的利润主要来自教辅，但是随着国家税收优惠程度的减弱和折扣制度改革，这部分利润已经触碰天花板，因此对文化地产、影视作品、手游等辅业进行投资，能够获得利润，从而更好地反哺主业。

（五）增强战略性，完善评估体系

战略投资评估是对战略投资计划的执行情况、整体绩效进行评判，及时督导和更改，从而保证既定战略投资目标得以实现。通畅的战略投资评估体系应该包括以下指标：目标市场评估、顾客价值评估、组织管理评估、市场价值评估、环境影响评估、财务评估、风险评估等。出版行业是比较特殊的行业，除了一般行业的商业属性外，还具有意识形态属性，因此与一般追求利润最大化和成本最小化的企业有所不同，出版行业的战略投资以社会效益最大化为首要目标，同时追求社会效益和经济效益的有机统一。社会效益是指出版物要给人带来精神的进步，推动社会文化的发展；经济效益是指出版物能够为出版上市企业和股东带来收益，促进社会经济的繁荣。

B.15

中国传媒投资风险评估

任小静　侯 昉*

摘　要：2014年，传媒行业上市公司的并购交易仍然保持了较快速度的增长。一方面，传媒类上市公司继续在国内开展并购活动，有的公司甚至开始进入海外市场开展国际并购；另一方面，非传媒类的上市公司纷纷通过跨行业并购进军传媒领域。但是，在这些上市公司并购交易背后，我们可以清晰地看到法律风险的存在。

关键词：传媒行业　上市公司并购　法律风险

一　传媒业上市公司并购交易中的法律风险及原因

（一）并购标的高估值带来的风险

在中国，在与传媒行业有关的上市公司并购交易中，伴随而来的往往是并购标的的高估值，比如在乐视网收购花儿影视的交易中，并购标的花儿影视的资产评估采用了收益法和资产基础法相结合的方式，并以收益法评估结果为定价依据。以2013年6月30日为评估基准日，花儿影视100%股权按收益法评估价值为90373.41万元，较其合并报表净资产账面值增值

* 任小静，北京大学法学院法学硕士，中国建银投资有限责任公司风险与法律合规部高级副总裁；侯昉，北京大学法学院法学硕士，中国建银投资有限责任公司风险与法律合规部经理。

79885.13万元，增值率为761.66%[①]；在中文传媒并购智明星通的交易中，并购标的智明星通100%股权的评估值为266000.00万元，截至2014年3月31日标的公司账面净资产为9262.24万元，评估增值率为2771.88%[②]。在其他的与传媒行业相关的类似并购中，并购标的资产评估均同样维持了较大幅度的增值。

究其原因，上市公司并购交易中的传媒类并购标的基本上都集中在电影电视制作发行、游戏娱乐、广告等领域，在对该等标的进行评估时，交易双方普遍认同并购标的作为轻资产公司，经审计的净资产不能完全反映其真实的盈利能力。因此，普遍采用收益法作为最终的评估方法，以综合考虑并购标的的无形资产、管理经验、品牌优势、管理能力、优惠政策、业务覆盖面、团队协同、产品优势等无法体现在资产负债表中的无形因素。

然而，作为轻资产公司的并购标的，如果在经营中出现任何问题，则会给上市公司带来巨大的风险，即上述的各项因素如果不能最大可能地发挥其应有的贡献或者该等因素在未来发生较大的变动，比如并购标的公司不能有效保证产品的持续推出节奏或者产品的市场反应低于预期，则会严重影响到标的公司在未来的盈利水平，从而给上市公司带来较大的损失。

（二）盈利预测及业绩补偿承诺违约的风险

1. 实际经营结果可能与盈利预测结果存在一定差异的风险

一般而言，并购标的公司的盈利预测报告是以实际经营业绩为基础，依据其生产经营计划、营销计划、投资计划等因素，在充分考虑标的公司的资产经营条件、经营环境、未来发展计划等其他各项假设的前提下，依据谨慎的原则而编制的。然而，笔者认为现实交易中，传媒行业并购标的的盈利预测往往较高，比如乐视网收购花儿影视案中，根据盈利预测，花儿影视2013年、2014年、2015年、2016年度实现的净利润分别为6300万元、8100万元、10320万

① 《乐视网信息技术（北京）股份有限公司发行股份及支付现金购买资产并募集配套资金暨关联交易报告书》。

② 《中信证券股份有限公司关于中文天地出版传媒股份有限公司发行股份及支付现金购买资产并募集配套资金暨关联交易之独立财务顾问报告》。

元、10920万元人民币[①]；在喜临门收购绿城传媒一案中，绿城传媒实际控制人承诺，绿城传媒经审计并扣除非经常损益后的归属于母公司股东所有的净利润2015年不低于6850万元、2016年不低于9200万元、2017年不低于12000万元[②]。但是，如若上述预测基础发生改变，可能会对标的公司未来的经营造成不利影响，进而导致盈利预测无法实现，从而给上市公司带来潜在损失。

2. 收购整合风险

除了并购标的自身的经营因素存在风险外，并购交易完成后上市公司是否可以利用自身优势完成对于并购标的的整合也存在着巨大的风险。一般情况下，在上市公司并购交易完成后，并购标的将成为上市公司的全资或控股子公司。但如何对并购标的进行整合，即交易完成后既可以保证上市公司对并购标的的控制力，又可以保持并购标的公司的原有竞争优势并充分发挥并购交易的协同效应，具有不确定性。这种不确定性突出地表现在跨行业整合中，比如，喜临门在并购绿城传媒时也承认："上市公司目前对绿城传媒电视剧相关业务缺乏有效管理的能力。本次收购完成后，上市公司业务规模增加，并进入文化传媒领域，原有管理能力将受到很大挑战。"[③] 如果整合结果不能充分发挥本次交易的协同效应，则会对上市公司和股东造成损失。

3. 业绩补偿承诺实施的违约风险

针对因整合失败或者因并购标的自身经营而导致的盈利预测可能无法达标的风险，上市公司一般会要求标的公司的实际控制人（"业绩承诺人"）签署一项业绩承诺协议，即如果在业绩承诺期内标的公司盈利未达到业绩承诺约定金额甚至出现亏损，双方约定该差额部分应由业绩承诺人以股份补偿或以现金方式补足。但如果出现业绩承诺人无法提供充足现金完成差额补偿等情形，则会导致业绩承诺人违反补偿承诺，从而给上市公司带来巨大风险。

（三）人才流失的风险

从传媒行业上市公司并购案例来看，该行业标的公司大多为轻资产企业，

---

① 《乐视网信息技术（北京）股份有限公司发行股份及支付现金购买资产并募集配套资金暨关联交易报告书》。

② 《喜临门家具股份有限公司重大资产购买预案》。

③ 《喜临门家具股份有限公司重大资产购买预案》。

对核心技术人员及管理人员的依赖程度较高，因此保持核心技术人员和管理人员稳定是标的公司生存和发展的根本。若交易完成后，标的公司核心技术人员和管理人员大量流失，可能对标的公司长期稳定发展带来一定程度的不利影响。针对这一风险，标的公司一般会采取一系列措施，比如为核心技术人员和管理人员提供有竞争力的薪酬、建立与公司业绩挂钩的奖励条款等。尽管如此，并购交易完成后，如果上市公司不能对自身团队形成有效的管理，造成核心团队的人才流失，将对公司未来的发展形成阻碍，进而造成上市公司的经营业绩波动。

（四）标的公司的行业监管风险

在中国，国家对于传媒行业上市公司及并购标的所涉及的领域监管较为严格，比如对影视、出版、互联网、广告等传媒领域进行管制的法律、法规及政策性文件较多，且行业主管机构对题材审查、播出管理、网络传播、广告从业等的管理办法也正随着市场的变化而不断推出，若标的公司的产品制作或者服务未能严格把握政策导向，或者违反行业政策，则有可能被监管部门处罚，进而可能面临威胁到持续经营甚至被停业的风险。

同时，我国行业监管的不确定性也可能给标的公司业务带来实质性风险。比如2014年4月15日，国家新闻出版广电总局召开2014年全国电视剧播出工作会议。会上宣布，自2015年1月1日开始，国家新闻出版广电总局将对卫视综合频道黄金时段电视剧播出方式进行调整，将采用“一剧两星、一剧两集”新政（即同一电视剧每晚黄金时段只能在两家上星卫视中播出，且每晚黄金时段不得超过两集）。面对突然推出的新政，电视剧制作公司必将被迫及时调整经营模式，这种政策不确定性也会给并购标的的业务模式带来一定程度的风险。

（五）知识产权风险

由于传媒领域的行业特殊性，知识产权对于公司的经营有着重要的影响。其风险主要存在于两个方面：一是公司自身知识产权的保护；二是对于第三方知识产权侵权的风险。

1. 自身知识产权的保护

对于影视公司及出版类公司而言，其自身知识产权是整个公司资产中最为重要的部分，但是目前我国在这两个领域的盗版现象极为严重，比如网络侵权播放、影视剧盗播、图书音像制品盗版的现象屡禁不止。如果上市公司或者并购标的没有很好地保护自身产权，自身的权益会受到严重影响：盗版的影视剧和出版物将影响正版音像制品以及图书的销售，直接导致公司销售收入的减少；影视剧盗播将会影响到电影票房和影视剧正常观看人数，从而影响到有关公司的票房分成及广告收入；网络侵权播放将会影响影视新媒体发行收入。同时，在版权意识加强的背景下，互联网平台公司也花费巨额资金购买播放内容的版权。因此，如果公司不能采取有力措施保护自身的知识产权，将会对于正常的经营产生较大的影响。

2. 知识产权侵权

目前，与互联网相关的公司常常牵涉到侵权的个案中，这主要体现在以下几个方面：第一，互联网视频播放平台经常出现盗播影视剧的现象，即违反法律规定向使用者提供盗版的出版物，以致与出版方出现版权纠纷或诉讼，这将影响上市公司视频平台播出相关影视剧作品或作为信息来源的合法性，使得上市公司或并购标的面临侵权指控，进而对其经营及声誉带来较大的不利影响。第二，对于标的公司而言，在作品出版、影视剧的创作、游戏的研发过程中对使用的素材等如果未进行审慎评估、涉及使用他人知识产权且未事先取得相关权利方的许可，则会导致标的公司所发行的产品有可能被指控为未经许可使用他人知识产权，从而给公司造成巨大损失。

（六）税收及其他优惠政策到期的风险

1. 优惠政策到期风险

在文化传媒行业，很多并购标的拥有税收优惠政策，比如有关高新技术的税收优惠，即根据我国的法律，高新技术企业能够享受减免税收的优惠政策，但其需每年在税务机关进行备案，通过备案后的高新技术企业才能享受相关优惠政策和鼓励政策。此外，高新技术企业的有效认证期为三年，企业提出复审申请应在期满前三个月内进行，不提出复审申请或者复审不合格的，其认证资格到期自动失效。如果并购标的未通过税务机关年度减免税备案或高新技术企业认证期满后未通过认证资格复审，则其可能无法在未来年度继续享受税收优惠。

2. 其他政府优惠到期的风险

比如根据《中共东阳市委东阳市人民政府关于进一步加快横店影视文化产业发展的若干意见》（市委〔2012〕46 号）、浙江横店影视产业实验区管委会下发的《关于下达影视文化产业发展专项资金的通知》（管委会〔2013〕4 号）等文件，当地的影视公司能享受一定程度的当地政府奖励，对并购标的的经营业绩构成一定影响。但如果未来出现因地方政府政策发生变化而无法继续享受政府奖励的情形，并购标的的利润水平将受到一定程度的影响。

（七）海外标的整合风险

目前，我国的文化传媒公司已将并购交易拓展到国际市场，比如凤凰传媒的全资子公司凤凰教育以 8000 万美元收购美国童书生产商 Publications International，LTD. 及其某些关联方所拥有的全部儿童图书业务等相关资产。[①]标的资产拥有在全球主要的市场的与童书业务有关的知名的形象许可的出版权，在墨西哥、西班牙、法国、英国、德国、澳大利亚等国拥有海外运营网点，能够出版多种语言的童书读物。因此，海外并购常常会涉及国外多个市场及营运主体的整合。

但由于标的公司的境外业务涉及地域范围较广，不同国家或地区的政治环境、法律、税务等政策存在差异；用户偏好和市场容量等也各有差别。如果上市公司及并购标的在拓展境外业务时，没有充分理解和把握上述政策和市场因素，则可能会对上市公司的未来经营造成不利影响。

（八）内幕交易风险

根据我国有关上市公司并购的法律规定，在上市公司并购交易中，如因上市公司股价异常波动或异常交易可能涉嫌内幕交易，则该并购交易会被监管机构暂停、中止或取消。比如天舟文化股份有限公司[②]、华策影视[③]、

① 参见《江苏凤凰出版传媒股份有限公司关于公司全资子公司江苏凤凰教育出版社有限公司在境外投资暨收购资产及境外公司股权的进展情况的公告》。

② 参见 2013 年 11 月 29 日《天舟文化股份有限公司关于公司并购重组申请被暂停审核的公告》。

③ 参见 2013 年 11 月 8 日《浙江华策影视股份有限公司关于重大资产重组行政许可申请暂停审核的特别风险提示公告》。

中南重工[①]等公司都曾在并购交易中收到中国证监会的通知，因参与并购重组的相关方涉嫌违法被稽查立案，公司的并购重组申请故而被暂停审核。

二　如何解决传媒业上市公司并购交易中的法律风险问题

针对上述在文化传媒领域上市公司并购中可能存在的法律风险，我们认为交易各方应该在充分认识到上述法律风险后，积极地采取措施，防止该类风险对并购交易和上市公司产生不利影响。基于此，我们提出如下建议。

（一）充分研究并理解我国的行业监管体系

在我国，传媒领域的各个行业都有着较为复杂和严格的行业监管体系，为了防止系统性法律风险，并购参与方首先需要充分了解该行业的法律法规和监管政策。由于篇幅所限，我们仅以电影制作及发行为例，对其行业监管体系进行简单梳理和分析。

我国电影行业的产业链主要包括三个环节，分别是制片、发行、放映，主要参与主体包含制片商、发行商、影院和院线公司。制片商负责影片融资、拍摄和后期制作，拥有影片版权；发行商从制作商处获得影片发行权，负责影片在全国范围内的发行；院线公司从发行商处取得影片拷贝后，负责统一制定下属自有或加盟影院的排映计划并统一供片；影院按照其所属院线公司的排映计划放映影片。因此，电影行业的并购交易常常会涉及不同环节及不同领域的上市公司及并购标的。对于以上不同环节，我国的电影监管政策如下。

1. 电影制作资格准入

根据《电影管理条例》和《电影企业经营资格准入暂行规定》，国家实行电影制作经营资格许可制度。任何单位和个人，未经许可，均不得从事电影片的摄制活动。电影制作资格准入履行行政审批手续由国家新闻出版广电总局负责。

2. 电影备案公示

根据《电影剧本（梗概）备案、电影片管理规定》和《国家广播电影电

① 参见2014年10月17日《江阴中南重工股份有限公司关于并购重组申请被暂停审核的公告》。

视总局关于改进和完善电影剧本（梗概）备案、电影片审查工作的通知》，省级电影行政管理部门负责本行政区域内的各电影制片单位的电影剧本（梗概）备案工作，并向国家新闻出版广电总局上报备案情况。拍摄重大革命和重大历史题材影片、重大理论文献影片和中外合作影片，由省级电影行政管理部门审核电影剧本后，按相关管理规定报国家新闻出版广电总局进行立项审批。

3. 电影摄制行政许可

根据《电影企业经营资格准入暂行规定》和《电影管理条例》，依法设立的影视文化公司或电影制片公司从事影片摄制工作必须获得国家新闻出版广电总局的批准并取得《摄制电影许可证》。

4. 电影片公映行政许可

根据《电影剧本（梗概）备案、电影片管理规定》和《电影管理条例》，国家实行电影片审查制度，影片拍摄完成之后必须由国家新闻出版广电总局审查通过并获得《电影片公映许可证》，才能发行、放映及进出口。

5. 电影发行行政许可

根据《电影企业经营资格准入暂行规定》，受电影出品单位委托代理发行过两部或两部以上影片的境内公司（不包含外商投资企业）能够申请设立专营国产影片发行业务的电影发行公司，通过国家新闻出版广电总局审批之后才能取得专营国产影片的《电影发行经营许可证》。

6. 电影放映行政许可

影院投资建设完成后，必须向电影主管部门申领《电影放映经营许可证》。经营电影放映业务，必须获得县级以上地方电影行政管理部门批准，到所在地的工商行政管理部门办理有关手续。

鉴于我国在互联网、新闻出版、广告、电视剧制作及发行等领域同样存在着严格的监管政策（在此笔者不再一一列举），交易各方只有在充分地了解这些监管政策后，才能真正地把握该行业及交易的政策风险，从而对于该类风险做出充分的评估和控制。

（二）聘请专业的财务顾问和中介机构参与交易

上市并购交易是一个极其复杂的系统性工程，其风险存在于并购全过程及并购标的的各个方面，因此风险的评估和控制需要由专业的财务顾问、会计师事务所、律师事务所及评估机构共同完成，从而全方位把握风险。整个交易过程需要由财务顾问进行总体协调，并购标的的全面法律尽职调查及法律风险控制需要律师团队严格把关，公司财务状况和重大合同审核需要会计师团队的参与，而对于整个标的资产的评估，则需由专业评估团队来完成。这就要求各个团队之间紧密合作而又互相制衡，比如公司的重大合同可能会涉及财务真实性和法律合规性，也会影响到最终的评估结果，这就需要各个机构以中立、客观的态度参与到交易过程中，从各个方面帮助交易双方评估风险并且提出切实可行的建议和方案。

（三）进行全面的法律尽职调查

为了对并购标的进行充分了解并实现对法律风险的全面控制，上市公司及中介机构应该对于标的公司进行全面而细致的法律尽职调查，调查内容主要包括公司基本情况及历史沿革、股东情况、产品及业务、重大合同、资产（包括但不限于不动产、知识产权等）、劳动和人力资源、诉讼、仲裁及行政处罚、税务等重大事项。基于上市公司并购交易本身的法律规定和文化传媒的行业特殊性，本报告将重点介绍以下几个方面的法律尽职调查。

1. 审核与并购标的业务相关的证照

如上所述，我国在传媒领域实施严格的行业监管，标的公司拥有与其业务相关的证照是其在该领域合法运行的基础，因此在尽职调查过程中应该全面地审核公司从事之经营事项所需要的全部政府登记、许可、备案文件（合称“证照”）。例如：①对于影视剧制作公司，应审核其是否拥有《广播电视节目制作经营许可证》《电视剧发行许可证》等证照；②对于互联网公司，应审核其是否拥有《电信与信息服务业务经营许可证》《增值电信业务经营许可证》《互联网出版许可证》《信息网络传播信息节目许可证》等证照；③对于出版行业公司，应审核其是否拥有《出版物经营许可证》等证照。

2. 审核公司重大合同

由于公司对外重大合同与公司的业务及运营状况息息相关，对于并购标的估值也有着重要影响，因此在尽职调查过程中，应该重点审核其合同的真实性和有效性。比如在蓝色光标收购博杰广告一案中，由于博杰广告的主要收入来源是电视媒体广告承包代理业务，持续获得优质的央视频道媒体资源是公司经营的重要保障①，因此应该重点审核其主要代理的央视电影频道和新闻频道的广告业务合同。除此之外，其他应该重点审核的合同还包括贷款合同、采购合同、对外担保合同等。

3. 审核公司重大资产，尤其是知识产权

总体而言，传媒公司都是轻资产公司，知识产权是其最重要的资产，因此在尽职调查过程中应该重点审核其拥有的知识产权的合法性和有效性。同时，在法律尽职调查过程中，还应该关注标的公司是否有与知识产权有关的诉讼及纠纷。

4. 关注人员及劳动合同相关事项

人力资源是文化传媒行业的核心资源之一，是保证并购标的高水平运营的关键要素，因此并购交易中应该重点关注标的公司的管理团队和核心人员劳动关系现状。

（四）签订法律文件以保证上市公司的利益

由于并购交易的特殊性，尤其是文化传媒类并购标的具有高估值和盈利预期风险较大、对核心人员依赖性强等特点，交易双方应该通过签署一系列法律文件来保证上市公司及投资者的利益，这些法律文件主要包括三类。

1.《股权转让协议》

作为并购交易中的核心文件，《股权转让协议》应该重点关注收购价格及定价依据，严格约定股权/资产交割条件，针对可能出现的风险因素，上市公司和并购标的实际控制人应该进行确认，并就《股权转让协议》进行陈述和保证，比如对业务的合法性，不存在侵权行为、诉讼和争议，知识产权的合法性等内容进行全面的陈述和保证。

2. 与核心人员和团队签订有关劳动合同及其他协议

在文化传媒领域，原有团队的稳定性对于保证并购标的公司在并购后可以保持稳固的市场地位和竞争优势、实现与上市公司的整合起着至关重要的作用。针对核心团队的离职风险，在交易方案中，首先，应该确认核心人员的范围，比如在乐视网收购花儿影视一案中，交易双方确认“郑晓龙作为花儿影

① 参见《华泰联合证券股份有限公司关于北京蓝色光标品牌管理顾问股份有限公司发行股份及支付现金购买资产并募集配套资金暨关联交易之独立财务顾问报告》。

视核心导演负责电视剧的制作，曹萍主要负责花儿影视电视剧的发行，二人在花儿影视持续经营发展中起到关键作用”①。其次，标的公司应与核心人员签订一定期限的《劳动合同》及任职期限承诺，以保证其在并购后一定期限内仍然在公司任职。另外，核心人员也应该签订竞业禁止协议，以保证其在任期间及在离职一定时间内不与上市公司业务构成竞争，如违反该承诺，将承担相应的赔偿责任。同时，上市公司也应该给予这些核心人员一定的激励机制，从而最大限度地防止核心人员的流失。

3. 业绩承诺

为了防止业绩承诺与实际经营业绩不符，在并购交易中，并购标的公司的实际控制人需要对于并购标的业绩进行承诺（以单独协议做出或者作为《股权转让协议》的一部分），并约定违反承诺时的补偿措施，比如在喜临门收购绿城传媒一案中，双方做出了如下约定：“如果绿城传媒在利润补偿期间内任一会计年度的当年期末实际净利润累计数未能达到当年期末承诺净利润累计数，则喜临门应在该年度的年度报告披露之日起10日内，以书面方式通知周伟成、兰江（绿城传媒实际控制人），上述通知一经发出，即构成周伟成、兰江不可撤销的补偿义务。补偿方式为股份补偿或现金补偿方式。”②

（五）防止内部交易的措施

由于文化传媒行业的并购交易对于上市公司股价有着较大的影响，因此在并购交易过程中，上市公司、并购标的公司及中介机构应该制定、执行严格的内幕信息管理制度，在交易过程中尽可能缩小内幕信息知情人员的范围，减少内幕信息的传播，以防止出现内幕交易等违法行为。

为了避免传媒行业上市公司并购交易中存在的潜在风险，笔者建议上市公司及交易各方研究传媒行业法律法规规定及监管机制、展开深入而全面的法律尽职调查、与并购标的公司实际控制人及核心团队人员等签署法律协议、防止内幕交易等，以争取最大可能地避免因并购而带来的法律风险。

① 《乐视网信息技术（北京）股份有限公司发行股份及支付现金购买资产并募集配套资金暨关联交易报告书》。

② 参见《喜临门家具股份有限公司重大资产购买预案》。

B.16

中国传媒尽职调查与估值

何坚　陈欢*

摘　要：中国传媒行业的快速发展，孕育了很多潜在的投资机遇。在对目标公司进行尽职调查与估值时，投资人除了应用常见的尽职调查与估值方法，还需要考虑中国传媒行业的特点，有针对性地开展尽职调查与估值。

关键词：传媒行业　尽职调查　估值

我国传媒行业近年来快速发展，带来了大量的投资机遇，行业投资活跃度迅速提升。从投资数量上看，2014 年我国传媒行业投资案例达 159 例，较 2013 年增长了 66%（见图 16－1）。从投资金额上看，2014 年传媒行业的投资规模约为 1650 亿元，较 2013 年增长了 150%（见图 16－2）。

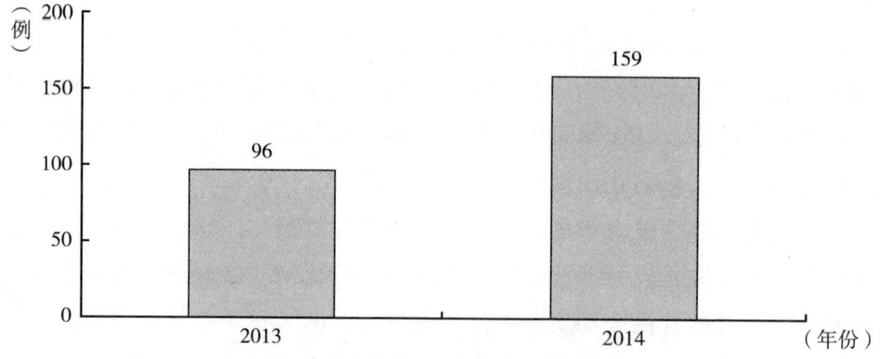

图 16－1　传媒行业投资案例数量

资料来源：中国经济网，建投传媒整理。

---

* 何坚，北京大学硕士，建投传媒投资团队四投资经理；陈欢，印第安纳大学布卢明顿分校学士，建投传媒投资团队四助理分析员。

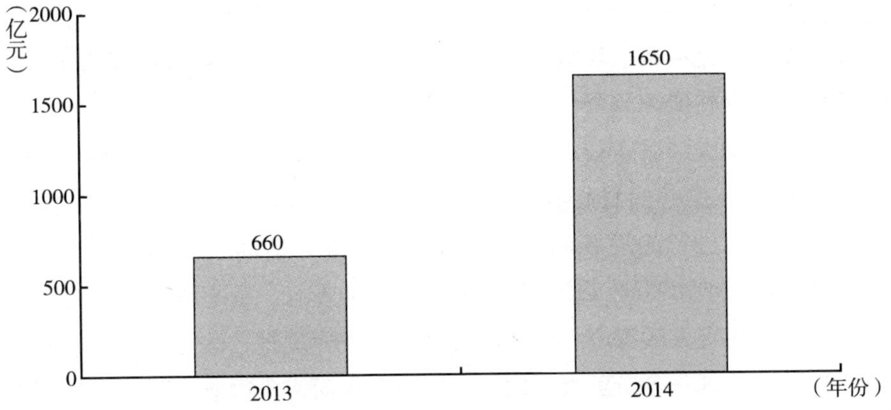

图 16-2　传媒行业投资规模

资料来源：中国经济网，建投传媒整理。

在进行投资时，投资人需对目标公司进行尽职调查和估值，从行业、业务和财务等方面，了解目标公司的潜在风险，同时推断出公司价值，为后续交易做好铺垫。本文将首先介绍常见的尽职调查与估值方法，之后结合中国传媒行业的特点，对传媒行业的尽职调查与估值进行分析。

一　尽职调查与估值

（一）尽职调查与估值概念

1. 尽职调查概念

尽职调查（Due Diligence，简称尽调或 DD），又称谨慎性调查。其概念最早源自西方的法律文件，指的是做事情时保持应有的谨慎。经过长期发展，尽职调查已广泛应用于各类并购交易。

若按照执行主体分类，尽职调查可分为买方尽调和卖方尽调。基金管理人对被投企业的尽调、并购交易中并购方对被并购方的尽调等都属于买方尽调。而在企业 IPO 过程中，由承销商、律师事务所和会计师事务所组成的 IPO 工作小组对企业所进行的尽调则属于卖方尽调。买方尽调的目的更多地在于风险发现，发掘并防范投资中存在的各项风险，而卖方尽调更多地在于价值发现。

若按照尽调的内容分类，则可以分为法律尽调、行业尽调、业务尽调、财务尽调、企业文化尽调、环境尽调和人力资源尽调等。交易方尽调目的不同，其侧重点也会存在差异。

由于尽职调查的概念较为宽泛，本文所指的尽职调查是指在股权投资行业，投资人初步达成与目标企业合作意向后，经协商一致，就本次投资的相关事项对目标企业进行的现场调查、资料分析等系列活动。在实务中，行业尽调、业务尽调一般由投资人或投资人聘请的行业专家、管理咨询公司完成，财务尽调一般由投资人或投资人聘请的会计师事务所进行，法律尽职调查一般由投资人聘请的律师事务所负责。因此，对投资人而言，行业尽调、业务尽调和财务尽调是应具备的基本业务技能，本文也将对这三类尽调进行重点论述。

2. 估值概念

估值指着眼于公司本身，对公司的内在价值进行评估。公司估值是投资过程中的重要部分，是买方与目标公司进行交易的前提。在实践中，公司估值是一个非常复杂的问题，即使对同一家公司，不同投资人的估值也存在差异。对投资人而言，估值并不是工作的最终目标，而是实现投资目标所需要的重要工具。

（二）尽职调查与估值要点分析

1. 关于行业

公司所处行业的概况、趋势及竞争格局是决定公司发展前景的重要因素，主要关注点包括但不限于：

- 行业概况，包括行业监管体制和政策趋势、市场环境、行业规模、进入壁垒、供需关系和产业链各环节利润水平等。

- 行业趋势，包括行业发展的有利及不利因素，据此对行业未来发展趋势进行判断。

- 竞争格局，包括业内主要企业、各企业市场份额变动情况和各企业产品的优劣势等。

在进行行业尽调时，投资人可以对监管机构、业内企业、行业专家、供应商和采购商等进行访谈。访谈时获得的一些观点及数据仍不全面，投资人需结合自身研究情况，对各类观点加以研究判断，从而得出对行业的准确判断。

2. 关于业务

业务尽调的目的在于深入了解企业运营机制，从而判断企业未来的成长轨迹，以及为股东带来的潜在价值提升。在实践中，业务尽调包括但不限于：

• 企业基本情况，包括企业的工商登记资料、经营范围、历史沿革、组织机构、业务架构、主要股东的基本情况等。

• 产品和服务，包括产品和服务的基本情况，业务流程、知识产权、核心技术和研发事项等。以电影制作企业为例，其产品为影片，业务流程则包括组建剧组进行拍摄、后期制作、取得《电影片公映许可证》和与院线就影片放映达成协议等。

• 管理层信息，包括管理层的从业经验、主要业绩和薪酬待遇等。通过与管理层就公司现状、潜在问题和发展战略等进行探讨，投资人可以发掘交易中的潜在风险，对控股股东/实际控制人进行侧面了解，并对管理层的勤勉尽责、胜任能力做出判断。

在进行业务尽调时，不同投资者的关注点存在差异：创业投资关注的企业尚处于发展早期，未来不确定性较强，尽调重点是管理团队和公司业务情况；成长型投资在关注管理团队的同时，由于市场已逐步成型，更侧重于对行业及公司业务的关注；并购所关注的问题更为广泛，对管理团队、行业和公司业务等各方面都会进行详尽考察，并对企业的现金流做出预测，避免高杠杆所导致的资金压力。

3. 关于财务

财务尽职调查是指对与企业财务相关的资料进行审阅及分析。其工作出发点在于根据历史财务信息分析企业未来的可持续财务状况和盈利能力，评价风险和机会，为后续交易提供决策支持。在实践中，财务尽职调查的主要关注点包括但不限于：

• 公允评价企业财务，尽调的重点在于客观评价企业的财务情况，通过正常化企业的三张报表并考虑表外事项，了解公司的真实财务情况，包括盈利质量分析、资产质量分析、现金流分析等。其中，企业的收入与费用确认方式是需要重点关注的事项之一。另外，即使目标企业的财务处理方式符合现行的会计准则，企业仍可通过调整收入确认时点和当期费用资本化等方式影响净利润，进而影响投资人的决策。

• 内控及业务流程，包括公司在行政、原材料供应、销售、人事等方面如何统一进行管理，以及公司治理中存在的潜在风险事项等。

• 提供交易条款的建议，包括估值条款、保护性条款以及交易结构设计等。

通过综合应用结构分析和敏感性分析等方法，投资人可在全面了解企业财务状况和盈利能力的基础上，评估企业的潜在风险，并对其未来价值及成长性做出合理预测。

4. 关于估值

在投资实践中，常用的方法包括相对估值法和绝对估值法，其具体应用如下。

（1）相对估值法。相对估值法简单易懂，指参考市场上相关企业的估值水平进行估值，也是投资者广泛使用的方法。传统的相对估值指标包括市盈率（P/E）、市净率（P/BV）、市销率（P/S）、市现率（PCF）、市盈率相对盈利增长比率（PEG）等。

相对估值的意义在于比较，投资人首先要找到业务与目标公司尽可能相似的企业作为参照，并将财务指标调整一致（主要针对不同地区遵守不同会计准则的企业），并综合考量行业特性、公司规模和商业模式等，选取相对适宜的指标。如果可能，投资人应尽量选择处于同一细分行业的企业作为参考。如果目标公司从事多元化业务，投资人还应将企业分为不同的业务部门，对不同业务估值后再进行汇总分析。

一般而言，市盈率是中国股权投资行业最常用的估值指标，当市场赋予公司较高市盈率时，则说明对公司的增长前景比较看好。而对于高成长性的企业，PEG 则为验证市盈率是否体现成长预期的方式。

投资人参照可比公司的估值指标及估值倍数，便可计算出目标企业股权价值或企业价值区间。

（2）绝对估值法。绝对估值法也是最常用的估值方法，是指通过对企业基本面的分析和对未来财务数据的预测，获得企业的内在价值。

在绝对估值法中，折现现金流模型（Discounted Cash Flows，DCF）是投资人最常使用的方法。该模型中，投资人将一项资产在未来所能产生的自由现金流根据合理的加权平均资本成本（Weighted Average Cost of Capital,

WACC）折现，从而得到该项资产在目前的价值。其中，企业自由现金流（Free Cash Flow to Firm，FFCF）指企业的收入在扣除营运资本投资、固定资产投资和增加运营费用后所剩余的现金流。用于折现的加权平均资本成本，指的是对各种长期资金的资本成本进行加权平均计算所得出的资本总成本。

相对于相对估值法，绝对估值法的优点在于可以反映公司的未来盈利预期，局限性在于估值独立于市场之外。

二 中国传媒行业特点

近年来，我国传媒行业取得了快速发展。从文化产业法人增加值来看，2004～2013年的复合增速高达22%（见图16－3）。然而，各细分的行业增速则出现了分化。其中，电影和新媒体行业规模快速增长，2007～2013年复合增速分别高达36%和28%，而报纸出版行业2007～2013年的复合增速为7%，低于同期9%的GDP复合增速（见图16－4）。

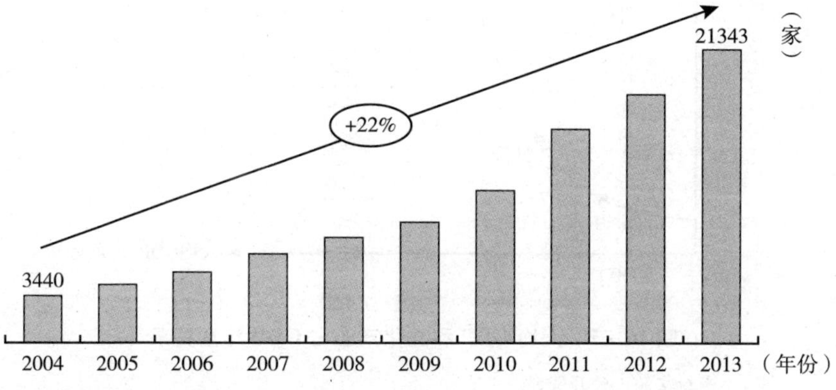

图16－3 我国文化产业法人单位增加值

资料来源：国家统计局。

按照国外的发展经验，当人均GDP高于5000美元后，文化产业将迎来井喷式发展。2013年，我国人均GDP已达到6629美元，这也预示着我国传媒行业已步入快速发展期（见图16－5）。

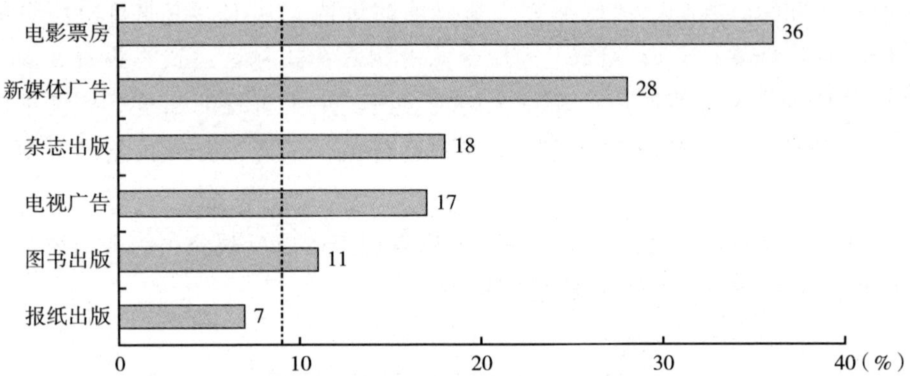

图 16－4　传媒各细分行业规模 2007～2013 年年均复合增速

资料来源：易观智库《混沌与重构——中国营销互联网化进程加速》。

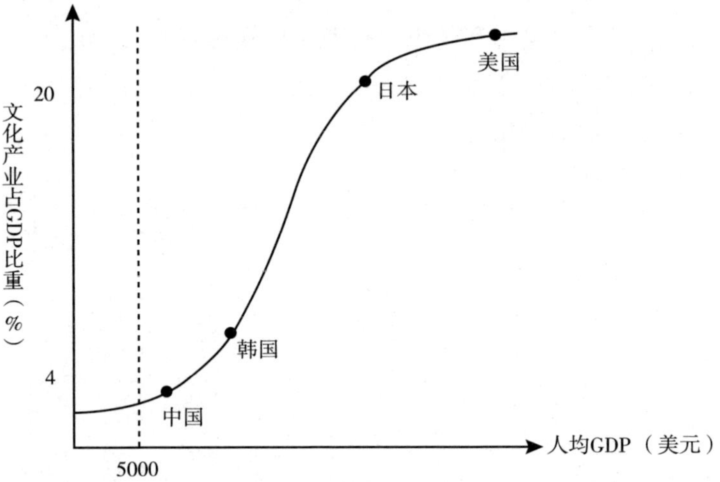

图 16－5　人均 GDP 和文化产业占 GDP 比重关系

资料来源：公开资料。

传媒行业的发展空间广阔，在判断传媒行业的特点和发展趋势时，需重点关注以下三个方面：

- 国家出台多项政策，支持并规范传媒行业发展；
- 技术的持续进步，对新兴行业及传统行业均产生影响；
- 供需关系转变，催生新兴商业模式。

（一）国家出台多项政策，支持并规范传媒行业发展

传媒行业是中国软实力的重要体现，也是国际竞争力和国家综合实力的重要组成部分。近年来，国家出台了大量产业政策，对传媒行业进行有力支持和有序规范。

为了支持传媒行业发展，国家先后出台了《关于推动传统媒体和新兴媒体融合发展的指导意见》《进一步支持文化企业发展的规定》和《关于全面深化改革若干重大问题的决定》等，涉及推动新媒体发展、鼓励引进国有战略投资者、促进市场化改革等多个方面。在大力支持传媒行业的同时，国家也出台了“一剧两星”[①]等政策，对传媒行业加以规范，从而保障我国传媒行业的健康有序发展（见表16－1）。

表16－1　国家出台大量产业政策

出台时间	政策内容
2010.01	关于进一步推动新闻出版产业发展的指导意见
2010.04	关于金融支持文化产业振兴和发展繁荣的指导意见
2012.02	关于加快出版传媒集团改革发展的指导意见
2012.02	国家“十二五”时期文化体制改革和发展规划纲要
2012.02	“十二五”时期文化产业倍增计划
2013.11	关于全面深化改革若干重大问题的决定
2013.12	关于延续宣传文化增值税和营业税优惠政策的通知
2014.04	文化体制改革中将经营性文化事业单位转制为企业的规定
2014.04	进一步支持文化企业发展的规定
2014.04	“一剧两星”政策
2014.08	关于推动传统媒体和新兴媒体融合发展的指导意见
2014.10	深化新闻出版体制改革实施方案
2014.12	财政部将投入10亿元用于支持中央文化企业开展并购重组、转型升级及国际合作

因此，在考虑传媒行业的投资逻辑时，需要对政策进行全面的梳理，了解政策法规制度并发掘政策红利。

① “一剧两星”是由国家新闻出版广电总局出台的政策，规定同一部电视剧每晚黄金时段联播的上星频道不得超过两家，同一部电视剧在上星频道每晚黄金时段播出不得超过二集。

（二）技术的持续进步，对新兴行业及传统行业均产生影响

互联网技术的普及和发展，带动了新兴行业的蓬勃发展，也颠覆了传统行业，改变了传媒行业的格局。

在技术进步的背景下，人们的媒介渠道由电视转向电脑。而随着智能手机、平板电脑以及网络通信技术的发展，人们可以自主选择观看平台，不再受时间、空间因素的制约，这是科技进步带来的巨大转变。以春晚为例，20 世纪 90 年代人们只能在除夕夜守在电视机前观看直播，现在除了电视直播，已有很多观众通过电脑端、移动端，并以直播或点播的方式观看。基于技术带来的巨大进步，以及资本市场的聚焦和推动，包括电子商务、视频网站、手机阅读、网络游戏和网络订票在内的一系列新兴行业纷纷应运而生且蓬勃发展。

一方面，新兴技术对市场资源进行了有效配置，带动了包括视频网站、互联网内容商在内的平台端和内容端等新兴行业的发展；另一方面，新兴技术也给图书出版等传统行业带来了冲击，加快了企业转型的步伐。

在技术进步的背景下，如何基于行业视角，辨别新兴技术带来的影响，并对企业未来的转型与业务拓展进行规划，是投资人和产业人所面临的共同问题和发展机遇。

（三）供需关系转变，催生新兴商业模式

传媒行业的供需关系已由需求端被动接受转为需求与供给相互促进、相互融合。在新型供需关系下，催生了新兴商业模式。

从前，《综艺大观》《正大综艺》是电视台中屈指可数的综艺节目。中国传媒行业这些年来最显著的变化就是越来越接地气了，诸如《中国好声音》《爸爸去哪儿》和《奔跑吧兄弟》等优质综艺节目纷纷亮相荧屏，取得了良好口碑，并获得了极高收视率（见图 16－6）。产生这样变化的本质，在于供需关系的改变。

如果回到 20 世纪 90 年代，传媒行业的供需关系是观众被动接受，人民群众的文化娱乐需求无法得到完全满足。随着我国经济的快速增长，人民群众收入水平显著提升，文化娱乐需求在日益增长的同时日趋多元，供需关系也转变为需求与供给相互促进、相互融合。在新型供需关系下，善于发掘观众潜在需

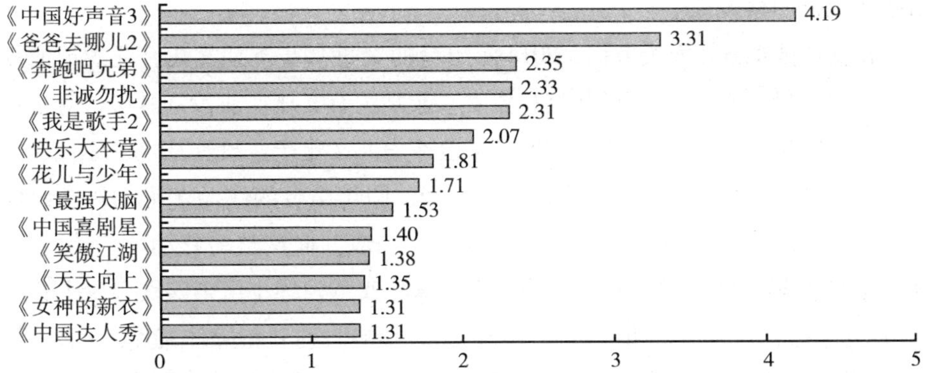

图 16－6　2014 年综艺节目收视率排行

资料来源：公开资料。

求的传媒提供商可在满足观众需求后，获得超额收益，并继续向观众提供优质作品，实现需求与供给的良性互动。票房超过 12 亿元的《泰囧》和总收入超过 20 亿元的第三季《中国好声音》，都是新型供需关系下的典型案例。

在新型供需关系下，传媒行业产生了线上线下营销、制播分离等各类新兴商业模式，吸引了包括财务投资人、BAT 互联网巨头以及产业投资人的进入。如何把握机遇，选取具有发展前景及可持续性的新兴商业模式，是所有传媒人所面临的共同课题。

三　中国传媒行业特点对尽职调查与估值的影响

中国传媒行业政策、技术和供需关系的特点，对传媒尽职调查与估值都存在着巨大的影响，具体涉及政策对行业及业务的影响、技术对行业及业务的影响、供需关系对行业及业务的影响以及这些特点对财务的影响和对估值的影响。

（一）政策对行业及业务的影响

我国政策对传媒行业及公司业务均有显著影响。从行业层面上看，国家近年来出台了大量政策，改善了传媒行业的宏观环境，对传媒行业进行了支持及规范。对公司业务而言，在政策的推动下，业内优质公司实现快速发展，呈现出强者恒强的格局。

在支持传媒行业发展方面，2014 年出台的《进一步支持文化企业发展的规定》提出，“作为文化领域的战略投资者，鼓励国有文化产业投资基金，对重点领域的文化企业进行股权投资”，推动了包括华人文化产业投资基金、建投传媒在内的国有文化产业投资机构及基金的发展。同年出台的《关于推动传统媒体和新兴媒体融合发展的指导意见》，则提到“顺应互联网传播移动化、社交化、视频化的趋势”。习近平总书记在中央全面深化改革领导小组第四次会议上关于“建成几家拥有强大实力和传播力、公信力、影响力的新型媒体集团”的讲话，进一步促进了包括视频网站在内的新媒体行业的发展。在规范传媒行业方面，2014 年国家新闻出版广电总局出台了“一剧两星”政策，优化了频道资源，并丰富了电视剧荧屏，为传媒行业健康及可持续发展奠定了基础。

对传媒企业而言，则面临着如何把握政策趋势，做大做强的问题。以华策影视为例，该公司一直是传统影视剧制作的领先企业，代表作包括《天师钟馗》和《鹿鼎记》等。在政策鼓励并购转型的背景下，公司于 2014 年 3 月并购了行业规模第二、以大数据分析见长并拥有《爱情公寓》等代表作的克顿传媒，顺应电视剧行业由内容单向传输向大数据分析改变的趋势，一举奠定了在影视剧行业的绝对领先地位。2014 年 10 月，华策影视引入了建投传媒和百度、小米等战略投资人，从而加强对新媒体的投入，全力打造互联网化全产业链的媒体集团。同时，面临“一剧两星”对电视剧制作企业的影响，华策影视一方面通过高质量的精品剧内容吸引央视、湖南卫视等一线卫视购买首播权和二、三线卫视购买二轮播放权，抢占更多的市场；另一方面越来越多地得到与卫视合作定制剧的机会，协助卫视在降低成本的同时保证电视剧质量，实现业务的进一步发展。近年来，华策影视业绩快速提升，从侧面印证了传媒行业强者恒强的特点。

因此，在行业及业务尽调中，需特别注意政策方面的影响。

（二）技术对行业及业务的影响

互联网等新兴技术的发展，对传统及新兴行业均产生了显著影响。对公司而言，可根据新兴技术对已有业务的影响，选择传统业务进行转型或大力拓展新兴业务。

首先，以图书出版行业为例来探讨新兴技术对传统行业及业务的影响。

电商的出现对图书的传统销售渠道造成了极大的冲击。包括当当、京东、亚马逊在内的图书电商平台迅速发展，导致出版社的传统渠道销售额承压。以当当网为例，其 2007～2013 年，图书销售收入由 4 亿元增长至 41 亿元，电商对传统渠道的影响由此可见一斑（见图 16－7）。

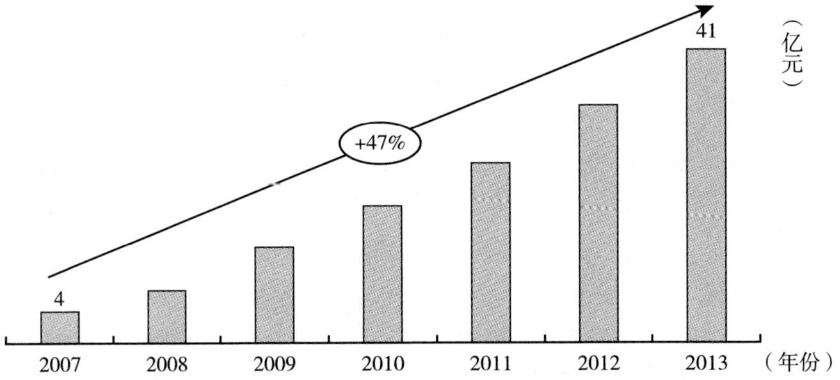

图 16－7　当当网图书销售收入情况

资料来源：当当网。

面对新媒体对传统业务带来的冲击，传统企业需要顺应行业发展趋势，进行转型调整。以某出版社为例，其与电商平台进行合作，并在电商网站上设立了旗舰店，充分利用电商平台销售情况透明且回款速度快的优势，并通过微信、微博等公共账号进行营销，同时加以线下读书会等推广活动，以拥抱的态度迎接新媒体的挑战，电商收入占比快速提升（见图 16－8）。

其次，以包括平台端和内容端在内的新兴行业为例，来探讨新兴技术对行业及业务的影响。

互联网技术给新兴行业带来了新的机遇。在平台端上，智能手机、平板电脑以及网络通信技术的快速发展，带动了包括爱奇艺、芒果 TV 和优酷土豆在内的视频网站行业的爆发式增长。随着视频网站观看人数的增长及人均观看时长的提高，网络视频市场已成为影视剧制作商内容变现的重要渠道，同时并未对电视台购剧市场带来较大冲击。从内容端来看，在互联网技术发展的推动下，以有妖气原创漫画梦工厂为代表的网络内容提供商和以罗辑思维、虎嗅网为代表的自媒体行业均快速发展，成为传统行业的重要补充。

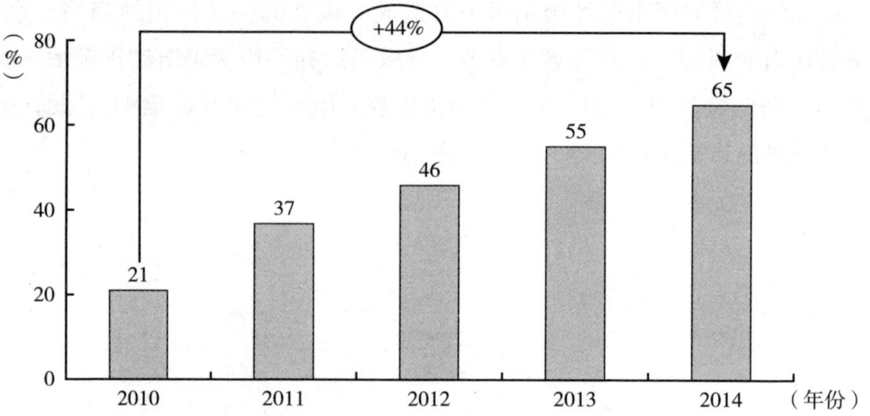

图 16－8　某出版社电商渠道的收入占比

资料来源：建投传媒整理。

面临互联网技术所带来的机遇，平台端和内容端企业相互拓展衍生，寻求更广阔的发展空间。一方面，以爱奇艺为代表的平台端企业与华策影视合资成立华策爱奇艺，对内容端进行充实。另一方面，以《十万个冷笑话》出品方有妖气原创漫画梦工厂为代表的互联网内容商从漫画衍生出动画视频、电影、舞台剧、音频等产品，并与影院平台合作，推出电影版《十万个冷笑话》，以1000 万元的投资博得了上亿元的票房回报。此外，近期百度和小米注资华策影视、阿里巴巴入股光线传媒，都是平台端与内容端相互拓展的典型案例。

（三）供需关系对行业及业务的影响

供需关系的变化催生了新兴商业模式，需要关注其对行业的影响，以及公司在供需关系变化中的业务机遇。

电影行业是供需关系发生变化的典型案例。从电影行业来看，人民物质生活水平的提升带动了文化消费需求的稳步提高，观影成为大众娱乐文化生活的良好选择。为了满足观众对高质量优秀影片的需求，一批具有优质影片制作能力的电影公司开始涌现，带动了我国电影行业快速发展，催生了电影院线、电影后期制作和网络售票等行业，并衍生出各类新兴的商业模式。从公司业务来看，2014 年国产电影票房冠军《心花路放》票房破 10 亿元的背后，便是一组漂亮的“传统营销＋电商”组合拳。《心花路放》在正式上映前做了三场大规模限时点映，斩获了大量评论，为影院带来极大的排片信心。与此同时，其营销人员与电商合作，通过格瓦拉、猫眼等售票网站预售，为影院提前创造了1.1亿元票房预收入，在锁定上座率的同时也刺激了后期排片，是新型供需关系下的一种新模式。

对于综艺节目而言，供需关系变化导致的制播分离，则带来了天翻地覆的变化。以前，综艺节目的制作与播出均在电视台内部进行。2009年8月，广电总局出台意见推动制播分离，但实际执行效果一直不理想，制播分离也主要采取由社会化的节目公司受委托制作，再由电视台等渠道方买断运营的方式。2012年，以《中国好声音》为代表的综艺节目则采用与电视台等渠道方联合制作节目、对收益进行分成的方式，成为制播分离下新兴商业模式的典范，推动了综艺节目行业的迅速转型发展。公司业务方面，作为《中国好声音》的制作方，灿星制作在与浙江卫视就《中国好声音》节目进行沟通时，一改以往“一口买断”、仅获得制作费的商业模式，签署了“收视率对赌，收益分成”的新型协议，并主导了购买版权、进行投资和运作过程，使浙江卫视更多地作为播出渠道与之合作。凭借成熟的运作流程和创收机制，《中国好声音》每一季收入都有显著提升，第三季收入高达约20亿元（见图16-9）。在每季制作成本约为1亿元的情况下，灿星制作在《中国好声音》的分成中获得了巨额收益，也成为把握供需关系变化趋势、把握市场机遇的排头兵。

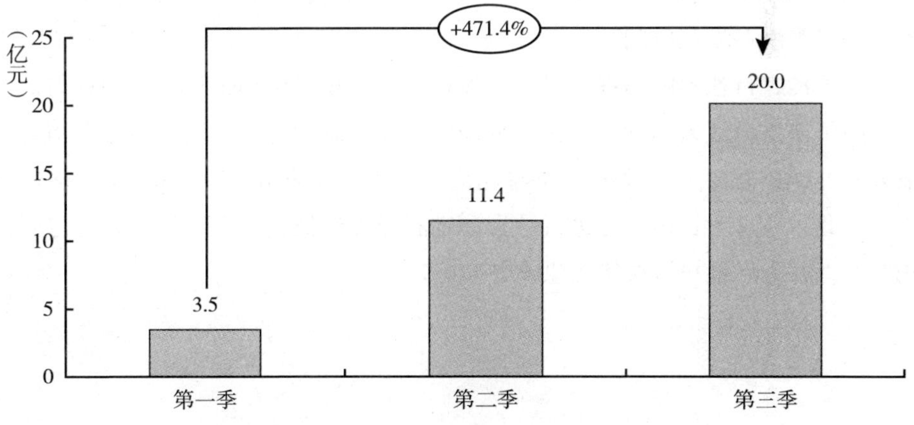

图16-9 《中国好声音》三季收入

资料来源：建投传媒整理。

（四）对财务的影响

受传媒行业特性影响，在对传媒行业公司进行财务尽职调查时，需关注收入确认、现金交易、税务筹划等问题。

以大众图书出版企业为例，受历史操作方式影响，一些下游渠道商会根据自身资金情况确认与出版商的对账金额，存在着收入确认时点的问题。在此情况下，尽调团队需要对出版企业的在途图书进行截止性调整，从而反映出版社的真实收入及盈利情况。而对于新兴传媒企业，则存在着现金交易较多、税务筹划有待规范等问题。比如在涉及物资采购和人员费用时，一些款项会通过现金支付。再如为扣减税收，会存在将企业创始人的个人开支计入企业成本的问题。

在后续投资条款谈判中，为保障投资人的权利，可将规范财务处理方式作为投资的前提。

（五）对估值的影响

在对传媒行业进行估值时，由于传媒行业本身增速高于 GDP 增速，因此估值水平相对较高。

同时，对于符合政策行业发展趋势、团队执行能力强的企业，由于其可以在转型并购中抓住新兴行业及商业模式带来的机遇，对其赋予较高的估值才可反映其未来潜在发展空间。

基于传媒行业不断涌现的机会，投资人在对投资机遇进行尽职调查与估值时，除了需要灵活采用常见的行业尽调、业务尽调、财务尽调、绝对和相对估值方法外，还需要关注政策推动与规范、技术进步和供需关系转变等行业特点。因此，通过对目标企业进行综合评定和合理估值，可保障投资风险与回报相匹配，并为后续投资决策提供支持。

传媒投资经典案例篇

Media Investment Classic Case Study

B.17
万达文化产业集团电影院线投资案例

何 群 王之风*

摘 要： 万达院线在十年的快速发展过程中，依托CED经营战略、实行差异化发展，采用资本并购方式、引领企业转型，布局垂直一体化、延伸电影产业链，引进IMAX院线、把握技术创新契机，建立电商平台、着手大数据挖掘等，积累了成功经验。但也存在着一定的资金、管理风险，并且缺乏明确的互联网发展战略。本文对此提出了建议。

关键词： 万达院线 文化产业 产业链 投资

万达电影院线股份有限公司于2005年成立，属万达集团旗下。截至2014

---

* 何群，博士，中央财经大学文化产业系主任、教授，主要研究文化产业、大众文化，主要著作有《文化生产及产品分析》等；王之风，中央财经大学文化与传媒学院。

年 6 月 30 日，在全国 80 多个城市，拥有 1315 块银幕，其中 IMAX 银幕 94 块，拥有已开业影院 150 家。2014 年万达院线占全国 14.5% 的票房份额。2015 年 1 月 22 日，万达院线正式登陆 A 股市场，成为中国院线第一股。

一 万达院线发展脉络

（一）起步阶段（2005～2006年）

2005 年 1 月 20 日，由万达集团出资 900 万元，万达集团房地产管理有限公司出资 100 万元，北京万达电影院线股份有限公司正式成立。这个阶段万达院线主要着力进行院线基础工程的建设，以及在合作伙伴关系上进行取舍。

企业建立初期，万达有意愿与上海文广集团进行合作，在每一座万达建设的商业中心由上影负责建设影院。但是由于诸多原因，上影放弃了这一机会。

这个时期，万达还与华纳兄弟国际影院公司签署了合作协议，共同合作建设华纳万达国际影院。协议规定，华纳将协助万达集团在所有在建和拟建的万达商业广场建立一流水准的多厅影院，以及对影院的设计及建设提供全面的技术支持，负责影院落成后的运营与管理。很快便在天津、南京、武汉、哈尔滨和大连 5 个城市建立了 5 家五星级水准的多厅影院。

由于 2005 年底广电总局颁布了《关于文化领域引入外资的若干意见》，加上公司内部存在的一些问题，2006 年 6 月 28 日，经过谈判协商，万达集团与华纳兄弟正式终止了合作协议，华纳万达国际电影城的“WB”（华纳）字样更换为“WD”（万达）。这个事件是万达院线发展最重要的一个转折点，从此万达院线进入了真正的自主发展时期。

（二）快速发展阶段（2007～2012年）

从 2007 年 5 月万达第一块 IMAX 银幕落户东莞开始，万达开始将 IMAX 技术引入自身的院线建设，并且因此迎来了国内数字影院和公司自身快速发展的阶段。

2010 年 1 月，《国务院办公厅关于促进电影产业繁荣发展的指导意见》发布，其中明确提出“实施电影数字化发展规划，大力推广数字技术在电影制作、发行、放映、存储、监管等环节的应用”。于 2010 年上映的 IMAX 3D 版

《阿凡达》也让许多中国观众第一次感受到 IMAX“身临其境”的观影体验，并在全国范围引发观影狂潮。第二年（2011 年）万达与 IMAX 宣布在三年内合作建设至少 75 家影院。

基于 IMAX 技术，万达院线的票房市场份额节节攀升。2007 年 12 月，万达院线自有投资影院 28 家，200 块银幕，全年票房收入攀升至 3.25 亿元，全国排名第四，市场占有率 10%；2009 年，万达院线以 8.33 亿元的票房问鼎全国，票房产出占全国的 15%。① 据万达院线招股书显示，2009～2013 年，万达院线市场份额、年票房收入、观影人次连续 5 年均拔得全国院线头筹；2010 年成绩斐然，仅用 9 个月时间即实现了 10 亿票房大关的突破，成为中国电影有史以来第一家突破这一数字的院线；2011 年万达院线乘势发展，新增 182 块银幕，使影城总数达到 86 家，银幕共 724 块，占有全国 13.6% 的票房份额，成为亚洲排名第一的电影院线。② 2011 年，万达院线开始开发电商模式，通过 App 的开发与运用，进一步完善自己的服务，提高整体影院的水平。

除了公司业绩上的成绩，2010 年 12 月 9 日，万达院线获得第 18 届亚太电影博览会（CineAsia）“年度放映商”大奖，这是中国内地电影放映商第一次获得国际大奖。“亚太电影博览会”是亚洲及太平洋地区最主要的电影发行放映行业的会议及交易展览会，万达院线也成为其自成立 18 年来首个来自中国的获奖者。

（三）成熟阶段（2012年至今）

这个阶段的万达院线主要通过大规模的资本运作和 IPO 进行快速扩张。

2012 年 5 月 21 日万达集团和美国 AMC 影院公司签署并购协议。万达集团耗资 31 亿美元收购 AMC 公司。此后，万达拥有了亚洲排名第一的万达院线和全球排名第二的 AMC 院线，成为全球规模最大的电影院线运营商。

2013 年，万达院线“万人迷”会员正式突破 1100 万，截至 2014 年 7 月

① 《万达院线发展史》，搜狐财经 2012 年 5 月 18 日，http：//business. sohu. com/20120518/n343469389. shtml。

② 《万达院线发展史》，搜狐财经 2012 年 5 月 18 日，http：//business. sohu. com/20120518/n343469389. shtml。

底，万达院线会员总数超过2000万，会员对票房的贡献度超过70%。①

2014年9月12日，万达院线第100家IMAX影院在东莞开幕。据万达集团的官网数据，2014年全国影片票房排名前十的有50%采用了IMAX影片制式，而在万达票房排名前十影片中IMAX的比例高达80%，排名前五的《变形金刚4》《大闹天宫》《星级穿越》《心花怒放》《美国队长2》均为IMAX制式，所贡献的票房就占万达院线整个票房产出的20%。

2014年，当观众还未彻底明确IMAX和DMAX的区别时，万达影城又给用户带来了新的体验——XLAND厅。XLAND是4K高清晰放映系统，像素达到4096×2160，双机3D放映设备，巨大墙面外加金属银幕，11.1多声道3D立体环绕音箱矩阵。

2015年刚开年，万达成功实现IPO，被称为中国院线第一股。据万达院线招股书及深交所1月15日公布的认购数据显示，万达院线共募得资金12.81亿元，万达将把这笔资金用于影院建设项目，在2016年年底前将万达旗下拥有的影院数量从目前的150家扩大到260家，新增近千块银幕。

二　万达院线投资的成功经验

（一）依托CED经营战略，实行差异化发展

CED（Center of Entertainment Distribute），是万达最为显著的经营战略。具体来说就是将院线建设在商业中心，依托万达中心聚拢人气，从而形成集娱乐、休闲、消费于一体的商业格局。

基于万达地产的发展，万达院线将影院建在万达中心，同时经营院线和影院业务，并以此取得更为高额的利润分账：同时吃进院线和影院的约50%分账以及约5%票房分账，仅此一项，其盈利水平就在大多数院线公司之上。据有关数据显示，2011年，万达院线86家影院票房收入达17.85亿元，平均每家影院的票房收入约为2075万元，高于行业一线城市每家影院1500万元的平

① 严郁郁：《万达院线会员人数突破1100万，成为国内最大影迷俱乐部》，万达新闻中心，2014年1月3日，http：//www.wanda.cn/2014/2013latest_0103/26351.html。

均水平，也高于前一年院线公司票房排名第五的金逸院线41.7%。万达影院平均收入水平是行业的2倍，盈利则达到了行业的3倍。①

除此以外，万达地产为万达院线的影院建设提供了大量的资金和优势竞争力，降低了院线经营的租金成本，形成地产和院线的联动发展。由于城市地价的上涨，一些院线在经营时需要支付高额的租金成本，多的高达票房收益的20%以上。其招股书显示，2013年万达院线向万达商业地产的支付费用为2.22亿元，占营业总成本还不到7%。不仅大大低于其他院线的租金水平，也远远低于国家规定的15%的租金水平。这在很大程度上降低了院线发展的成本，为院线的扩张提供了巨大的动力。

CED战略还为万达“大型院线”的差异化经营策略提供了保障。如图17-1所示，万达在刚刚起步的时候就大力建设4厅以上的大中型影院，其10厅以上的影院占到自身所有影院30%以上，远远高于其他同行业竞争者。这一方面是由于地产为其提供了大量资金支持和租金优惠，一方面也是CED理念的要求，即大型商圈需要在整体结构上为消费者提供统一的消费娱乐体验，而大型院线的建设正贴合了万达中心的商圈定位。这不仅符合其地产发展的要求，也形成了万达院线独特的差异化路线。

（二）采用资本并购方式，引领企业转型

大连万达集团并购AMC，从宏观层面上看响应了国家在文化产业领域的战略规划，在微观层面也彰显了万达院线的转型需求和万达集团的长期发展战略。

首先，万达集团通过并购AMC来实现海外扩张。并购是企业迅速转型并且避免培育新领域风险和不确定性的重要方式。通过并购AMC，万达一方面扩展了自身的海外业务，另一方面使其国内企业与AMC形成优势互补、相得益彰的局面。尤其是万达院线获益匪浅，因为AMC作为全美第二大院线公司，拥有良好的院线基础设施和丰富的经营经验，成功并购AMC为万达院线直接学习国际先进经验、不断做大做强国内市场提供了坚实的基础。

---

① 何天娇：《捆绑商业地产，万达院线盈利模式令同行羡慕》，《第一财经日报》2012年2月9日，第4版。

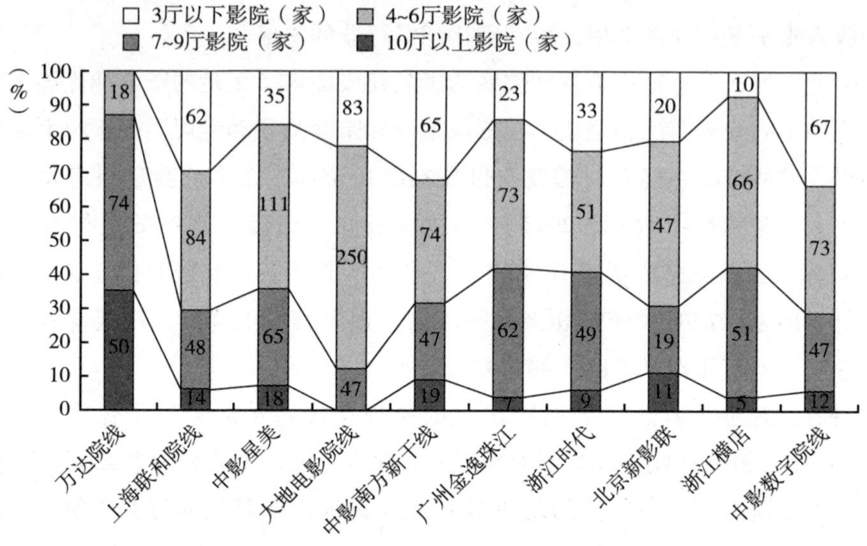

图 17－1　全国十大院线影院不同规模影院份额

资料来源：《2014 年中国城市电影院线产业排行榜》，腾讯财经，http：//finance. qq. com/zt2015/bigdata1/index. htm。

其次，万达集团通过并购 AMC 为万达院线的上市加码。2012 年初，万达院线提交了 IPO 上市的申请。并购 AMC，某种程度上使万达院线甚至超越了万达商业地产率先进入了落实反馈意见的阶段。同时，并购进一步扩大万达集团的市场影响力与品牌知名度，加快万达院线 IPO 上市进程，将对提高其 IPO 发行价格产生积极的作用。

最后，并购 AMC 影院公司，将对万达获得进口电影牌照产生助力。2012 年 2 月 18 日，中美两国为解决 WTO 电影相关问题达成谅解备忘录，每年中国增加进口 14 部美国大片，从而使得美国在电影票房的分账由 13% 上升至 25%。而目前国内仅华夏电影发行有限责任公司和中国电影集团公司（均是国有企业）拥有进口电影牌照，目前参与竞争第三张进口电影发行牌照的包括博纳影业、华谊兄弟等。此次并购可能有助于万达集团获得进口电影牌照，得到进一步发展的大好契机。

万达集团并购时选择的直接现金支付方式，在很大程度上也契合了这种转型的宏观战略。首先，这种支付方式实施过程简便，并购进程迅速，决策时间短，避免与最佳并购时机失之交臂。其次，现金支付不会稀释万达公司原有股东的权益，不影响万达公司控股股东王健林的控制权。这些都可以有效保证万达的成功转型。虽然现金支付并购成本较高，但是这种快捷的方式却可以保证万达在需要的时间内迅速完成交易，同时提升品牌知名度，从而最大限度保证企业转型的效率。

（三）布局垂直一体化，延伸电影产业链

垂直一体化（Vertical Integration）具体指电影巨头对电影产业链的垄断，从而享受分账上的超额利润。中国电影产业链主要包括电影制片、电影发行、院线、影院这四个环节。由此也便产生出制片商、发行商、院线公司和影院这相对应的四个主题。其中，制片商和发行商为电影产业的上游，而院线和影院则为产业链的下游。

万达旗下均有不同的公司分别涉足：电影制作、投资环节，设立了万达影视传媒有限公司；发行环节，则有北京万达电影发行有限公司；院线环节，则是即将上市的万达院线；而电影产业的下游终端影院环节，则是散布在国内的100多家万达影院。“万达在民营电影公司中形成了业务完整的电影产业体系，万达电影体系可以凭借产业链全覆盖的特点加强市场竞争力，这对万达院线本身来说，已经不仅仅是继续扩大终端市场的规模，而在于以万达院线的资本和渠道优势反哺万达影视在投资和宣传上的略微不足，刺激各环节的生长潜力”①。

由此可见，万达布局全产业链，实现了其影视生产、发行、放映各个环节之间的优势互补，提升了企业在影视行业的收益。不仅如此，万达还积极开发后产品，将延伸电影产业链作为企业将来发展的目标和战略，拟实现由传统电影产业链向现代大电影产业链转化和升级。传统的电影产业链通常指的是包含电影制作、发行、放映在内的垂直一体化流程。现代大电影产业链则是向传统产业链前后端和周边不断延伸与细分，形成了越来越长而丰富的电影产业链构

① 李志鹏、吴丽：《万达院线十年的关键节点》，《商业周刊中文版》2015年1月20日，http：//yanjingge. com/archives/146051。

成系统，如图 17－2 所示。万达正在建设中的青岛影视产业园区就是其越来越趋向大电影产业链的一个标识。

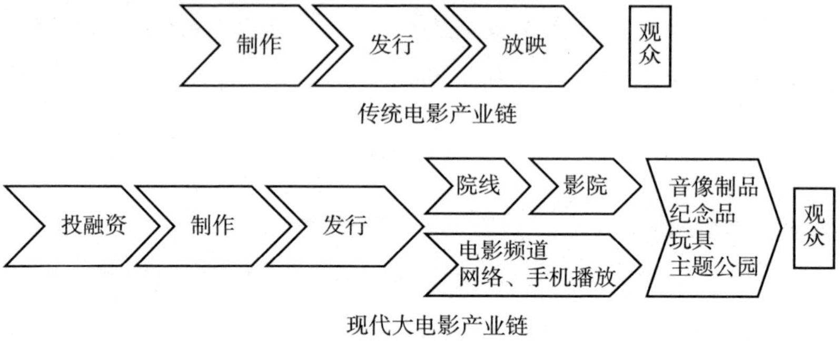

图 17－2　传统电影产业链与现代大电影产业链

资料来源：何群《当下中国电影公司全产业链经营模式的问题和对策》，《山东师范大学学报》（人文社会科学版）2012 年第 1 期。

万达青岛影视产业园区，这个号称“东方好莱坞”的东方影都总投资高达 500 亿元，其中大约 300 亿元用于娱乐、文化和旅游产业建设。目前公布的园区项目包括拥有 20 个摄影棚和后期制作基地的影视工业园、电影博物馆、名人蜡像馆以及全球 IMAX 电影研究中心等，预计 2017 年正式营业。

（四）引进 IMAX 院线，把握技术创新契机

随着电影摄影和剪辑技术的创新，3D 技术和 IMAX 技术成为打造“高概念”影片、营造视觉奇观化的必要手段。万达是中国第一家大力建设 IMAX 的影院公司，这很大程度上促进了万达院线的发展。

2003 年，沃卓斯基姐弟的作品《黑客帝国 2：重装上阵》在全球正式上映，通过 IMAX 巨幕呈现出了奇观化的效果。该片当年创下 7.35 亿美元的票房，名列全年榜首。其后，IMAX 电影屡屡引爆全球电影市场。2009 年 12 月 16 日，《阿凡达》在北美上映，于 2010 年 1 月 4 日与中国观众见面。截至 2010 年 9 月 4 日，《阿凡达》全球票房共计 27.54 亿美元，一举创造了全球影史票房新纪录。

由上可见，3D 技术和 IMAX 技术的引入激发了电影消费的热潮。作为世界第二大电影市场的中国，也在《阿凡达》等影片登陆之后陆续接受了 IMAX 的观影体验。而万达早在 2007 年就在东莞建设了中国第一家 IMAX 影院，可以说最先抢占了新技术的高地。并且截至 2014 年 6 月，万达 IMAX 屏幕占其全部荧幕的比例高达 7. 15%，成为中国观众欣赏 IMAX 电影的重要选择。由此，万达院线的巨幅荧幕成为其发展的重要标签，也凸显了其与其他院线的差异。

（五）建立电商平台，着手大数据挖掘

随着移动终端和 4G 网络的普及，电商平台的构建和对用户大数据的挖掘成为当今企业发展的重要途径。截至 2014 年 4 月，我国移动互联网用户总数达 8. 48 亿户，同比增长 5%，其中手机上网用户总数达到 8. 11 亿户。[①]

基于移动互联网的发展，人们的消费方式也发生了变化。2014 年在移动互联网整体市场中，移动购物、移动游戏、流量费等细分领域都获得较大增长。其中，移动购物以 64. 1% 的占比成为市场增长的主要驱动力。据预测，在 2015 年，移动购物的比例将继续增加至 68. 3%，流量费占比则持续走低，移动互联网市场总体规模将突破 23000 亿元。

在此背景下，万达也开始进行电商建设，上线了万达 App。消费者可以通过手机预览影片信息，并订购电影票，同时还可以进行在线选座。以此更加符合当今网络消费者时间零散化的趋势，贴合消费者的消费习惯。

除此以外，万达院线还建立了一个会员数据系统——不只是发放会员卡这么简单，背后是个数据库，能跟踪每个人的消费行为并进行逻辑比较，即大数据分析。这个数据库本质上是一个基于注册用户的闭源数据库，它可以为所有注册会员建立用户路径，通过数据聚类，得到消费者偏好路径，从而根据每位消费者的偏好，进行服务改进、定向化营销，甚至为一些消费者提供定制化服务，从而优化万达整体的服务质量，更好地迎合消费者，进而通过优质的服务口碑扩大自己的消费受众。

① 黄鑫：《工业和信息化部：4 月我国手机上网用户突破 8 亿》，《经济日报》2014 年 5 月 23 日。

三　万达院线发展过程中存在的问题

（一）产业链扩张带来的资金风险

进行全产业链扩张，进行垂直一体化经营格局，曾经是“经典好莱坞”（20 世纪 30 年代到 40 年代）时期最主要的发展模式，1948 年，随着派拉蒙的败诉，这种模式被好莱坞摒弃。因为它过度的垄断会造成影视产品同质化的现象，不利于电影产业的长期发展；并且，这种模式还会给公司自身带来巨大的风险。万达目前在垂直一体化方面进行的产业链快速扩张，也存在着较大的经营风险。

依据万达商业地产招股书，万达资产负债率 2011 年为 47.4%，2012 年为 45.9%，2013 年为 49.4%，2014 年为 51.6%。如此看来，万达的资产负债率呈增长的态势。可以说，近年来万达在文化产业领域的快速扩张一定程度上依赖其负债率的提高。这在很多层面上增加了企业的风险。首先，有限的资金用于制片、发行、影院建设与经营等多种业务，会降低各种业务的投资能力；其次，如影院建设、影视城等业务占用资金的数额巨大，周期很长，会造成公司资金周转的巨大压力。

从资金管理的角度来看，万达也存在一定问题，尤其是在房租问题上的处境非常尴尬。因为在这个问题上存在关联交易的问题。所谓关联交易，就是指企业关联方在交易时容易出现不公平结果。万达院线的成长很大程度上依赖万达商业地产提供的低租金，但是如果这种优惠过大，会对整个院线产生不利的影响，从而导致国家相关部门的介入。因此万达的租金既不能设置得过高，因为这样会产生利益输送的嫌疑，但另一方面，也不方便把租金设置得过低，这样会不符合行业规定。所以，租金问题也是万达需要着重关注的问题之一。

从院线的收益角度看，万达的扩张并没有带动自身下属院线的利润水平。资料显示，2014 年第一季度后，全国电影银幕数量已经突破 2 万块，但是平均上座率仅为 15%，二者的增长比例严重失衡，市场明显处于供过于求状态。2013 年全国有近 85% 的影院座位闲置，再加上影院租金日益上浮，大多数影院的生存问题日渐严峻。实际上，万达院线招股说明书中的财务数据也证实了这一担忧：万达院线 91 家子公司中有 21 家子公司处于亏损状态，其中淄博万达影城的亏损额最多，净利润为 -239.60 万元；其次是白山万达影城，净利润为 -209.66 万元。第 79 页列表中显示的 13 家子公司有 12 家都处于亏损状态。①

所以在产业链的高速扩张中，万达面临资本管理上的多重风险，这是万达在追求全产业链过程中需要解决的一大问题。

（二）高速发展过程中的管理风险

同样在万达高速发展中不能忽视的，就是可能出现的管理不善的问题。

管理不善，一方面体现为院线为观众提供的服务质量下降。例如 2014 年 5 月 18 日，唐山万达影城在 CCTV2 财经频道的“天天 3 · 15 消费者投诉平台”被投诉。该人士投诉时声称，唐山万达影城罔顾新《消费者权益保护法》，实行“霸王条款”，强制规定“谢绝外带食品饮料”，侵害了消费者的公平交易权。②

管理不善，另一方面体现在虽然万达已经为注册用户建立了数据库，但是对于用户数据的利用可能仍然不够到位。到目前为止，我们很少从媒体上看到对于万达服务创新的相关报道。毕竟院线吸引消费者最为重要的一点就是服务。因为影院本质上属于娱乐消费，而视觉娱乐消费是一种典型的体验经济：它关注所有消费者在观影过程中的体验和感受，当然这种体验提升和影片质量高度相关，但是也离不开院线座位的设置、空调的调节、服务人员的服务等软硬件。所以服务质量在快速扩张中受到的影响是万达需要关注的问题。

除了院线的服务质量有待进一步提升以外，万达在垂直一体化过程中对电影自身质量的管理也存在一定的缺陷。虽然万达的票房收益在连年递增，但是 2014 年一年，除了年底的《智取威虎山》，万达投资的电影没有出现一部叫好又叫座的影片。电影产业本质上是一种以内容为王的产业，企业在发展过程中不仅应该注重规模的扩大，还应该注重产品质量的提升。这一点是万达在扩张中有所忽视的部分。

---

① 郭海：《万达院线 IPO：“大跃进”之忧》，《新经济》2014 年第 6 期。

② 郭海：《万达院线 IPO：“大跃进”之忧》，《新经济》2014 年第 6 期。

（三）缺乏明确的互联网发展战略

随着互联网和移动 4G 的普及发展，2014 年，三大互联网巨头百度、腾讯、阿里巴巴大规模投资文化产业，文化产业与互联网经济的融合成为未来发展的大潮。

虽然万达很早就建立了电商平台，并且已经在进行用户网络数据挖掘，但是从整体上看它仍然缺乏明确而清晰的互联网战略。尤其是与乐视集团相比，这一不足更加突出。

乐视集团旗下的乐视网拥有“国内第一影视剧库”的丰富的内容资源，在许多优秀的影视剧上享有独家网络版权。乐视网是国内最早购买影视剧版权的视频网站。自 2004 年起，在整个视频网站行业尚未十分重视影视剧版权的时候，乐视网就利用其先行优势，低价购入了海量的内容库。经过 9 年多的版权积累，乐视网建立起了视频网站行业内最全的影视剧版权库。乐视网对于影视剧版权的购买策略是“前期介入”模式，即在影视剧拍摄期间乃至更早的拍摄筹备期，乐视网通过预付采购款的形式买入版权，直接以相对优势价格拿下热播剧集的网络版权。同时，乐视网与上游内容制造商制定了长期合作的发展战略：其关联公司积极涉猎上游产业，建立影视公司，加大对优质片源的资金投入，拍摄有影响力的电视剧电影。①

乐视集团的定位非常清晰——收费视频 + 超清播放机。它通过收费点播的方式，专注于长视频影视剧；并推出了最高端的、自主研发、拥有完全自主知识产权的“乐视 TV 云视频超清机”。针对热衷于高清影视剧体验的用户，乐视网推出了“高清 + 付费”模式，即支付了相关费用的用户使用网络电视观看视频，给用户超震撼的家庭影院体验，或者能享受 1080P“乐视 TV 云视频超清机”播放效果，实现电脑与高清电视相连接。针对手机用户，乐视网推出了用手机回复短信的包月付费方式，这种便捷性为其带来了可观的盈利。此外，乐视网特别开辟了企业电视台和站长电视台，即当企业在缴纳会员费和年费之后，就可以借助乐视网的平台播放与该企业相关的视频，这种模式让许多

---

① 吴雪：《浅析乐视网盈利模式》，《中国经贸导刊》2012 年第 6 期。

企业青睐有加。[①] 乐视集团基于互联网平台的影视发展策略，使其成为近年来国内影视领域一匹快速驰骋的黑马。

在互联网向社会各产业领域广泛渗透的今天，在BAT不断将触角伸进文化产业的背景下，面对乐视等文化互联网公司的异军突起，即使是传统产业或企业也应具备一定的互联网思维。而万达显然对此缺乏相应的动作。虽然和乐视这种纯互联网企业不同，万达院线属于传统企业，但是面对互联网大潮，万达应该在扩张实体规模的同时，利用互联网打造线上资源，并且利用线上和线下的互动，提高自己院线的竞争力。

四　对万达院线未来发展的相关建议

（一）优化资本管理能力，注重院线收益

万达在快速扩张的道路上应该不断优化自身的资本管理能力。首先，需要合理控制企业的资产负债率。无疑，过低的负债率会导致企业发展缺乏资本支持，但是过高的负债率同样也会给企业带来无法承受的风险。所以万达需要在自身基础上合理估算负债率的水平，使其处在可控的范围内，而不是任其增长。

其次，万达应该更加注重提升院线的收益。由于CED的战略方针，核心商圈无疑是万达院线发展的重要基础，但是如果嵌入商圈的院线难以盈利或没有盈利能力，最终会导致万达商圈丧失竞争力，从而动摇万达发展的基础。所以万达院线应该找到合适的时机，根据国内电影的上座率，调整自身的院线建设计划，提升影院的服务水平。必要的时候，甚至可以通过缩减影院投资来提高投资的有效度。因为过快过多的影院建设，可能会超过实际的需求，从而使投资无法有效转化为收益，导致泡沫的出现。

（二）建设专业化公司，加强产业链间的协作

所谓专业化公司，是指那些重点围绕核心业务功能专门培育专业化能力，而把非核心业务功能外部化的公司。研究表明，专业化公司由于具有高效率、

---

① 吴雪：《浅析乐视网盈利模式》，《中国经贸导刊》2012年第6期。

差异化、反应迅速的特点，在未来最具竞争优势。以此类推，电影产业中的专业化公司，同样是围绕公司的核心业务进行精耕细作，以达到公司在该电影领域的高度的差异性、独特性和市场认同性，即专业化。①

其实，即便是超大规模的万达，今天也迫切需要进行专业化经营。如在好莱坞，由于派拉蒙诉讼案等的影响，其黄金时期那些垂直一体化的大公司体系早已瓦解，“一度由它们的很多部门执行的职能现在已经由独立的服务性公司来承担”②。所以万达院线应该在自身的影院质量和用户体验上加强专业化建设，提高服务质量。而万达文化集团则应该在各个产业链之间加强协作和分工，而不是盲目追求企业对于全产业链的覆盖。

（三）利用已有资源，明确互联网战略计划

目前，随着乐视、爱奇艺这些视频点播平台的崛起，线上影院成为与传统院线竞争的重要力量。万达院线应该和这些视频点播平台、互联网公司展开积极的合作。这种合作，一方面可以消除潜在的竞争者，另一方面可以进一步影响互联网上的受众，进一步扩大自身的用户基础。比如建立网上影院，联合乐视等视频网站通过网络虚拟放映室形成社区效应，从而聚拢人气，通过线上线下的互动，带动实体影院的发展。

同时，利用已经建立的万达用户数据库，进行大数据挖掘。这样就可以针对自己独特的用户群展开具有针对性的营销，从而使得企业自身的发展更加集约化。比如通过手机 App 为每一位积分到达一定水平的用户提供长期定制的观影计划，并且完成相关计划的消费者可以获得万达商圈内其他商铺的优惠。这样一方面通过定制化的移动互联网服务提升了用户的体验，另一方面利用院线带动商圈的整体收益。

总之，万达院线在经历了十年的发展历程之后，在 IPO 的新起点上，应该不断提升自己的资本管理能力，不断加强自身的专业化水平，积极应对互联网大潮的挑战，从而真正实现向现代化文化企业的转型升级。

---

① 何群：《当下中国电影公司全产业链经营模式的问题和对策》，《山东师范大学学报》（人文社会科学版）2012 年第 1 期。

② 理查德 · E. 凯夫斯：《创意产业经济学——艺术的商业之道》，新华出版社，2004，第 92 页。

B.18

浙报传媒投资案例分析：以资本、技术、用户为驱动，打造互联网枢纽型传媒集团

余江灏*

摘　要：2014年8月，中央全面深化改革领导小组审议通过《关于推动传统媒体和新兴媒体融合发展的指导意见》，提出坚持先进技术为支撑、内容建设为根本，推动传统媒体和新兴媒体在内容、渠道、平台、经营、管理等方面的深度融合，着力打造一批形态多样、手段先进、具有竞争力的新型主流媒体，建成几家拥有强大传播力、公信力和影响力的新型媒体集团。作为全国首家媒体经营性资产整体上市的报业集团，浙江日报报业集团近年来围绕推动媒体融合发展，先后进行了一系列探索实践，充分发挥资本与资源优势，打造融合发展的资本平台、技术平台和用户平台，在向互联网枢纽型媒体集团转型的发展道路上赢得了主动权。

关键词：跨界并购　资源整合　转型发展

一　发展历程回顾

浙报传媒控股集团有限公司（以下简称浙报控股）前身为浙江日报报业集团有限公司，成立于2002年8月，是浙江日报报业集团全资子公司，2009年6月更为现名，主要负责运营《浙江日报》、钱江报系、《浙商》杂志、《美

* 余江灏，英国莱斯特大学大众传播学硕士、美国伊利诺伊大学工商管理硕士，任职于建投传媒投资管理部。

术报》、浙江在线以及乐清、海宁、绍兴等9家县市报等媒体。

2010年12月，浙报控股董事会同意将其所拥有的报刊传媒经营类资产（包括浙报发展100%的股权，钱报公司100%的股权，浙江在线70.51%的股权，美术报公司51%的股权，老年报公司100%的股权，浙商传媒49%股权，乐清日报公司、瑞安日报公司、海宁日报公司、绍兴县报公司、诸暨日报公司、上虞日报公司、东阳日报公司、永康日报公司、温岭日报公司各51%的股权以及浙报印务公司100%的股权）与上市公司上海白猫股份有限公司（以下简称白猫股份）拥有的除应付股利及对应的货币资金以外的全部资产及负债进行置换。交易完成后，浙报控股持有白猫股份277682917股股份，占股本的64.62%，处于绝对控股地位（见图18－1）。

2011年9月，白猫股份更名为浙报传媒集团股份有限公司（以下简称浙报传媒），9月29日恢复交易。借壳上市首日，浙报传媒受到资金热捧，股价大涨68.27%，之后的两个交易日又连续涨停。截至2014年12月31日，浙报传媒借壳之后股价累计涨幅达到461.42%。

2013年4月，浙报传媒通过"定向增发＋自筹资金"的方式，斥资32亿元人民币成功收购杭州边锋网络技术有限公司和上海浩方在线信息技术有限公司100%股权，正式进军新媒体领域。随后，又实施围绕新闻资讯、数字娱乐、智慧服务和文化产业投资的"3＋1"平台策略，在影视、旅游、养老、健康等领域快速布局，大力拓展全媒体平台和O2O商业服务，积极向以综合文化服务为主的互联网枢纽型传媒集团转型。

上市三年多，浙报传媒的营业总收入从2011年的13.42亿元增长至23.56亿元，涨幅75.56%，归属母公司股东净利润从2.18亿元增长至4.12亿元，涨幅88.99%，重组置入资产净利润分别为2.1亿元、2.4亿元和2.6亿元，承诺利润实现率分别达到109.04%、111.80%和107.83%。通过定向增发和转增股本，浙报传媒的总股本从2011年的4.30亿股增至11.88亿股，市值从重大资产重组完成后恢复上市首日的52.67亿元，增至2015年2月底的236.35亿元，涨幅高达348.74%（见图18－2）。①

① 《浙报传媒上市三年的实践与探索》，人民网，2015年1月4日，http://media.people.com.cn/n/2015/0104/c392155－26320895.html。

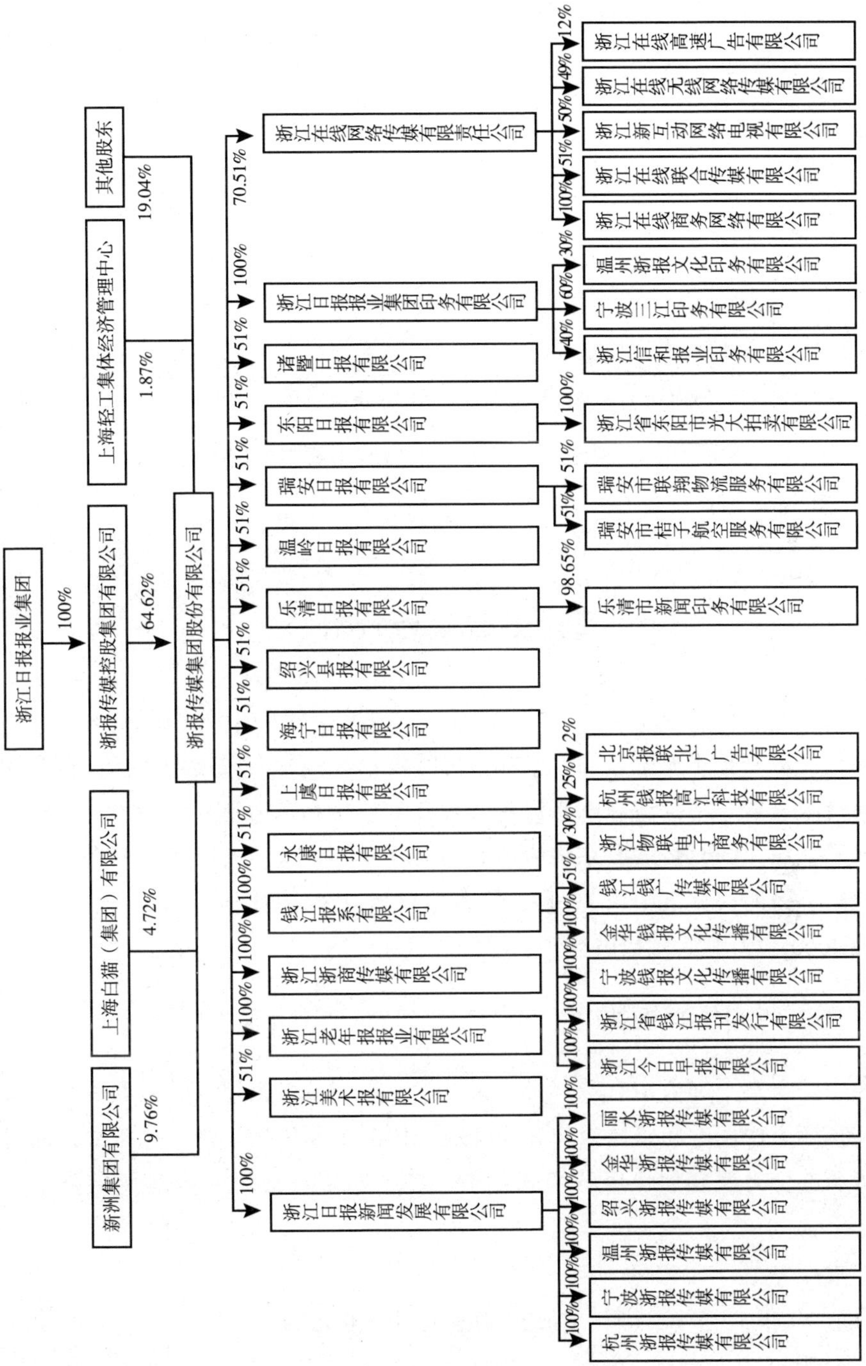

图 18－1　浙报传媒借壳上市股权结构

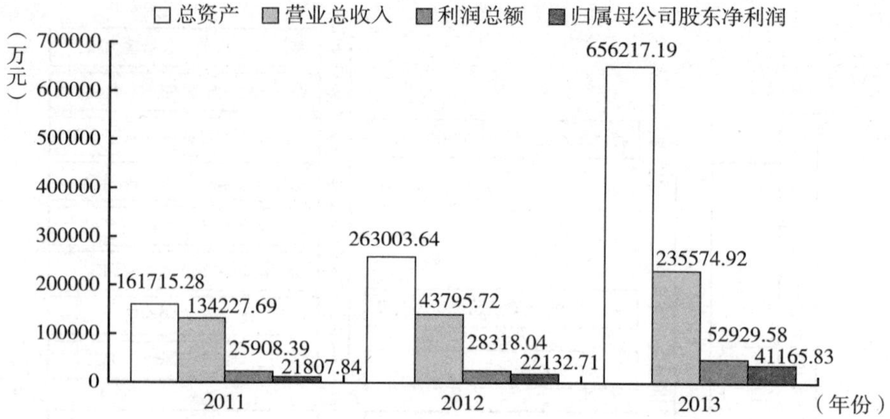

图 18－2　浙报传媒 2011～2013 年主要财务数据

资料来源：Wind。

二　主营业务分析

目前，浙报传媒旗下的一级子公司已经由 2011 年的 16 家增至 23 家（新增杭州边锋网络技术有限公司、上海浩方在线信息技术有限公司、浙江东彩网络科技有限公司、浙江智慧网络医院管理有限公司和东方星空创业投资有限公司 5 家子公司，同时控股股东将所持有的浙江法制报报业有限公司和淘宝天下传媒有限公司股权注入上市公司），负责运营超过 35 家媒体，拥有 600 万读者用户和 4000 多万互联网活跃用户。

（一）新闻传媒板块

浙报传媒旗下拥有由党报、都市报、专业报和县市报组成的报刊板块以及以浙江在线为代表的新媒体板块，构建起立体的新闻传播平台。近年来，通过加大资源整合力度和加快经营模式创新，各新闻传媒板块业务均保持稳定发展。

1. 党报

《浙江日报》是中共浙江省委机关报，创刊于 1949 年 5 月 9 日。经营主体浙江日报新闻发展有限公司是业内第一家党报经营公司，成立于 2004 年，

2011～2013 年净利润分别为 4522 万元、5221 万元和 5399 万元。《浙江日报》广告利润和千人拥有量为全国省级党报第一，发行量位列全国省级党报前三甲，连续五年入选中国 500 最具价值品牌排行榜。

2. 都市报

《钱江晚报》创刊于 1987 年，是浙江省发行量最大、广告收入最多、阅读率最高、影响力最大的都市类报纸，连续八年蝉联世界报业发行 100 强，八度荣膺亚洲品牌 500 强，十度入选中国 500 最具价值品牌排行榜。浙报传媒于 2009 年开始实施“浙江都市媒体全明星阵容”品牌化战略，将钱江晚报有限公司正式更名为钱江报系有限公司，负责《钱江晚报》及杭州、宁波、金华等多个地方版，《今日早报》《星期 8》杂志、萧山、余杭、临安等县级地方生活周刊以及杭州影视频道的“车行天下”“品尚空间”电视栏目等媒体的全面运营。钱江报系公司 2011～2013 年净利润分别为 1.43 亿元、1.23 亿元和 1.56 亿元。

3. 专业报刊

（1）《浙江老年报》。浙江省内唯一公开发行的老年类专业报纸，创刊于 2002 年，2011 年新创《中老年健康》特刊，发行量稳步增长。近年来，老年报在原有业务的基础上，积极拓展与老年产业相关的新业务形态，例如养老配套服务、老年产品销售、呼叫中心服务和老年教育培训等。

（2）《美术报》。由浙江日报报业集团与中国美术学院联合主办，创刊于 1993 年，是国内发行量最大的美术类专业报纸之一。2011 年 8 月，成立浙江美术传媒拍卖有限公司，以“学术引领拍卖”为理念，专注于古代书画、近现代书画、古董珍玩和现当代艺术品市场，拍卖交易额和利润屡创新高。

（3）《浙商》杂志。创刊于 2004 年 7 月，服务于以浙商为代表的中国民营商业力量，目前已构建起杂志、新媒体（浙商网、App、微信公众号等）、俱乐部（浙商全国理事会）、会展、投资、培训（浙商商学院）、数据库、广告及代购九大平台。

（4）《淘宝天下》杂志。中国第一本专业网购指南杂志，创刊于 2009 年 9 月，以淘宝用户群为主要目标受众，及时追踪和报道网购相关群体的新生活方式，以及电子商务新时代涌现出的新事件和新现象。在发行和广告上，均采用线上线下相结合的方式，实现网络与纸媒的全面融合。

4. 县市报

浙报传媒旗下的9家县市报以“区域中心城市第一媒体”为发展目标，着力打造当地县市“舆论引导主阵地”“公共文化服务主平台”和“文化产业战略投资者”的影响力媒体。9家报纸所在的乐清、海宁、诸暨、绍兴、东阳、永康等地均为全国百强县，行业特刊细分和广告收益拓展的潜力较大。

5. 浙江在线

成立于2011年9月，是浙江省唯一的省级重点新闻网站和综合性门户网站，以“权威媒体、大众网站”为基本定位，全力推进新闻宣传、网络舆情引导、无线阅读、网络政务服务平台和产业转型五大核心平台矩阵建设，目前网站PV（页面浏览量）2000万，UV（独立访客）350万，其内容影响力和经营实力已跃居全国地方网媒前列。2012年，浙江在线与腾讯合作上线“腾讯·大浙网”，定位于城市生活门户，发展势头良好。

（二）互动娱乐板块

1. 边锋浩方

杭州边锋网络技术有限公司（以下简称杭州边锋）是中国专业的网络旗牌游戏运营商，创立于1999年，主要由边锋游戏和游戏茶苑两家公司合并而成，2004年并入盛大网络，2013年被浙报传媒全资收购。

上海浩方在线信息技术有限公司（以下简称上海浩方）是世界领先的电子竞技游戏平台公司之一，拥有数款国内最流行的竞技类网络游戏的独家运营权，具有丰富的线上与线下竞赛组织经验。2004年，浩方并入盛大网络，2013年被浙报传媒全资收购。

目前，边锋集团旗下拥有以边锋游戏、游戏茶苑、贯蛋网为代表的棋牌平台，以三国杀、三国杀OL和欢乐坊为代表的桌游平台，以浩方电竞、战旗TV、三国杀英雄传和决战紫禁为代表的电竞平台，以2133网站和云端页游为代表的页游平台和以涵盖iOS、Android、WP7、JAVA、MTK等主流移动平台的各类游戏应用、聊天应用软件和以云端手机助手为代表的无线互联平台，注册用户超过3亿，其中活跃用户2000多万，移动用户1000多万，各类产品600余款。

2. 华奥星空

北京华奥星空科技发展有限公司（以下简称华奥星空）由中华全国体育总会、中国奥林匹克委员会于2003年9月发起成立，主营业务包括网媒业务（中国奥委会官网、中华全国体育总会官网、中国体彩网等）、电子竞技业务（全国电子竞技大赛）、体育通讯社业务和体育视频业务（赛事转播、专题视频、教学视频等）四大板块。2013年浙报传媒以现金出资持有华奥星空36%的股权。

3. 唐人影视

天津唐人影视有限公司（以下简称唐人影视）成立于2012年，是行业中一线电视剧制作机构，以古装偶像剧见长，出品有《仙剑奇侠传》《步步惊心》《轩辕剑》《星月传奇》等知名热播剧，目标观众群是互联网年轻人群，旗下拥有刘诗诗、胡歌、蒋劲夫、孙艺洲、小彩旗等知名艺人。2014年4月，浙报传媒出资人民币1亿元增持唐人影视，持有8.77%的股权。

（三）智慧服务板块

浙报传媒充分利用旗下媒体的用户资源，加快对用户数据的有效挖掘，大力拓展智慧服务领域，积极实践融媒体时代“新闻+服务”的产业创新。

2014年，钱报公司旗下O2O电商平台——钱报有礼网站正式上线，该网站以“小电商，美生活”为理念，下设吃货福利、健康直购、爱购生活、家电直购、江南酒坊、悠游浙江、全球购、理财俱乐部等垂直频道，同时整合App、微信公众号和线下门店等线上线下渠道，为用户提供便利快捷的购物体验。

同年，浙报传媒设立全资子公司浙江智慧网络医院管理公司，整合浙江省卫生医疗信息库和浙江在线网上挂号平台，以互联网思维开发健康服务产品，搭建医疗健康服务O2O平台。

此外，浙报传媒旗下的老年报公司也以社区服务为中心，提供多方位养老配套服务。例如老年服务产品的集中采购、呼叫中心服务、老年产业相关教育培训等。

（四）文化投资板块

1. 东方星空

东方星空创业投资有限公司（以下简称东方星空）是浙江省首家国有文

化产业创业投资公司，由浙江日报报业集团有限公司和浙江省财务开发公司于2008年10月发起成立，2009年引入中国烟草总公司浙江省公司。截至2014年，东方星空累计对外投资6.9亿元，投资市值达19.1亿元，涵盖演艺旅游、教育多媒体、互联网新媒体、有线电视、数据库安全等领域的多项股权投资，并在影视剧和动漫领域涉足项目投资。目前，东方星空正积极从公司型基金向“直投+管理”相结合的模式转型，联合战略合作伙伴，发起设立新媒体、影视、游戏等文化产业子基金和产业并购基金（见表18-1）。

表18-1 东方星空主要投资项目

序号	被投资单位/项目	业务	投资日期	投资金额（人民币万元）	持股比例（%）
1	宋城股份	旅游演艺	2009年4月	3098	1.07
2	电影《寻龙夺宝》	电影	2009年9月	300	
3	电视剧《风语》	电视剧	2009年12月	1278	
4	杭州天极峰	网页游戏	2010年1月	700	9.33
5	北京随视传媒	数据挖掘互联网营销	2010年6月	3000	13.11
6	杭州华银教育	电教化产品研发制造	2010年8月	1500	5.00
7	华数传媒	有线运营商广电新媒体	2011年7月	25183	5.20
8	电视剧《彼岸1945》	电视剧	2011年12月	1080	
9	电影《秦时明月》	电影	2012年2月	500	
10	杭州安恒信息	信息安全	2012年3月	2250	10.00
11	中信人报社	消费类商业期刊	2012年11月	2940	49.00
12	杭州未来新媒体科技服务股权投资基金（筹）	OTT产业基金	2013年2月	4900	19.60
13	浙江华数广电网络	有线网络运营	2013年2月	4823	5.00
14	北京百分点科技	数据挖掘互联网营销	2013年2月	3000	3.08
15	星盟（杭州）创业投资有限公司	新媒体基金		3000	49.38
16	杭州先睿掌奇股权投资合伙企业（有限合伙）	游戏产业基金		500	49.00
17	东方嘉禾文化发展有限公司	海外视频分发平台		1000	6.01

续表

序号	被投资单位/项目	业务	投资日期	投资金额（人民币万元）	持股比例（%）
18	上海起凡数字技术有限公司	电子竞技游戏的研发和运营	2014 年 3 月	895	5.75
19	起凡信息技术（上海）有限公司	电子竞技游戏的研发和运营	2014 年 3 月	9115	5.75

资料来源：公司公告，建投传媒整理。

2. 传媒梦工场

传媒梦工场创立于 2011 年 10 月，是一家专注于传媒业早期投资和创业培育的孵化器，通过资本运作、技术创新和资源投入等方式，为早期创业者提供资金、商业、技术、市场、人力、法律、培训等一揽子服务，专注孵化“以技术为手段、以内容为优势，并将二者结合、符合新型媒体创意环境”的产品和团队，包括新媒体内容提供商、新媒体渠道商和新媒体运营平台等。对于入选的项目，传媒梦工场将采用创业团队控股、浙江日报报业集团以资金和资源入股、战略合作伙伴跟投并提供相关资源的运作模式，项目孵化成功后浙报集团控股的上市公司有优先收购权。此外，传媒梦工场还联合 IDG、红杉资本、创新工场、软银中国等专业投资机构，举办中国新媒体峰会和中国新媒体创业大赛等一系列品牌活动，搭建交流平台，聚拢各方资源。

三　投资亮点分析

（一）借助互联网思维和技术，推动传统业务转型升级

近年来，在互联网和移动互联网的冲击下，传统纸媒的广告收入持续大幅下降，不少报刊甚至面临停刊的窘境。在此背景之下，浙报传媒果断提出加快主业创新转型、由提供单一新闻资讯向以综合文化服务为主的互联网枢纽型传媒集团转变的发展战略。从内容生产和传播渠道入手，重构商业模式，将传统的纸质媒体传播方式转型为社区化、本地化、移动化的现代全媒体传播模式。

2013 年，浙报传媒通过整合内外部资源，成立钱报公司地产传媒中心和

浙报传媒旅游全媒体中心，在原有纸媒的基础上推出购房宝网站、“杭州房产”“置业江南岸”等微信公众号，积极创建旅游微店电商平台，筹建中国旅游微信联盟，着力打造新媒体产品矩阵。通过传统媒体与新媒体的协同联动，为房地产和旅游机构提供营销策划、品牌管理、全媒体传播等一系列服务，有效拓展收入来源。公司旗下的《老年报》《美术报》、县市报、浙江在线、浙报印务等公司也在原有业务的基础上，挖掘和延伸产业价值链，在家政服务、艺术品拍卖、物资销售、无线阅读、文化培训、数字印刷等领域开拓业务增长点。

在以用户为核心的互联网思维驱动下，浙报传媒在全国报业集团中率先成立数据库业务部，完成对600万报刊订户及浙江在线新媒体用户的数据采集，并在深入挖掘这些数据的基础上积极开发相关互联网产品。2013年，钱报公司旗下生活服务类电商平台“钱报有礼”和浙江在线旗下房地产门户住在杭州网电商项目先后上线，探索运营垂直O2O电商平台；9家县市报公司推出生活服务门户网站、客户端、微博、微信公众号等产品，打造新媒体运营平台，探索社区O2O商业模式。2014年，浙报传媒成立电商全媒体中心，开展对接浙江省政府“电商换市”目标的全媒体推广和培训项目；浙江在线顺利上线云端阅读·魔方书城网站，搭建原创文学数字出版发行平台。借助旗下不断丰富的互联网产品，浙报传媒加快推进纸媒读者向互联网用户转化的速度，随着用户规模的不断扩大，互联网业务的比重和利润贡献度也大幅提升。

（二）通过跨界投资并购，快速布局新型业务

目前，浙报传媒旗下拥有两大投资平台：传媒梦工场和东方星空。传媒梦工场以早期种子孵化和天使投资为主，专注于布局中国新媒体研发和创业。东方星空则以财务投资者和资源整合者的身份，承担着帮助浙报传媒完成互联网时代枢纽型传媒集团大战略布局的重任。

浙报传媒上市以来，多次通过投资并购的方式拓展新型业务，先后布局游戏、影视等用户基础扎实、发展前景广阔、业绩增长明确的行业。2013年4月，浙报传媒以23亿元人民币实现对棋牌游戏平台杭州边锋和电竞游戏平台上海浩方的整体收购，初步完成娱乐互动板块的构建。收购完成之后，边锋浩方沿着“媒体化”和“竞技化”的发展思路，推出为游戏用户量身定制的新

闻产品和互联网电视机顶盒，开发无线游戏和无线应用产品，上线游戏直播平台战旗 TV，承办全国电子竞技大赛，着力提升平台价值。2013 年 5 月合并报表后，边锋浩方为浙报传媒带来净利润 19119.64 万元，占当年归属于上市公司股东净利润总额的 46.45%，完成盈利预测 111.34%。2014 年上半年，边锋浩方实现净利润 13960.66 万元，占当期归属于上市公司股东净利润总额的 48.45%，对公司业绩的贡献度进一步提升。此外，边锋平台拥有的 3 亿多注册用户，尤其是 2000 多万活跃用户也为公司其他业务板块提供稳定的用户支持。

影视行业是浙报传媒在互动娱乐板块布局的又一选择。从 2009 年开始，旗下投资平台东方星空便开始以项目投资的方式先后投资电影《寻龙夺宝》《秦时明月》，电视剧《风语》《彼岸 1945》《裸婚之后》等作品。2014 年 4 月，浙报传媒斥资 1 亿元人民币入股在制作精品剧能力上很有发展潜力的唐人影视，进入影视剧制作行业，强化公司互动娱乐业务的整体竞争力。同时，由于影视剧用户和游戏用户具有一定的重合度，未来还可与边锋浩方平台形成资源协同。

（三）专注资源整合，延伸产业价值链

在大力构建新闻资讯、数字娱乐、智慧服务和文化产业投资“3 +1 平台”的同时，浙报传媒还沿着产业发展的逻辑，按照先渠道后内容的投资思路，积极整合相关资源，有效拓展和延伸核心板块的价值链。2013 年 8 月，浙报传媒入股中华体育总会旗下华奥星空，通过联合承办全国电子竞技大赛，推动上海浩方向电子竞技比赛平台转型，借我国电子竞技运动职业化发展的契机，加快在电子竞技产业的布局。此外，还与旗下新闻媒体合作，在活动承办（赛事、会展、论坛）、电子商务（体育产品、赛事门票 O2O 销售）等领域进行布局。2014 年 6 月，杭州边锋与数字电视网络运营商华数传媒签署协议，在互联网电视终端领域展开战略合作，推出互联网电视终端——“边锋盒子”，为用户提供集影视剧、游戏、资讯等功能于一身的互联网视听和娱乐服务。此外，公司先后投资数字媒体营销公司随时传媒和大数据技术公司百分点科技，展开对 600 万报刊订户和边锋浩方 2000 万活跃用户数据的整理、分析和挖掘，并在此基础上为其提供适宜的产品和服务。

四　潜在风险分析

（一）政策风险

我国传媒业长期实行“事业单位管理+企业化运营”的发展模式，虽然近年来国家先后出台多项政策，鼓励和支持各类资本从事新闻出版业下游的印刷、发行、广告等经营活动，但在上游的内容产品（包括图书、报刊、影视、游戏等）生产制作环节仍然受到中宣部、新闻出版广电总局、国务院新闻办公室等多个党政部门的严格监管。浙报传媒旗下拥有数量众多的内容生产企业，皆有可能受到政策导向变化而引发的内容审查限制，进而影响公司的业务推进、财务业绩和企业价值的实现。此外，我国传媒业在各类行政组织的“纵向归口管理”和各级地方党委与政府的“横向属地管理”模式之下，形成了森严的行业行政壁垒和区域市场壁垒，这种条块化的管理方式，也将对浙报传媒未来跨区域、跨行业的并购发展有所限制。

（二）业务风险

1. 纸媒广告下滑风险

近年来，以互联网和移动互联网为传播渠道的新兴媒体对传统媒体的用户形成强烈分流，用户数量的减少使得广告主在传统媒体投放广告的意愿大幅减弱，纸媒赖以生存的广告收入持续下降。2014 年，我国报纸和杂志的广告收入同比分别下降 18.3% 和 10.2%，其中报纸广告收入更是在过去三年的时间内大幅萎缩 29.6%，房地产、汽车、家电、零售百货等传统广告大户也纷纷加速撤离。[①] 虽然浙报传媒过去几年媒体板块的广告收入均保持稳定增长，但这一趋势能否保持存在较大不确定性。

2. 游戏用户分流风险

浙报传媒旗下的边锋浩方以本土化的棋牌休闲游戏和专业化的电竞游戏在

---

① 《转型抵御压力融合寻求发展——从数据看 2014 年我国报纸广告市场变化》，《中国工商报》，2015 年 2 月 17 日，http://www.cicn.com.cn/content/2015-02/17/content_151299.htm。

细分领域拥有稳定的用户和市场，发展势头良好。但随着腾讯、阿里巴巴、百度等互联网巨头纷纷加大在网络游戏领域的投入，未来的市场竞争将更加激烈。此外，随着移动互联网的快速发展，移动游戏市场份额逐步提升，游戏用户向移动端转移的趋势愈演愈烈，如果边锋不能及时构建移动端产品体系，也将面临用户被其余棋牌休闲类移动游戏平台分流的风险。

3. 项目投资并购风险

从发展历程来看，浙报传媒过去主要通过投资并购的方式开拓新兴业务，未来，随着投资领域的拓宽和投资项目的增加，有可能出现个别项目无法实现预期收益，甚至出现亏损等情况，给公司业绩带来影响。此外，新并购的企业能否与现有业务板块有效融合发展，也存在不确定性。

（三）转型风险

浙报传媒提出以“传媒控制资本，资本壮大传媒”的理念推动公司向互联网枢纽型传媒集团转型的发展战略，在此过程中，将会遇到诸多挑战。目前，与互联网相关的新兴媒体领域仍面临着商业模式尚未成熟、市场环境变化更新较快、市场参与者众多导致竞争日趋激烈等问题，浙报传媒需要尽快探索出一条主流媒体互联网化的新业务模式，形成持续有效的盈利来源。此外，在转型过程中，原有报媒平台的600万读者数据和边锋浩方平台2000余万活跃用户数据的整合和应用，同样面临着创新、资源整合和商业模式重构的挑战，能否实现有效整合和融合发展有待市场检验。

B.19

广东广播电视台投资案例：多元融合发展战略的探索与实践

张建敏　王维强*

摘　要：　在传媒领域深刻变革的大环境中，广播电视等传统媒体存在诸多弱点。为此，广东广播电视台借整合之机，站在大文化产业的高度，进行多元融合发展战略的探索与实践。从媒体内部资源融合（成立广播电视总台）到传统媒体相互融合（广电与报业融合），从传统媒体与新媒体融合（电视与互联网融合）到广电与其他文化产业的融合、广电与非文化产业的融合、广电与资本的融合等，跨行业、跨区域、跨媒体发展广电产业。

关键词：　大文化　整合　多元融合

进入21世纪以来，在传播技术数字化与信息全球化背景下，以互联网为中心的新媒体迅速崛起，推动媒体的传播方式、传播格局、传媒生态发生了深刻变革，广播电视等传统媒体正面临前所未有的挑战，媒介多元融合发展的变革也应运而生，并逐渐成为每一个参与竞争者的必然选择和传媒产业发展的必然方向，传统媒体要想在竞争中立于不败之地，就必须走多元融合发展之路。

在当前多元融合的发展趋势中，广电行业的内容资源虽有明显的优势，

---

* 张建敏，暨南大学新闻与传播学院副教授；王维强，广东南方广播影视传媒集团有限公司企划部主管。

多年的发展也使广电行业在制作能力、技术实力、运营经验、人才储备等方面都显现了较明显的优势，然而，在网络媒体的冲击下，广电媒体发展存在以下几个劣势：体制机制的束缚、资源整合力不从心、市场化程度不高。

来自内外的巨大压力迫使广东广播电视台去思考、探索新的投资发展路径，站在大文化产业的高度去理解多元融合，赋予其更深刻、更广泛的含义。

从近年来的实践看，多元融合发展有多种方式。从狭义来看，有媒体内部资源的融合，如成立广播电视总台；有传统媒体的相互融合，如广电与报业的融合；也有传统媒体与新媒体的融合，如电视与互联网的融合。如将多元融合的含义延伸，还可以包括广电与其他文化产业的融合、广电与非文化产业的融合、广电与资本的融合等。这样，在广义的多元融合大势下借势而动，顺势而为，把握媒体规律和市场规律，广电产业就可以实现跨行业、跨区域、跨媒体发展。

广东广播电视台在多元融合发展方面做了如下一些探索与实践。

一　广电媒体内部资源融合——广东广播电视台整合发展

（一）广东广播电视台内部整合

近年来，全国大部分省份都在重新整合广电资源，成立广播电视台。广东广播电视台同样进行了改革，于2014年4月整合原有两家省级电视台、一家省级电台和一个集团总部，成立了广东广播电视台，经营性资产则全部划归广东南方广播影视传媒集团有限公司。

在整合前，原有几个单位体制机制各不相同，整合起来难度很大。广东广播电视台的思路是：以优化资源配置、提高运营效能、加强宏观调控、重构管理机制为目的，撤销原广东人民广播电台、广东电视台、南方电视台和南方广播影视传媒集团（事业性集团）的法人资格，成立广东广播电视台。整合不仅是各单位主体的融合、架构的重新调配、人员的重新安排，更重要的是运营思路的重新调整、管理机制的重新建立，以及资源的重新优化配置。包括如下几个层面。

首先是内容方面的整合。以广东广播电视台为主体，以频道为载体，重新调整内容的采集和分发流程。节目采编制作、内容分发、影视剧的采购与供销等以前分散在各台的资源，将整合成一个整体，资源由分散到集中，增强竞争力。

其次是经营方面的整合。事业产业分开。在产业经营方面，广东广播电视台有 94 家产业公司，经营状况参差不齐，这些资产由广东南方广播影视传媒集团有限公司进行整合，以市场化的方法进行治理和经营。在广告方面，改变以前各台乃至各频道各自为政，甚至内部竞争的局面，以市场为导向，对广告实行统一经营，统一管理，统一招商，统一价格体系。

在业务层面之外，整合牵涉到整个战略布局的调整、管理架构变化、考核分配体系的市场化，以及企业文化的建设等多个层面。通过资源的优化配置、不同单元的融合，广东广电将成为更加市场化，更符合现代传媒产业发展规律的媒介主体，不断增强市场竞争力、内部活力和整体实力，因应多元融合的大势，开拓发展空间，再创辉煌。

广东广播电视台此次改革的最终目标是“转型”。经过这次改革，广东广播电视台将完成从传统的传媒事业单位向市场型的现代媒体的转型，在广东广播电视台建立起系统全面的市场责任主体，改变传统的广电资源的配置方式。在总台层面加强纵向的资源调配力与控制力，以打造传媒整体的核心竞争力；基层业务单元则充分放权，使其能够灵活面对市场竞争。

（二）横向跨地域联合发展

除了内部整合，广东广播电视台也在尝试与业内广电同行进行横向跨地域联合发展。有“国内第一地面频道”之称的珠江频道迈出了值得纪念的一步。2014 年 5 月，广东广播电视台与广西电视台在南宁签订合作协议，共同运营广西影视频道。双方成立合资公司，并共同组建公司董事会和频道编审委员会。广东广播电视台以珠江频道的节目为主体，整合旗下 12 个电视频道的粤语节目资源，提供给广西影视频道播出，全力将其打造成“广西第一粤语频道”。

二　传统媒体内部多元融合——广电媒体与平面媒体的互动

在传统媒体领域，广电媒体与平面媒体虽然在媒介形式方面有所差异，但在媒体属性和运营规律方面有诸多共通性，并且有着相当强的互补性。在媒介多元融合的今天，全媒体成为众多媒体的发展方向，客观上也促成了广电媒体与平面媒体间的融合互动。

广东广播电视台与平面媒体在加强传媒业务协调，构筑区域媒体发展，探索新闻、经营、大型活动和新媒体项目等多方面进行合作。近年先后与海外的新闻集团、维亚康姆等国际大型传媒集团，国内的新华社广东分社、羊城晚报报业集团、南方日报报业集团（2005 年 7 月更名为南方报业传媒集团）等传媒机构，签署了战略合作协议。

广东广播电视台与南方报业传媒集团共同投资了梅州客家文化产业基地项目、南方文化产权交易所；同时，广东广播电视台下属各频道、频率、公司与南方报业传媒集团下属的《南方都市报》《南方周末》等机构均有相当深入广泛的合作、包括节目内容的合作、资源的互换及联合发展等。广东广播电视台与羊城晚报报业集团联合组织“广东十大经济风云人物评选”活动，已经成功举办了十届。

三　媒体之间多元融合——传统媒体与新媒体的融合

传统媒体进行多元融合发展，从狭义上讲，很大一部分原因是新媒体的冲击使然。新媒体不仅是形式和技术上的创新，更是发展理念、经营策略、市场导向等全面的创新。面对新媒体，广电媒体应该主动拥抱，彼此融合。与纯粹的新媒体不同，广电媒体有自身的业务特点，可以有选择地进行新媒体融合和投资。

广东广播电视台在新媒体领域的起步较早，在 2006 年前后就已经开展新媒体业务的尝试，并于 2010 年整合旗下新媒体经营性资产和业务资源，正式成立了广东南方新媒体发展有限公司，作为运营主体。目前，广东南方新媒体发展有限公司拥有全国最齐全的牌照，并有整个广东广播电视台的媒体资源支撑。在业务上，涵盖了IPTV、互联网电视、手机电视、地铁电视、车载移动电视、网络视频、户外媒体、增值业务以及新媒体内容加工制作等多个领域。广电媒体融入新媒体，最大的优势是内容资源和渠道资源，因此广东南方新媒体发展有限公司最有代表性的业务是IPTV、互联网电视和手机电视。IPTV与广东电信和上海百视通合作，在广东省的用户已达400万，带来持续的现金流。手机电视与三大运营商合作，整合视频内容资源，先后推出“悦TV”“翼TV”等多个手机电视产品，为用户提供丰富多元的节目内容、高清流畅的视频服务，抢占移动端市场，获得大量用户和持续稳定的回报。互联网电视方面与创维、海尔等电视机厂商合作互联网电视一体机，并开创“直通好莱坞”收费运营模式。

广东广播电视台的新媒体发展还体现在更多的项目和环节中。比如，广东广播电视台与香港电讯盈科集团（PCCW）在广东IPTV上倾力打造的音乐服务产品“摩音符MOOV”，提供超过250家音乐商的高品质内容，属于广东IPTV的独家音乐服务。广东广播电视台加快建设网络广播电视台，已经投入1000万元经费进行初期建设，近期已推出荔枝新闻客户端、微电视平台等。同时，投资建设新媒体融合平台，节目部门完成新闻节目的设置后，即可数字化存入媒资中心，各频道、频率、IPTV、网络电视、手机电视、地铁电视、OTT、网络广播电视等可根据自己的需要，调用编排出适合自己需要的节目。

新媒体融合不仅是广东广播电视台的策略和要求，也是迫切的市场需要，只有基于市场，基于用户，新媒体融合才会获得真正的生命力。

四　广电产业与现代产业之间的多元融合发展

面对新媒体的冲击，靠过去那种传统的、单一的媒体运行模式显然难以应对，即使拥抱变化，主动寻求在新媒体领域的拓展，依然不够。广电媒体应以广电为依托发展大文化产业，抓住广电的核心价值进行产业链延伸，寻求广电产业与现代产业之间的多元融合，改变过去只靠广告生存的小格局。广东广播电视台的产业化发展道路，主要有以下几个部分。

（一）文化基地建设

文化基地建设属于大投入大产出的项目，在拉动市场、聚集产业、提升品牌等方面，有着难以比拟的效用。同时，其文化属性与广电媒体有着天然的交集。广东广播电视台目前有四个文化基地项目，分别是位于广州东圃的南方广播影视中心、位于珠海斗门的南方影视文化产业基地、位于梅州的客家文化产业基地和位于广州番禺的国家音乐产业基地（广州园区）。

（1）南方广播影视中心（东圃基地）。南方广播影视中心位于广州市天河区，项目规划用地2135亩，首期用地375亩。这里将成为广东广播电视台未来的总部所在地，同时在整体设计上，将整合广东广播电视台现有资源，集中力量建设一批现代化、高品位的重点文化设施，包括广东广播电视台大楼、广东广播电视演播中心、南方传媒国际会议中心，以及为充实完善影视拍摄后勤生活、节目制作、培训、展览、休闲度假、旅游购物、商务酒店等兴建的配套设施。最终将建设成为集办公、影视节目制播、外景拍摄、文艺汇演、美食娱乐、旅游购物、培训展览、商务酒店等功能于一体的综合性大型高科技影视文化主题公园。

（2）珠海南方影视文化产业基地。珠海影视基地项目由广东广播电视台珠江电影集团、珠海广播电视台共同出资兴建，项目位于广东珠海西部中心城区，核心区占地面积约5500亩，规划用地16.2平方公里，估算总投资约100亿元人民币。项目将打造成为以影视文化为元素，高新科技为手段，旅游休闲娱乐为驱动，集影视产业与休闲旅游于一体的宜业、宜居、宜休闲的文化产业小镇，建设南中国具有国际先进水平的国家级影视文化产业基地。虽然目前国内影视基地项目众多，但珠海影视基地有自己独特的区位优势和资源优势，以完全市场化的方式在运作。目前，项目正在进行中心区的演员客栈（星龙门酒店）和岭南外景岛等一期项目的建设，并成功引入广州嘉浩投资有限公司合作成立合资公司共同开发建设基地。

（3）梅州客家文化产业基地。梅州基地的投资主体更加市场化，由广东广播电视台、南方报业传媒集团、梅州市广播电视台，联合民营企业北京国丰源投资有限公司共同建设。基地以客家文化为主题，把文化产业、休闲产业、生态地产三类产业有机结合起来，科学整合资源，演绎“文化旅游+生态地产”复合体开发的创新模式。由于有民营企业的运作，整个项目在资金来源、成本管控、流程控制、开发节奏等各方面都得到保证，公司在2011年8月挂牌成立，很快就拿到了首期用地，区内兴建的商住配套项目——壹江南小区销售业绩和商誉良好。同时，梅州基地兴建的嘉应歌剧院也将成为梅州的地标性建筑。

(4) 国家音乐产业基地。该国字号基地在2010年底挂牌，基地内原本就有宝墨园旅游景区，交通便利，有先天的条件，基地占地5平方公里，建设预计投资高达上百亿元。想撬动基地建设，必须依靠市场化的手段。广东广播电视台计划以股份配比的方式，引入新的战略合作伙伴。将太平洋影音与音乐基地挂钩，重新盘活太平洋的音乐版权资源，将音乐产业基地打造成为集音像制作、出版发行、版权贸易、数字出版、教育培训、新媒体开发与制作、演艺经纪、动漫游戏、唱片展销、音响器材、乐器展示以及音像会展和旅游休闲等功能于一体的综合性音乐文化基地。

（二）教育产业

广电媒体与教育产业的联姻，是广东广播电视台产业化道路上的新尝试。教育与媒体一样，有着文化和公益的属性，也同样面向广泛的受众群；同时，教育的产业化并不完全，有着巨大的市场潜力，而广电媒体掌握资源，与教育产业进行多元融合创新，将在这一领域形成竞争优势，打开新的天地。广东广播电视台在教育产业上，有如下的尝试。

(1) 现代教育频道。广东省没有专门的教育频道，广东广播电视台看到这一市场空白，将旗下的数字付费电视频道《快乐益智》频道作为文化教育节目的试点平台，通过整合全省文化教育资源，对该频道重新改版包装，定位“大文化、大教育”，致力打造成广东省的文化科教专业频道，并更名《现代教育》频道。在运营上，由广东广播电视台联合广东出版集团，并引入民营企业兆丰恒业合作成立公司，走市场化的发展道路，多元化开发教育产业。

(2) 与高校合作。广东广播电视台与中国传媒大学、暨南大学、广州大学等高校合作建立“教学科研实习基地”，在人员培训、课题研究、刊物出版等方面进行合作，实现传媒业界与学界的对接，优势互补，合作共赢。同时，珠海影视基地亦同纽约电影学院和北京电影学院洽谈，有望在珠海基地合作建立电影学院，尝试发展影视教育培训产业等。

（三）演艺产业

随着中国文化事业的发展和消费者文化需求的增长，演艺产业变成了新的热点。广东广播电视台成立了广东南方高度演艺文化发展有限公司，并引入民营资本，使公司更为市场化。公司在广东、上海、北京等地上演了大型杂技芭蕾舞剧《胡桃夹子·海上梦》，取得了良好反响。并与著名音乐人谭盾合作，举办谭盾作品新年音乐会。同时，广东广播电视台旗下广东南方领航影视传播有限公司在主营影视剧生产发行的同时，也在进行演艺经纪方面的开拓发展。

五　广电产业与资本之间的多元融合发展

在三网融合政策和文化大的背景下，目前广电行业面临着业务转型、技术转型和更深层次的商业模式转型、组织与体制转型等一系列挑战，这在整体上形成了复杂并且无法回避的战略转型任务。为了实现这些复杂的转型，广电行业和资本相结合是必然趋势。资本是广电媒体进行转型必不可少的助推剂，同时也是广电媒体产业化、市场化的必由之路。对此，广东广播电视台进行了积极的探索。

（一）参与国有文化投资实体

根据相关部门的协调部署，并结合自身发展情况，广东广播电视台投资成为两家国有文化投资实体的股东。其一是参与广东省文化产业投资基金，成为股东之一；其二是投资广东省南方文化产权交易所，成为股东之一。

（二）旗下公司融资上市

广东广播电视台旗下广东南方领航影视传播有限公司于2014年实行股份制改造，目前已完成相关股权转让，并以4倍的溢价，成功引入5家战略投资者，引进资金1.4亿元，计划于2015年在新三板上市。

2012年底，组建仅两年的广东南方新媒体发展有限公司成功引入由央企邦信基金作为战略合作伙伴，融资达8800多万元。目前，该公司已确定由华西证券作为公司改制上市中介机构，正在进行股份制改造工作，很快将正式进入 IPO 辅导期，预计于 2016 年底上市。

（三）发行私募债券

为了保证资本的相对充足，同时也试水金融市场，2013 年，广东广播电视台通过上交所发行了 1 亿元“2013 粤广电”私募债券，为广东广播电视台开辟新的融资渠道积累了经验。

B.20

华策影视投资案例：积极开展对外投资并购，加快推进外延式发展

田元昕　何坚　张权*

摘　要：近年来，华策影视通过实施一系列投资并购、引入战略投资者等资本运作，积极推进外延式发展，进一步强化电视剧业务优势，不断发力电影、综艺节目及新媒体业务，积极拓展衍生业务，加快海外布局，打造全产业链、全媒体、全球化的娱乐传媒集团。

关键词：投资并购　全产业链　全媒体

一　华策影视概况

（一）基本情况

浙江华策影视股份有限公司（以下简称华策影视）成立于2005年10月，2010年在创业板上市（股票代码：300133），总部位于杭州，在北京、上海、深圳、香港、台北及韩国等地拥有超过30家分（子）公司。华策影视是中国影视文化领域的领军企业，年产电视剧上千集，是全球产量第一、中国播出率第一、中国市场份额第一、中国海外出口第一的影视公司，其创作规模、产业布局、公司市值、营收税利、品牌影响力均居全国影视企业领先地位。同时，华策影视大力实施由领先的电视剧内容制作商向全产业链娱乐传媒集团转型的战略，目前已

* 田元昕，浙江大学学士，现任建投传媒投资团队四总经理、投资总监；何坚，北京大学硕士，建投传媒投资团队四投资经理；张权，厦门大学硕士，建投传媒投资团队四分析员。

发展成为以影视剧制作、发行为核心，影视基地建设、影城院线、新媒体、广告开发、产业投资等多元化发展的全产业链型影视企业（见图 20－1）。

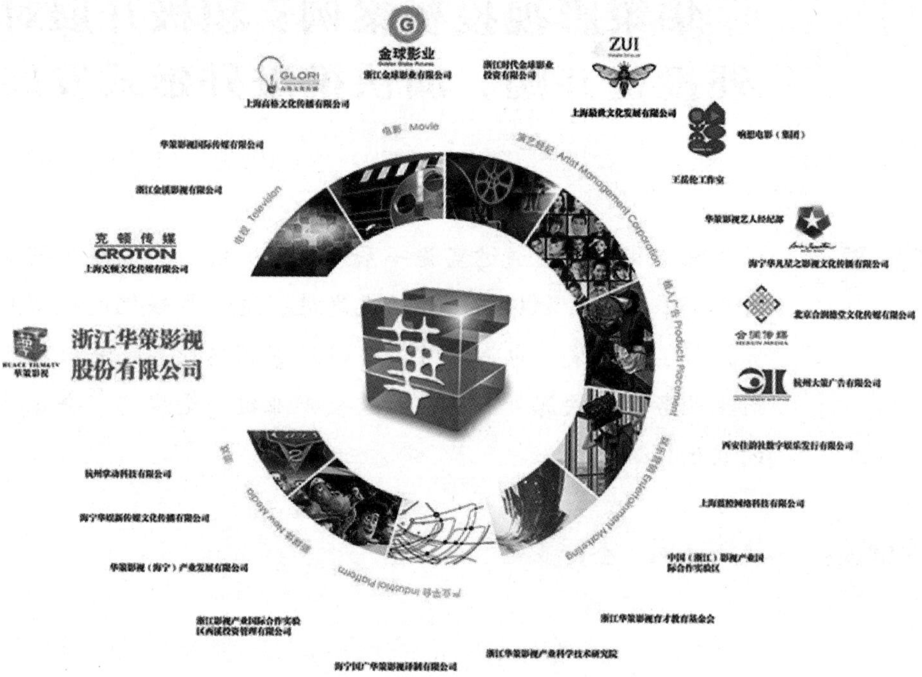

图 20－1　华策影视产业架构

资料来源：华策影视网站。

根据业绩快报，华策影视 2014 年实现营业收入 19.46 亿元，同比增长 111.4%，2012～2014 年的复合增速为 64.3%；2014 年实现归属母公司股东的净利润 3.89 亿元，同比增长 50.7%，2012～2014 年的复合增速为 34.5%，在 A 股影视公司中位居前列。

近年来，华策影视不断延伸产业链，营业收入稳步增长，在传统电视剧业务的基础上，大力发展电影等其他业务，不断优化业务结构，产业链各环节中的协同效应日益显现。其中，电视剧业务收入占比逐年下降，已由 2009 年的 100%下降至 2013 年的 91%；电影等其他业务快速发展，2013 年的收入占比达 9%，随着今后电影、综艺节目、新媒体及其他衍生业务的发展，华策影视的收入结构将更加合理，综合竞争力有望不断增强（见图 20－2）。

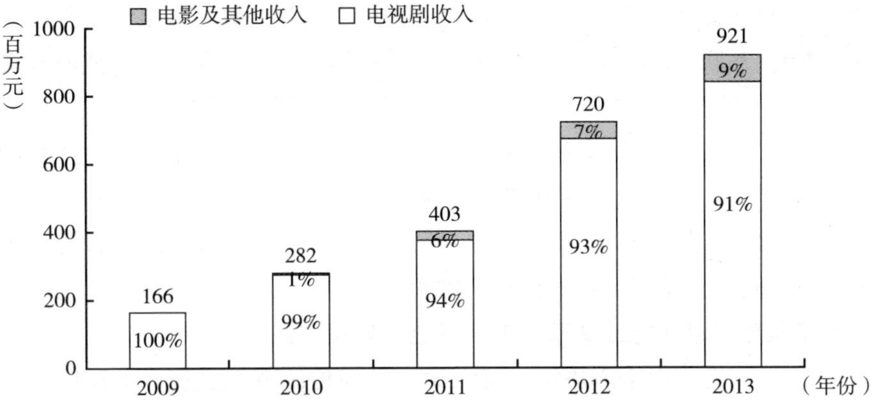

图 20－2　2009～2013 年华策影视营业收入及构成

资料来源：WIND。

（二）影视行业在变革中快速发展，华策影视加快对外投资并购

1. 影视行业进入变革期，行业发展迅速，投资并购频繁

近年来，伴随着互联网和移动互联网的快速发展，新媒体快速兴起，影视行业变革不断。在内容端，各类网络剧、UGC 视频大量出现，很多视频网站纷纷涉足内容制作，而《中国好声音》真正开启了制播分离模式，带动综艺节目市场呈现爆发式增长；在平台端，PC、平板电脑、智能手机等为用户提供了更多观看视频的选择，用户观看习惯随之发生巨大变化，网络已经成为电视剧、综艺节目等视频内容重要的播出平台，并推动整个行业快速发展。

与此同时，我国影视行业近年来快速发展。电视剧交易额已经从 2007 年的 52 亿元提高到 2013 年的 114 亿元，年均增长率 10% 以上，预计未来 5 年仍将保持 10% 的较快增长；2014 年，全国电影总票房达 296 亿元，同比增长 36.15%，2010～2014 年的复合增长率为 31.2%，未来仍将保持快速增长；综艺节目市场增长势头强劲，以《爸爸去哪儿》为例，其冠名费由第一季的 3200 万元暴增至第三季的 5 亿元，2014 年《中国好声音》的总收入已达 20 亿元，未来综艺市场仍将快速增长。此外，广告营销、艺人经纪、游戏等相关业务也呈现出蓬勃发展态势。

2014 年，随着影视行业的快速发展与变革，各类资本不断进入该行业，在全年约1000亿元的传媒行业并购中，影视行业占比最高，全年发生影视并购60余起。互联网巨头BAT纷纷涉足，阿里巴巴收购文化中国、战略投资光线传媒，并与腾讯联合投资华谊兄弟，百度、小米战略入股华策影视；产业内的企业如华录百纳、华谊兄弟、光线传媒等纷纷对外投资并购，而产业外的资本如中南重工10亿元收购大唐辉煌，熊猫烟花5.5亿元收购华海时代影业，皇氏乳业6.8亿元收购御嘉影视，申科股份25.2亿元收购海润影视等。预计未来一段时间仍将是影视行业投资并购的活跃期。

2. 华策影视顺应行业变革，加快推进对外投资并购

自2010年上市以来，华策影视在做大做强传统电视剧业务的同时，也开展了一系列对外投资并购。在影视行业持续变革、快速发展的背景下，华策影视为了强化电视剧优势，实现在产业链上的完整布局及互联网化、全球化的转型，2013年之后更是加快了对外投资并购，逐步实现在电视剧、电影、综艺节目及新媒体、演艺经纪等多元化业务上的全方位快速布局。

2011年，华策影视收购了西安佳韵社数字娱乐发行有限公司，投资了海宁武侠文化产业园和上海蓝橙旅游用品有限公司等，在影视的衍生领域进行了开发和拓展。2013年开始，华策影视的投资布局加快，包括对克顿传媒的收购，投资高格影视、最世文化、响想时代、天映传媒等影视传媒公司，先后引入芒果传媒、百度、小米、建投传媒等战略投资者，同时还投资了合润德堂、华凡星之、环球金典、掌动科技等有助于公司拓展多元化业务的优秀企业，而与韩国NEW公司的投资合作将助其加快海外布局。华策影视通过一系列资本运作，不断完善产品线，实现完整内容、平台的布局，为未来的发展打下了很好的基础。

二　收购克顿传媒，做大做强传统电视剧业务

（一）收购概况①

2013年，华策影视以16.5亿元的交易对价，通过支付现金和发行股份相

① 参见《华策影视第二届董事会第十三次会议决议及复牌公告》（2013－048号），2013年7月29日。

结合的方式收购了电视剧一线公司上海克顿文化传媒有限公司（简称克顿传媒）100%的股权，其中以现金的方式完成交易对价35.0%的支付，共计现金57820.00万元（向不超过10名其他特定投资者非公开发行股份募集配套资金，配套资金总额达55000.00万元）；以发行股份的方式完成交易对价65.0%的支付，共计发行股份数为53824561股，并于2014年2月最终完成了这笔投资。

在此次收购中，原股东承诺2014～2016年克顿传媒实现的净利润分别不低于18188.19万元、23693.7万元和24297.91万元。根据业绩预告，克顿传媒2014年的业绩承诺已经实现。同时，克顿传媒核心管理层成员还承诺与公司签订不少于7年的劳动合同，显示了对未来长期发展的坚定信心。[①]

（二）收购克顿传媒分析

1. 克顿传媒简介

克顿传媒2003年成立于上海，是目前中国最大的电视剧研究、策划、制作和发行集团之一，旗下拥有上海克顿顾问、上海剧酷文化传播、上海辛迪加影视、上海好剧发行、上海剧芯文化、上海克顿影视等多家全资子公司。克顿传媒同时是国内影视行业大数据开发和应用的领军企业，构建了收录剧集、播出平台、观众、制作人员的海量信息数据库，并在此基础上研发了大数据应用平台，为制作高品质、高收视率的剧目提供决策依据和资源保障。克顿传媒创作了《爱情公寓》《夏家三千金》《爱情真善美》等多部颇具影响力的精品佳作，自2009年以来，克顿传媒的电视剧业务快速发展，2013年的电视剧营收达7.5亿元，在电视剧行业中仅次于华策影视。

2. 收购克顿传媒，进一步增强电视剧业务的优势

华策影视收购位居电视剧行业第二的克顿传媒后，其黄金档电视剧市场份额超过15%，位居行业第一，而收购后的行业第二名海润影视仅占5.7%的市场份额。此次收购使华策影视进一步巩固了行业地位，拉大了与其他竞争对手的差距。

---

① 参见《华策影视第二届董事会第十三次会议决议及复牌公告》（2013－048号），2013年7月29日。

同时，华策影视和克顿传媒还将形成显著的协同效应。一方面，双方可以强强联合，依托华策影视丰富的运作经验与科学的管理体系，结合克顿传媒从电视台媒介经营管理到影视内容服务顾问的经验以及领先的大数据挖掘能力，推动内容生产模式的不断升级，进而促进影视产业商业模式的变革，抢占大视频时代的内容领军地位。另一方面，双方的电视剧版权储备超万集，年产量超千集，资源优势突出，为后期向全媒体内容、渠道等产业链环节延伸奠定基础。

三　通过投资并购，快速实现业务转型，打通全产业链

在收购克顿传媒之后，为了在整个影视产业链上进行布局，不断打造新的业务增长点，实现可持续发展，华策影视还通过投资并购、引进战略投资者等方式迅速拓展了电影、综艺节目、新媒体、娱乐营销、艺人经纪等业务，积极布局海外市场，为打造全产业链、全媒体、全球化的娱乐传媒集团不断蓄积力量。

（一）投资多家影视公司，推动电影业务快速增长

1. 投资概况

2013 年 5 月，华策影视收购了从事电影项目创作和开发的响想时代娱乐文化传媒（北京）有限公司（简称响想时代）。①

2013 年 11 月，华策影视与郭敬明、上海最世文化发展有限公司（简称最世文化）签订《战略合作投资框架协议》，拟以 1.8 亿元受让郭敬明持有的上海最世文化发展有限公司 26% 的股权，并展开多种形式的合作。② 根据上述合作协议，郭敬明承诺其个人原创开发或根据其作品改编的电影、电视剧、网络剧的版权必须且只能转让给最世文化，最世文化负责制作的由郭敬明原创开发、版权改编、制作、导演、监制的电影、电视剧、网络剧项目，华策影视享

① 参见《华策影视 2013 年年度报告》，2014 年 4 月。

② 参见《华策影视第二届董事会第十七次会议决议公告》（2013－074 号），2013 年 11 月 12 日。

有优先投资权。

2014 年 4 月，华策影视以 1000 万元收购了国内知名影视剧开发制作机构上海高格影视制作有限公司（简称高格影视）原股东持有的 5% 股份，同时以 3000 万元对高格影视增资，合计持有高格影视 18. 1% 的股权，而高格影视也做出了相应的业绩承诺。同时，对于高格影视开发、制作的影视剧作品，华策影视对不少于 20% 的投资份额享有优先投资权，并享有不少于投资份额比例的收益。[①]

2. 电影领域投资分析

2010 年 7 月，郭敬明成立最世文化，之后进行了成功的商业化运作，并拥有丰富的且极具人气的青春文学 IP 资源和广泛的年轻受众。华策影视与最世文化进行战略合作，聚合了新生代创作力量，网罗了青春文学版权资源，瞄准了主流观影市场，利用双方优势在电影上迅速发力，有利于推动华策影视的电影业务布局。而之后《小时代》系列电影的成功，也让双方分享了合作的成果。

高格影视是国内知名的影视剧开发制作机构，具有丰富的娱乐产品制造、营销、发行推广经验，其推出的《爱情公寓》系列作品成为近年来的现象级剧作。投资高格影视有利于华策影视整合创作力量和版权资源，不断丰富产品线，推动华策影视的影视剧尤其是电影业务的发展，获取相应的投资回报。

华策影视在电影领域不断发力，2014 年参投的电影《归来》《小时代 3》《一生一世》均取得了较好的票房成绩，累计票房超过 10 亿元。同时，华策影视还与韩国 CJ 合作，在 2013 年主投《分手合约》之后，又参投了 2015 年 1 月上映的《重返 20 岁》，并取得了 3. 65 亿元票房。

（二）加快平台建设和投资布局，发力综艺节目和新媒体

在电视剧、电影业务的基础上，华策影视不断加大对综艺节目及新媒体业务的投入，使其成为重要的业务板块，不断完善产业链，并与优秀的互联网公司进行全方位的投资合作，积极推进互联网战略，打造具有互联网基因的影视企业。

---

① 参见《华策影视对外投资公告》（2014 - 017 号），2014 年 4 月 15 日。

1. 引入优秀团队，与爱奇艺合资设立新平台

2014 年 5 月，华策影视引入前酷 6 网 CEO 杜昉。杜昉加盟并担任华策影视副总经理，负责新媒体业务和部分节目制作业务。杜昉之前曾担任浙江卫视副总监兼节目中心主任，代表作包括《我爱记歌词》《中国梦想秀》和《中国好声音》等。2014 年 8 月，华策影视与北京爱奇艺科技有限公司（简称爱奇艺）进行战略合作，并合资设立了华策爱奇艺影视（天津）有限公司（简称华策爱奇艺），注册资本为 3600 万元，其中华策影视出资 1836 万元，持股 51%①，杜昉出任 CEO。该公司主要从事互联网影视剧和综艺节目制作业务，也将围绕这些内容 IP 拓展游戏、电商等衍生品业务。同时，华策影视还将与爱奇艺在互联网视频平台、内容、技术、团队等方面展开深入全面的合作，共同推动基于互联网、移动互联网的视频内容开发与运营，生产互联网形态的影视内容和综艺节目，不断发力综艺节目和新媒体。

2. 投资天映传媒，先后引入芒果传媒、百度、小米等战略投资者，全面加快综艺与新媒体业务布局

2014 年 3 月，华策影视引入湖南广电旗下的新媒体平台公司芒果传媒作为战略投资者，双方未来将在超级电视剧、周播剧、购物剧、综艺节目方面进行深度合作。② 2014 年 10 月，华策影视发布《非公开发行 A 股股票预案》，计划引入百度、小米等战略投资者。引入这些互联网企业作为战略合作伙伴后，有利于华策影视加快新媒体业务的拓展，实现在下游互联网渠道的深入渗透，持续打造全媒体产业链，进一步提升公司的资源整合能力和未来发展潜力。

2014 年 11 月，华策影视还以 3000 万元受让高军持有的天映文化传媒（天津）有限公司（简称天映传媒）100 万元出资的股权，同时以 1000 万元对天映传媒增资，合计持有天映传媒 40% 的股权③，并享有对天映传媒开发制作的综艺节目的优先投资权及相关权益。天映传媒是一家专业的媒体综艺内容制作机构，拥有大型活动策划与执行能力、强大的原创节目研发能力，在互联网平台联动与跨界资源整合方面也极具优势，代表作包括《INCHINA 时尚中国》

---

① 参见《华策影视对外投资公告》（2014－052 号），2014 年 8 月 28 日。

② 参见《华策影视 2014 年半年度报告》2014 年 7 月 29 日。

③ 参见《华策影视对外投资公告》（2014－074 号），2014 年 11 月 5 日。

《最美和声》《爱唱才会赢》《中国梦想秀》《卧底超模》《全民奥斯卡》等。未来，双方将充分发挥各自优势，在综艺节目投资、制作、开发、宣传推广及衍生品开发等领域进行战略合作。

2014年11月，华策影视与合作伙伴高格影视、爱奇艺共同开发的超级网剧项目《皮囊游戏》正式发布。2015年，华策影视已经储备了不少于5档的电视综艺节目和4档新媒体节目，有望迎来综艺节目及新媒体业务的大爆发。

（三）通过对外投资拓展广告营销、艺人经纪、演艺游戏等衍生业务

1. 与合润德堂进行投资合作，拓展广告营销业务

2014年2月，华策影视以现金10400万元收购了国内规模最大的植入广告服务商北京合润德堂文化传媒股份有限公司（简称合润德堂）20%的股权。[①]在此次投资中，合润德堂不仅做出了实现净利润的业绩承诺，同时还承诺了针对华策影视电视剧、电影、网络剧项目的植入广告和整合营销给华策影视带来的收入，并计划在投资完成后的3年内完成合格IPO。

合润德堂占据中国电视剧植入广告市场的70%份额，参与品牌整合营销的好莱坞大片包括《复仇者联盟》《饥饿游戏》《特种部队》《蓝精灵2》《钢铁侠3》等。华策影视此次入股合润德堂，一方面，能使其植入广告和整合营销业务更快速有效地进行规模化和体系化运营，进一步发掘影视内容价值，不断延伸产业链，进一步增强竞争力；另一方面，此次投资在带来投资收益的同时，还将为华策影视带来广告业务收入，形成新的利润增长点，促进衍生业务发展，不断优化业务结构。

2. 投资艺人经纪公司，形成业务协同和新的增长点

2013年1月，华策影视以1800万元收购了艺人经纪公司海宁华凡星之影视文化传播有限公司（简称华凡星之）60%的股权，华凡星之并做出了业绩承诺。[②] 华凡星之主要为艺人提供形象策划及包装、个人发展规划、对外合

① 参见《华策影视第二届董事会第二十一次会议决议公告》，2014年2月24日。

② 参见《华策影视关于收购海宁华凡星之影视文化传播有限公司60%股权的公告》（2013－008号），2013年3月7日。

作、谈判签约等一系列经纪服务，依托自身资源和专业管理经验为签约艺人积极开拓各种演艺机会，并从艺人获得的商业活动酬金中按经纪协议的约定比例收取代理服务佣金实现收入，2013 年的业绩承诺已经实现。

此外，华策影视还于2014 年 5 月与自然人王冰共同出资设立海宁华策长腾影视文化有限公司，其中华策影视出资 210 万元，持股 70%。

近年来，随着影视业的不断发展，位于产业链上游的艺人经纪业务蕴涵的价值愈加凸显。华策影视投资艺人经纪公司，有利于公司拓展新的业务板块，形成产业链中各业务环节的紧密协同，同时还可以控制演员成本，形成新的业务增长点，改善业务结构，进一步提升公司的品牌价值和核心竞争力。

3. 投资游戏及音乐剧公司，不断挖掘衍生业务价值①

2013 年 7 月，华策影视以 480 万元投资参股杭州掌动科技有限公司（简称掌动科技），持有其 19.5% 的股权。掌动科技开发的游戏包括《幻界 OL》《航海王》等，未来将结合华策影视生产的影视作品研发手游项目，并特别针对华策影视所投拍的古装影视剧进行量身开发并运营至少一款手机游戏。该笔投资有利于拓宽华策影视在互联网及移动互联网领域的业务渠道，推动影视内容衍生品的开发运营。

2013 年 10 月，华策影视还以 1987 万元向环球金典（北京）文化有限公司（简称环球金典）增资，增资后持有其 19.9% 的股权。环球金典主要经营音乐剧的开发和运营，目前已出品音乐剧《上海滩》。未来几年，华策影视也计划投资多部音乐剧，投资环球金典有利于在该领域的业务拓展，并与影视业务形成互动，双方未来还将开展进一步的合作。

（四）搭建国际业务平台，入股 NEW 公司，加快国际化发展

1. 设立境外平台公司，打造影视产业国际实验区，大力拓展海外业务

为了加快拓展海外业务，华策影视于 2013 年 5 月在香港设立了全资子公司华策影视国际传媒有限公司（简称华策国际），以促进华策影视完善海外营销网络和资源渠道，搭建国际化合作交流平台，实现国际化资源整合和业务布

① 参见《华策影视2013年年度报告》,2014年4月。

局。[①] 同时，华策影视还于2014年9月对华策国际增资了3.5亿元，增资主要用于海外业务拓展。[②]

除此之外，华策影视还将大力打造中国（浙江）影视产业国际合作实验区，这是中国迄今为止首个以文化出口为导向的国家级影视产业国际合作实验区，未来将发展成为影视作品创作生产和出口译制的重要平台、中华文化“走出去”的重要窗口、中国影视产业国际化发展的重要基地，华策影视也将借助该平台加速推进国际化发展战略。

2. 投资韩国 NEW 公司，加快推进全球化发展战略

2014年10月，华策影视全资孙公司华策影视（香港）投资有限公司以约3.23亿元人民币认购了韩国四大电影发行公司之一的 Next Entertainment World Co., Ltd（简称 NEW 公司）发行的1786035股新股，持有其15%股权，这也是中国资本在韩国影视行业最大的一笔投资。[③] 同年12月23日，NEW 公司在韩国 KOSDAQ 上市，华策影视的持股比例被稀释至13.0%，仍为第二大股东。

韩国 NEW 公司创立于2008年，是一家专业的电影、音乐、表演以及相关附属版权产品的发行公司。NEW 公司近年来发展势头迅猛，2013年已崛起成为韩国主要的内容发行商，投资发行了《海雾》《七号房的礼物》《辩护人》《圣殇》《捉迷藏》等优秀影片。同时，该公司还在拓展演出、音乐、经纪、附加版权等娱乐领域，力图打造顶尖的综合文化娱乐企业。今后，华策影视还将与 NEW 公司共同设立资本金不高于20亿韩币（约人民币6031726.88元）的合资公司，拟各占50%的股权。同时，NEW 公司在中国的电影和电视剧业务，需优先以合资公司为主体进行，原则上双方在未来五年内，每年共同合作的电影不少于2部。

入股韩国 NEW 公司，华策影视不仅有望获得较好的投资回报，同时有利于华策影视进一步借鉴国外影视产业成功发展经验，整合国际资源，促进电影业务的发展，推动海外业务的拓展及全球化发展战略的落地。

---

① 参见《华策影视2013年年度报告》，2014年4月。

② 参见《华策影视关于向全资子公司华策影视国际传媒有限公司增资的公告》（2014-059号），2014年9月18日。

③ 参见《华策影视对外投资公告》（2014-065号），2014年10月8日。

（五）定向增发募集20亿元，引入战略投资者，谋划转型发展

2014 年 10 月，华策影视发布了《非公开发行 A 股股票预案》，计划募资不超过 20 亿元，并引入百度、小米、建投传媒等战略资源及产业资本，未来三年将深耕产业链上的“新媒体、新平台、新市场”三大发展机遇，而募投资金中的 13 亿元计划用于内容制作业务升级，大力发展电影、网络剧及综艺节目，不断提升内容业务的竞争力，其余资金用于内容版权和模式采购、创作资源、艺人资源等方面的培植与整合以及包括移动互联网视频应用、影视娱乐衍生品、自媒体平台、大数据应用平台等互联网应用方面的开发。由此可以看出，华策影视未来将在电视剧优势业务的基础上，大力发展电影、综艺节目、面向互联网的网络剧和各类应用开发，以及相关的衍生业务，打通全产业链，不断提升综合竞争力和发展潜力，稳步向全产业链的娱乐传媒集团转型。

四　稳步推进外延式扩张，助推未来快速发展

近年来，华策影视通过并购投资、引进战略投资者等资本运作推进外延式扩张，不断完善贯通全产业链的产品线，逐步实现内容和平台的完整布局，为未来的发展打下了很好的基础。对克顿传媒的收购强化了华策影视在电视剧制作发行领域的龙头地位；通过投资高格影视、最世文化、响想时代等公司快速拓展电影业务；在引入杜昉团队、投资天映传媒等之后发力综艺节目；通过设立华策爱奇艺，与芒果传媒、百度、小米等进行战略合作，大力拓展新媒体业务；而对合润德堂、华凡星之、环球金典、掌动科技等公司的投资，使其快速切入植入广告、演艺经纪、游戏等多元化业务；同时还通过投资韩国 NEW 公司等方式加快布局海外，推进全球化战略的落地。

未来，华策影视将采取内生式增长与外延式扩张相结合的模式，以做强影视内容，做大影视发行、全媒体渠道和国际合作等为发展思路，打造互联网化的全产业链、全媒体、全球化的娱乐传媒集团。

B.21

郑州报业投资案例：逆势上扬，郑州报业集团多元化发展之路

左振林*

摘　要：本文从作者的新闻工作者从业经历出发，以郑州报业集团近年来的转型发展为例，探讨了传统媒体转型期的发展与出路问题，总结出传统媒体在转型过程中需要建立适合市场发展的体制和机制，进行战略布局，顺应发展，对新媒体的宣传功能和多元化经营发展进行清晰的分割定位，从而走出目前的报业市场困境。

关键词：多元化发展　新媒体　转型

2014年各报媒的广告经营延续2013年的颓势，市场持续衰退已成为业界的共识，纸媒广告业绩跌幅普遍接近20%，已经没有什么灵丹妙药能够挽救报纸广告的颓势。如果说哪家报纸的表现好一些，也不过是在说它的广告业绩下降的速度慢一些而已。报业市场正在进入寒冬期，已是无可争辩的事实。

传统纸媒不得不面对现实，转型、扶持新媒体、走多元化发展之路已是传统报业面临生存困境时的唯一出路。

郑州报业集团在这轮报业市场的生死大洗牌过程中，大胆创新，小心求证，奋发图强，逆市上扬，摸索出了一条属于自己的多元化发展之路。

从2012年起，郑州报业集团党委顺应经济发展新常态，强化互联网思维，解放思想、敢为人先，强投资、夯基础、调结构、求提升，强力推动各领域项

* 左振林，郑州晚报社策划部主任。

目运作。经过两年的资源整合和锐意进取，截止到2014年底，郑州报业集团已从2012年拥有两报一网三公司发展到目前拥有五报三网两杂志二十一公司。党报、都市报、地铁报、社区报、手机报、杂志、网络、微博、微信、新媒体客户端等多媒体共进共融；经营范围也从报纸出版、印刷、广告、发行，扩展到现在的媒体经营、文化地产、连锁酒店、互联网金融、景区旅游、文化基金、影视制作、旅游电商、百农土特产等多元化产业，实现了从“集”到“团”、从“纸”到“业”、从“资”到“本”的重大转型。

深冬季节，郑州报业集团是怎样走出行业困境的？说起来，这主要归功于郑报集团酝酿已久的一系列有步骤的变革措施。

一　统一思想，坚持走“四做”之路

2012年以来，以石大东为党委书记、社长、董事长的郑州报业集团新一届领导班子，对全国报业市场新媒体的发展和多元化经营做了大量和深入的调研工作，先后走访了北京日报报业集团、上海报业集团、成都报业集团、南方报业传媒集团等一批国内一线的报业集团。结合这两年的报业市场情况，集团党委已充分意识到，传统报业广告市场的没落是不可逆转的，目前北上广等一线城市的报业市场面临的所有问题，在不久的将来，郑州报业集团也会遇到，绕不过去。目前政府给的各种政策支持和财政补贴，只是在用空间换时间，给报业集团一个转型的机会。

转型之初，集团很多职工还有部分领导都有顾虑，怕步子迈得太大不好调头。集团党委首先统一了思想，将“宣传全媒体，发展多元化”确立为发展战略，并提出了“做大以《郑州晚报》为龙头的都市报系传媒平台，做强以《郑州日报》为旗帜的党报全媒体宣传矩阵，做优以文化创意产业为突破口的多元化产业链条，做活以中原网为先锋的新媒体媒介集群”的“四做”发展路径，为集团特别是《郑州晚报》的多元化发展保驾护航，使《郑州晚报》迅速进入良性转型期和快速发展期，从而实现了全面发展，表现卓越。

“四做”发展路径，清晰地将新媒体的宣传功能与经营功能进行了分割，因为经过大量调研总结出的事实说明，在市场营收层面，大多数纸媒还存在着用新媒体拯救传统媒体的误区。实际上，现阶段新媒体的盈利能力明显被高估，新媒体的重要作用还只是体现在新闻采集和传播途径上，此外新媒体的更新换代速度，也是市场无法稳定培育的重要因素。通观中国报业市场，多元化发展业绩不错的报业集团，实际上都是把基于报业本身资源的项目（如广告和文化创意产业）和传统领域项目（如房地产和金融）作为转型后市场发展的重点方向。

为了让全体职工统一认识，2013 年 3 月，集团党委在嵩山饭店召开了一次全体动员大会，会议历时 8 个半小时，经过全面系统的分析阐述，让全体职工对当前的严峻形势有了清醒认识，但也充分认识了报业集团在方方面面的优势资源，增加了职工面对报业转型的自信心。

石大东社长在会上引述了《人民日报》头版曾经刊登的系列评论《宁要不完美的改革，不要不改革的危机》，他还引用了中央政治局常委王岐山的话："我们应该是能干什么就干什么，不干，你就不知道这水有多深，不下水，总在上面做动作，没用，但下水就难免牺牲两个人，多喝几口水。要付出代价。"党委成员们也纷纷表态，做好"四做"，并不是空谈口号，要让每位员工感受到改革的红利，感受到生存的压力和发展的希望。

简而言之，郑州报业集团的所有员工，都要将作为媒体人的优越心态归零，正视行业形势，齐心合力，重新打造郑州报业集团这艘航母。

二　多元化发展，重点打造晚报战车

在郑州报业集团定位的战略中，《郑州晚报》作为都市报，是多元化发展的主力军。

熟悉郑州报业市场的业内人士都知道，《郑州晚报》从 2002 年 5 月底由党报改版为都市报起，已历经十余年的风雨洗礼，取得目前的市场地位殊为不易，此时恰如一名风华正茂的青年，有着旺盛的精力和勃发的欲望，又身处新媒体风起云涌的大时代，多年来一直对新媒体跃跃欲试，但也和大多数都市报一样，做了不少蜻蜓点水式的尝试，却并没有修得正果。

经过在嵩山饭店的总动员，郑州晚报社上下一心，确立了清晰的发展方向。

实际上前几年《郑州晚报》就已逐步加快对传统行业的渗透，整合碎片资源，有计划有步骤地进行布局，2010年，成立郑报置业公司，尝试做房地产，2013年创办百农超市，渗入农副产品领域，同年入股欢腾世纪，试水影视行业。进入2014年，已经做了多年准备工作的《郑州晚报》，异常凌厉地拉开了多元化发展的大幕——建设地铁购电子商务网站、收购《环球慈善》杂志、收购《经济视点报》、筹建《迅雷看看河南》视频网站、开发智慧社区项目、开发高速收费口影屏广告项目、创办郑大影视公司、开发组建正信互联网金融超市等，到了2014年底，多元化发展的架构已具备雏形。

多元化发展实现新突破，《郑州晚报》实力不断壮大，实现跨越式发展，呈现出一片如火如荼的大好景象。目前，郑州报业集团旗下二十一家公司隶属于郑州晚报社的公司就有八家，分别是：郑州晚报有限公司、郑州中汇传媒有限公司、郑州百农商贸有限公司、环球慈善杂志社、河南正信中小企业金融超市有限公司、郑州影屏高速传媒有限公司、河南看看城市网络科技有限公司、河南郑大文化传播有限公司。正在公司化改制的还有郑州晚报社区报、中原地铁报和地铁购等项目。

在实际运作中，郑州报业集团在考虑以晚报为主体开发这些项目之时，也并非是见一个上一个，而是做了战略性的考量，各公司之间环环相扣，各子体形成互补。

三　建设资本平台，为多元化发展输血

2013年，业界提出“互联网+”概念，即以创新2.0理念为基础的互联网加传统行业模式替代现有的行业模式，在2015年的政府工作报告中，李克强总理也明确提出了“制定‘互联网+’行动计划，推动移动互联网、大数据、云计算、物联网等与现代制造业相结合，促进工业互联网、电子商务和互联网金融健康发展，引导互联网企业拓展国际市场”。

郑州报业集团就是在这样的一个背景下，投身“互联网+”金融行业，成效立竿见影。

2014年11月11日，由《郑州晚报》为主体联合洛阳市涧西区政府、金鑫集团，共同打造河南正信中小企业金融超市有限公司。这是一家以网上交易

平台为基础的，多层次、综合性、规范化、一站式的投融资服务平台，帮助中小企业解决融资贵、融资难的问题。

三流企业做产品，二流企业做品牌，一流企业做资本。郑州报业集团以互联网新技术平台优势为基础进入资本市场，以金融创业带动整个集团的多元化发展，也是集团党委经过深思熟虑后迈出的极为慎重的一步。

现阶段的郑州报业集团还处于塑造产品和品牌阶段，进入资本领域，从集团转化为财团，用多元化项目收益支撑媒体主业，是报业集团发展的方向。例如上海报业集团的几个项目，都有联想旗下的弘毅资本参股，体制外资本在加速向体制内资源靠拢，反过来也一样。资源换资本也好，资本傍资源也好，这是非常强烈的融合信号，而不是过去体制外体制内壁垒分明，互相对抗。报业集团利用掌控的资源，吸引外部力量进入，形成体制内外你中有我我中有你的格局。上可以满足意识形态要求，下可以满足自身商业要求。

金融超市在我国早已悄然兴起，并有望成为商业银行发展的新趋势。正信互联网金融超市正是报业集团在学习深圳、武汉、洛阳、浙江金融超市运作模式的基础上，融入互联网思维打造而成的全新的互联网金融服务平台，同时，这也是全国第一家运用互联网技术，在线上和线下同时开展业务的互联网金融超市服务平台。

正信互联网金融超市起点高，前期宣传也到位，又具备很高的媒体公信力，一经进入市场就引起了极大关注。

11 月 21 日，上海信托有关负责人前来考察金融超市，洽谈合作。

11 月 26 日，邯郸报业有关负责人也来考察金融超市运营模式，准备在邯郸发起设立金融超市。

11 月 25 日，建业集团董事长胡葆森考察金融超市，并达成战略合作意向。

11 月 28 日，建业集团副总裁陈剑来到金融超市，洽谈地产和金融具体合作事宜，最终双方决定以“首付贷”作为切入点，初步落地。

开业不到一个月，截止到 2014 年 12 月 5 日，正信互联网金融超市共完成对接项目 43 个，融资金额达 1.58 亿元，其中，线下项目 28 个，线上项目 15 个，300 万元以下的融资项目 18 个，有力地帮助了中小企业破解融资难题。

正信互联网金融超市的成功上线运营，除了为金融市场增加了全新的企业融资解决模式，也标志着郑州报业集团进军互联网金融，积极探索媒体多元化发展之路。

对郑州报业集团来说，更为重要的是，正信互联网金融超市项目也将为报社在其他领域的拓展提供丰富的发展资金。有了财力保障，才能激活产业链条，才能积累丰厚的资金，再去反哺办报，使报纸的影响力进一步增强，获取资源的能力更强，从而形成多元化产业发展的良性循环。

四　投身地产项目试水航空港区

2000 年，郑州晚报社从工人路移至陇海路，土地置换后需上交市政府，土地面积约为 12 亩，这块土地将变成住宅用地。2010 年，集团党委经过讨论，决定成立郑报置业有限公司，参加政府组织的土地挂拍程序，以此为契机进入房地产领域。

开发房地产，对当时的郑州报业集团来说还是完完全全的门外汉，但郑州报业集团与郑州市各重量级房地产企业多年来的良好合作关系发挥了作用，得到了各房地产企业很多无私的指导和帮助，2010 年 7 月 28 日土地挂拍，郑报置业以 6371 万元的总价拿下了这块土地的使用权（每亩单价为 531 万元），取得了土地证，土地性质为住宅用地，郑报集团自此进入了房地产开发领域。

经过三年的建设，郑报集团的第一个房地产项目郑报沁园建成，这个项目给郑报集团带来了丰厚的回报，还解决了部分职工的住房需求。

2014 年，在房地产领域尝到甜头的郑报集团，又把目光投到了被列为国家战略项目的郑州航空港区，郑报集团联合一家房地产企业共同成立了河南新瑞商置业有限公司，在航空港区核心区域拿下了 200 亩土地，开发了第二个房地产项目——郑报润园。该项目被列为省级 A 类重点项目，项目位于航空港综合经济实验区郑港二街与郑港四路交汇处东北角，总建筑面积约 40 万平方米。

润园项目的开发成功，为郑报集团多元化发展提供了又一笔充足的发展资金，也给集团上上下下打了一针强心剂，所有的怀疑论都烟消云散，郑州报业的多元化发展进入了全面启动阶段。

五　开办地铁购　驶入电子商务大潮

2013 年 12 月 28 日，郑州地铁一号线开通，标志着郑州向现代化城市又迈进了一大步。郑州报业集团旗下的《中原地铁报》也随着地铁一号线的开通在地铁站内免费发行，这是地铁内唯一发行的一张时尚类的纸媒读本。借此契机，郑州晚报社联合百度河南旗下的河南企汇网信息技术有限公司，共同开发了地铁购网上商城。

地铁购网上商城定位于郑州的都市白领阶层，以郑州为中心，辐射全省，欲打造成河南省具有本土特色的特惠网上购物商城，使之成为河南本土最大的百姓购物电子商务平台。

依托《郑州晚报》《中原地铁报》的媒体优势以及河南企汇网的河南省最强互联网运营资源优势的背景，地铁购在河南地区，从一开始就具有普通电子商务平台不具备的强大优势。

2014 年 8 月 1 日，经过 2 个月的筹备，地铁购上线试运行进行公测，势头十分火爆，上线第二天网页浏览量达 15 万个 PV，注册会员 7000 多人，成功下单 3000 多个，对于一个上线只有两天的雏形期平台来说，这个数据已经远远超出预期。

《郑州晚报》将地铁购项目定位于河南本土化的电子商务平台，为本地的商户和市民提供最贴近的电子商务服务，使之具有可以信赖的产品和服务，还可以快速送达，改善电子商务服务的客户体验，上线试运行的发展势头超出预期，整个框架是一个大型的 O2O 和 B2C 相结合的电子商务平台，让河南本土的电子商务迈向新的里程。

截至目前，地铁购网站已入驻产品超过 11000 种，日均浏览量近两万人次。

地铁购商城的成功运行，是《郑州晚报》试水电子商务的第一步，完全依照互联网思维，遵循市场规律，目前已有多家风险投资主动接洽。风险投资的进入将使得地铁购电商网站出现跨越式发展，前景一片光明。

2014 年 8 月 8 日，《郑州晚报》又与河南省供销合作总社达成战略合作协议，共同打造百农优质生活平台，致力于为郑州市民提供河南本土特色农副产品。百农优质生活平台将用一至两年的时间，在郑州市四环以内铺设200家社区终端网点“e城e家优质生活平台”。未来，郑州市民在自家小区门口就能买到各种优质农副产品。

六 入股影视项目，完善文化产业链条

媒体不仅仅是文化事业单位，也应当是文化产业的主力军，郑州报业集团涉足文化产业的步伐，始终没有停止，早在2009年6月，《郑州晚报》入股小樱桃动漫集团，尝试进入文化产业领域。

2013年1月，浙报传媒耗资35亿元收购边锋、浩方两大知名电子游戏平台，快速入驻娱乐互联网行业，拉开了报业大举进军文化产业领域的序幕，全国报业纷纷试水，通过多种形式，进军游戏、影视、娱乐等行业，开展跨领域的多元化经营。

2013年10月26日，在北京梅地亚中心，郑州报业集团正式与国内知名影视制作企业欢瑞世纪影视传媒股份有限公司签约，入股欢瑞世纪影视传媒股份有限公司，成为其在全国报业合作中唯一的战略投资者。欢瑞世纪影视传媒股份有限公司是国内一家知名的影视剧制作公司，拥有丰富的影视剧版权储量，出品了多部有影响的影视剧作品，例如《宫锁心玉》《宫锁珠帘》《王的女人》《胜女的代价》《跑出一片天》《盛夏晚晴天》等，尤其是《画皮》《小时代》《小时代2：青木时代》等电影在广大观众特别是青年观众中影响巨大，票房居高不下，经济效益和社会效益双丰收。

《郑州晚报》入股欢瑞世纪，拉开了郑州报业集团进军影视界的序幕。《郑州晚报》联合郑州大学、欢瑞世纪共同成立河南郑大文化传播有限公司，目前正在筹拍反腐大片《共和国第一大案》，郑州报业集团在文化创意产业的道路上又向前迈进了一大步。

七 开发户外媒体，全方位建立广告经营体系

户外媒体资源一直是传统媒体的必争之地。

报业竞争发展到目前地步，户外广告发布的独家渠道几乎是唯一不可复制

的户外广告竞争资源优势。让郑州报业集团一直感到压力的是，同城的河南日报报业集团占领了郑州最好的两块户外广告资源——地铁一号线户外广告发布权和郑州高铁站户外广告发布权，这两样资源，给河南日报报业集团带来的利润每年都近亿元，而运营成本极小。

郑州报业集团拥有报纸、杂志、网络、手机报媒体，虽然媒介丰富，但是缺乏拓展性较强的户外资源平台。

2012 年，郑州报业集团在郑州市城区内大力推动户外阅报栏的建设，截止到 2014 年，占据了郑州市区的最主要的十条干道和十余条普通街道，铺设点位近 500 个。2014 年底，郑州晚报社联合中原凤凰文化传播有限公司及河南百年龙业广告文化传播有限公司合作成立了郑州影屏高速传媒有限公司，公司业务主要发展高速收费口 LED 屏项目，该项目为全国首创，补充了郑州报业集团户外媒体资源阵营。高速 LED 可布局在所有的高速进出口，有效弥补市内阅报栏占领面单一的不足，同时也与《郑州日报》在高速口免费派发的楼市特刊遥相呼应，在渠道方面与《中原地铁报》和即将出版的《城铁报》匹配，从而形成郑报集团宣传和广告经营的大链条。

高速出入口的 LED 广告，不仅仅是不可复制的独家广告资源，也是不可复制的独家宣传资源，进出高速口的广告受众，特别是通往机场高速的中州第一门的过客，是高质量的广告受众人群，有机会占领这个渠道，排斥其他媒体进入，本身就具有很高的战略价值。

掌握郑州市各高速路口广告资源，仅是此项目发展的第一步，在项目发展的五年规划里，将在两年后开始辐射河南省各地市，进驻经济较发达的城市高速路出入口，同时，复制此模式向全国范围内拓展，从而将郑州报业集团影响力和盈利渠道向全国范围延伸。

八　涉足酒店经营，发展服务产业

郑州报业集团党委在制定多远化发展指导方针时，很重要的一条是盘活资源。

由于办公需要，郑州报业集团在 2014 年 10 月从西区整体搬迁到郑东新区，原有的 20 层旧办公楼要么租出去，要么做商业开发。郑报集团党委开会研究时，有领导提出，旧楼租出去将面临很多问题，如旧楼的维护保养，电梯更换，日常管理等，不如找一家有实力的酒店管理企业合作开个星级酒店，报业集团以旧楼入股，其余的具体工作都交给对方的专业团队去处理即可，这样集团既节省了人力财力，也省去很多日常维护的麻烦。

经多次考察筛选，郑州报业集团最后选定了一家有经验的酒店管理企业，双方共同成立郑州晚报美美假日酒店管理有限公司，在陇海路报业集团旧址上开办了郑州晚报美美假日酒店，预计2015年下半年即可开业。

九　立足传媒主业，搭建立体宣传架构

郑州报业集团在做好报纸和新闻网站的同时，也不惜余力开发与媒体相关的项目，2012年以来，郑州晚报社陆续创办《社区报》《中原地铁报》。2014年底，郑州报业集团收购《环球慈善》杂志，收购《经济视点报》刊号，又与迅雷合作成立河南看看城市网络科技有限公司，联合创办迅雷看看河南视频网站。2015年，郑州晚报社还将与河南城铁公司联合创办《河南城铁报》。一系列动作使得郑州晚报社的媒体资源更加丰富多样，从而搭建起一个全方位的、立体的宣传架构。

十　放眼全国创新产业模式

进入2015年，郑州报业集团即将启动的一系列新项目里，有两个项目很值得一提，与中国摄影家协会合作开发的图片银行项目，与成都大陆希望集团合作的海南木棉湖度假村中原地区代理销售项目。这两个项目也都具备了“互联网+”概念，在类似项目的基础上进行了再创新，更加贴近市场，更加具备以互联网思维为基础的现代商业气质。

图片银行项目是汇聚中国摄影家协会会员的图片资源，建立一个图片银行交易平台的项目，建成之后，不仅仅具备图片交易的功能，还可实现图片项目预定拍摄、相关大型活动组织、项目交流等众多延伸功能。

郑州报业集团与成都大陆希望集团合作的海南木棉湖度假村中原地区代理销售项目，则具备两个全国第一：首先本项目占地8万亩，是全国第一大盘；

其次，郑州报业集团作为该项目中原地区的销售总代理，全方位负责河南地区的营销工作，不仅斥资数百万搭建售楼部，且旗下所有的报纸、网站和户外资源都将对此项目进行大规模的宣传，同时还将邀请河南省十八地市报业共同参与到此项目中，采取分销共利的扁平销售模式。这样的宣传规模和销售模式，也属全国首创。

十一　革新人事机制，成就发展大业

郑州报业集团之所以取得这一系列成绩，“内功”的修炼是关键因素，老的体制和机制如果没有大的变化，一切发展都会受到制约。郑州报业集团的发展，首先从运营机制的调整开始。

郑州报业集团的多元化发展，主要依托郑州市委、市政府的政策支持和报业集团逐步完善的用人制度。

大型报业集团的发展，首先是对用人制度的完善，没有一个团结奋进、勇于创新的团队，再好的项目也只是纸上谈兵。郑州报业集团在这几年的人才管理工作中，主要做好了以下几项工作。

第一，管理层长期保持相对稳定。报业集团的转型发展需要有前瞻性较强的战略布局，更需要一步步地去实施，目前新媒体发展的方向和多元化发展模式很多，如果管理层不能保持相对稳定，很容易造成换一批领导就换一个发展思路的局面，对媒体的转型显然是极为不利的。郑州报业集团自 2012 年石大东任集团党委书记、社长、董事长以来，对党委成员提出了“相对分工，越位推动，归位落实”的十二字工作推进机制，班子成员相对稳定，成员之间空前团结。市委、市政府对集团班子也给予了充分放权和支持，大大加强了报业集团的组织决策和执行能力。

第二，将对全媒体人才的吸收和培养作为集团发展的重点工作。全媒体平台的建设，多元化的发展，必须以专业人才为基础。在郑州报业集团的发展过程中，除了引进技术合作方来弥补人才缺位，还非常注重对现有人才专业素质的全面培养，特别是新闻工作者，要求他们熟练地掌握新媒体基础技能，能够有机结合新媒体资源，对新闻的传播甚至可以做到单体布局，结合手机、微博、网站以及传统媒体的优势，熟练掌握读者对新闻的判断心理和阅读习惯，进行最大限度的有层次的有效传播。

第三，搞活企业运营机制、发挥专业人才优势。郑州报业集团摆脱市场下滑困境，逐步走出新的发展道路，和管理部门放宽管理机制、转变企业体制是分不开的。传统媒体的一大特征就是事业、企业职能混淆，人员结构复杂，有编制的职工和无编制的职工待遇差别、心理差别较大，从而制约企业的发展。企业化运营必须降低集团事业单位员工比例，甚至做到全员企业编制运营才能有效地突破体制制约，调动员工积极性，打破铁饭碗。郑州报业集团近年来尽量降低员工事业编制比例，以贡献为准则，以奖励和升职为手段，提升了员工的积极性和创新性。

郑州报业集团正在以重塑市场主体为目标，逐步打破行政级别，实行职位聘任。按照“资产整合集团化、资源配置市场化”的原则，全面整合媒体经营性资产，全面推行企业化管理，实施预决算制度和绩效考核，用置之死地而后生的勇气和气魄将《郑州晚报》打造成集团内部核心都市媒体，使其在3～5年内，成为集团核心增长极和强有力的经济龙头，坚定不移地进行多元化发展。

小　结

报业形式之复杂，各报业集团投资手笔之大，竞争之惨烈，可谓变幻莫测，远超当年都市报初现时的风云激荡。但新的危机也给郑州报业集团带来新的机遇，这也许是十余年来超越同城第一媒体最重大的机会。

12年前，同城媒体中，沦为第二军团的《郑州晚报》发出了“抢回地盘，找回尊严”的，由于种种原因，这个目标还没实现，甚至和同城第一媒体的差距逐渐拉大，这八个字也已作为“郑报梦”写入到了郑报集团员工应知应会手册中。

面对困境，改革的阻力不仅来自市场的制约，自郑州报业集团下决心走多元化发展之路时起，业内就有了“郑州报业集团铁板一块、水泼不进”“瞎搞胡搞不务正业”的流言蜚语，种种不负责任的言论对郑州报业集团造成了很多困扰。好在事实摆在面前，当改革的红利被集团员工切切实实感受到之时，改革的结果对服务大局的中心宣传工作起到了更好的促进作用之时，一切流言蜚语都烟消云散。

经过 12 年的磨砺，郑州报业集团艰难成长，在激烈竞争中站住了脚，现在的郑州报业集团，已具备了发展的眼光、大局思维、处变不惊的战术力量，更重要的是，集团目前的党委班子空前团结，也具备充足的资金来源、强大的资源网络和丰富的人才储备，已拥有了腾飞一搏的实力。

创造郑报模式的时代已经来临，郑州报业集团究竟能否再次登顶，让我们拭目以待。

B.22

阿里巴巴投资案例：以影视为核心的大传媒投资战略

郑建丽　李玥　郑靖川*

摘　要：本报告以阿里巴巴为蓝本，着重分析其依托自身国内最大电商巨头的平台优势，布局移动互联网、影视、视频、社交软件、新闻资讯等领域，构建其文化传媒生态圈的大传媒战略。而这一战略，无论对于文化传媒企业还是依托互联网的企业，都显得意义非凡。

关键词：阿里巴巴　文化传媒　影视　产业链

在刚刚过去的2014年，马云和他的阿里巴巴无疑成为年度最受关注的风云人物和企业。尽管这一年里的中国大事频仍，但阿里巴巴上市事件依然引发了世界媒体的高度关注，在国际互联网企业，乃至与之关联的国内多个经济领域中都产生了广泛影响。

纽约时间2014年9月19日上午，阿里巴巴集团以MYM68的首次公开募股价格，在纽约证券交易所正式挂牌上市，开盘价92.7美元，较发行价上涨超过36%，融资总额达218亿美元，一举创下美国历史上最高的IPO记录。“以上市首日93.89美元的收盘价计算，阿里巴巴市值为2314.4亿美元，超过了以下国际知名公司：Facebook、甲骨文、IBM、可口可乐、亚马逊、宝洁、福特、丰田等，也超过了以下中国国内大型企业：中行、农行、工行、建行、

---

* 郑建丽，中央财经大学文化与传媒学院教师，博士，主要研究方向为文化与传播、新媒体等；李玥，中央财经大学文化与传媒学院；郑靖川，中央财经大学金融学院。

交行……成为全球第二大互联网公司和仅次于苹果、谷歌、微软的全球第四大高科技公司，也成为继中国移动、中国石油之后的中国第三大市值公司。马云的身价也飙升至 219 亿美元，超过李彦宏的 159 亿美元，成为大陆新任首富”①。

上市年就是阿里巴巴的并购年。在 2014 年度里，阿里巴巴收购、控股、参股的企业一共超过了 45 家，而其中的 8 家属于文化娱乐传媒类企业，投资规模达到37.9 亿美元，占其全年投资总金额的34.7%，这是一个惊人的数字。作为国内最大的电商巨头，阿里巴巴为文化传媒类企业带来了迄今为止规模最为庞大、领域最为广泛的并购资金，无论对于阿里巴巴还是文化传媒领域，这样的并购都显得意义重大，这也是本报告之所以选择阿里巴巴作为传媒投资分析案例对象的重要动因所在。

作为电商，阿里巴巴不像百度、腾讯这些互联网企业本身就是新媒体，但其电商业务及其广泛的商业触角与它所积累的庞大用户资源，为它投资文化传媒类企业带来了不可多得的有利条件，这也正是阿里巴巴果敢地大举进入文化传媒领域的信心所在。本文旨在梳理阿里巴巴近年，尤其是 2013 年以来并购投资的概况，着重对其文化传媒领域的投资情况、策略与特点进行分析，从中透视文化传媒资本市场发展的未来趋势。

一　阿里巴巴集团的企业投资概况

阿里巴巴的企业并购之路是从 2005 年开始的，此后，除了 2007 年与 2008 年两年，其他每年都有并购投资企业，但直到 2013 年，其投资企业的数量和规模才明显加大：2013 年投资了 3 家企业，分别是中国智能物流骨干网、海尔公司和新浪微博，投资总金额 12.99 亿美元，传媒企业第一次成为阿里巴巴的并购对象。

2014 年对于阿里巴巴来说，是不折不扣的并购之年。在这一年，阿里巴巴以参股或收购的形式投资了 45 家企业，总金额高达 109.1 亿美元（实际应该比这个金额更多，因为有些企业的投资金额不明，没能统计在内），投资领

① 邢会强：《阿里巴巴的资本战略》，《中国传媒科技》2014 年第 9 期。

域涵盖移动互联网、文化传媒、电子商务、物流、应用软件、游戏开发、汽车交通、教育、医疗健康、在线旅游等众多行业和领域，多元化投资战略的特点十分突出。这一年投资企业的速度之快、规模之大以及投资领域之广，都非常罕见。

在众多投资行业和领域中，最重大的资金流向是移动互联网和文化传媒两个领域。尤其是文化传媒，是阿里巴巴近两年投资中最引人关注，也是投资力度最大的领域之一。在2014年所投资的45家企业中，有8家是文化传媒类企业，投资金额高达37.9亿美元，占年投资总额的34.7%，规模之大令人瞩目。

进入2015年以来，阿里巴巴又以24亿元人民币的巨资，成为国内最大的民营影视制作公司光线传媒的第二大股东，同时以“3亿美元+资源控制”的方式，控股国内领先的数字广告营销平台易传媒，再度掀起文化传媒领域的互联网投资热潮。阿里巴巴频频大举布局文化传媒领域，这一举动无论对于电商起家的阿里巴巴，还是对于未来的文化传媒企业都可谓意义重大。

阿里巴巴自2005年以来对企业的并购投资情况，详见表22－1。

表22－1　阿里巴巴企业并购投资总体情况一览（根据网络资料整理）

投资时间	投资领域	企业	投资金额
2005.8	互联网搜索平台	雅虎中国	10亿美元
2006.10	电子商务	口碑网	约500万美元
2009.9	电子商务	中国万网	5.4亿元
2010.1	电子商务	上海宝尊公司	不详
2010.6	电子商务	Vendio	不详
2011.7	电子商务	美团	领投5000万美元
2012.11	应用软件	陌陌	4000万美元
	生活服务平台	丁丁网	不详
2013.4	音乐平台	虾米网	1500万~2000万美元
2013.4	传媒	新浪微博	5.86亿美元
2013.5	物流	中国智能物流骨干网	2.69亿美元
2013.12	家电制造商	海尔公司	3.64亿美元
2014.1	电子商务	FirstDibs	1500万美元
2014.1	移动互联网	时光小屋	数百万美元,A轮
	科技公司	中信21世纪	1.7亿美元(收购)

续表

投资时间	投资领域	企业	投资金额
2014.1	电子商务	Istdibs(国外)	1500万美元,C轮
2014.2	线上教育	Tutor Group	领投1亿美元
	电子商务(线上服装零售商)	茵曼	数千万美元,A轮
	教育	VIPABC	1亿美元
	应用软件(移动互联网)	高德公司	10.45亿美元(收购)
2014.3	传媒	文化中国传播集团	62.44亿港元(收购)
	在线旅游	百程旅行网	2000万美元
	应用软件(社交)	Tango(国外)	2.8亿美元
	传统零售	银泰商业(国外)	6.92亿美元
	电子商务	一达通(国外)	5亿元
2014.4	视频网站	优酷土豆	12.2亿美元
	视频网站	Vmovier	数千万元
	传媒	华数传媒	65.36亿元
	应用软件	快的打车	400万美元
	应用软件	Lyft(国外)	2.5亿美元,D轮
	在线旅游	酷飞在线(国外)	不详
	金融	恒生电子(国外)	32.99亿元
2014.5	电子商务	美团(国外)	3亿美元,C轮
	物流	新加坡国家邮政服务(国外)	2.5亿美元
	物流	卡行天下(国外)	数亿元,B轮
	电子商务	全峰快递(国外)	数亿元,C轮
2014.6	体育	恒大足球队	1.92亿美元
	应用软件(移动互联网)	优视科技	43.5亿美元
	传媒	虎嗅	5000万元,占40%股权
	应用软件	超级课程表	数千万美元,B轮
	游戏公司	Kabam(国外)	1.2亿美元
2014.8	视频网站	芭乐	1亿元
	营销系统	WiTowm	不详
	企业服务	树熊网络	数千万元,A轮
2014.9	应用软件	魔漫相机	千万美元,A轮
	房产酒店	石基信息	28.1亿元
2014.10	遥控器应用开发商	Peel(国外)	5000万美元,占股100%
	移动宠物服务	遛遛宠物	数百万美元
2014.11	传媒	华谊兄弟电影公司	36亿元
	应用软件(社交)	陌陌	6000万美元

续表

投资时间	投资领域	企业	投资金额
2014.11	安全技术公司	V-Key(国外)	1200万美元
2014.12	医疗健康	华康全景	数千万美元,C轮
	移动游戏平台	KTPlay	不详
	应用软件	逗比	不详
	硬件	小米	11亿美元
2015.1	传媒	易传媒	3亿美元
2015.3	传媒	光线传媒	24亿元

在表22-1中，我们可以清晰地看到2005年以来阿里巴巴集团的企业并购特点：多元化投资战略，并购速度与规模随上市而达顶峰，近年主要布局移动互联网与文化传媒领域，本报告重点分析其在文化传媒领域的投资战略。

二　文化传媒成为阿里巴巴的投资新战略

2014年可以称为中国企业的“并购年”，而其中最为突出的亮点是对移动互联网和以影视为核心的文化传媒企业的并购，后者并购资金已经达到了该年度市场并购总金额的45%。在这总量为55起的文化传媒企业并购案中，阿里巴巴一家就占到了近1/5（见表22-2）。

表22-2　阿里巴巴文化传媒类企业投资概况一览（根据网络资料整理）

投资时间	投资对象	投资金额	具体内容	投资方式
2013.4	新浪微博	5.86亿美元(约合人民币36.40亿元)	占微博公司总股份的18%	参股,占股32%
2014.2	数字互联网城市	50亿元	阿里巴巴的数字娱乐和游戏产业总部建立在此试验区	参股
2014.3	文化中国传播集团	62.44亿港元(约合人民币49.51亿元)	获得《京华时报》《费加罗 FIGARO》等业务	控股,占股60%

续表

投资时间	投资对象	投资金额	具体内容	投资方式
2014.4	优酷土豆(视频)	12.2 亿美元(约合人民币 75.78 亿元)	消费者可通过购买 VIP 服务享受去掉视频播放前的广告的权利	参股,占股 16.5%
	Vmovier(微电影网站)	A 轮融资,金额不详		参股
	华数传媒(电视网络运营)	65.36 亿元	阿里巴巴采取了用内容换取牌照的模式	参股,占股 20%
2014.6	虎嗅(媒体:商业科技新闻网)	5000 万元		参股,占股 40%
2014.8	芭乐(影视发行运营平台)	1 亿元		参股
2014.11	华谊兄弟电影公司	36 亿元	阿里巴巴和腾讯联手投资	参股,占股 8.08%
2015.1	易传媒(数字广告平台)	3 亿美元	目前易传媒仍独立运营	控股
2015.3	光线传媒(国内最大民营电影公司)	24 亿元	成为光线传媒第二大股东	参股,占股 8.8%

在表 22-2 中我们可以看到，自 2013 年以来，阿里巴巴在文化传媒领域里共有十一起投资并购，其中 8 项投资均发生在 2014 年，也就是阿里巴巴上市前后，这在一定程度上说明，上市后的巨额融资为阿里巴巴大手笔投资文化领域提供了雄厚的资金实力。除了文化中国以 60% 的股份控股以外，其他都是参股形式。投资领域涵盖了影视制作与发行、微电影、视频企业、数字广告、互联网、新闻传媒等，实行的是一种大传媒战略，其中投向影视领域的资金是最多的，仅影视制作公司就有三起重大投资：文化中国、光线传媒和华谊兄弟，而其他不少的企业如华数传媒、优酷土豆、芭乐等均与影视的播放、广告与发行相关。

在 2014 年的 109.1 亿美元的投资总额中，文化传媒类企业占了 37.9 亿美元，占比 34.7%，这是一个相当大的比例，2015 年国内第一大民营电影制作公司光线传媒又成为阿里巴巴的新投资对象。看来，阿里在影视传媒领域的投资并不会就此止步（见图 22－1）。

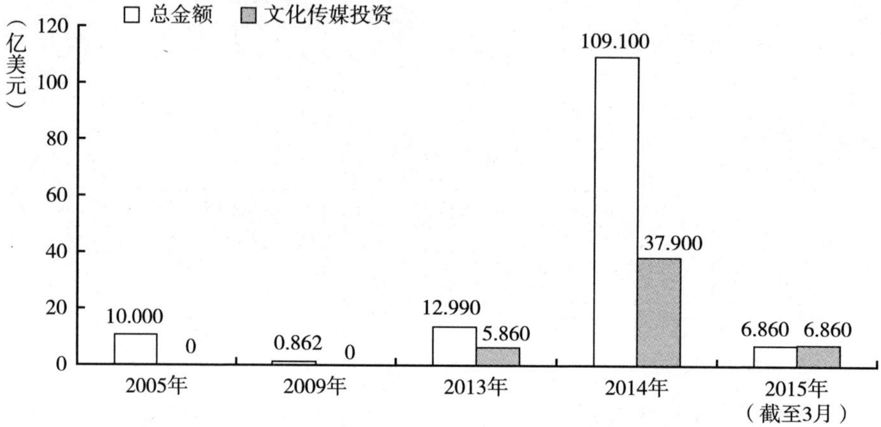

图 22－1　阿里巴巴文化传媒企业投资与投资总金额对比

很显然，文化传媒已经成为阿里布局未来商业帝国版图的举足轻重之板块。阿里大举进入文化传媒领域的动因，归结起来可能有如下几个。

一是文化传媒领域正迎来前所未有的大好发展时机，是国家重点扶持的产业，也是未来有巨大发展潜力的朝阳产业。“3 月 24 日，国务院在《关于进一步优化企业兼并重组市场环境的意见》中提出，发挥市场机制作用，取消和下放一大批行政审批事项。6 月，财政部联合发改委等多个部门发布了支持电影发展的若干经济政策，支持符合条件的电影企业上市，鼓励其发行公司债等债务融资工具，引导各类投资机构为电影产业投资等。这两项政策的出台大大刺激了影视娱乐业的并购狂潮。”①

而且，就目前市场来说，我国的文化类传媒产业尚处于较为初级的发展阶段，未来还有巨大的发展空间，因此及早布局就显得非常重要。对此，阿里的管理层有很清晰的认识。一位阿里集团内部人士告诉《证券日报》记者：“目前整个影视娱乐产业的工业化还相当初级，市场机会非常好。同时，我们之所

① 刘鑫：《阿里巴巴并购文化中国的动因分析——基于多元战略与企业价值的思考》，《商》2014 年第 40 期。

以选择与华谊兄弟、优酷土豆等企业合作，是因为这个行业还处于大家一起把市场做大的阶段，合作的空间大于竞争。”①

二是阿里的文化传媒战略也与马云对国家文化产业价值的重视不无关系。马云曾向媒体表示，他个人越来越觉得，文化产业值得去做，“中国现在的问题是，有钱没脑子，文化太差，口袋满了，脑袋空了，如果文化产业不起来，中国就是个暴发户国家，不能持久”。除此之外，马云还认为文化娱乐产业的主体消费群体是年轻人，是代表未来的行业，所以，谁掌握了这个行业，谁就拥有了未来。不排除阿里未来想把自己打造成如好莱坞大型娱乐传媒集团的巨头企业的可能，目前对阿里来说是个好的介入时机。

至于阿里为何选择以影视为核心来打造自己的文化传媒生态圈，北京大学文化产业研究院副院长陈少峰认为，之所以影视是阿里在文化领域布局的重点，是因为它具备较高眼球效应，易于开发衍生产品和塑造品牌，这当然是一个很重要的原因。此外，正如笔者上文所说，由于新闻制度的敏感性，有外资背景的阿里巴巴进军新闻传媒领域会遭遇政策壁垒，事实证明也确实如此。在诸多因素影响下，影视就顺理成章成为阿里布局其大文化传媒生态圈的核心所在。

三　以影视为核心的大传媒产业布局

不同于腾讯与百度两大互联网巨头，阿里对文化传媒领域的进军是本着一种大传媒战略来进行的，这与其自身是电商起家，媒体属性先天不足，媒体资源相对匮乏不无关系。其文化媒体战略“主要有两大亮点，一方面是利用资本优势迅速整合资源，短短一年内，阿里已经在影视、游戏、音乐等领域完成大文化全行业布局；另一方面是平台化拓展，利用现有零售平台优势，打造云数据、娱乐文化平台”②。我们先来看看 BAT 三大巨头在文化传媒不同领域的投资分布。

---

① 《马云（包括阿里巴巴）投资公司一览表挑战李嘉诚华人首富的宝座》，http：//www.56lem.com/news/show－688.html。

② 《马云（包括阿里巴巴）投资公司一览表挑战李嘉诚华人首富的宝座》，http：//www.56lem.com/news/show－688.html。

（一）三大平台巨头文化传媒企业投资方向对比

相比腾讯与百度，阿里巴巴企业集团在文化传媒领域的布局规模更大，范围更广，主要原因是阿里巴巴自身是以电商起家，无法像腾讯和百度这两家互联网媒体企业，可以凭借自身的媒体平台进行影视、新闻等内容的制作与传播，而是大多只能通过对影视传媒类公司企业的大量并购，来达到进入文化传媒领域的目的。依据自身国内最大电商的优势平台和积累的巨大互联网流量资源，阿里在影视、视频、社交、新闻媒体等更广泛意义上的传媒领域进行拓展，也就是说，它实行的是一种大传媒战略，并明智地选择了以影视为核心。由图22－2我们可以很清晰地看到三家平台巨头在文化传媒领域的不同投资方向。

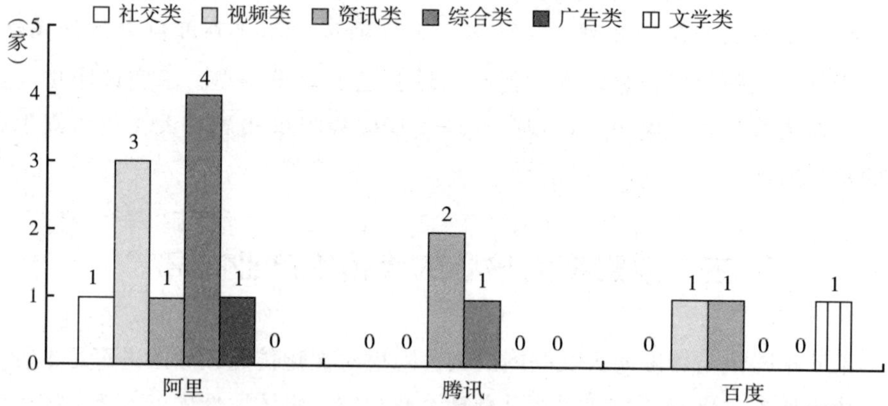

图22－2　三大平台巨头文化传媒企业投资方向对比

首先，从投资的企业数量看，阿里的10宗文化传媒企业投资要远远领先于腾讯的3家和百度的3家；同样，投资资金的力度自然也比这两家互联网企业更大。

其次，三家企业在文化传媒类企业的投资领域分布也具有明显的不同。阿里巴巴在文化传媒类投资的企业领域是最为广泛的，包括社交类媒体、视频企业、数字广告营销平台、科技与商业资讯网，以及以影视为核心的综合类文化传媒公司，完全跳出了狭义的传媒概念。腾讯除了投资华谊兄弟影视公司以外，主要投资了财新传媒，并建构了大苏网；百度投资了视频（PPS）、传统媒体企业（上海报业集团）和一家文学网站（纵横中文网）。

不难发现，这两家互联网企业都投资了以新闻资讯为主的新媒体或者传统媒体，它们凭借自身的媒体优势和用户资源，加大对新闻传媒领域的资本渗透，而在这一点上，拥有外资背景的阿里巴巴在短期里恐怕是难以有效弥补自身在这一领域的先天不足，这恐怕也是它选择走以影视为核心的大文化传媒战略的原因之一。

（二）阿里巴巴多元化的文化传媒投资分布

自 2013 年以 5.86 亿美元的巨额资金投资新浪微博以来，阿里巴巴在 2014 年更是以旋风般的速度，以或参股或控股的形式，大规模投资了 8 家文化传媒类企业，总金额高达 37.9 亿美元，占 2014 年投资总额的 34.7%，2015 年又投资易传媒和光线传媒，其领域涵盖影视、广告、视频、社交、新闻资讯等众多领域（见图 22－3）。

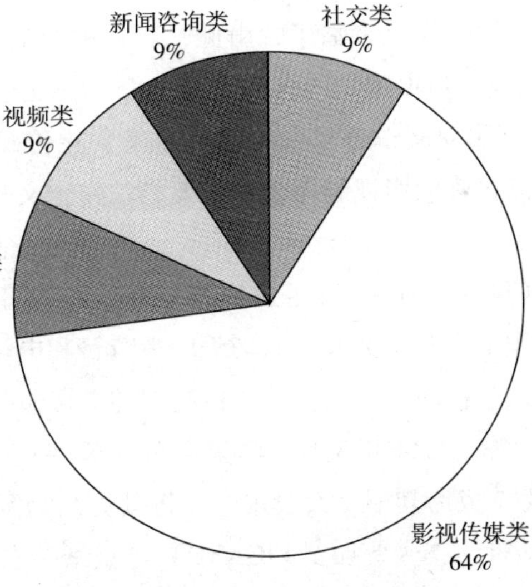

图 22－3　阿里文化传媒企业投资分布

由图 22－3 可清楚地看到，阿里巴巴投资的这 11 家文化传媒类公司中，最为核心的领域是影视传媒，无论是投资企业的数量还是投资金额的规模，都远远高于其他类文化传媒类企业，占总投资企业数量的64%。

在影视领域的投资中，如果再细分的话就有：影视内容制作公司，它们有文化中国、华谊兄弟、光线传媒、Vmovier微电影网站等；影视播放平台，有优酷土豆、华数传媒等；影视发行平台，如芭乐等，形成了完整的影视娱乐业产业链，这也是其文化布局的重头戏。不仅如此，阿里巴巴还可以凭借它的淘宝网，进行影视娱乐业衍生品的开发；凭借自身所具有的互联网金融优势，如娱乐宝等，可以实现影视制作投资的新模式，这都充分体现了阿里巴巴多元化的文化传媒投资策略。其中，更值得进一步深入分析的是它的影视产业链特点。

（三）基于电商平台的影视上下游产业链构建

阿里影视产业链的突出特点就是："以电商平台为依托，实现全产业链各个环节的完整战略布局。"①

首先是产业链的上游即"内容制作"环节。对于当今的互联网企业来说，影视的播放平台、营销渠道固然重要，但当有众多播放平台可供受众选择的时候，"内容为王"的时代就来临了，由此，影视内容的制作就显得尤为重要。"自下游往上游倒逼，由渠道到内容的'逆向介入'已经成为当下影视业态的必然趋势"②。投资影视制作公司由此成为阿里文化传媒投资中占比最重的一个领域。阿里巴巴投资的影视制作公司主要有三家：文化中国、华谊兄弟和光线传媒。

文化中国（China Vision）涉足影视剧制作、游戏开发、报纸杂志等多项业务，该公司制作了许多脍炙人口的华语电视节目和电影，其业务还涉及平面媒体、移动媒体以及移动游戏运营。公司制作的电影包括《让子弹飞》《西游降魔篇》《功夫》等。2014年3月，阿里宣布以62.44亿港元投资取得文化中国59.32%的股份，成为其第一大股东，并将其更名为阿里影业，同时阿里还获得了包括《京华时报》《费加罗FIGARO》等报纸杂志业务。

---

① 司若、姜鹏亮：《阿里巴巴：用互联网电商基因打造超级娱乐帝国》，《当代电影》2015年第1期。

② 司若、姜鹏亮：《阿里巴巴：用互联网电商基因打造超级娱乐帝国》，《当代电影》2015年第1期。

光线传媒目前是中国第一民营电影公司。2014 年全国电影总票房达到 296.39 亿元，其中光线传媒拿下民营影视公司票房冠军，在 2014 年出品的电影《爸爸去哪儿》《分手大师》《匆匆那年》及《同桌的你》等均打入国产电影前十名名单。2015 年 3 月 4 日，光线宣布阿里巴巴斥资近 24 亿元购入 9909 万股光线传媒增发股，占公司发行后总股本约 8.8%，成为公司第二大股东。

阿里与华谊兄弟将在资本和内容层面展开深度合作。以影视娱乐事业群为例，双方约定将从电影项目的制作、发行、宣传、IP 及衍生四个维度进行全方位合作。

通过对这三大影视制作公司或控股、或参股的资本投入，阿里迅速拥有了自己强大的影视内容制作团队与资源，这在互联网企业纷纷逐鹿影视业的浪潮中可谓是抢得先机，在综合实力上明显领先。

其次，阿里凭借其强大的互联网金融体系平台，在影视产业投融资这一关键产业链环节上，拥有了其他互联网企业所不具备的优势。马云的金融帝国已日臻完善，基本覆盖了金融“存、贷、汇”三大板块。支付宝是阿里巴巴互联网金融的起点和支撑点，此后进入理财（余额宝、招财宝）、小贷（阿里小贷）、担保（商城融资担保）、保险（众安在线）等诸多金融领域①，尤其值得一提的是，它联合国华人寿推出影视及理财增值平台娱乐宝，以众筹方式扶持电影制作与电影新人，并因此聚集大量粉丝资源，这是对影视投融资体制的一个重要创新。

再次，阿里和云锋基金以 12.2 亿美元的巨额资金完成了优酷土豆 A 股普通股的收购，其中阿里巴巴持股比例为 16.5%，云锋基金持股比例为 2%。优酷土豆是中国最大的互联网视频平台，拥有它的阿里终于有了足以同腾讯视频、百度爱奇艺相抗衡的视频网站播放平台。

最后，阿里的淘宝电影票、猫眼等在线售票系统凭借淘宝所积累的巨大用户资源，获得了很大成功，手机淘宝也一跃成为中国最大的电影服务平台。阿里投资的美团进一步增强了阿里在线售卖的力量。

由此，阿里通过对影视产业链的全环节布局，构建了自上游延伸至下游的

---

① 《马云（包括阿里巴巴）投资公司一览表挑战李嘉诚华人首富的宝座》，http://www.56lem.com/news/show-688.html。

完整产业布局。"在内容制作上，阿里巴巴有文化中国、光线传媒、华谊兄弟作为支撑；在发行上，光线传媒和华谊兄弟都是传统电影发行的主力，而且阿里巴巴还通过美团猫眼占据了中国在线票务市场最大的份额；在营销上，阿里巴巴通过淘宝、新浪微博、优酷土豆、娱乐宝等平台进行互联网营销；在网络视频和互联网电视领域，阿里巴巴既有优酷土豆的平台，又通过投资互联网电视牌照方——华数传媒，发布了天猫魔盒；最后，阿里巴巴还可以用淘宝进行衍生品的开发。"①

这就是阿里巴巴以影视为核心的大文化传媒战略，一个未来的娱乐业巨头的雏形已经显现。在中国，类似迪士尼这样的娱乐业巨头尚未出现，阿里巴巴的实力和野心，似乎在向我们预示这样的未来。

（四）传统新闻媒体投资成短板

在阿里巴巴不断用大手笔布局的传媒生态系统中，包括了互联网、影视、视频、新媒体、出版等，唯独还缺一块拼图，那就是传统媒体。迄今为止，阿里巴巴没有能够成功地投资一家传统媒体的核心业务。

阿里对于传统媒体的投资有两起令人关注：一是通过对文化中国的控股间接实现了对《京华时报》的投资。2014 年 3 月 11 日，阿里巴巴以 62.44 亿港元完成了文化中国传播集团扩大发行股本的 60% 的认购，并获得了《京华时报》《费加罗 FIGARO》等报刊业务。在传媒经营领域，集团主要开展《京华时报》的发行物流、广告营销和电子商务等业务，也就是说，《京华时报》的主要经营权目前是在阿里巴巴手里。在这里，值得注意的有两点：一是阿里巴巴投资方式是间接投资；二是阿里巴巴介入的不是《京华时报》的采编核心业务，而是发行物流、广告营销和电子商务等市场业务。当然，资本对于报纸业务的影响我们也是不能忽视的。

《京华时报》创刊于 2001 年 5 月 28 日，属《人民日报》旗下，2011 年又成为由北京市委宣传部主管的新闻类综合性都市日报。早在 2001 年，即创刊之初，《京华时报》便获得了北大青鸟 5000 万元的投资，开都市报引入社会

① 段心鑫：《阿里光线结盟：BAT 三巨头如何影响影视业?》，《21 世纪报道》2015 年 3 月 10 日。

资金的先河。这种集纳社会资金，以全新机制引领中国报业改革的创新之举，获得了巨大成功。“2007 年，万达集团入股《华夏时报》；2010 年，复星集团旗下复星信息产业发展公司入股 21 世纪传媒。之后，国家电网先后斥资 5000 万元和 1.6 亿元投资 21 世纪网和第一财经传媒集团。”① 社会资金入驻传统媒体大有形成潮流之势。

到目前为止，间接投资《京华时报》是阿里巴巴唯一成功的传统媒体投资案例。除此之外，还有一起传言甚嚣尘上，但最终不了了之的投资案例，即是对 21 世纪传媒的投资传闻。

广东 21 世纪传媒股份有限公司，系由广东 21 世纪出版有限公司（成立于 2001 年 6 月）于 2010 年 9 月整体改制而来，由广东南方报业传媒集团有限公司控股，注册资本为人民币 6900 万元。目前 21 世纪传媒旗下拥有报纸（《21 世纪经济报道》《理财周报》）、杂志（《21 世纪商业评论》《福布斯中国版》）、网站（21 世纪网）。有报道称，2014 年 6 月 12 日，阿里巴巴牵头财团 5 亿元注资国内财经媒体 21 世纪传媒，阿里或将占增资扩股后股权的 20%。除阿里之外，还有中国建材连同两家小企业参与了此次投资。

但据《蓝媒汇》不久前报道，“阿里入股 21 世纪传媒一事，年前已经确认流产，主要原因或与外界盛传的阿里外资企业身份和 21 世纪网案爆发有关”。在两个推测的原因中，外资身份可能是其中最为重要的一个原因，这是由传统新闻媒体的制度敏感性决定的，而且迄今为止，也尚没有外资进入国内传统媒体的先例。由此看来，阿里巴巴投资传统媒体的梦想可能会因此而被一再延迟。

文化传媒产业是我国重点扶持的新兴产业，市场空间巨大，在有政策利好之余，资本无疑是这一市场获得发展的最强有力的推动力量。阿里巴巴凭借其国内第一电商的强大平台优势和雄厚的资本力量，抢先布局，大举进入，这对我国文化传媒领域未来发展格局的影响无疑是深远的，而传统媒体的发展困局，至少从资本层面，看到了一些突破的可能和希望。

① 《阿里入股 21 世纪传媒已确认流产外资背景或是硬伤》，《蓝媒汇》2015 年 3 月 6 日。

B.23

掌控传媒投资案例：移动先行

——大数据时代的报业转型

张伟　吴元　杨家波*

摘　要：传统报业转型势在必行，关键问题是转型的路径和未来的发展方向。近年来，新媒体始终是报业转型的焦点，传统报业纷纷开展报网融合，创建多种传播平台。当下，大数据作为一股社会浪潮，正影响着社会生活的方方面面，如何以大数据为切入点开展转型升级是业内普遍关心的问题。报告旨在通过分析、梳理掌控传媒的发展历程和现状，为我国传统媒体应用大数据进行转型升级提供借鉴。

关键词：报业转型　掌控传媒　大数据　移动互联网　智慧城市

新媒体的发展给报业带来全方位的冲击，报纸的读者不断流失、广告投放量减少、社会影响力被削弱，传统报业的生存与发展面临威胁。危机当前，转型已经成为报业关注的焦点，各报业集团纷纷从不同的角度出发，推陈出新。目前，我国报业的转型尚处于探索阶段，仍然缺乏可供复制的成熟案例。而大数据时代的来临，则为报业的转型提供了一条可以借力的技术途径。依托大数

* 张伟，文学博士，中国海洋大学新闻与传播学系主任，教授，学科带头人，研究生导师，研究方向为传媒经济与管理、报纸转型研究，著有《转型的逻辑：传媒企业研究》等专著和论文若干；吴元，中国海洋大学传媒文化专业 2013 级研究生；杨家波，青岛报业集团掌控传媒总经理。本论文的写作得到了青岛报业集团掌控传媒执行总编辑张子倩、秘书杨小萌等人的支持。

据技术，青岛报业传媒集团旗下的掌控传媒在内容生产、组织架构改革等方面进行了有益的探索，值得分析借鉴。

一 大数据与掌控传媒

（一）大数据时代来临

大数据（Big data）的概念最早源于20世纪80年代，早在1980年，著名的未来学家阿尔文·托夫勒就在《第三次浪潮》一书中，将大数据热情地赞颂为“第三次浪潮的华彩乐章”。[①] 但大数据真正被各界关注则是在2011年5月麦肯锡全球研究所发表了名为《大数据：下一个创新、竞争和生产率的前沿》的专门研究报告之后。这篇研究报告指出，大数据“是大小超出了传统数据库软件工具的抓取、存储、管理和分析能力的数据群”。数据的特征之一就是海量数据，但这并不表示海量的数据就等同于大数据，因为大数据的价值体现在两个方面：分析使用与二次开发。

在《大数据时代》一书的作者维克托·迈尔·舍恩伯格看来，大数据开启了一次重大的时代转型，它正在改变我们的生活，而在诸如商业科技、医疗、政府与经济、教育、人文以及社会等领域的更多改变正蓄势待发。[②] 计算机硬件的这种令人“瞠目结舌”的发展速度，使全世界的数据存储和处理不仅越来越快、越来越方便，还越来越便宜，海量数据的积累最终成为可能。[③] 随着数字技术条件的日新月异，世界已被海量信息所包围，2013年更是被国外媒体称为“大数据元年”。据相关统计资料显示，“到2012年为止，人类生产的所有印刷材料的数据量是200PB，全人类历史上说过的所有话的数据量大约是5EB（注：1024GB＝1TB，1024TB＝1PB，1024PB＝1EB，1024BB＝1ZB），而过去两年产生的数据占人类历史数据总量的90%，预计到2020年时，一年将

① 张意轩、于洋：《大数据时代的大媒体》，《人民日报》2013年1月17日。

② 维克托·迈尔·舍恩伯格：《大数据时代》，浙江人民出版社，2012。

③ 涂子沛：《大数据：正在到来的数据革命，以及它如何改变政府、商业和我们的生活》，广西师范大学出版社，2012。

生成35ZB的数据，这一数据量相当于今天的44倍”①。而近年来迅速崛起的云计算技术，可以实现对大数据的科学处理分析，通过云计算，海量的基础数据才有可能转化为对人有价值的信息，让智慧城市的美好构想走进现实。可以说，没有云计算的迅速发展，不会有大数据时代的到来。

在另一层面，个人电脑和智能手机正加速普及，到2014年12月为止，我国手机网民规模达5.57亿，与2013年相较增加了5672万人。网民中使用手机上网的人群占比由2013年的81.0%上升至85.8%。② 广大用户对个人化信息的需求也随之增长，这是推动我国大数据时代到来的根本性力量。此外，广大网民对互联网应用的使用在广度和深度上均有提升。据统计资料，在2014年，中国网民的人均周上网时长达26.1小时，较2013年底增加了1.1个小时。

传媒是社会成员间沟通的桥梁，通过受众对媒介的使用，传媒持续产生着海量数据，而这些数据最终会成为大数据时代的重要资源。同时传媒也是连接各类商业组织同普通用户的纽带，在数据分析的基础上能够通过传媒令商家与用户建立起深入、稳定而持续的互动关系。作为北方城市媒体中最先开展全媒体运营的媒介集团，青岛报业传媒集团利用大数据助力纸媒转型的尝试值得我们关注。

（二）掌控传媒发展概况

1. 发展历程

1992年创立的《青岛晚报》见证了纸媒黄金时代的辉煌，与业内的各家报纸一样，进入21世纪后也经历着互联网时代的冲击。“不日新者必日退”。以互联网技术为代表的新科技革命，正在使这个世界的一切信息活动发生急剧的改变。传统媒体遭遇的挑战丝毫不亚于传统百货店之于电商、传统银行之于互联网金融遭遇的挑战。在探索媒体转型的路途中，2010年7月，《青岛晚报》成立了青岛掌控传媒有限公司（简称掌控传媒），并将其作为移动互联时

① 《大数据崛起》，人民网，http：//cpc. people. com. cn/n/2013/0222/c83083－20566095. html。

② 《第35次中国互联网络发展状况统计报告》，中国互联网信息中心，http：//www. cnnic. com. cn/hlwfzyj/hlwxzbg/hlwtjbg/201502/t20150203_ 51634. htm/。

代媒体融合的载体，试图逐步形成以“品牌实力报纸 + 本地生活特色网站 + 移动新媒体”为核心的立体传播平台和市场竞争主体，开始探索新媒体的运营模式。

针对我国网络用户正加速由 PC 端向移动端转移的变化趋势，2011 年初，青岛报业传媒集团提出发展手机互联网产品，抢占移动终端传播高地的构想，并为之定名为掌上青岛。2012 年 2 月，目标要做青岛最大移动新媒体平台的掌上青岛正式亮相，受到岛城市民的广泛关注，目前其客户端的装机用户已突破 50 万人，而以此为中心形成的掌上青岛全媒体矩阵业已成为青岛本地用户量最大、影响力最大的 App 应用。2013 年，《青岛晚报》所在的青岛报业传媒集团（简称青报集团）正式将新媒体融合发展上升为集团战略，掌控传媒获得了快速做大做强的发展机遇。掌控传媒以“全移动、国际化、有特色”为发展战略，把构建中国本地化移动互联第一平台、中国全媒体平台解决方案服务商作为未来发展的主要目标。2014 年 9 月，掌控传媒在青报集团的大力支持下，联合中国移动通信集团山东有限公司青岛分公司共同推出了智慧青岛客户端，以求进一步加大新媒体矩阵产品建设，努力打造综合性信息服务运营商，创建出青岛模式。

从 2013 年起，掌控传媒连续两年成功举办了中国（青岛）移动互联网大会，并先后承办了中国新媒体高峰论坛、移动互联与可穿戴设备展览等活动。除此之外，掌控传媒所拥有的包括掌上青岛客户端、青网、微博与微信矩阵、全媒体视频演播中心、无线 O2O 电商平台、《青岛·旅游》杂志等十多个新媒体在内的产品矩阵，具备 300 万级的受众影响力。2013 年是掌控传媒独立运营的开局年，凭借掌上青岛微信及客户端的突破，营业额突破 1000 万元，利润占营收的 20%，成为移动媒体盈利模式的先锋探路者。①

掌控传媒旗下平台的基本运营思路是采取“1 + N”模式，即以全媒体平台为核心，融合智能设备平台、互动智慧城市平台、联盟互助平台、资本运营平台和电子商务平台。通过举办全国性大会、进行内容技术模式输出等举措来提升核心产品层级、扩大品牌影响力。掌上青岛模式在全国省、市、县级媒体

① 中国报业协会调研组：《跟上时代潮流做强主流媒体——青岛报业传媒集团媒体融合发展调研报告》，《中国报业》2014 年 10 月。

复制输出50多家，引发业界广泛关注。

2. 发展思路

传统媒体转型发展新媒体，其模式的创建一直是最大的难点。掌控传媒在探索媒体融合的过程中，从内容、技术、平台、经营和管理五个方面大胆探索，尝试建立“内容生产、技术开发、运营推广、模式输出”的借力发展战略，探索出一条边建设边运营、边推广边创收的新路径。

青岛掌控传媒以“敢定大目标，善做基本功”为总体思路，将“全移动、国际化、有特色”作为自身的战略定位；以“随时贴身用手机，海量互动上网站，深度权威看报纸”作为全媒体平台的发展思路。以“七剑矩阵”和“多快好省”为营销工具和盈利模式，依托“报、网、手机、自媒体、终端、活动、新营销”的七剑矩阵线上线下组合服务模式，探索“多媒体、快营销、好产品、省时省力”的新媒体盈利模式。在2014年，掌控传媒完成了1500万元的营业额并实现盈利。掌上青岛App矩阵做到全国业界第一，升级组建了中国移动媒体联盟并顺利开始运营，电商、视频、游戏等创新产品实现运营突破，并进行了股份制改造。2015年是掌控传媒重要的发展期、融资期，计划完成2500万元营业额，实现中国城市移动媒体综合实力第一的理想。目前，掌上青岛矩阵已成为全国城市移动全媒体第一平台，掌控传媒正在筹备新三板上市融资。

二　保持盈利：掌控传媒发展分析

（一）数据分析，明确内容整合方向

大数据时代在给我们带来了更多、更高质量的信息的同时，也产生了大量的信息冗余，这就导致信息过载和用户个性化需求之间出现矛盾。这对报业在信息稀缺时代所秉承的“内容为王”的理念提出了巨大挑战：再优质的内容，如果不能有效地同用户需求对接，就很难实现它应有的价值。打造云信息服务平台是当期处理海量信息的主要方式。通过云集与受众相关的各种信息，并对信息进行合理的分类摘编和深度加工，低成本地实现信息与受众个性化、定制化需求之间的智能化匹配。

掌控传媒始终坚持挖掘青岛市民的阅读习惯、消费习惯等相关生活需求，从数据背后发现契合各类分众习惯和兴趣的媒体类产品和服务，并针对产品和服务进行调整和优化；通过网站、手机客户端、微信、微博等新媒体形式“架天线、接地气”，与民众、政府全面对接，了解市民生活刚需，及时反馈给政府部门与企业，有效降低了社会公共服务成本。掌控传媒的公共服务平台设有医疗卫生、教育培训、就业创业、公益扶贫四个类目，借助该平台，青岛市民不仅可以实现在线挂号、在线问诊，还能观看名师讲堂、接受就业指导、参与公益志愿服务。公共服务平台在创新公共服务发展模式的同时，还有助于提升市民的整体幸福指数。

打造移动互联时代的新型主流媒体，必须适应移动互联传播方式对于信息传播的要求，要有相匹配的全新传播方式和传播内容。掌控传媒起步发展的核心就是通过全媒体平台的打造，释放传统媒体的能量，拓展新媒体空间，打造一个适应互联网时代传播方式的全媒体平台。在媒体融合的过程中，新媒体对于用户群体的定位吸附过程，实际就是传播平台的价值重塑过程。传播手段、传播方式、传播节奏、传播方向、传播内容的转变，为新媒体吸引年轻用户创造了条件。掌控传媒作为城市移动媒体资讯平台，在筹建之初就明确提出“围绕目标群体，提供全新服务”的运营理念，如对市委市政府，资讯平台的职能主要是权威发布党政声音、舆情引导以及应急服务；面对年轻分众，平台主要凸显信息搜索、移动阅读以及随身娱乐的特色；对于商业组织，平台着眼于客户关系管理（CRM），助力企业产品增值。

与此同时，掌控传媒在操作中聚焦于“准”字，努力提高传播效果的精准性。互联网的云计算技术为大数据时代的到来提供了有力支撑，也为新闻资讯的精准到达提供了可靠依据。基于80后、90后等目标受众的阅读习惯，掌控传媒发挥新媒体即时、互动等特点，在信息推送上实现了精准送达。这种精准不仅体现在注意到年龄、阅读习惯的差异上，而且表现在“具体到每一条新闻，向安卓版客户端和向苹果版客户端推送新闻的标题都会有所不同”。掌控传媒旗下作为本土新闻生活门户的青网，也坚持依照“用户个性导向”推送新闻，根据用户以往的浏览习惯，进行个性化推荐，网页中的各个信息板块均可自由拖动，用户可将自己喜欢的板块拖放至顶端，把不喜欢的板块直接打入“冷宫”。青网以平台数据为依据，整理出5000万级的本地词汇“标签云”，方便用户快速检索到感兴趣的新闻资讯。精准的传播方式在准确满足用户人群的阅读需求的同时，也尽可能实现了传播效率的最大化。

目前，在掌上青岛微信矩阵的60万用户中，精准互动用户超过了30万人。数据分析显示，掌上青岛微信公众号的用户年龄85%以上为15～35岁的人群。从年龄普遍老化的读者群到以15～35岁的年轻用户群，新媒体在成功实现用户群体年龄迭代的同时，在本质上，更是完成了对平台价值全面覆盖的过程重塑。从地域属性来看，75%的用户为青岛的本地用户，10%为身在异地的青岛人，15%为国内其他城市的用户。目前掌控传媒微信矩阵的综合实力和影响力做到了全国领先，发起组建的中国媒体微信联盟和中国移动媒体联盟，成员超过100家，联盟的平台用户达到2000万级，可在全国范围内实现高质量的互动传播。

（二）突破市场边界，开发电商营销平台

以智能手机、平板电脑等为终端的移动互联网爆发式增长，是近两年中国互联网发展最为显著的特点。电子商业也是中国互联网发展的一大亮点：2014年，互联网O2O商业模式实现高速发展。截至2014年12月，全国开展在线销售的企业比例增长到24.7%。① 这种基于互联网技术的商业模式将实体企业，尤其是本地生活服务业和商业服务业与互联网紧密结合，线下企业已经成为互联网消费经济中重要的一环。在这一趋势下，未来将有越来越多的传统企业开展在线销售。

大数据时代的数据库建设是一种基于互联网技术和理念发展的新行为，报业必须善于利用各种手段和渠道获取所需要的数据。通过互联网，把内容、用户和渠道三者合而为一，辅之以相应的管理、品牌、营销手段，使数据真正地落地，成为报业利润。大数据是传统媒体转型升级的一大利器，利用好数据监控，就可以锁定用户，通过分析数据，就能准确判断用户的需求与偏好。所以，大数据理念的核心是用户。对于报业这样的传统媒体来讲，可以通过收购用户平台，或与互联网公司、第三方数据公司合作，或是发展社交媒体等方式

① 中国互联网信息中心：《第35次中国互联网络发展状况统计报告》，http://www.cnnic.com.cn/hlwfzyj/hlwxzbg/hlwtjbg/201502/t20150203_51634.htm。

来获取用户信息，根据用户特点来生产相应产品，再以产品来服务用户，进而为精准营销打下基础。

传统的经济学观点认为，满足市场同一类需求的一组企业构成一个行业，继而形成一个行业的市场边界。从对现代的商业环境考量来看，这样的界定具有一定局限性，企业较容易忽略行业外替代品的威胁，也不易发掘潜在的市场机会。企业的市场边界不应该设定在既有的市场范围之内，在条件许可的情况下，应该突破原有限制，开拓市场边界，以争取更大的市场空间。

掌控传媒拥有青岛市委、市政府相关主管部门和直接上级青岛报业传媒集团的有力支持，能够确保新媒体平台的宏观管理和运营方向坚定正确，在全力打造移动互联城市门户的进程中，具备高效推进的强大优势。在牵头成立中国媒体微信联盟（2013 年）、中国移动媒体联盟（2014 年）之后，掌控传媒能更好地发挥全国化运营的先发优势，依托媒体联盟创新拓展客户资源，确保新媒体平台迅速建设壮大，进而形成良好的发展模式。这些优势条件以及掌控传媒移动媒体资讯平台在市场中排名第一的竞争优势，使其主动开创利润空间的举措具备切实的可行性。

除了基本的媒体资讯平台功能，掌控传媒还在进行电商营销平台的建设，以用户为核心，借力大数据实现精准营销。一方面，发动原有媒体的记者团队进行活动策划及内容撰写；另一方面，通过集团旗下的报纸、网站、客户端和微信进行全方位的推广。在推广环节，掌控传媒采用了多元矩阵的模式，与其他城市的媒体达成互动的合作。例如，掌控传媒曾组织策划了一次名为“哈密瓜的新疆之行”的活动，向新疆派出一名微信记者，实地走访新疆的哈密瓜产地，并通过掌上青岛客户端和微信矩阵对记者的见闻进行实时直播，及时与网友互动。微信记者在新疆成功对接了哈密瓜产地和企业后，直接将产品放到青岛进行线下团购，一天的销售即超过 1000 箱。[①]

掌控传媒整合媒体、政府、物流、产品、电商的多渠道资源，打通媒体传播平台，第一时间发布政策信息；整合发行站的物流资源，联合产业链各环节；与多家大电商平台合作，打通“青岛特产 + 本地生活”的生产—物流—

① 《传媒玩转移动电商：掌上青岛日卖瓜一千箱》，亿邦动力网，http://www.ebrun.com/20130723/78240.shtml。

销售—配送的链条。目前，掌上青岛的销售主要集中在青岛的海鲜、果蔬、啤酒、崂山茶等特产类商品上，未来将会把商品品类扩展到中超、篮球赛门票，餐饮，住宿等本地生活服务类商品中。

（三）依托后台数据，开启掌中智慧城市

掌控传媒目前拥有一支年轻化、专业化的技术开发团队，平均年龄24岁，大学本科学历以上占98%，尤其是在移动新闻客户端、网站开发运营、服务器集群布局、大数据及云平台服务、微信接口开发等领域具备一定实力。团队自主开发的二维码扫描系统“码上青岛”，具备承担国家级重点项目的实力和水平。依赖于技术开发优势，掌控传媒打通PC与移动互联，将传统互联的海量数据与移动互联的便捷性结合，建设基于移动互联网的新型全媒体网络平台，打造“新闻+生活”互联网门户的样板。

智慧城市是近年来的一个新兴概念，即通过运用云计算、大数据、移动互联等信息技术手段，优化配置城市各资源要素，使人们拥有更美好的城市生活。而智慧青岛手机客户端，则是掌控传媒推出的用于移动互联网及城市信息平台领域的产品。通过智慧青岛客户端，人们可以进行“查公交”“查违章”“挂号”等操作。过去，青岛公共交通信息没有被全面采集分析和整合应用，市民获得的出行信息也较单一。如今，智慧青岛实现了对公交运行的实时监测，并在平台上对数据统一处理，使市民可以清楚地看到公交车在具体时刻的运行位置。“挂号”功能则直接免去了市民排队、电话预约挂号的烦恼。而所有的智能化便民服务均来自于智慧平台对相关数据的整合应用，可以说，是大数据让城市有了智慧。智慧城市是一个不断演进的过程，从最开始的信息港、数字城市，发展到现在的智慧城市，随着数据的规模越来越大，作用也越来越突出。依托于大数据整合，智慧青岛将成为岛城民众生活必不可少的本地化生活服务平台。

（四）转变管理理念，改进组织架构

面对大数据时代的机遇与挑战，掌控传媒苦练内功，坚持内容为王。近几年来，无论是在晚报内容发展时期还是独立运营阶段，掌控传媒都在不断探索、完善“一套人马、不同分工、一体化运营、一体化考核”的运作机制。

以采编流程的融合再造为例，在新一轮融合发展过程中，掌控传媒新闻中心与《青岛早报》《青岛晚报》新闻中心陆续实现三个打通，即“人员一起管、会议一起开、业务一起干”，要求全媒体记者第一时间以文字、图片、视频等形式“一稿多投”，做强“全”字，建立全方位、立体化的传播体系。“一次内容采集、多种手段生成、多元渠道传播”，是掌控传媒向新型主流媒体进军，打造全方位立体化的传播体系的出发点和落脚点。通过报纸、网站、客户端、微博、微信、微视的多路联动，在将新媒体的这一特点发挥得淋漓尽致、充分满足用户的信息需求的同时，也极大增强了对于新闻的引导力。2014 年 4 月 25 日青岛世园会开幕，当天掌控传媒的网站、微博、微信、微视、客户端进行了 12 小时不间断的全程直播，其报道量超过 20 万字，当天推出了 6 条微视节目，单条播放次数超过了 10 万人次。

此外，为了在不同的传播终端实现“私人订制”的信息服务，在 PC 端、移动端的新闻流程上更是强调突出快、全、准。突发事件发生后，掌握第一手信息的编辑、记者可以在一分钟之内建立起一个汇集相关记者、编辑、内容总监、值班总编辑的微信群。除在群内进行信息生成，更能将新闻的编辑、生成、发布、审核等环节在群内同步完成，实现新闻采编的即时采集、即时传播、即时审核。通过运用开放思维，改进组织架构，形成流程优势。这样的操作创新，一方面是掌控传媒在大数据时代寻求发展的必由之路，另一方面也是体制创新倒逼采编流程，一次次探索、积累的不断完善，以求实现更高水平融合。

在组织管理理念上，掌控传媒推行“严格管理，赢在执行”的原则，加强制度化与执行力建设，打造“有激情、有创新、有行动，一切尽在掌控”的团队文化，鼓励“快，并快乐着”和充满正能量的互联网工作精神。建立具有“开放、平等、协作、分享”互联网精神的公司运行机制与合作机制，启动股份制改造，并筹备新三板上市，将掌控传媒做大做强。

三　大数据背景下掌控传媒展望与反思

大数据带来的信息风暴正在不断改变着我们的思维、工作和生活，是人们获取新知识、实现新价值的源泉，它可能会改变人们同社会组织间的关系。在现代数字技术条件下，准确、全面地记录受众的行为、偏好已经能够实现，经过科学的分析和利用这些数据，就能精准地预测他们未来的意识和行为。大数据的运用，让产品的市场导航更精准。此外，大数据还将推动创新、提高生产率、促进经济增长和新价值的创造。今天，我国互联网正以庞大的数据流和体积规模，快速迈入大数据时代，在未来，大数据将越来越引人关注，成为市场竞争中的利器。

按照切实可行的升级发展规划，掌控传媒正在申报国家级移动媒体平台集群建设项目，试图通过全国同业的联盟来建立起一套数据共享系统，提高数据使用率和价值，推进青岛报业集团的进一步发展，这一举动也是相关大数据业务持续发展的基础。2013 年之后，通过中国媒体微信联盟、中国移动媒体联盟，掌控传媒在业界形成了一定影响力，具有挖掘全国客服资源的潜力。此外，掌控传媒公司已经抢得了青岛移动互联网发展的本地化先机，依托青岛强大的内容协作支持网络和后台，可以充分发挥自身的地缘优势，在心理、文化上率先取得青岛市民的青睐。掌控传媒计划进一步招徕相关技术人员，加强新业务研发推广能力，开发出适合新媒体应用的 ERP（Enterprise Resource Planning）管理及财务管理软件，加快发展全新商业模式，加强市场营销力度，多管齐下，有望尽快形成优势明显、功能完善、辐射强大的移动互联城市手机新媒体传播网络。这一规划兼具良好的社会效益和巨大的经济效益，市场前景广阔，发展潜力巨大。

然而值得我们注意的是，就大数据的使用情况来看，我国还有很长的路要走。就现有的有限数据资源来说，还存在完整性低，标准化、准确性、利用率不高等情况。据统计，我国数字化的数据资源远达不到欧美水准，每年新增数据量仅为美国的 7%、欧洲的 12%。[①] 面对呈爆炸性增长的信息流，如何管理好并用好大数据，是各行各业面对的共同难题。

对于媒体而言，受众数据的收集和分析利用是不可或缺的工作。充分发展、使用数据库营销是一种留住读者、维护品牌的重要策略和有效方法。虽然目前大数据的概念炙手可热，但大数据的商业价值仍有待接受市场的实践考

---

① 《2014 我国大数据发展分析报告》，中国社会科学网，http://www.cssn.cn/xwcbx/xwcbx_gcsy/201411/t20141104_1388658.shtml。

验，业界也开始思考大数据的商业前景是否被过分夸大了。在《大数据时代》一书中，维克托·迈尔·舍恩伯格认为，大数据时代最大的转变就是放弃对因果关系的渴求，而取而代之的是关注相关关系。换而言之，人们只要知道“是什么”就可以了，并不需要了解“为什么”。这打破了千百年来人类的思维惯性，全面颠覆了人类的认知以及与世界交流的方式。大数据是当代世界的重要部分，但显然它并不等同于全部。经验和因果关系，始终是人类珍宝；数据与相关关系，是建立在知识与经验基础上的对思维的一种创新，它同因果关系之间并非完全对立或独立。虽然数据仅仅是事物表象的反映，但是不同的组织对同一数据也会产生不同的解读，再者，每个单位或个人的实际情况存在差异。数据也不是万能的，大数据技术并不能解决所有问题，它仅是一种为决策提供量化的手段。

互联网、大众传媒与社交媒体上每天都充斥着海量信息，这些信息中存在大量冗余、虚假和有害的内容，信息价值较低。大数据提供的内容能作为媒体操作的参考，但媒体树立正确价值观才是最为重要的。优秀的报业从业者应该明确大数据功用的界限。如果一厢情愿地希望事情完全按自己的意愿发展下去，那么必然会造成数据、分析及所描述事实的扭曲。因此，对于报业来讲，不宜过高地估计大数据对媒体的价值。大部分的媒体机构尚未具备进行此类颠覆性创新和业务转型的条件，因为传媒业只有相对有限的数据资源，而且处理大数据的能力匮乏，缺乏硬件设施与人才。有研究者更是明确指出，虽然大数据分析可以有效实现信息智能匹配，从而更好地实现信息价值的变现，但是传统媒体进军大数据仍然存在着明显的短板，未来依旧不可盲目乐观。在认识到新技术和大数据将会对报业转型升级起到重要支撑作用之后，传统报业还需要脚踏实地规划步骤，结合自身的条件与特色，理性做好对接工作。

B.24

凤凰出版传媒集团投资案例：中国出版业最大跨国并购完成交割

孙真福*

摘　要：凤凰传媒收购美国出版国际公司童书业务，是中国出版业迄今为止最大跨国并购项目。本次收购不仅让凤凰教育出版社一举跃居全球规模最大的童书出版商，对凤凰传媒现有业务形成补充和延伸，而且还一举获得国际性的形象授权和全球化的销售渠道。

关键词：凤凰传媒　跨国并购　PIL　童书业务

2014 年 7 月 16 日，美国出版国际公司（简称 PIL）在芝加哥总部与凤凰出版传媒股份有限公司举行了资产交割仪式。同一天，凤凰国际出版有限公司和菲尼科斯创艺国际贸易（香港）有限公司在芝加哥正式挂牌，凤凰传媒斥资 8000 万美元，将 PIL 童书业务及其位于德国、法国、英国、澳大利亚、墨西哥等海外子公司的全部股权和资产收入囊中，分别注入上述公司。至此，中国出版业长达 9 个月的最大跨国并购案画上了圆满的句号，凤凰传媒的电子有声童书全球市场的崭新布局正式形成。

一　偶然的线索

2013 年 9 月底，在凤凰新华印务样本陈列室，凤凰教育出版社总编王瑞

* 孙真福，凤凰传媒副总经理、凤凰出版集团党委委员、江苏新华发行集团董事长、江苏省教育学会常务副会长。

书注意到了一款与众不同的电子有声童书产品。该产品是由韦伯先生在 1967 年创立的美国 PIL 公司设计的。公司总部位于芝加哥北郊，主要业务为出版和销售儿童图书、大众图书和烹饪图书，现有员工 300 多名，销售子公司广布英国、法国、德国、墨西哥、澳大利亚等国，在中国深圳也拥有一家办事处，主要负责管理和组织生产、新产品研发。韦伯先生既是公司的控股股东，也担任着公司现任总裁兼 CEO。PIL 的海外运营网络结构成熟，出版多种语言的儿童图书，年销售量突破 2300 万册，年销售收入高达 1 亿美元。经跟踪了解，PIL 公司有意通过国际招标找寻买家。

二　快速的响应

凤凰集团暨凤凰传媒高度重视 PIL 公司出售童书业务的信息。凤凰高层认为，党的十八届三中全会提出加快文化“走出去”战略，促进文化的大发展和大繁荣，国际并购无疑是应时之举。国际化是凤凰传媒和凤凰集团的重要发展战略之一，要跻身世界出版强企的行列，“走出去”是必须实施的战略。从凤凰教育出版社来说，学龄前儿童产品线的延伸拓展是未来的发展方向，并购 PIL 童书资源可以事半功倍。商机易失难寻，凤凰集团暨凤凰传媒总经理周斌以最快的速度下达指令，派出由副总经理孙真福负责的并购项目小组，以凤凰教育出版社为收购主体，力争通过这次重大并购，完成凤凰传媒的童书国际市场的崭新布局。项目组随即致函 PIL，传达了真诚合作的意愿，邀请对方来华进行谈判。

凤凰收购童书业务的意愿被传达到 PIL 公司总部后，引起了韦伯先生的高度重视。他指示高管团队立即着手对凤凰传媒进行研究与接洽，并委托授权代表武岩先生与凤凰保持密切的联络。韦伯先生年事已高，迫切希望有抱负的战略买家继承 PIL 的事业。2008 年，他曾经和美国某玩具商达成出售协议，但突发的金融危机让这次计划不了了之。凤凰明确的战略定位和真诚的谈判态度，使他改变了在资本市场上挂牌询价的念头，将橄榄枝伸向了凤凰团队。2013 年 10 月下旬，PIL 公司派出代表与凤凰项目组在深圳举行首次会晤，双方达成了排他性保密协议。

尽管凤凰传媒的并购经历并不少，也完成过多个“走出去”的案例，但此次的项目挑战性强、难度大，其显著的特点是以下六点。

（1）产业链长。公司业务涉及创意研发、全球化生产、国际化销售渠道、跨国物流等全产业链环节。

（2）涉及主体多。包括迪士尼在内的全球授权商、沃尔玛在内的全球经销商以及20多家生产供应商。

（3）业务资产分布广。除美国总公司外，PIL公司还涉及英、法、德、墨西哥、澳大利亚五个国家的子公司及资产，业务横跨20多个国家和地区。

（4）交易难度大。此次并购属于剥离收购资产业务，而不是对原公司的整体股权收购。中美之间的文化、法律存在的巨大差异，给双方带来全新挑战。

（5）标的规模大。此项目对价8000万美元以上，无论是版权、项目合作还是文化产品贸易，都创下了并购交易的新纪录。

（6）谈判时间紧。对PIL公司来说，从2008年第一次交易失败到2013年已有5年，一直没寻找到合适的买家，出价从当时的1.6亿美元大幅缩水，而韦伯年事渐高，按双方达成的保密协议，如果双方在半年内无法顺利合作，将被迫启动国际招标程序。对凤凰来说，如果不能快速推动谈判进程，越趄不前，将不可避免地与更多的对手竞争，谈判难度加大。同时由于PIL童书销售具有很强的季节性，一旦错过最佳交割时点，随着国际宏观环境和市场形势变化，标的估值会发生重大变化，尽职调查报告也将失去时效和价值。即使重启谈判，也需二次尽调，不仅增加费用，而且会导致整个并购进程至少延迟一年。

经过凤凰高层的反复讨论，认为尽管谈判任务艰巨，但我们不能让机遇白白流失，必须迎难而上，快速跟进，争取突破。为此，决定聘请德勤会计师事务所、美国美迈斯律师事务所、中国国际金融有限公司等国际一流中介机构开展全面的调查。三大中介的强势加入，保障了项目的顺利进行。

三　艰难的谈判

此次并购涉及的问题数不胜数，谈判的难度难以想象。美国佩斯大学出版系主任拉斯金教授认为，凤凰传媒收购PIL童书项目可以作为经典案例列入美国大学精品课程。由于中西文化的差异，外加双方律师忠于雇主的职业精神，有时一句法律用语就引发无止境的争论。在一次电话谈判中，双方律师就为如何定义“据卖方所知”五个字唇枪舌剑，双方团队耗时三个半小时才最终达成结论。相对而言，争议较大的有以下几点：

（1）交易方式。作为具有重要影响力的上市公众公司，凤凰传媒主要采取对赌和控股方式完成并购项目，旨在和对方分担风险、共享利益。但韦伯先生坚持全额转让，一次性完成付款。为了规避风险，凤凰项目组实地走访，拜会了沃尔玛、玩具反斗城、塔吉特部分卖场和威斯康辛仓储物流中心、迪士尼等授权商，以及深圳各主要生产厂家，全面而深入地调研评估了经销商、授权商、供应商的稳定性。同时制定了有效的措施应对各类合同转移、退货率控制等关键问题，确保在全额收购的情况下，能实现平稳独立运营。

（2）净营运资金。PIL 认为，在保证正常运营的前提下，净营运资金（包含可销售存货、应收账款）只需 3500 万美元。凤凰项目组通过分析近三年的历史数据，认为平均值设在 4600 万美元是合理的，两者相差 1100 万美元。商务谈判不仅需要战术和技巧，更要比韧性和毅力。几经周折，PIL 公司折中提出 4050 万美元。项目组经过再次论证，坚持我方态度，最终双方以 4600 万美元的运营资金完成交割。

（3）授权转让费。按照 PIL 公司与迪士尼等授权商达成的协议要求，如果 PIL 公司转让业务，需要额外支付转让费 1000 多万美元，PIL 公司要求凤凰全额支付该项费用。项目组以 PIL 2008 年的交易条款作为范例，承担支付 200 万美元，最终获得韦伯先生的理解。

四　精干的团队

回首 7 个月的谈判历程，从最初的试探性接触，到彼此了解的不断深入，虽然电话会议高达数十次、超过一百小时，双方争论不休，但双方始终真心诚意，重视双方的友谊，避免谈判僵化。

按惯例，资产购买协议和过渡期服务协议核心条款达成共识后，签约只是程序化的流程。美国时间 2014 年 5 月 12 日上午 8：30，双方准备正式签署资产购买协议和过渡期服务协议，凤凰传媒也已预定当日在上交所发布公告。但

PIL 就过渡期服务协议中的物流服务价格等提出新的要求。经过近 15 个小时的紧张谈判，在离预定的上交所公告时间只剩半小时的最后时点，双方终于签署协议。虽然双方谈判人员 12 个小时都没顾上吃饭，但大家都为最终成功签约而感到由衷的高兴。深夜 12：30，所有餐馆早已关门，饥肠辘辘的项目组成员在加油站以三明治和矿泉水互致庆贺，6 小时后的早晨 7：00，项目组踏上了回国的旅途。

2014 年 2 月，凤凰教育出版社顾华明社长委托来宁谈判的 PIL 高管团队为韦伯先生带去了他亲笔绘制的素描。画中的韦伯先生一手抵着额头，一手夹着眼镜，沉思而面露微笑。韦伯先生表示这是他一生中收到的最珍贵的礼物，他要挂在自家的墙上，让家人骄傲、共享！在写给顾社长的致谢信中，他赞其堪比“当代达·芬奇”。

对美国人而言，孩子的毕业典礼是一生中最重要的时刻。在芝加哥谈判期间，PIL 高管 Jeff 先生坚持到晚上 11：00 多谈判结束以后，驾夜车 8 小时赶到儿子学校参加毕业典礼，其敬业精神和慈父情怀令人感动。

中金、德勤和美迈斯团队的核心成员 4 月 30 日来南京参加项目组会议和电话谈判，从下午 4：00 一直坚持到 5 月 1 日早晨 5：00 才离开会议桌。他们在南京开往上海的火车上发了一条幽默的微信：“我们不仅过了一个很有意义的劳动节，而且还节省了宾馆的住宿费用。”

在谈判期间谈判小组核心成员、凤凰传媒董秘徐云祥父亲不幸去世，为了不耽误谈判进程，他匆匆料理完老父后事即回到谈判桌前，随即赴美参加谈判。

凤凰传媒教材部主任钱亮和职教中心公共文化课编辑室主任江鸣服从大局，自觉克服家庭困难，欣然赴美参与公司管理工作，为有效管控提供了保证。

五　繁重的交割

此并购项目需交割的业务资产面广量大。根据双方约定，从协议签署到正式交割只有两个月的准备时间，双方律师开出的交割清单涉及 107 项交割事项，任务量大。为保证按时交割，双方成立了交割工作小组，逐项解决各种问题。特别是买方克服种种困难，攻克了诸多难题。

（1）组织架构。工作小组与德勤共同设计了全新的投资架构：利用上海自贸区的有利政策，由凤凰教育出版社在区内设立菲尼科斯创艺国际贸易（上海）有限公司，同时在深圳成立分公司。菲尼科斯下设菲尼科斯创艺国际贸易（香港）有限公司和凤凰国际出版公司，前者通过股权转让或资产交易的方式收购 PIL 位于各国的子公司资产，后者收购 PIL 美国总部的资产。经过超常规的紧张工作，上述新公司均在预定的时间内顺利注册并开户运作。

（2）ERP。由于公司架构和财务管控流程都发生了改变，PIL 公司的 ERP 系统已经无法继续使用，唯一的解决办法就是在保留原始业务数据的基础上，更新业务流程，以便适应新的架构。由于 PIL 童书产业链涉及授权合同、采购合同、经销合同、客户订单、物流、退货等诸多环节，业务关系涵盖了公司内外的众多部门，ERP 系统极其复杂。双方共同组织了攻关小组，根据新公司财务流程与税务架构，组织新公司 ERP 开发需求的调研与编制，只用两个月时间就完成了 ERP 系统的更新改造，为新公司正常运营提供了有力的保障。

（3）过渡期服务。交割意味着人力资源、办公区、财务等资源都需转移或切分到位，尤其是童书业务与 PIL 保留的汽车及烹饪类图书需共享物流服务。双方就此多次进行磋商，签署了过渡期服务协议，同时明确交割以后的 18 个月内，PIL 将继续提供物流服务，以保证公司高效运转，不因为资方的变更而导致生产、销售、服务等环节脱节。

（4）国际融资。此次并购总价款达 8500 万美元，其中，8000 万美元是交易对价，200 万美元是授权转让费，300 万美元是中介费用。为了减轻凤凰教育出版社的资金压力，凤凰传媒用现金对凤凰教育出版社增资 1.5 亿元人民币；同时，为了降低资金成本，决定开展海外融资。经过同各大商业银行进行多轮竞价谈判，最终选定由中国银行通过其海外分支机构以较低的利率为交易提供总金额为 7500 万美元的贷款。其中，3000 万美元作为短期流动性贷款，4500 万美元用于支付交易对价。

（5）员工转移。国际并购中核心管理团队的吸收与使用非常关键，有时甚至影响到未来运营的成败。此外一般员工的稳定对过渡期运营也至关重要。经过一系列的论证、谈判，凤凰美国公司出台了诸多针对性措施，为进入凤凰美国公司的高管及普通员工解决了后顾之忧并提供了更好的职业规划，诸如高管考核激励机制、员工养老、医疗、意外伤害保险等。7 月 8 日，新公司召开了全体员工大会，现场解答了大家关心的问题。员工们普遍感到，尽管主体变了，但地位没变、待遇没降、企业文化没变。目前，120 多名美籍员工都怀着舒畅的心情顺利签约进入新公司，并且对未来发展充满了信心。原公司的财务主管虽然即将退休，受此感召，也承诺将为新公司工作到退休。

六　创新的管理

跨国并购难，独立运营更难。签署协议并完成交割仅是并购成功的第一步。克服中西文化间的差异，对新公司实施长效管理是并购成功的关键。不少跨国并购的案例告诉我们，管理必须本土化、国际化。PIL 分管授权、创意、销售、供应链的高管团队都有 20 年以上的从业经验，能否将他们转入新公司，对稳定授权商、经销商、供应商和员工队伍至关重要。为了缩小中美文化间的差异以及员工队伍的心理落差，凤凰决策层经反复论证，决定由原分管授权的 Jack 先生留任 CEO，并抽调总部人员进驻，作为授权代表履行出资人职责。同时，对高管团队制定了绩效挂钩的奖励机制。从新公司高管团队制定的年度商务计划书来看，未来业绩稳中有升。

凤凰传媒收购的是世界领先的童书生产商，其产品并不是传统的纸质出版物，而是益智早教与有声童书结合的泛文化产品。成功收购不仅使得凤凰教育出版社一举成为全球规模最大的童书出版商，对凤凰传媒现有业务形成补充和延伸，而且与凤凰传媒的早教产品具有较强的协同效应。由于 PIL 童书产品主要在中国国内生产，未来依托公司资源，还可以进一步拓展亚洲特别是中国市场，实现收入增长。本次收购有助于拓展凤凰传媒的产业链，增强其在童书出版业务上的实力。同时凤凰传媒不仅一举获得国际性的形象授权和全球化的销售渠道，而且可以利用这一平台培养锻炼更多的国际化人才，为凤凰传媒加快“走出去”奠定坚实基础。

我们有理由相信，这宗中国出版业最大的跨国并购案在新的发展平台上将给我们带来更多的惊喜！

B.25

粤传媒投资案例：媒体融合战略下报业多元经营投资布局与路径

方志辉　肖妍琳*

摘　要：传媒投资的目标是实现传媒集团的可持续健康发展，推进媒体融合。因地制宜，智者善谋，战略投资、孵化投资、财务投资是需要统筹纳入传媒投资的全盘思路中的。本报告梳理了2014年广州日报传媒股份有限公司（粤传媒）围绕媒体主营业务的战略投资策略、围绕新兴产业的孵化投资策略，以及扩大文化产业阵地的财务投资策略，重点考察各类资本动作背后的投资逻辑，提出"平台化、产业化、移动化、大数据"方向对转型期的中国传统媒体的重要性。

关键词：战略投资　孵化投资　财务投资　媒体融合

广东广州日报传媒股份有限公司是广州日报报业集团控股的国有文化传媒上市公司，成立于1992年12月，2007年11月公司成功登陆深圳证券交易所，证券代码为002181，证券简称粤传媒，是第一家获得中共中央宣传部和国家新闻出版总署批准并在中小板上市的报业传媒公司。2012年6月，《广州日报》经营性资产整体注入上市公司，成为广东省唯一一家报业传媒集团整体上市公司。

公司总资产近50亿元，广告收入连续21年全国纸媒第一。公司旗下拥有32家子公司，4家分公司，16家报纸刊物及16家网站，业务涉及广告运营、

---

* 方志辉，粤传媒研究院专职副院长；肖妍琳，粤传媒研究院研究员。

发行物流、报刊出版、印刷包装，同时重点培育游戏、彩票、电子商务等新媒体业务。重组以来，公司确立了“产业化、平台化、移动化、大数据”的“三化一大”发展战略，建立了立体分层的投资架构，积极采用并购投资和内部孵化等手段，加快媒体转型、融合的步伐，目标是构筑一个广告运营、发行物流、报刊出版、印刷包装、互动娱乐、电子商务等多个文化传媒业务板块共生、互生、再生的新型综合传媒集团。2014 年是公司积极投资、迈开战略布局的重要一年。

一　战略型投资：传统纸媒的桥头堡

在传播领域，新媒体无疑是一种理想追求和必然发展趋势。在纸媒竞争日趋激烈和市场残酷的现实情况下，新媒体的投资概念已从内容延展到技术和商业模式。能否打好转型一仗，向新兴媒体商业形态倾斜的战略性投资至关重要。围绕主业转型升级，是传统报纸保持优势，开拓发展的战略逻辑。

（一）投资户外广告：香榭丽 ADSHOW 打造“移动 + 户外”强势平台

1. 户外广告资本动作

（1）2013 年 10 月 28 日，粤传媒向社会公告，公司及其全资子公司拟以发行股份和现金相结合的方式购买上海香榭丽广告传媒股份有限公司 100% 的股权，交易对价为 4.5 亿元。其中，以 10.92 元/股的价格发行 3319.6374 万股购买 80.56% 的股份，同时以现金方式 8749.55 万元购买 19.44% 的股份。本次重组完成后，正式进入了户外大屏领域。

（2）2014 年 10 月 28 日，香榭丽传媒隆重推出 ADSHOW 移动互联网广告平台，迈开了粤传媒进军移动互联网广告领域的一大步。在三网融合的战略部署下，打造了移动互联网广告平台——ADSHOW，凭借云端数据系统和精准 LBS 技术，分析和筛选目标人群及位置，定向实现立体式情境投放。

2. 户外广告与移动广告的投资策略

CNNIC 数据表明，2014 年中国移动互联网用户人数已达 5.27 亿人，已首次超过中国 PC 互联网用户数（5.11 亿人）。2014 年移动媒体花费时长已达

170 分钟，也首次超越 PC 花费市场（161 分钟），更远超 TV 接触时长（86 分钟）。

抓住移动化时机，促进广告模式向移动端转型，是 2014 年粤传媒的重要共识和动作。

除了内容型新媒体要继续保持优势外，粤传媒的广告经营也要摆脱单纯靠报业内容拉动，通过开发新产品，特别是移动专业服务产品找到新的路径。

移动化的首发重担落在哪种媒体形态上更佳呢？是在华南地区有着强大舆论影响力的广州日报新媒体（微博、微信、大洋网、新闻客户端 App）？还是 2014 年 5 月刚正式收购并入的户外巨头香榭丽？后者是陌生的战场，也是全新的机会。在 2013 年户外份额中，香榭丽在全国近百城市频繁拿下大屏，产生了厚积薄发的广告效益。这一逆势举动在传统报业广告式微的环境中，耐人寻味，值得深究。而此时选择威朋（VPON）移动技术和香榭丽户外大屏强强结合，很有可能创造新的广告主体量级。通过资本运作，实现移动端弯道超车，便具备了可行性。

在这种前提下，通过投资户外广告和移动广告有机创新而成的 ADSHOW 产品，将率先实现广告差异化运营。《广州日报》和香榭丽基于各自的行业地位，共同打造移动稀缺产品，实现稀缺性传播价值，建立同业差异化竞争的门槛。

3. “户外 + 移动”模式的实现路径

被收购方：香榭丽。香榭丽传媒是国内户外 LED 大屏新媒体领域的领先品牌，经过多年的积累和发展，建立了稳健高效的全国性户外 LED 媒体资源网络，具备了大量的客户资源，获得了中国广告协会认证的“中国一级广告企业资质（媒体服务类）”。

粤传媒收购户外广告香榭丽后推出的首个新产品为 ADSHOW。以 ADSHOW 为落点推动公司“户外 + 移动”战略的执行。

ADSHOW 项目是面向广告主或者代理商，使用自带移动及户外 DSP 平台，通过实时竞价的方式，实现程序化购买跨媒体资源的一站式服务。户外及移动资源方可以将闲置广告位提供给 ADSHOW 进行流量变现。

ADSHOW 对媒介资源的组织如图 25 - 1 所示。

ADSHOW 数字营销平台帮助广告主实现移动情景式的广告推送。以 LBS

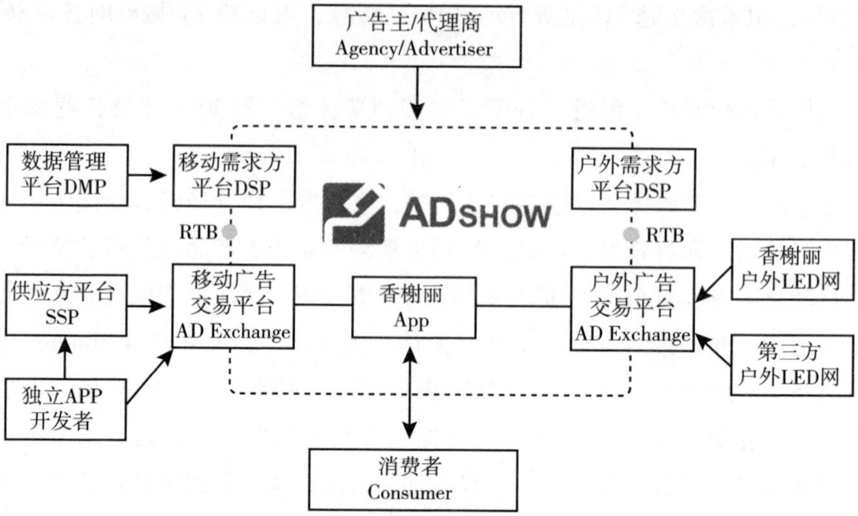

图 25－1　ADSHOW 对媒介资源的组织示意

为核心技术，实现以下新型广告模式闭环。

第一，基于植入 3 万个 App 中的 SDK，收集每个手机终端（IMEI）的相关海量数据，包括手机型号、点击时间、上网方式、App 类别等。将每个手机终端（IMEI）通过 3S 系统的数据模型分析，进行标签化区分，找出广告主需要传递广告的目标受众。

第二，在手机 App、IPAD App 及户外 LED 媒体网里，系统自动找出广告主目标受众经常使用的媒介，进行精准广告推送及展示。并可与其开展独家合作 App 或大屏进行原生广告或衍生广告等更深入的合作。

第三，基于此类目标受众喜欢的广告接收类型，为客户量身定制广告表现方式。具体形式有：横幅广告、全屏广告、插入式广告、展开广告等。表现方式同样可以利用移动终端和户外大屏的各类功能，如发送短信、拨打电话、重力感应、内容分享等。最终为消费者呈现最佳广告投放表现方式。

第四，根据 ADSHOW 数字营销平台领先的 LBS 技术，准确找出目标消费者精确位置，在他需要接收到广告的时候向消费者进行推送。如在肯德基店铺周边推送优惠信息、在商圈范围推送产品促销广告、在汽车 4S 店周边推送试驾优惠等。

通过 ADSHOW 数字营销平台，广告主和代理商可以高效实现一站式、高 ROI（投资回报率）的情景式广告，最终满足客户营销需求。

通过户外广告市场和移动广告市场的投资，粤传媒不再是一个传统媒体，不再只是依靠平面广告谋生的媒体，而是逐步搭建起一个全新的生态体系。新时期，粤传媒紧贴企业和消费人群需求，站在客户的立场，对市场做出迅速果断的判断——在深耕原有传统平面广告的基础上，力争实现户外广告和移动广告超车，全力提升粤传媒广告营销价值。

（二）投资在线广告：悠广通确立“数字营销 + 大数据”领先优势

1. 在线广告资本动作

经过一年的筹备，粤传媒 2015 年初宣布携手德粤基金共同投资 2000 万美元参股悠易互通。同时，粤传媒与悠易互通共同投资合作成立北京悠广通广告有限公司。悠易互通是中国多屏程序化购买的引领者，是中国最早推出互联网广告支持实时竞价（Real-time Bidding，RTB）购买的需求方平台（Demand-side Platform，DSP）的全媒体数字营销广告公司之一，在数据算法和程序化投放技术方面具有很强的领先优势。

艾瑞咨询发布的《2013 中国 DSP 行业发展报告》显示，在经过 DSP 数据能力、DSP 产品功能、DSP 服务投入、DSP 资源和布局四个维度的评选后，悠易互通以总分 3. 8 分位列第二名，仅次于第一名易传媒的 3. 9 分。

2. 数字营销与大数据的投资策略

数字营销和大数据的概念大家并不陌生。前者是指借助于互联网络、通信和数字交互式媒体来实现营销目标的一种营销方式。伴随互联网技术的井喷式发展，数字营销已经历过 2003 年大爆发和 2010 年后行业洗牌的阵痛。悠易互通既是当年这一技术的先发者，也是当下业界的强者和领先者。而大数据和数字广告的关系就像一枚硬币的正反面一样密不可分。它的核心手段是程序化购买，就是在对用户数据做分析的基础上，找到符合营销诉求的目标受众，通过采购这些受众浏览的广告位，实现受众的购买。

“数字营销 + 大数据”，对新媒体而言是耳熟能详的名词，但对传统报业而言却是地盘的直接侵入者。当新媒体已经来临时，旧媒体是行将就木，还是能柳暗花明？抛掉新旧门户之见，将数字营销与大数据项目作为战略投资方向，无疑是粤传媒一种冷静而具有前瞻性的选择。

在 PC、PAD、手机终端势如破竹时，粤传媒凭借在线广告这一新武器，连接线上品牌主和终端用户，可攻可守，可进可退。在开拓线上广告的同时，甚至带动平面品牌反侵到线上内容阵营，因为前者已经铺就了连接互联网用户的通路。通过战略投资进军数字营销领域，让新媒体有技术、有数据、有渠道，平面媒体有内容、有品牌、有人气，双方相互融合，大大增强传统报业的领地。

同样，报业可以为悠易互通等在线营销提供什么样的支持？在最近几年的在线营销市场中，新媒体进入了大把烧钱的状态，实际上它们也处于缺失内容生产能力、谋求品牌放大的困局中。而创造品牌、打造内容“爆点”，恰恰是传统媒体的强项。双方的签约，是需求互补的最佳案例，并将共同创造中国传统媒体和互联网新兴媒体融合的新起点。

（三）“数字营销 + 大数据”模式实现路径

基于粤传媒发展数字营销和大数据两项目标，悠易互通打造了多屏程序化购买平台 DSP 以及数据银行 Databank 的领先优势。

1. 悠易互通多屏程序化购买平台 DSP

悠易互通多屏程序化购买平台可以在 2 毫秒内完成一次复杂数据查询和计算，每次 RTB（Real Time Bidding 实时竞价）① 计算限定在 5 毫秒时间内，并于 30 毫秒内完成同各个在线广告交易平台之间的交互。智能算法自动优化 RTB 及 Non - RTB② 广告，将帮助广告主针对不同广告活动的 KPI（Key Performance Indicator 关键绩效指标）找到最合适的受众以及投放环境（如地域、时间、媒体、屏数、广告格式、广告位、广告尺寸等）。

悠易互通能够购买到的多屏广告资源每天已经超过 100 亿，QPS（Query Per Second 每秒查询率）已经超过 10 万。并和国内领先的品牌保护提供方

---

① RTB：在线数字营销新兴主流广告模式，实时竞价购买展示广告，广告主可根据在线广告交易平台所提供的数据，包括访问者来自的网站及地区等，来决定是否竞投该广告展示及设定出价。

② Non - RTB：非实时竞价，与 RTB 相对，二者组成程序化购买广告模式。

AdBug 进行合作，为品牌广告主每一次广告投放的环境进行最严格的筛选，以保证品牌广告在合适、安全的环境中进行传播。

2. 悠易互通数据银行 Databank

悠易互通的数据银行向广告主提供了数据收集、管理、分析与应用的一站式服务，可轻松管理自己的第一方数据。

悠易数据银行的分析模块为广告主提供多维细致的分析，让广告主更简便地挖掘数据背后的信息。同时，广告主可以通过悠易互通的数据银行代码，在悠易互通的多屏整合 DSP 平台直接投放。数据收集与受众投放实现了无缝的闭环流程，大幅提高了广告主的广告效果，真正落实大数据在广告方面的应用。

通过投资悠易互通，也有利于与业界优秀的第三方数据资源展开深度合作。目前悠易互通已经跟百度、秒针、安客诚、缔元信等优质的第三方数据源实现对接，帮助广告主更好地在茫茫人海里找到他们合适的受众，实现实时投放。

此外，悠易互通品牌类客户优势明显，调性与粤传媒吻合，每年广告收入额呈直线上升态势（见图 25－2）。

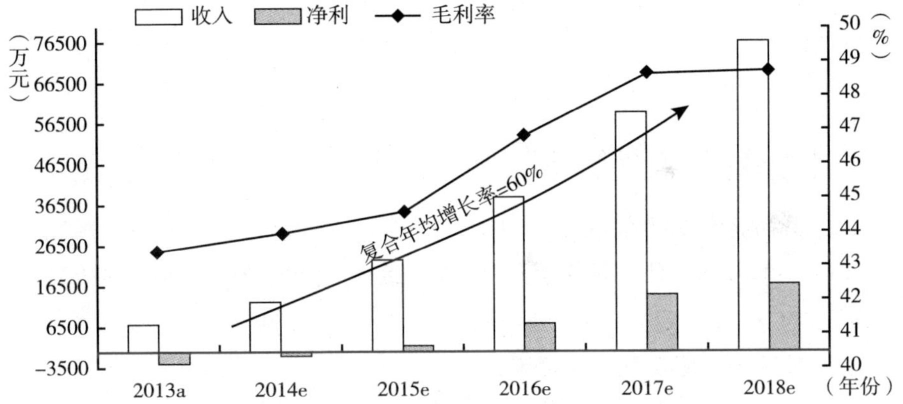

图 25－2　悠易互通收入情况

资料来源：悠易互通融资报告。

2014 年悠易互通预计全年收入 1.34 亿元，较上年增长九成左右。重点客户年收可过千万元，固定客户 100 万～300 万元/年。

主要客户见表 25－1。

表 25-1 悠易互通客户一览

年份	2012 年投放客户 TOP10		2013 年投放客户 TOP10	
名次	客户	收入(千元)	客户	收入(千元)
1	竞技世界	2261	交通银行	6150
2	奥迪	2220	竞技世界	5097
3	尼雅	2060	博士伦	3350
4	海尔	1970	壳牌	3297
5	壳牌	1523	海尔	2999
6	一汽丰田	1461	真田	2900
7	也买酒	1460	奥迪	2743
8	四季堂	1086	际恒(中联重科)	2547
9	衣波路	915	一汽丰田	1938
10	际恒(锦湖轮胎)	816	金策通	1850

在可观的前景预计下，粤传媒进军在线广告选择高举高打：通过组建强大且功能集中的营销团队，进军在线数字广告代理领域，拓展全国客户、代理公司合作维度，实现粤传媒新媒体业绩增长点；全面对接广义互联网资源，提升粤传媒全媒体领域影响力，丰富传媒多屏渠道关系，完善粤传媒经营产业闭环。

（四）投资线下物流：O2O 打造媒体最后一公里宅配

1. 投资物流资本动作

2014 年 12 月 25 日，粤传媒向广州万之象物流有限公司增资扩股 500 万元（占股 11.11%），促进公司物流转型。

2. “最后一公里宅配”投资策略

如果说对移动端和线上端是增量投资，那么《广州日报》作为一家有 63 年悠久历史的党报，有什么存量最值得挖潜?

长期以来，《广州日报》在广东人民心中有着无可比拟的“民生”大报形象。2015 年央视市场研究（CTR）的读者调查数据显示，《广州日报》2014 年平均每期读者规模高达 629 万，居全国报纸第一位。为了满足这么大规模的读报需求，公司旗下发行公司拥有 3000 多人的发行配送队伍，物流基础雄厚。

因此，在这个基础上，我们进行了发行向物流转型的局部试水，一方面以专业化管理转变配报队伍为现代物流队伍，可实现全年无休24小时服务。旗下主打4款物流产品的运营：自有宅之便实体便利店的生鲜产品，广州日报微管家电商配送等。另一方面通过投资将物流的优势确定为本地O2O生鲜宅配。目前已可覆盖广州和佛山地区，增加冷链投资和生鲜自提点建设，业绩增长迅速。

通过物流战略转型，粤传媒不再只是一个党报风格的传统媒体，不再只是依靠内容变现广告谋生，更不仅仅只是在体制内生存，而是敢于在市场风口竞争的新媒体。

而现代物流所奠定的厚实基础，将为粤传媒下一步进军电商领域提供强有力的保障。

3. 最后一公里宅配的实现路径

（1）天猫配送：2014年粤传媒为天猫客户进行落地配服务达到日均1万票（约1.3万件）；在2014年双十一阶段，配送包裹日均超过3万件。

早在2013年，广州日报粤传媒发行公司就通过合作和联营的方式，与阿里巴巴控股下的万象物流等公司积极开展落地配合作，提供物流配送的“最后一公里”的优质服务，据万象物流数据统计，广州日报粤传媒发行公司的妥投率稳居广东省第一位，全国第五位。

2014年1月18日，在来自全省的报业发行同行、部分知名电商物流企业共25个单位的共同参与下，第一届广东省报业物流联盟大会隆重召开，广州日报发行公司总经理被推举为广东省报业物流联盟会会长。该联盟会的成立，目的就是打造既有覆盖性又能够保证质量、信誉，费用也适当的物流配送服务网络，探索出有效的结合途径并且制定出合理的发展规划，寻找出报业与物流业的切合点，最终实现报业与物流业的双赢局面。

8月，在佛山地区建立全方位的配送网点，用不到一个月的时间，实现了广佛同城的无缝对接，实现了广佛同城无“盲区”的一体化配送。

12月25日，粤传媒向广州万之象物流有限公司增资扩股500万元（占股11.11%），进一步加快与市场化物流公司合作步伐，力争在2015年创下优秀业绩。

报刊自办发行网参与电商配送打响了报业转型的第一枪，更让报业发行大军焕发出新的活力，潜能得以发挥。

（2）投资参股落地配公司：投资额将达千万元级别，物流配送区域覆盖至广东省所有地级城市，营业收入预计超过5000万元。

（3）拓展福建和广西落地配业务：联动两省份报业发行队伍资源，导入天猫业务的落地配服务，着手华南地区的物流业务布局。

（4）推进冷链物流业务：投入数千万元购买冷链运输车和中转设备，同时在广州日报发行站点设立冷库。

（5）拓展“物业服务点”：铺设物业服务点，实现用户包裹自提或小区物业送货上门，加大对“最后一千米”末端配送服务站点的建设。

二　孵化型投资：连接移动互联网的新触角

战略型投资，是围绕《广州日报》主业转型升级布局，而孵化型投资，则是大胆试水全新业务，涉足游戏、彩票、会展、自媒体联盟等跨界项目，在互联网大势中寻找契合粤传媒土壤和气质的潜力业务。

2014 年，粤传媒完成了 20 多个新媒体项目的立项：对万将游戏项目完成投资工作；9 月打造出新项目广州红娘，独立开发广州红娘微信系统；年中立项孵化自媒体商业运营平台“哇喔 WOW”，致力于打造社会化自媒体内容分发平台系统，该项目荣获报业新媒体项目创新 50 强。

（一）投资网络游戏——加速以用户为核心的综合媒体服务平台建设

1. 孵化动作

粤传媒 2014 年 1 月 15 日对外发布全资子公司广州广游信息服务有限公司收到网络文化经营许可证的公告，广州广游信息服务有限公司（简称广游公司）取得游戏运营的相关资质。粤传媒布局游戏业务，2014 年 5 月在香港成立全资子公司欧凯游戏有限公司（Okeygames Co.，Limited），负责海外运营业务；于 6 月在上海成立上海广娱网络科技有限公司，负责国内页游业务；与负责国内手游业务的广州广游形成总体布局。独家游戏平台 2181. com 游戏于 2014 年 2 月 14 日上线运营。截至年底，游戏平台已上线游戏 11 款，独家代理了《神之王座》在中国大陆以及欧美地区的运营权。

2. 游戏产业孵化逻辑与策略

报业的传统受众是读者，该人群已经显示出老龄化的特点，失去中坚受众的内容生产是危险的。而互联网因为拥有不同年龄的受众，具有较完备而丰富的产品线，从而呈现出青年勃发的力量。奥巴马说，“谁拥有青年，谁就掌握未来”。来自报业主业的危机让经营者开始寻找跨界转型的新领地。那么，选择怎样的新领域是合适的？

第一，智者谋势，选择立足于风口的互联网 TMT 领域。

第二，因地制宜，基于粤传媒所处广州地区的网络游戏运营优势。

第三，尝试最小化的可行产品。通过孵化进行内生培育，而非以大规模并购的方式起步。

在这三点基础上，网络游戏成为粤传媒首个孵化的新领域。

3. 游戏运营思路与业务重点

广游公司结合粤传媒娱乐产业链资源优势，通过建立游戏运营平台实现移动游戏、网页游戏的发行、代理、运营以及游戏相关版权运营等服务，试水互动娱乐新版图。

游戏公司先期研发产品是 2181 游戏平台。该平台以 PHP 技术构架后端，CSS、html、DIV、JS 等构架前端 MYSQL 和 MangoDB 为数据库。在 2181 平台基础上，提供用户管理、充值中心、新闻展示、论坛交流等服务板块，成为用户与游戏产品之间的中枢纽带。

在商业模式上，网页游戏主要采用道具收费、会员制和 IGA。道具收费：在游戏内部设立“虚拟物品商店”进行收费。会员制：为会员提供一系列的优质付费定制服务。IGA 是 In Game Advertisement 的简称，指在游戏中适当的时间和位置上投放广告。在欧美网游市场中，将近 30% 已开发嵌入式广告发布系统。国内游戏广告收入仍占不到整体业务收入的 3%，美国、韩国、日本则高达 35%。中国的网游内置广告市场可以算是块未开垦的新底盘，这就在无形中为其创造了一个巨大的广告价值空间。发展 IGA 广告，对于媒体属性的粤传媒而言，有深厚的基础和经验，具备内部孵化的能力，是值得挖潜的重点业务。

（二）电商：基于媒体资源优势做特色媒体电商项目

1. 电商孵化投资动作

2014 年，粤传媒主要推出广州日报微管家（后更名为广州日报电商）及广州日报报业商城电子商务项目。通过内部孵化，连接《广州日报》主报、《羊城地铁报》版面资源、销售发行物流资源，成为广佛地区市民的日常生鲜宅配优选，已走在同行电商项目的领先位置。

2014 年年中，粤传媒广告分公司与技术部独立开发广州日报报业商城平台，基于广告分公司传统客户资源优势，为企业提供广告新媒介、新渠道、新形态和新方案。

2. 电商孵化逻辑

电商业务是报业可以重点突破的领域。报社在长期经营过程中形成了强大的社会影响力，特别是本地生活的报道，一年 365 天准时送报，累积了一大批读者，赢得他们的信任。这就是多年经营形成的公信力，为电商业务提供了重要的品牌背书，在电商业务缺乏诚信体制的当天，这成为报社跨界的先天优势，也是媒体电商区别于其他电商的重要门槛。

在模式定位上，为什么专注于本地生活的项目更有优势？

这与《广州日报》作为一家区域党报的属性有强相关，读者用户群基数主要落在广东省内，初期产品的战线太长反而不容易更新迭代，因此 2014 年电商项目人群目标在广州市和佛山市，现在已经培养起一批活跃的本地用户群。此外，在互联网时代，传统线下商户同样受到强烈的冲击，他们的危机感更重。相比物资合作的成本，他们看重和报社合作尝试新渠道的价值，公司几个项目的前期活动，比如秒杀送礼等，基本上都由合作商家提供。在供应商方面，媒体电商有非常好的资源和成本优势。

（三）云彩票：立足《广州日报》《足球报》等品牌优势孵化体育竞彩产品

1. 彩票孵化资本动作

2014 年 4 月，粤传媒全资子公司广州先锋报业有限公司与广州天夏科技有限公司合作开发的彩票代购服务平台云彩彩票完成互联网、手机客户端云彩彩票（安卓版和 IOS 版）、官方微信云彩（服务号：YC6636）、云彩手机网及手机下载网站的上线准备工作。

2014 年 8 月，公司全资子公司广州先锋报业有限公司与广州天夏科技有限公司共同出资设立广州劲彩信息科技有限公司，劲彩公司注册资金为 5000

万元，先锋报业拟以自有资金出资3000万元参股投资劲彩公司，占其60%的股权，天夏公司出资2000万元，占其40%的股权。

广州劲彩信息科技有限公司经营范围为互联网、移动互联网信息技术服务，广告服务，展会展览、企业管理咨询、经济咨询。

2. 云彩彩票孵化前景

目前国内彩票市场增长稳定，保持两位数增幅，互联网彩票销售市场更是快速增长，市场前景广阔。粤传媒通过设立劲彩公司开发、运营在线彩票代购平台系统云彩彩票，独立负责云彩彩票的运营管理业务，把云彩彩票打造成为用户提供互联网、手机客户端、微信用户立体化购彩服务平台，借助《篮球先锋报》《足球报》《足球大赢家》《广州日报》等品牌的知名度、可信度和竞争力，增强云彩彩票的影响力和知名度，努力提高市场占有率。同时，劲彩公司除运营云彩彩票外，视业务需要向体育资讯信息服务及电子商务等业务方面延伸。

（四）哇喔WOW：打造自媒体连接平台

1. 自媒体平台孵化动作

2014年10月28日，哇喔WOW平台在上海产品发布会正式发布。

哇喔WOW由粤传媒全资子公司广州日报新媒体有限公司投资孵化并自主研发，是一个为自媒体人服务的综合平台，致力于打造自媒体生态圈。平台的服务主要包括自媒体广告投放、数据监控及分析、商战培训、行业产品研发四个方面。

2. 自媒体生态链孵化逻辑

自媒体生态的孵化逻辑，是以《广州日报》为平台入口，采用互联网模式首次建立完整自媒体生态链，借助成熟的广告体系和用户资源，在保障自媒体利益最大化的基础上，为用户提供更多高质量的原创内容。而通过哇喔，促成生态链多方利益关系的达成。

相同兴趣爱好的人群聚集成不同的交互群体，圈子是信息共享和沟通的重要渠道。在哇喔搭建的资源平台上，自媒体人能够以个性化的内容和读者产生“化学反应”，影响有影响力的人。立足粤传媒内外资源优势，哇喔通过上游优质作者整合，中间平台模式创新，下游用户内容满足，从根本上颠覆了人们基于博客、微博、论坛、圈子等形式的自媒体认知。

而对公司来讲，进行自媒体生态的孵化将带动五类项目的深入试验和发展，分别是：自媒体广告投放、数据监控及分析、活动培训、行业产品研发、原创内容展示模块。

- 自媒体广告投放

凭借天生的传媒基因、优质的自媒体资源等优势，平台将为企业提供自媒体广告投放服务，并实现全行业覆盖、精准投放、深度影响。

- 数据监控及分析

平台独享国内乃至全球领先的全网数据监控及分析技术，能深度挖掘话题热点、粉丝关系、内容传播走向等，也能提供舆情监控、危机预警、口碑分析等服务。

- 活动培训

平台会定期举行自媒体沙龙、行业峰会论坛，让自媒体互相交流、互相提高；平台会给予自媒体众筹活动的机会，更多元化地提高自身价值。

- 行业产品研发

平台拥有资深的产品设计研发团队，能针对不同领域的企业和自媒体的需求，为其量身定制基于社交平台的营销产品。

- 原创内容展示

平台拥有独有的微信、微博、网页的热点技术，能让普通用户方便地了解到自媒体热点及网络热点，也能让自媒体根据热点表达自己的观点。

孵化性质的投资，并不是国有企业的基因。它的每一步探索都凝结了员工的心血以及宝贵的创新力和执行力。粤传媒孵化项目大胆启用年轻人，让他们充分发挥能动性，以产品经理的身份开辟独特的新市场。这是一件虽然艰苦但必须坚持的工作，任重而道远，粤传媒新年还将在电商一体化解决平台、立体化广告平台上继续寻找孵化点，从而在更高层面、更大范围、更大意义上开创创业新局面。

三　财务型投资：媒体融合的 TMT 生态系统

进入全媒体时代，《广州日报》从提供“纯平面”产品转向提供文化产业网生代产品，构建以 TMT 媒体产品为基础的财务投资链。作为全国第一家中宣部批准上市的报社，粤传媒一直很重视运用上市实力，投资获得未来的经济利益和竞争优势。进行财务投资的目标涵盖收益性目标、成长性目标、技术领先目标和产业转移目标。

成立德同文化基金：专注互联网媒体与文化创新服务行业投资

1. 投资动作

2014 年 12 月 12 日，广东广州日报传媒股份有限公司与德同（北京）投资管理有限公司（以下称为德同资本）合作设立上海德粤文化产业投资基金（以下称为德粤基金），签约仪式在广州举行。德粤基金规模为 5 亿元人民币，将专注于投资文化传媒的热点领域和创新服务领域的相关性企业。

2. 财务投资运作路径

广州日报传媒股份有限公司（粤传媒）出资 1.5 亿元，和德同（北京）投资管理有限公司强强联手，合作设立文化产业投资基金。公司全资子公司广东广报投资有限公司与德同资本按 30%∶70% 出资比例成立德同广报投资基金管理公司，注册资本为 1000 万元。粤传媒与该基金管理公司、德同资本共同发起德粤文化产业投资基金。

德粤基金的认缴规模为 5 亿元。作为德粤基金的有限合伙人（LP），粤传媒使用自有资金认缴 1.5 亿元，占出资总额的 30%，德同广报投资基金管理公司以普通合伙人（GP）出资 0.05 亿元，占出资总额 1%；其余出资由德同资本负责募集配套投资人，占出资总额 69%。

德同资本是专注投资中国企业的私募股权投资集团，目前合计管理着等值人民币超过 100 亿元的基金（包括美元和人民币）。在中国主要区域设有 10 个办公室，近 50 名投资专业人员。其在文化产业行业丰富的项目储备和投资经验有利于未来德粤基金的安全、高效运营管理。如能实现预期，此项投资对粤传媒的盈利能力和财务状况将产生积极稳健的影响。

德粤基金将重点关注以互联网等媒体为基础，衔接科技、文化与创新服务行业的 TMT 产业，在内容、用户、渠道等方面进行广泛布局。粤传媒将本次投资作为实施文化传媒产业升级战略的平台，将紧紧抓住中央推行“传统媒体与新兴媒体融合”政策的有力时机，充分利用德同资本的专业投资团队和风险控制体系，进一步加快“产业化、平台化、移动化、大数据”发展战略的执行。

粤传媒依托《广州日报》优质品牌资源，一方面大力深挖“内涵”，保有公司在传统媒体领域的地位和前端影响力；另一方面，2014 年以来积极扩张“外延”，通过一系列并购整合，出击游戏、体彩、电商等新兴互联网产业，在战略化转型方面动作频频，此次与德同资本合作被视为强强联合、平台升级之举。

2015 年以来，粤传媒分别与华南理工大学、甲骨文（中国）软件系统有限公司签署战略合作协议，强强联手推动粤传媒的转型和创新，探索打造媒体大数据业务样板工程。

未来三年，粤传媒将以“三化一大”（产业化、平台化、移动化、大数据）发展战略，构建三大平台（全国立体化广告平台、数据定制化服务平台、电商一体化解决平台），连接内外，融合媒介，创造更大价值。

B.26

蓝色光标投资案例：蓝色光标并购故事

徐 明*

摘 要： 作为中国品牌管理和营销传播服务的龙头企业，蓝色光标在发展过程中着力并购整合，将各子公司所具备的媒介优势整合到一起，不断提高媒介购买的议价能力。同时，通过外延式发展，实现公关业务和广告业务的双轮驱动，整合传媒行业和传播行业，将服务链条向全过程品牌管理延伸，逐步向国际化综合传媒集团转型。

关键词： 并购整合 外延发展 国际化

一 公司概况

蓝色光标传播集团（以下简称公司、集团或蓝色光标）是一家为大型企业和组织提供品牌管理与营销传播等服务的专业企业。集团主营业务为整合数字营销、公共关系、广告创意策划、媒体代理、活动管理以及国际传播业务。集团总部在北京，在中国大陆各省会城市均下设分支机构，并在中国香港、中国台湾、新加坡、北美、欧洲都拥有业务网络。现有员工超过3000人，2013年营业收入达35.8亿元人民币。

蓝色光标传播集团于1996年成立，2010年2月26日在深圳证券交易所创业板上市（股票代码：300058）。自蓝色光标登陆创业板以来，坚持贯彻内生式增长和外延式发展并重的发展战略，连续多年保持了高速增长。2013年公

---

* 徐明，蓝色光标传播集团证券事务代表。

司正式启动了新的10年战略，确定了将数字化、全球化、10年10倍作为未来10年的核心战略目标。

蓝色光标旗下拥有蓝色光标数字营销机构、智扬公关、电通蓝标、思恩客广告、精准阳光、今久广告、博思瀚扬、美广互动、博杰传媒、蓝色方略、香港Metta广告、We Are Social等业务品牌。公司持续服务于超过1000个国内外领先客户，其中财富500强企业近百个。客户涵盖互联网、消费品、信息技术、汽车、房地产、金融、文化娱乐等行业的领导品牌。

蓝色光标在努力创造经济效益的同时，积极履行社会公益方面的责任和义务。蓝色光标公益（蓝公益）通过资助、公司志愿服务、员工志愿者活动等方式支持和参与公益项目，主要涉及教育、环保、NGO支持等领域。除了直接的公益资助外，公司以专业能力为公益组织提供服务，历年来向多家公益组织提供了持续性的咨询志愿服务。

表26－1　蓝色光标的发展历程

年份	重要事件
1996年	蓝色光标品牌成立，总部设于北京
1999年	成立第二品牌智扬公关
2001年	蓝色光标第一次进入中国国际公关协会的TOP10公司，以后每年均居TOP榜前列
2005年	设立覆盖全国24个城市的服务网络
2006年	获评《MEDIA》2006年度亚太最佳公关公司，这是第一次中国本土公关公司在亚太最权威的评选中获此殊荣
2007年	名列美国权威机构霍尔姆斯报告全球公关公司排名75位，中国本土公关公司中唯一的入选企业
2008年	收购博思瀚扬；在香港成立子公司——蓝色光标国际传播集团有限公司；获评霍尔姆斯2008年度大中华区最佳公关公司
2009年	入选《福布斯》中文版2009年中国潜力企业200强
2010年	在深圳证券交易所上市；和日本电通成立电通蓝标合资公司；名列霍尔姆斯报告全球公关公司排名38位，亚太独立公关公司排名第3位
2011年	收购思恩客广告、美广互动、今久广告、精准阳光、新加坡金融公关和香港殿堂公关，业务覆盖新加坡、中国香港、中国台湾；名列霍尔姆斯报告全球公关公司排名29位
2012年	在美国成立子公司；名列霍尔姆斯报告全球公关公司排名24位，成为亚洲第一大公关公司；获SABRE AWADRS国际案例大赛全球金奖
2013年	收购西藏博杰广告、英国知名公关公司Huntsworth及蓝色方略；名列霍尔姆斯报告全球公关公司第19位；获伦敦国际公关协会GOLDEN WORDE AWARDS案例大赛全球金奖

资料来源：蓝色光标，2014。

蓝色光标通过多种方式有效提升品牌优势，提升综合优势，目前公司在原有公关业务基础上，通过多个国际、国内收购，成功将业务领域拓宽至互联网广告、广告策划、微博营销、财经公关、地产全案策划及会展服务、电视广告代理等领域，公司逐步向综合传媒集团转变。

2013 年公司营业总收入达 358399. 81 万元，比上年同期增长 64. 75%；实现营业利润 55152. 38 万元，比上年同期增长了 74. 31%；实现归属于上市公司股东净利润达 43904. 67 万元，比上年同期增长了 86. 30%。

未来，公司将通过进一步实施外延发展和“国际化”战略，使得公司业务架构更加立体。截至目前，公司业务范围涵盖广告、公共关系服务等行业，完成了公司在营销传播服务行业的战略布局，为打造中国一流的专业传播集团的战略目标构建了坚实基础。

二　公司发展战略

（一）并购整合是传播行业的主要发展模式

1. 公关行业强者恒强，并购有望加速行业整合

中国从事公关业务的公司有 1000 多家，行业集中度非常低，前 25 家的市场份额合计仅为 10%，其中行业龙头蓝色光标占比为 6%。公关行业存在强者恒强特征，行业龙头蓝色光标的市场份额从 2008 年的 2. 3% 上升至 2013 年的 5. 7%。外资公关公司大举进入中国市场，使得中国公关公司必须加速发展。龙头公司可利用自身的规模优势和品牌优势通过外延式发展方式，加速整合公关行业，引领行业并购的浪潮。

2. 并购整合是广告行业发展的主要模式

根据中国广告业协会的统计，我国广告行业集中度非常低，前 7 大广告企业的市场份额合计 10%，而从全球角度看，前 5 大广告集团合计市场份额为 56%。广告行业是一个进入壁垒较高的行业，不仅需要大量的采购资金，还需要优质的媒体资源和广告主资源，因此大型的传播公司能够充分利用自身的客户资源和资金优势，通过不断地兼并收购来迅速扩大市场份额，从而达到规模经济的效果。WPP、Omnicom 等行业巨头正是通过一系列的并购扩张，将各子

公司所具备的媒介优势整合到一起，从而不断提高媒介购买的议价能力。中国未来广告行业集中度也将有所提升，并购整合仍将是广告行业发展的主要模式。

3. 外延式发展实现产业链的贯通

公关业务和广告业务之间是存在协同效应的。广告品牌与公关品牌旗下积累的客户资源可以共享。同时，公关、广告等多个业务，能够提供差异化服务，也可以更好地吸引新的客户。通过外延式发展，可以实现公关业务和广告业务的双轮驱动，整合传媒行业和传播行业，形成包括广告、公共关系及活动管理等传播增值服务在内的整合的传播服务链条。

借鉴 WPP、Omnicom 等国际传播巨头的成功模式，自上市以来，蓝色光标坚持内生式增长与外延式发展相结合的双轮驱动战略，不断通过境内外并购向国际一流专业传播集团的目标迈进。

（二）蓝色光标未来发展战略

蓝色光标未来发展的战略目标明确，即由原来的单一的公共关系服务提供商，转型成为中国领先的一流的专业传播集团，打造属于中国的世界级传播品牌，形成包括广告、公共关系及活动管理等传播增值服务在内的整合的传播服务链条，为客户提供更全面、更优质的服务。

具体而言，蓝色光标的战略分为两个阶段：第一阶段是上市时的三年规划（2010～2012 年），即巩固行业领先的市场地位，保持每年 15% 以上营业收入的增长，发展成为专业的传播集团，并且制定了服务延伸、行业拓展、区域扩张、收购兼并、多品牌经营等计划。第二阶段是 2013 年初提出的十年规划（2013～2022 年），即收入实现 10 倍增长，成为具有全球化视野的营销传播集团，并将数字化、国际化作为公司未来的战略方向，十年后数字化业务收入占比将达到 2/3、海外业务收入占比将达到 1/3。

（三）蓝色光标稳步推进发展战略

1. 第一阶段战略超预期实现

2010 年蓝色光标上市，提出第一阶段战略。从 2012 年各项指标看，三年战略规划超预期实现。

公司战略目标是发展成为专业的传播集团，计划保持每年15%以上的营业收入增长。实际上，公司2010～2013年营收增速分别是34.8%、155.2%、71.8%和64.75%，复合增长率高达92.7%，超预期实现营收增长目标。

基于我国公共关系市场向二级城市扩展的趋势，公司计划耗费三年的时间，在公共关系业务发展较快、消费力较强的二线城市建设全国性的业务拓展网络。2009年，公司在全国共有24个办事处，初步建立了全国业务网络，公司计划对全国业务网络升级扩充，最终形成“四三七八十”（即4个层级、3个业务核心、7个业务骨干点、8个业务支持中心、10个市场拓展网络）的战略布局。实际上，至2012年公司不仅在中国大陆完成网络扩充升级，而且开始布局境外。公司业务网络架构辐射面向全国，集团下属子公司及子公司下设公司分布于上海、广州、深圳、杭州、成都、佛山、东莞、海南、西藏、香港、新加坡，同时在各省会城市均有分支机构。且2011年、2012年分别收购新加坡金融公关集团、香港殿堂公关公司，进入国际市场。

公司计划以汽车、IT为核心业务行业，并将成功经验推广到医药、金融、日用消费品行业，充分利用互联网等技术手段实现对客户业务拓展的及时的服务支持，以满足客户的不同需求。2009年，公司主要布局IT、汽车、消费品行业，营收占比分别是54.6%、16.7%、15.3%；2011年，公司业务拓展至IT、汽车、消费品、文化娱乐、互联网、手机、房地产，营收占比分别是25.1%、18.0%、13.2%、16.2%、11.7%、2.8%和2.4%。

公司计划将公关服务向全过程品牌管理延伸。公司将继续专注于公共关系服务领域，把品牌管理作为公司的核心业务，丰富品牌管理的服务种类，巩固在产品推广、品牌传播和危机管理等服务领域的优势，开拓企业社会责任、互动营销等新型服务；同时，重视对新兴传播方式的运用，加强对互联网等新型传播技术的研究，为客户提供更丰富的服务内容；利用世博会契机，提高在活动管理业务中的竞争力，通过资本市场融资，购置大型的专业活动设备，为客户提供更为全面的服务。视业务发展需要伺机向广告传媒业务延伸，最终形成一条完整的品牌整合营销服务链条，为客户提供全过程全方位的品牌管理服务，确保公司在市场竞争中处于优势地位。2009年，公司服务领域仅限公共关系业务，营收占比100%；2012年，公司成功将服务范围扩展至公共关系和广告业务（媒介购买为主）领域，其中广告业务营收占比达45.4%，成功实现“公关+广告”全布局。

积极介入兼并收购，寻求外延式扩张。目前海外公共关系公司以平均每周一家的速度进行并购，逐渐形成多品牌跨国域的传播集团。而随着中国市场的拓展，海外公司也开始通过并购进军国内市场；而随着海外公司并购热潮的到来，本土公司也逐渐意识到行业整合的趋势，开始通过并购方式增强自我实力，扩展自身的市场。因此，为了与同行业进行竞争，公司开始制定并实施收购和兼并策略。2010～2012年，公司共发起12笔交易，并成功收购7家企业，将行业领域拓展至金融和房地产行业，并成功切入广告业务。

公司计划整合优势品牌，打造多品牌独立运营体系。2009年公司已拥有三个公共关系品牌：蓝色光标品牌定位于全国性、全业务服务品牌，其服务客户主要为IT、通信、网络、汽车等行业的领军企业，在公共关系行业树立了行业龙头的地位；智扬公关品牌主要采取区域化的发展策略，针对北京和深圳市场，已经在深圳市场建立口碑；欣风翼主要服务于手机通信行业，以现场活动促销管理作为主要的服务模式。在沿用上述品牌定位的基础上，公司通过并购整合各细分行业内的优势品牌，最终实现公司统一控制下众多品牌独立运营的经营体系。2009年，蓝标品牌、智扬品牌和欣风翼品牌实现的营业收入分别是2.9亿元、0.5亿元和0.2亿元。2012年，品牌数量和规模大幅扩充，其中蓝标品牌、思恩科品牌、精准品牌、今久品牌分别实现营业收入9.3亿元、6.9亿元、1.4亿元和1.9亿元。

2. 第二阶段战略有效推进

2013年初，蓝色光标提出第二阶段战略（2013～2022年）。截至2014年底，数字化战略的基本架构已经形成，国际化战略也得到初步拓展。

数字化战略方面，公司计划在大数据、移动互联、在线视频和电子商务四个领域布局。投建精准广告投放平台（DSP、DMP），收购大数据类的技术公司、RTB相关公司；加快在移动端营销布局，进军手机广告业务；加大在线视频领域营销，与具有视频资源的互联网媒介更深入合作；进入电商领域，直接帮助客户销售商品、享受销售分成。2013～2014年，公司数字化战略基本架构初步形成。公司设立相关部门，参股捷报数据等技术公司，推出自主研发的BlueView智能营销系统和BlueMP移动营销产品；参股CRM营销技术公司彪洋科技；成立移动互联业务板块及相关公司；成立电商事业部，战略投资三家电商代运营公司。2014年，公司数字化业务收入占比已达45%，预计2022年数字化业务占比将达76%。

国际化战略方面，公司计划搭建海外平台，赴港发行H股并上市；同时重点跟踪国际优质传媒公司和具有技术基础、大数据、搜索优化等方面的优质公司，关注精准营销、基于社交网络平台的营销公司和具有优秀创意能力等核心竞争力的公司，相机选取合适标的实施兼并收购计划。2013～2014年，国际化战略初步拓展，公司成功收购总部位于英国的国际营销龙头Huntsworth、总部位于英国的全球性社交媒体集团WRS、香港最大的独立广告公司Metta、美国工业设计公司Fuse Project和北美传播巨头Vision7。2014年，公司海外业务收入占比达11%，预计2022年海外业务收入占比将达33%。

三　并购战略打造国际化传媒集团

公司的目标是贯通整个营销产业链，使公司逐渐从平面化布局的公司转变为立体成长的公司，从局限于中国境内的公司，转变为国际化的传播集团。公司始终坚持自身的并购战略，坚持科学、合理的价值判断，做到“不畏浮云遮望眼”，重点考察横向布局（完善行业布局）和纵向布局（完善整个营销传播链条）两方面。

公司自成立起，成功并购了55家公司（见表26－2），外延式增长取得较大成绩。公司成功将业务领域拓宽至互联网广告、广告策划、微博营销、财经公关、地产全案策划及会展服务、电视广告代理等领域。经过外延式发展，公司已经初步形成了包括广告、公共关系服务和活动管理等增值服务在内的营销传播服务链。公司在原有公共关系业务基础上，成功布局广告业务。公司加大海外并购力度，坚持“走出去”的策略，成功收购多家海外公司。可以说，公司外延发展战略的实施，使公司从上市初期单纯的公关公司逐步向综合传媒集团转变。

表 26-2 蓝色光标并购公司一览

	收购目的	收购对象
国内	财务投资	广东百合媒介广告公司等6家公司
	内部培训	博看文思等2家公司
	数字化	北联伟业等16家公司
	业务发展	博思瀚扬等23家公司
	O2O	广州市有车以后信息科技有限公司等3家公司
国际	国际化	Huntsworth 等5家公司

附　　录

Appendix

B.27

2014年中国传媒投资大事记

关乐宁　万宇航*

1月

1月21日　文化部、发改委等联合召开发布会，表示将出台7项举措加快构建现代公共文化服务体系，并加大财政投入力度，文化传媒行业又迎来了政策利好。

1月21日　南京新与力文化传播有限公司获得赛富基金3000万美元投资。

2月

2月27日　中央网络安全与信息化小组成立，中共中央总书记、国家主席习近平担任组长。小组的职责包括统筹协调各个领域网络安全和信息化重大问题，研究制定网络安全和信息化发展战略、宏观规划和重大政策，推动国家

* 关乐宁、万宇航，中央财经大学新闻系。

网络安全和信息化法治建设，不断增强安全保障能力。

2月28日 中央全面深化改革领导小组第二次会议审议通过《深化文化体制改革实施方案》。

2月28日 无锡万达文化旅游城正式开工，该项目位于无锡市滨湖区，占地面积202公顷，建筑面积340万平方米，总投资超过400亿元，其中文化旅游项目投资210亿元。包括文化、旅游、商业、酒店四大内容，由万达茂、大型舞台秀、大型室外主题乐园、度假酒店群、酒吧街等组成。

3月

3月3日 国务院以国发〔2014〕13号印发《关于加快发展对外文化贸易的意见》。该意见分总体要求、政策措施、组织领导三部分。政策措施是：明确支持重点；加大财税支持；强化金融服务；完善服务保障。

3月5日 据海外媒体报道，环球影业将斥资近20亿美元（约合120亿元人民币），在北京建造一座好莱坞环球影城主题公园，这将是亚洲地区第三个好莱坞电影主题公园，前两座分别位于新加坡和日本。

3月6日 华谊兄弟发布公告称，公司拟与另行确定的其他投资人共同组成“华谊兄弟投资方”，作为一个投资主体，合计向美国Studio 8公司投资1.2亿~1.5亿美元，购买美国Studio 8公司的股权。

3月7日 上海东方传媒集团有限公司旗下的上海尚世影业有限公司宣布，与华特迪士尼影业签署一项多年期合作协议，将致力于全球大片的合作开发。

3月11日 文化中国传播发布公告称，已与阿里巴巴集团签订协议，以每股0.5港元向后者发行124.88亿股新股，总值62.44亿港元（10亿新元）。

3月14日 《国务院关于推进文化创意和设计服务与相关产业融合发展的若干意见》发布，提出培养一批高素质人才，培育一批具有核心竞争力的企业，形成一批拥有自主知识产权的产品，打造一批具有国际影响力的品牌，建设一批特色鲜明的融合发展城市、集聚区和新型城镇。文化创意和设计服务增加值占文化产业增加值的比重明显提高，相关产业产品和服务的附加值明显提高，为推动文化产业成为国民经济支柱性产业和促进经济持续健康发展发挥重要作用。

3月17日 文化部、中国人民银行、财政部联合发布《关于深入推进文化金融合作的意见》，旨在贯彻落实十八届三中全会“鼓励金融资本、社会资本、文化资源相结合”的要求，巩固扩大中国人民银行、财政部、文化部等部门《关于金融支持文化产业振兴和发展繁荣的指导意见》的实施成果，深入推进文化与金融合作，推动文化产业成为国民经济支柱性产业。

3月19日 由文化部、中宣部、中央编办、中央文明办、国家发展改革委、教育部、科技部、财政部、国家新闻出版广电总局等20家成员单位组成的国家公共文化服务体系建设协调组正式成立，协调组本着“资源共享、优势互补、互惠互利、共同发展”的原则，统筹整合各部门力量，密切合作，共同推进公共文化服务科学发展。

4月

4月2日 国务院办公厅发布《关于印发文化体制改革中经营性文化事业单位转制为企业和进一步支持文化企业发展两个规定的通知》。《文化体制改革中经营性文化事业单位转制为企业的规定》和《进一步支持文化企业发展的规定》两个文件，对文化企业出台了财政税收、投资融资、资产管理、土地处置、收入分配、社会保障、人员安置、工商管理等多方面支持政策。

4月3日 阿里巴巴影业集团在香港注册成立，公司编号为2080463，属于文化中国旗下的100%全资子公司，主营方向是影视业务。

4月24日 国家新闻出版广电总局、财政部以新广发〔2014〕52号印发《关于推动新闻出版业数字化转型升级的指导意见》。该意见分总体要求、主要任务、保障措施三部分。主要内容是：开展数字化转型升级标准化工作，提升数字化转型升级技术装备水平，加强数字出版人才队伍建设，探索数字化转型升级新模式。

4月24日 十二届全国人大常委会第八次会议批准《视听表演北京条约》，此条约为2012年世界知识产权组织在北京举行的外交会议上签署，其中规定缔约方可视具体情况规定针对“视听录制品”中表演的出租权、广播和以其他方式进行传播的权利。

5月

5月9日　途牛网正式登陆纳斯达克挂牌上市，成为继携程旅行网、艺龙旅行网、去哪儿网之后第四家在美国上市的中国在线旅游企业。

5月28日　在第三届京交会上，首个由中国企业在欧洲投资开发的经济文化特区——中欧文化创贸区正式启动，项目选址位于欧亚大陆桥和新丝绸之路中线枢纽上的匈牙利布达佩斯。这一动作表明中国“文化走出去”步伐在加快。

6月

6月6日　复星国际与华纳影业前总裁杰夫·罗宾诺夫（Jeff Robinov）创办的Studio 8公司签署了投资协议，正式进军好莱坞。这同时意味着，华谊兄弟3月称拟向Studio 8投资1.2亿~1.5亿美元的合作计划正式告吹。

6月7日　观澜湖华谊冯小刚电影公社开业仪式暨华谊二十周年庆典在海口冯小刚电影公社中的“1942民国街”举行，正式开街迎宾。

6月11日　从事房地产行业的道博股份晚间发布重组预案，拟以发行股份及支付现金方式收购强视传媒100%股份，并发行股份募集本次交易金额25%的配套资金，标的资产作价为7.8亿元。

6月16日　华谊兄弟发布公告称，其全资子公司华谊兄弟（天津）互动娱乐有限公司拟以人民币2.66亿元投资深圳市华宇讯科技有限公司（简称卖座网），即通过收购股权及增资的方式获取卖座网51%的股权。

6月17日　腾讯在上海电影电视节期间宣布推出“为虎添翼”电影计划，宣布进入电影业。

6月19日　财政部、国家发改委、国土资源部、住建部、中国人民银行、国家税务总局、新闻出版广电总局等七部门下发《关于支持电影发展若干经济政策的通知》，发布了支持电影发展的若干经济政策。具体来看，政策将从税收、资金、土地、金融政策四大方面扶持中国电影产业的发展。华谊兄弟、光线传媒等影视公司，以及目前拟上市的中影股份、上影股份、万达院线等院线公司都有望从中获益。

6月22日　申科股份发布重组预案，宣布海润影视将以25亿元借壳申科股份。6 月 22 日晚间，申科股份发布重组预案，宣布海润影视将以 25 亿元借壳申科股份。本次交易后，孙俪持有申科股份 701.62 万股，持股比例为 1.67%。如果以 26 日申科股份的股价计算，当红明星股东孙俪身价已超 9000 万元，市值过亿就在咫尺之间。另外还有十几位演员入股，其中包括“华妃”蒋欣、男演员连奕名等多位演员。

2014 年 6 月底 阿里巴巴斥资 62.44 亿港元收购文化中国 59.32% 股权，并将其更名为阿里影业。

7月

7 月 11 日 湖北荆楚网络科技股份有限公司在全国中小企业股份转让系统（新三板）上市，总股本为 4000 万股。荆楚网由湖北日报传媒集团控股，是全国首家挂牌资本市场的省级新闻网站。上市后，其业务形态涵盖新闻网站、户外媒体、动漫、移动客户端、电子商务、金融信息服务、无人机航拍、音视频直播录播等，日均受众突破 3000 万人次。

7 月 22 日 作为专注时政与思想的媒体开放平台，澎湃新闻正式上线，其官微称“立志成为中国第一时政品牌”。

8月

8 月 5 日晚 阿里影业发布名下首份公告，委任前中影集团副总经理张强为公司行政总裁兼执行董事。公司名称也已由“文化中国传播集团有限公司”变更为“阿里巴巴影业集团有限公司”。阿里影业正式起航。

8 月 18 日 中央全面深化改革领导小组第四次会议审议通过了《关于推动传统媒体和新兴媒体融合发展的指导意见》，将媒体融合上升为国家战略，掀起了全国新闻媒体新一轮的深刻变革。意见强调，推动传统媒体和新兴媒体融合发展，要遵循新闻传播规律和新兴媒体发展规律，强化互联网思维，坚持传统媒体和新兴媒体优势互补、一体发展，坚持以先进技术为支撑、以内容建设为根本，推动传统媒体和新兴媒体在内容、渠道、平台、经营、管理等方面的深度融合。

8 月 19 日 文化部、财政部、工信部三部委联合发布《关于大力支持小微文化企业发展的实施意见》，在财税方面给予了实实在在的政策利好。

8 月 25 日 北京市人民政府与文化部联合发布《关于加快国家对外文化贸易基地（北京）建设发展的意见》，提出基地重点文化企业享受资金等扶持政策，并放宽适用条件限制。

8 月 境外社交网络兴起的旨在关注渐冻人等罕见病的“冰桶挑战”传到中国，各界知名“大佬”纷纷应战、传递爱心；11 月，“微笑挑战”点名游戏蹿红微信朋友圈，“用微笑感恩身边所有人”点燃了冬天里的一把火，各种微笑照片疯传网络，传递快乐正能量。这种在互联网上兴起的正能量正以独特的 O2O 方式推动着中国公益事业的发展。

9月

9 月 3 日 国内财经媒体 21 世纪网成为新闻主角。警方指控 21 世纪网高管和少数记者，联合公关公司收取上市或者拟上市公司的“保护费”，总裁刘冬、副总编周斌因此被捕，很多人没料到的是，连沈颢也未能幸免。

9 月 7 日 国内部分影视剧纷纷试水 IP（知识产权）开发，多以游戏、粉丝经济为主要方向。湖南卫视推出的周播栏目剧《美人制造》在剧本创作之初就绑定了同名网游，使得这款网游高度还原剧中场景、人物、剧情，游戏玩家还可能反向影响剧情走向。游戏和影视 IP 实现了高度交融互动。

9 月 11 日 泰亚股份宣布终止与影视企业欢瑞世纪的重大资产重组事项；5 天之后，熊猫烟花宣布终止对华海时代的收购行为。

9 月 19 日 阿里巴巴在美国纽交所上市，一举成为市值仅次于谷歌的全球第二大互联网公司，阿里上市成为中国互联网界的一大盛事。

9 月 22 日 上海报业集团的另一个新产品财经商业新闻类网站界面上线公测。界面由上海报业联手小米科技、360、海通证券、国泰君安、联想弘毅、卓尔传媒等经过 7 个月紧张筹备，隆重推出。号称自己的新闻由最顶尖的编辑团队生产，“只服务于独立思考的人群”。“泛财经”的内容定位加“高精尖”的用户路线，让界面颇受关注。

9 月 29 日 国家新闻出版广电总局下发正式通知，明确要求不得邀请有吸毒、嫖娼劣迹的艺人参与制作广播电视节目，暂停播映有吸毒、嫖娼劣迹艺人主创的电影、电视、网络剧等影视作品。

“限劣令”的出台，反衬出当下娱乐市场的病态。广电总局一内部人员表示，当下娱乐圈存在“审丑”现象，借“呕像”来获取娱乐价值。“限劣令”的目的之一即为止杀这一现象，肃清社会风气。

10月

10月8日 《武汉晚报》在头版发表《今天，本报为您开了一扇“天窗”》，内容为向读者征求改版意见。

10月9日 禾盛新材宣布终止与厦门金英马的重组事项。

10月15日 中共中央总书记、国家主席、中央军委主席习近平在北京主持召开文艺工作座谈会并发表重要讲话。讲话很快掀起了社会各界的广泛讨论。

“有数量缺质量、有‘高原’缺‘高峰’。”习近平如此形容改革开放以来我国的文艺创作情况，同时也敏锐指出了当下文艺市场存在的问题——机械化生产、快餐式消费。业内专家表示，这正是当下文艺市场抄袭模仿等现象的症结所在。

目前，影视产业正处于高速发展阶段，资本大举涌入一定程度上催生了行业泡沫和趋利行为。无论是政策制定者，还是影视从业者都在试图为行业发展正本清源，“文艺不能在市场经济大潮中迷失方向”。

10月16日晚 华智控股发布公告称，杭州日报报业集团拟借壳华智控股登陆A股市场。经中国证监会审核，公司重大资产出售及发行股份购买资产暨关联交易事项获得有条件通过。这意味着国内又一家党报背景传媒集团整体借壳上市获得批准。

10月17日 中南重工对外发布公告称，接到证监会通知，因参与本次重组的有关方面涉嫌违法被稽查立案，公司并购重组电视剧制作公司大唐辉煌申请被暂停审核。

10月19日 全国120多家报社齐聚杭州，召开2014首届中国（杭州）报商大会暨中国报商联盟成立大会，发布《中国报商联盟西湖宣言》。中国报商联盟由长春晚报社、石家庄日报社、辽沈晚报社、成都商报社、杭州日报报业集团、郑州报业集团、青岛报业传媒集团、南方都市报社、南京日报社、徐州报业传媒集团10家单位共同发起。该联盟旨在探索“报业+电商”的运作模式，希望能够把报业拥有的优势资源与电商平台充分结合，使电商成为可选的转型路径之一。

10 月 20 日　全国 100 多家报社负责人会聚唐山，成立中国报业文化产业（演艺）联盟，谋求报业文化产业转型之路。该联盟是中国报业协会下属单位，成立初衷是尝试“报业 + 演艺”的发展模式，使这一模式成为报业一个新的利润增长点。

10 月 20 日　国务院发布《关于加快发展体育产业促进体育消费的若干意见》让体育市场的进入门槛更低，市场更开放。明确指出将把全民健身上升为国家战略，把体育产业作为绿色、朝阳产业扶持。其中一条规定，即将按市场原则确立体育赛事转播收益分配机制，放宽转播权限制。

11月

11 月 1 日　《人民日报》客户端新版上线。

《深圳晚报》不按常理出牌，邀请明星代言。11 月，《深圳晚报》启用了一组由各界名人代言的报纸形象广告，有歌手蔡琴、主持人沈星、登山健将张梁等。

知名媒体人罗昌平于记者节招兵买马，转型创业，做消费品检测“优客”，并喊出“再不创业就老了”的口号。

11 月 11 日　光棍节内地单日电影票房报收 8600 万元，与 2011 年同期票房持平，当日冠军是《单身男女 2》4670 万元。2013 年同期报收 4700 万元，2014 年光棍节几乎翻了一番。

11 月 12 日　“2014 腾讯网媒体高峰论坛”在北京举行。腾讯科技企鹅智酷栏目与中国人民大学新闻学院新媒体研究所共同发布了移动媒体趋势报告《中国网络媒体的未来 2014》。中国人民大学新闻学院教授彭兰做了演讲。演讲提到，综合新闻客户端仍然是用户首选，每天多次打开新闻客户端的用户占比达到了 77.5%。在微信平台上，平均每天人均阅读文章 5.86 篇。日均阅读文章数超过 3 篇的用户占比达到 51%。

11 月 12 日　腾讯发布未经审核的第三季度综合业绩。第三季度腾讯营收 198.08 亿元，比 2013 年同期增长 28%，净利润 56.57 亿元，比 2013 年同期增长 46%。QQ 月活跃账户数达到 8.2 亿，比 2013 年同期增长 1%；微信和 WeChat 的合并月活跃账户数达到 4.68 亿，比 2013 年同期增长 39%。增值服务付费注册账户数为0.89亿，与2013年持平。

优酷土豆集团宣布与小米公司在资本和业务方面达成战略合作，双方将在互联网视频领域开展内容和技术合作，共同研发视频移动端播放等技术，小米公司还将从公开市场购入优酷土豆股票，并向优酷土豆投资并在自制内容及联合制作、出品和发行方面合作。双方在发布会上宣布首批合作内容为优酷自制真人秀《男神女神》、土豆大型品牌活动“土豆映像节”“青春的选择”等。

中国（广州）国际纪录片节在广州图书馆开幕。组委会副主任、国家新闻出版广电总局宣传司司长高长力透露，中国每年的纪录片扶持资金已经从500万元增加到1000万元，还将通过一系列的财税扶持政策补助，未来国家重点扶持中国梦主题纪录片创作。

11月18日 华谊兄弟发布定增计划：拟募集资金36亿元用于影视剧项目以及偿还银行贷款，阿里创投、腾讯及平安资管三家公司合计认购其中的35亿元。

11月19~21日 首届世界互联网大会由国家互联网信息办公室和浙江省人民政府共同主办，在浙江乌镇举行，来自近100个国家和地区的1000余位全球互联网领军人物参加，是中国举办的规模最大、层次最高的互联网大会。

11月24日 百视通与东方明珠双双复牌，以合并换股吸收形式进行资产重组，新的市场主体总资产预计将近千亿元，将成为SMG整体上市和新媒体转型的一个平台出口，标志着改革已经取得阶段性成果。

11月25日 SMG与阿里巴巴达成合作意向，双方将以第一财经为平台，携手进军市场潜力巨大的金融数据服务领域。

11月27日 湖南省《深化省管国有文化资产管理体制改革方案》正式印发，将潇湘晨报社、长株潭报社、法制周报社、金鹰报社、当代商报社等报刊社，划归湖南日报报业集团有限公司管理。

12月

12月2日 第七届中美互联网论坛于当地时间12月2日在美国华盛顿举行。中国国家互联网信息办公室主任鲁炜率团参与。本届论坛主题是“对话与合作”，中美代表团成员就大数据和云服务、互联网接入、互联网治理、经济发展以及社会利益等议题展开讨论。

12 月 11 日 陌陌在纳斯达克交易所挂牌上市。一张唐岩在敲钟现场“竖中指”的“不和谐”图片火爆网络。网友们认为唐岩此举意在回应不久前的网易“炮轰文”。在陌陌上市的两天前，陌陌 CEO 唐岩的前东家网易突然向其开炮，称其没有职业操守并存在个人作风问题。网友多称网易不厚道，而这场争斗也为不少公司提供了借势营销的机会。

12 月 22 日 艺思数据显示，截至 12 月 22 日，2014 年全国电影票房已达 284.7 亿元。业内人士预测，2014 年全国票房收入有望超过 290 亿元，同比增幅超 30% 无悬念。

12 月的媒体圈，版权大战再次上演。最受关注的便是优酷土豆、陌陌的“少年不可欺”事件，其引发了关于版权和原创的大讨论。而琼瑶诉于正侵权案开庭、乐视与光线传媒就《何以笙箫默》电影版权进行争论也引发广泛的社会关注。

B.28 后　记

《中国传媒投资发展报告（2015）》是由中国建银投资有限责任公司（简称中国建投）旗下建投华文传媒投资有限责任公司策划、投资，由建投华文传媒投资有限责任公司、中央财经大学新闻系共同组织编纂的，现在终于要由社会科学文献出版社出版了，这是国内第一部全面反映中国文化传媒业投融资的报告，真可谓“瓜熟蒂落”。然而，从此前的“酝酿”“耕耘”“播种”“开花”到如今结出了累累的“硕果”，历时一年多，虽不可谓之为“艰辛”，但全体编撰人员还是“蛮拼的”，实属不易。

早在2014年4月一个春暖花开的日子，建投华文传媒有限责任公司副董事长张向东博士后与中央财经大学新闻系主任谭云明教授聊起中国传媒发展现状时，感慨万千，遂萌发起做一本有关中国传媒投资发展报告的皮书，且计划每年做一本的想法。做这皮书，旨在对上一年度中国传媒投资现象进行描述和分析，通过描述和分析，勾勒出中国传媒投资的特点、规律，以此总结经验、预测未来、把握机遇，为中国传媒业投资出谋划策。

在中国做皮书做得最有品牌效应的，当然是非社会科学文献出版社莫属。据了解，社会科学文献出版社做皮书有一套严格的审查制度，有一套规范的撰写体例和要求。那么，要做一本中国传媒投资发展报告的皮书，如何在众多皮书中凸显特色，如何做出权威性、专业性，如何做出精品，等等，对于主编者来说无疑也是一个挑战。

面对挑战，我们没有退缩，因为我们深知这是一件对中国传媒投资发展非常有价值的事，从某种角度看，这还是一件具有开创性的事。于是，只好迎着困难而上。一方面与出版社签订出版合同，另一方面组织专家团队，构思报告的框架结构，拟定报告大纲、撰写体例和要求，其间经多次讨论，最后将整个报告分为总报告、传统媒体投资篇、新媒体投资篇、传媒投资专题篇、传媒投资经典案例篇等五篇，共计26章。

联系专家、作者也是件很不容易的事，因为大家都有各自的研究计划，都在忙自己的课题，要腾出一段时间来专心做这一件具有开拓性的调研工作来，实属要做一定程度的“舍得”之选。好在这些专家学者，一方面出于朋友之情，另一方面出于一种责任感和使命感，一一答应允诺，且不惜牺牲节假日休息时间。特别是2015年春节万家团圆、合家欢乐之际，很多专家学者舍弃了“天伦之乐”而埋头敲打键盘，一个字一个字地“码”，一个数据一个数据地“核”，一张图表一张图表地“绘”，其景其情，现在想来，令人动容，催人感怀，在此向这些辛勤劳动和默默奉献的学者，致以诚挚的谢意！

《中国传媒投资发展报告（2015）》采取主编负责、各章节分别由不同作者撰写的分工合作制，全书的具体分工情况如下：

第一章“2014年中国传媒产业发展报告”由陈端撰写；

第二章“2014年中国传媒投资现状和预测报告”由陈端、董倩撰写；

第三章“中国报业投资报告”由陈国权撰写；

第四章“中国广电传媒产业投资分析报告”由黄威撰写；

第五章“中国出版业投资报告”由刘建华撰写；

第六章“中国书店零售业投资报告”由刘贵撰写；

第七章“中国网络媒体投资报告”由谭云明、杨梦桐撰写；

第八章“中国移动媒体投资报告”由王炎龙撰写，田佩灵搜集了部分资料；

第九章“中国游戏产业投资报告”由陈京炜、刘枝秀撰写；

第十章“互联网金融投资发展报告”由吴立波撰写；

第十一章“中国传媒业上市公司发展报告”由郭全中、郭锐、郭凤娟撰写；

第十二章“中国传媒业并购报告”由郭全中、郭锐、郭凤娟撰写；

第十三章“中国上市传媒公司投资行为分析报告”由王祥、谭云明撰写；

第十四章“中国上市出版企业战略投资行为分析”由王晓榈、莫林虎撰写；

第十五章“中国传媒投资风险评估”由任小静、侯昉撰写；

第十六章“中国传媒尽职调查与估值”由何坚、陈欢撰写；

第十七章“万达文化产业集团电影院线投资案例”由何群、王之风撰写；

第十八章“浙报传媒投资案例分析”由余江灏撰写；

第十九章“广东广播电视台投资案例”由张建敏、王维强撰写；

第二十章“华策集团投资案例”由田元昕、何坚、张权撰写；

第二十一章“郑州报业投资案例”由左振林撰写；

第二十二章“阿里巴巴投资案例”由郑建丽、李玥、郑靖川撰写；

第二十三章“掌控传媒投资案例”由张伟、吴元、杨家波撰写；

第二十四章“凤凰出版传媒集团投资案例”由孙真福撰写；

第二十五章“粤传媒投资案例”由方志辉、肖妍琳撰写；

第二十六章“蓝色光标投资案例”由徐明撰写；

附录“2014 年中国传媒投资大事记”由关乐宁、万宇航编写；

全书的英文目录、摘要和关键词由陈秋云校正。

在稿件统筹过程中，由于不同作者的数据来源和统计方法不同，同一投资现象的数字或许有出入，但我们本着文责自负的精神，尊重作者的劳动成果，并未统一数字口径，请读者诸君在引用过程中注意斟酌。

《中国传媒投资发展报告（2015）》直接参加撰写的作者有 40 余人，所以这本皮书绝对是一个大集体的智慧结晶，而非某一个或几个人的“贡献”。在此，作为本书的主编和负责人，特向这些辛勤耕耘的专家、学者，表示衷心的感谢：感谢你们的劳动付出！感谢你们的智慧思考！感谢你们的精心调研！

在本报告撰写的过程中，很多作者不但直接调研，得到了很多一手的数据和资料，而且也采用了很多专家和机构的最新成果，除了在各章节由撰稿作者标注之外，在此一并表示衷心的感谢！

在此，要特别感谢的是《中国传媒投资发展报告》的顾问专家们，他们不但认认真真地“顾”了，而且还认认真真地“问”了，很多棘手难解的问题，经他们指点后，便豁然开朗。谢谢你们！尤其令人感动的是，中央电视台前台长胡占凡先生，在百忙之中，不但给予本报告指导，还欣然应许为本报告撰写序言，这给予了本报告撰稿者们极大鼓舞，并坚定信心将报告越做越好。

当然，在此还要感谢的是那些为中国传媒投资发展贡献心智的投资实干家们以及媒体业界的朋友们，正是因为你们的投资创新和媒体实践的努力，才有我们书写中国传媒投资发展报告“剧本”的好素材。这里尤其要感谢中国建投的仲建安董事长和张睦伦总裁以及建投华文投资有限责任公司的柯珂董事长，作为中国投资业界的前辈，对于文化媒体投资的倾力关注与远见卓识，才使得此书得以诞生。

“人间四月芳菲尽，山寺桃花始盛开。”2015 年的 4 月终于来了。在投资市场，现在人们最热议的话题，无疑是新一轮牛市如何发展的问题。的确，长期徘徊的中国股市，在短短几个月间，便蹿到 4000 多点了，这确实是新一波牛市的开始。随着整个投资行情的一路看涨，相信中国传媒界也会迎来新的投资热潮，我们拭目以待！

主编

2015 年 4 月 9 日

Contents

𝔹 I General Reports

Abstract: The year of 2014 has witnessed a great transition in China's media industry. Both the social system and the industrial foundation platform have demonstrated many intertwined new features, which caused further industrial structure and industrial ecology evolution in turn. Based on an in depth analysis of China's macro – environment and industrial environment in the media industry and a systematic examination of relevant media policies, this chapter mainly discusses the dynamics, logic, mechanism, development space and constrains in the industry.

Keywords: Chinese Media; Industry Development; 2014

Abstract: Compared with 2013, the fundamental investment logic in 2014 returned to the originality of China's media industry itself rather than being influenced by some external policies in the capital market. Based on the internal connection between media investment and the development of media industry, this chapter systematically analyzes the overall investment situation and key events in China's media industry in 2014 , striving to avoid simple listing of phenomena and cases while get down to the development path and key determinants in related investments. The last part of the chapter makes some forecast on the direction of media investment in 2015.

Keywords: Media Investment; Present Situation; Forecast

B Ⅱ The Traditional Media Investment

Abstract: Newspaper industry was once known as "the last profiteering industry". But since 2012, this "windfall profit" has gone for ever. Newspapers see fall in readership. Both newspaper circulation and advertising have declined sharply and continue to drop at a faster face. In 2014, newspaper advertising suffered the worst decline, up to 18.2 percent—a cliff - style fall known among the industry. Newspaper circulation and influence have also greatly reduced. Many talented people have left newspaper industry and newspapers have suspended publication one after another. The profitability of newspaper industry fell sharply and this would also be a hard - to - be - solved problem even if diverting to digital newspaper business. It is against this backdrop that the value and significance of investment in the newspaper industry has been highlighted. Hence, newspaper industry has quickened the pace of transition by exploring diverse ways of investing in the industry. This effort started to pay off in 2014. Advertising revenue accounted for only fifty percent of the total revenue for many newspaper groups. Increasing investment has become a main development direction for future growth of newspaper industry. This is significant because it not only provides a good way to spend the spare capital of newspaper groups and helps them gain profits in the short run, but more importantly, it points out a new direction of development for newspapers as the industry is on the decline.

Keywords: Newspaper Decline; Newspaper Investment; Profitability; Diverse Ways

Abstract: China radio and television broadcasting industry achieved leapfrog development. in 2014. The central government has put forward some important measures to promote the convergence of traditional media with new media, which means China radio and television broadcasting industry will gain great development opportunities in 2015. This report summarizes the industrial policy and development path of China radio and television broadcasting industry in 2014 and analyzes its development trends for 2015. Through a careful analysis of the industrial policy and market trends, we hope to provide ideas and inspiration for investors willing to invest in China radio and television broadcasting industry.

Keywords: Radio and Television Broadcasting Industry; Media Convergence; Investment Trends

Abstract: China's publishing industry has developed into a relatively mature industry.

Its publications catalog keeps expanding; the operating income and total profit are also growing steadily; and more emphasis is now put on the quality rather than quantity of its publications. In addition, all kinds of excellent works have been published under favorable policies; the integration of capital and finance has been used to promote the development of the industry; digital publishing has played a leading role in the transition process and Chinese publishers are trying hard to enhance their international communication capacity by "going global". China's listed publishing companies are stepping into a new era of development. They have witnessed a steady growth of publishing business, though content production still needs to be improved. China's publishing market grows more mature and digital publishing is expected to boost the growth of China's publishing industry. There are four development trends in the industry: content – centered; platform construction;

mobile publishing; and the birth of "publishing banks" . Though China's publishing industry is faced with some challenges, there will be greater investment opportunities as the industry calls for more original publications and accelerates its pace of integration with other industries such as science & technology and finance.

Keywords: Publishing Industry; Listed Companies; The Present Situation and Trends; The Point of Investment

B. 6 China's Retail Bookstore Industry Investment Report / 107

Abstract: This article is aimed for providing investors a reference to understand China's retail bookstore industry and investment in this industry through analysis of retail bookstore business data in 2013 and 2014 based on the government policy and bookstore industry's own operation. The conclusion of this article provides a possible suggestion on the evolution of bookstore business mode via external investment and brand re - modeling. A positive forecast for the future development of the industry is also made in the article.

Keywords: Bookstore; Introducing Investment; Brand Modeling

B Ⅲ New Media Investment

B. 7 China Internet Media Investment Report / 122

Abstract: Internet media have developed rapidly with the popularization of the Internet and the arrival of the era of media convergence and they were favored by investors in the capital market in 2014. In this report, we analyze investment characteristics, problems, and the reasons for investing in Internet media in 2014. We also predict the trend of Internet media investment in China.

Keywords: Internet Media; Investment and Financing; The Internet

Abstract: Mobile media are a significant area of Chinese media investment. Mobile internet and mobile apps have become the main investment channels in the industry. Meanwhile, both of their investment models are diverse and show noticeable convergence in developing. Major domestic mobile operators have, one after another, injected capital into mobile media which makes the competition in this field more fierce but greatly increases investment in new media at the same time.

Keywords: Mobile Media; Mobile Internet; Mobile Apps; Mobile Operator; Investment Model

Abstract: China's online gaming industry kept on growing steadily in 2014. Macro policy provided new investment opportunities. Media convergence and pan – entertainment also exerted great influence in the industry. Intellectual property rights protection has been widely recognized and gradually normalized in the industry. Micro and small businesses developed quickly but faced numerous challenges. Mobile business remains the biggest part in mergers and acquisitions.

Keywords: Intellectual Property (IP); Media Convergence; Entrepreneurial Company

Abstract: With the popularization of the Internet and rapid development of Internet transactions, Internet finance and investment has developed rapidly in China. Online payment has grown into a mature business and stepped into a stage of monopoly. But it still attracts different kinds of investments. P2P industry is now in the prime time of development. The integration of the industry is far from complete which makes it the most favored internet finance investment field by investors. Currently, venture investors are swarming into the industry to be involved in the industrial integration and traditional investors also begin to join the team one after another.

Keywords: The Internet; Finance; Investment; Climax

B IV Media Investment Program

Abstract: Media market continues to boom in China and China's listed media companies have maintained a good momentum of growth. Among them Alibaba, Tencent and Baidu keep growing rapidly. While enjoying strong growth momentum, the performance of listed companies is different in different sections. And they are trying to maintain their high rate of growth through mergers and acquisitions. "Listed companies + PE" has become the main trend in the industry.

Keywords: Media Industry; Listed Companies; Development

Abstract: Under favorable policies to upgrade industrial structure, encourage consumption and mergers and acquisitions, China's Internet giants intensified their efforts in M & A in media industry in 2014. Over 200 deals have been finished, with transaction amount exceeding RMB220 billion, the single largest transaction reaching RMB49. 2 billion. With strong financial strength, internet giants like Alibaba are marching into the media industry through mergers and acquisitions to build their own business ecosystems so as to seize the strategic high ground in future competition.

Keywords: Media Industry; Mergers and Acquisitions; Alibaba

Abstract: Most of China's listed media companies were set up and evolved from the traditional media era. Facing the impact of new media, their business structure, capital structure and development strategies need to be adjusted. Listed media companies are in a critical period of transition. They have increased a lot of investment in newly developed areas with new media as the core business. Therefore, the research of listed media companies' investment behavior is significant in evaluating their performance in the new era and forecasting the future development of China's media industry. Analysis methods may vary when examining a business' investment behavior, but they all include analysis of features, finance and capital structure, investment returns, investment risks and strategies. This report adopts mainstream investment theories to analyze China's listed media companies investment behavior in recent years from different perspectives. It then summarizes the characteristics of their investment and gives some suggestions in this regard as well.

Keywords: Listed Media Companies; Investment Behavior; Analysis Report

Abstract: Chinese listed publishing companies are gradually moving towards intensification, specialization and scale expansion. This paper is mainly to define the publishing industry strategic investment, and at the same time using listed publishing companies' annual report, prospectus, etc. , to study the listed publishing companies with publishing and distribution as the main business since 2008. We can understand the development status of these companies through the profitability, debt paying ability and growth ability analysis and outline the strategic investment features of listed publishing companies, including the vertical extension of industrial chain and horizontal diversification development, etc. Based on the analysis of strategic investment bottlenecks and their reasons, strategic investment suggestions are proposed for listed publishing companies as follows: optimizing the industrial development environment, deepening the reform of property rights to grasp the nature of digital publishing, exploring diverse profit modes, upgrading the "five - cross breakthroughs", making capital run in high speed, promoting diversification strategy on solid basis of core business, and meanwhile improving the strategic investment evaluation mechanism to ensure the realization of strategic targets.

Keywords: Listed publishing companies; Strategic Investment; Digital Publishing

B. 15 Risk Assessment of China Media Investment / 287

Abstract: Mergers and acquisitions of China's listed media companies still maintained rapid growth in 2014, . On the one hand, some listed media companies continued to expand their business through mergers and acquisitions in China, while some other ones have stepped into overseas markets for international acquisitions. On the other hand, listed companies in other industries have entered the media industry in succession through acquiring non - listed media companies. We can perceive legal risks in the mergers and acquisitions deals

Keywords: Media Industry; Mergers and Acquisitions of Listed Companies; Legal Risks

B. 16 Investigation and Valuation of Chinese Media's Due Diligence / 298

Abstract: The rapid development of China's media industry brings many potential investment opportunities. Investors should understand the basic concepts and take the characteristics of Chinese media industry into consideration during the due diligence investigation and valuation process.

Keywords: Media Industry; Due Diligence; Valuation

Ⅴ Media Investment Classic Case Study

Abstract: Through ten years of rapid growth, Wanda has developed a special operation strategy based on CED, and taken a differentiation strategy at the same time. What's more, Wanda has transformed its development model through capital acquisition and extended its industry chain with an aim at formulating an integrated development platform. Simultaneously, Wanda has introduced the latest IMAX technology and established an electronic business platform to utilize the big data. All of these are the successful experiences of Wanda's 25-year-long accumulation. However, there are also several weaknesses, such as capital risk, management hazard, as well as the lack of a long – time development strategy and orientation. This article proposes some suggestions to solve these problems.

Keywords: Wanda Cinema; Creative Industry; Investment; Industry Chain

Abstract: In August 2014, the Central Committee of the CPC Group for Overall Reform formulated the guidance on promoting convergence of traditional media and new media. It put forward that we should rely on advanced technologies to upgrade content construction and promote deep integration of traditional media with new media in content, channels, platforms, operation, managements and other aspects, so as to create a new group of diversified, advanced and competitive mainstream media, and build several media groups with powerful communication capacity, strong credibility and great social influence. As China's first listed press group, Zhejiang Daily Press Group focuses on promoting integration development of the media in recent years and it has carried out a series of attempts and practices, giving full play to its capital and resource advantages, creating capital platform, technology platform and user platform for integration development, and finally gaining the initiative in the transformation from the traditional newspaper to the internet media group.

Keywords: Cross-border M&A; Integration of resources; Transformation and Development

Abstract: Profound changes are happening in the media industry. Traditional media such as radio and television stations are exposing their weaknesses in this climate. Therefore, taking the opportunity for integration, Guangdong Radio and Television Station is making great efforts to explore diverse development strategies from the perspective of developing "a big culture" in a broad sense. In order to attain a multi-industry and diversified operation of different businesses, it has made several attempts, from the integration of internal resources (by establishing radio and television stations), to the convergence of broadcasting, television and newspapers; from the convergence of traditional media (television) and new media (internet), to the merging in radio, television and other cultural industries; from the integration of radio and television with non-cultural industry to the cooperation between investors and traditional media operators, among others.

Keywords: Big Culture; Integration; Diversified Operation

B. 20 HUACE: Further Growth Expected through Actively Implementing External M&A and Accelerating External Development / 349

Abstract: In recent years, in pursuing its vision of building a global entertainment and media group throughout the world, Huace Film and TV Co. Ltd (HUACE) has been actively involved in external development by implementing a series of merger & acquisition activities and bringing in strategic investors. As a result, the company strengthened its advantages in TV operation, continuously developed variety Shows, new media and related businesses, as well as accelerated its overseas business.

Keywords: Merger & Acquisition Activities; Whole Industry Chain; Omni Media

B. 21 Investment Analysis of Zhengzhou Newspaper Group: Maintaining Rapid Growth in spite of Global Recession, Zhengzhou Press Group Diversified Development Road / 361

Abstract: From the experience of a journalist, and the transformation of Zhengzhou newspaper group in recent years, the author discusses the problems facing traditional media in the transition process and proposes possible solutions.

The article suggests that a proper market mechanism and strategic plans should be developed for traditional media in the transition process and the publicity function and diversified development of new media need to be clarified so that traditional media can get out of the present predicament of the newspaper market more easily.

Keywords: Diversified Development; New Media; Transition

B. 22 Alibaba: The Investment Strategy of Pan – Media with the Focus on Film and TV / 374

Abstract: Based on the example of Alibaba, the most powerful e – commerce company in China, the report analyzes its ambitious strategy that takes advantage of its platform to construct a media ecosystem composed of network, movies, videos and social softwares, etc. The strategy is significant for either culture media companies or Internet enterprises.

Keywords: Alibaba; Culture media; Film and Television; Industry Chain

B. 23 Control Media Investment Case: Mobile First: Newspaper Transformation in the Age of Big Data / 388

Abstract: Traditional newspaper industry transformation is imperative, the key issue is about the transformation path and the future development direction . In recent years, new media has always been the focus of newspaper transformation. Traditional newspapers have carried out newspapers and network integration and created a variety of communication platforms. "Big data" , as a social tide, is affecting all aspects of social life. How to take advantage of big data to carry out transformation and upgrade the newspaper industry has become the common concern of the industry. The report aims to provide references for China's traditional media transformation through the analysis of the development course and the present situation of control media ,

Keywords: Transformation of Newspaper; Control Media; Big Data; Mobile Internet; Wisdom City

Abstract: PPM's acquisition of the children's book business of Publications International, Ltd. is the largest cross - border acquisition project in China's publishing industry so far. This acquisition not only makes the Phoenix Education Press the world's largest publisher of children's books, but also helps PPM to complement and extend its existing business, and obtain authorization of the international image and global sales channels.

Keywords: Phoenix Publishing & Media Group; Transnational Mergers and Acquisitions; PIL; Children's Book Business

Abstract: The goal of investment in newspaper industry is to achieve sustainable development, which refers to not only meet the needs of the media industry but also the ability to develop a cultural industry. Taking into account strategic investment, financial investment and incubator investment, the Guangdong Guangzhou Daily Media Co. , Ltd. is now seizing the opportunity of regrouping and reforming. This article introduces all strategies and market means it used in 2014: strategic investment centering on capital media business; incubator investment looking for opportunities of new emerging industries and financial investment for the extension of cultural industrial chain. To support those strategies that are called "Platformization, Industrialization, Mobilization and Big Data - oriented", this article tends to reveal the logics of different investments and analyses the development trend of China's traditional media organizations.

Keywords: Strategic Investment; Incubator Investment; Financial Investment; Media Convergence

Abstract: Blue Focus Communication Group (BFCG) is the market leader for brand management solutions in the Chinese market. It has attached great importance to M&A integration. From time to time the resources of its subsidiary enterprises are integrated to improve their bargaining power. Meanwhile, its public relations services and advertising business are developing simultaneously, and its media and communications business are being integrated to provide services for the whole process of brand management. Blue Focus is moving towards an international integrated media group.

Keywords: M&A Integration; Extension Development; Internationalization

B Ⅵ Appendix

皮书起源

“皮书”起源于十七、十八世纪的英国，主要指官方或社会组织正式发表的重要文件或报告，多以“白皮书”命名。在中国，“皮书”这一概念被社会广泛接受，并被成功运作、发展成为一种全新的出版型态，则源于中国社会科学院社会科学文献出版社。

皮书定义

皮书是对中国与世界发展状况和热点问题进行年度监测，以专业的角度、专家的视野和实证研究方法，针对某一领域或区域现状与发展态势展开分析和预测，具备权威性、前沿性、原创性、实证性、时效性等特点的连续性公开出版物，由一系列权威研究报告组成。皮书系列是社会科学文献出版社编辑出版的蓝皮书、绿皮书、黄皮书等的统称。

皮书作者

皮书系列的作者以中国社会科学院、著名高校、地方社会科学院的研究人员为主，多为国内一流研究机构的权威专家学者，他们的看法和观点代表了学界对中国与世界的现实和未来最高水平的解读与分析。

皮书荣誉

皮书系列已成为社会科学文献出版社的著名图书品牌和中国社会科学院的知名学术品牌。2011 年，皮书系列正式列入“十二五”国家重点图书出版规划项目；2012~2014 年，重点皮书列入中国社会科学院承担的国家哲学社会科学创新工程项目；2015 年，41 种院外皮书使用“中国社会科学院创新工程学术出版项目”标识。

中国皮书网

www.pishu.cn

发布皮书研创资讯，传播皮书精彩内容
引领皮书出版潮流，打造皮书服务平台

栏目设置：

- □ 资讯：皮书动态、皮书观点、皮书数据、皮书报道、皮书发布、电子期刊
- □ 标准：皮书评价、皮书研究、皮书规范
- □ 服务：最新皮书、皮书书目、重点推荐、在线购书
- □ 链接：皮书数据库、皮书博客、皮书微博、在线书城
- □ 搜索：资讯、图书、研究动态、皮书专家、研创团队

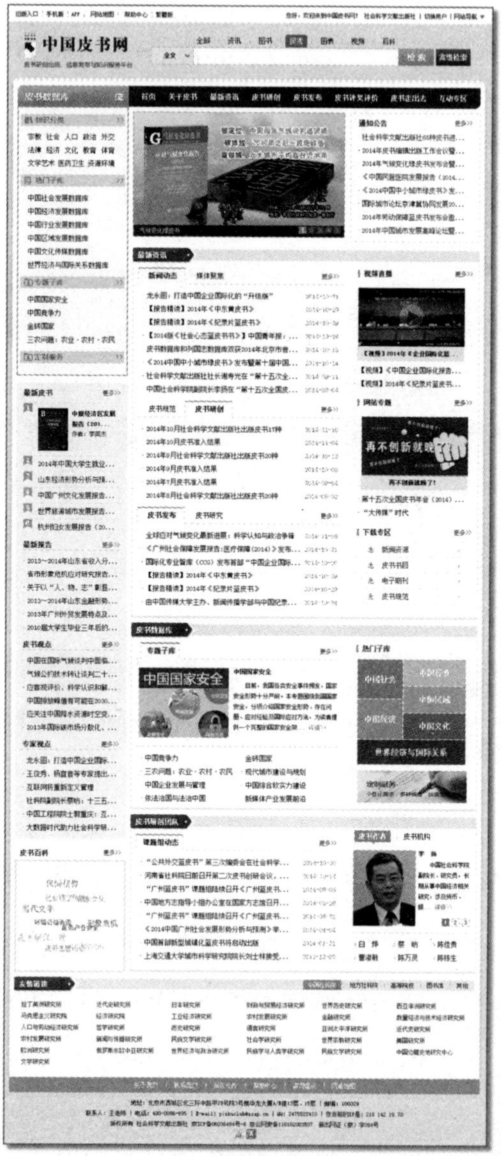

中国皮书网依托皮书系列“权威、前沿、原创”的优质内容资源，通过文字、图片、音频、视频等多种元素，在皮书研创者、使用者之间搭建了一个成果展示、资源共享的互动平台。

自 2005 年 12 月正式上线以来，中国皮书网的 IP 访问量、PV 浏览量与日俱增，受到海内外研究者、公务人员、商务人士以及专业读者的广泛关注。

2008 年、2011 年中国皮书网均在全国新闻出版业网站荣誉评选中获得“最具商业价值网站”称号；2012 年，获得“出版业网站百强”称号。

2014 年，中国皮书网与皮书数据库实现资源共享，端口合一，将提供更丰富的内容，更全面的服务。

法律声明

S 子库介绍
Sub-Database Introduction

中国经济发展数据库

涵盖宏观经济、农业经济、工业经济、产业经济、财政金融、交通旅游、商业贸易、劳动经济、企业经济、房地产经济、城市经济、区域经济等领域，为用户实时了解经济运行态势、把握经济发展规律、洞察经济形势、做出经济决策提供参考和依据。

中国社会发展数据库

全面整合国内外有关中国社会发展的统计数据、深度分析报告、专家解读和热点资讯构建而成的专业学术数据库。涉及宗教、社会、人口、政治、外交、法律、文化、教育、体育、文学艺术、医药卫生、资源环境等多个领域。

中国行业发展数据库

以中国国民经济行业分类为依据，跟踪分析国民经济各行业市场运行状况和政策导向，提供行业发展最前沿的资讯，为用户投资、从业及各种经济决策提供理论基础和实践指导。内容涵盖农业，能源与矿产业，交通运输业，制造业，金融业，房地产业，租赁和商务服务业，科学研究环境和公共设施管理，居民服务业，教育，卫生和社会保障，文化、体育和娱乐业等 100 余个行业。

中国区域发展数据库

以特定区域内的经济、社会、文化、法治、资源环境等领域的现状与发展情况进行分析和预测。涵盖中部、西部、东北、西北等地区，长三角、珠三角、黄三角、京津冀、环渤海、合肥经济圈、长株潭城市群、关中—天水经济区、海峡经济区等区域经济体和城市圈，北京、上海、浙江、河南、陕西等 34 个省份及中国台湾地区。

中国文化传媒数据库

包括文化事业、文化产业、宗教、群众文化、图书馆事业、博物馆事业、档案事业、语言文字、文学、历史地理、新闻传播、广播电视、出版事业、艺术、电影、娱乐等多个子库。

世界经济与国际政治数据库

以皮书系列中涉及世界经济与国际政治的研究成果为基础，全面整合国内外有关世界经济与国际政治的统计数据、深度分析报告、专家解读和热点资讯构建而成的专业学术数据库。包括世界经济、世界政治、世界文化、国际社会、国际关系、国际组织、区域发展、国别发展等多个子库。